Vera Kallenberg, Tomke König, Walter Erhart (Hg.)
Geschlecht als Erfahrung

Geschlecht als Erfahrung | Band 2

Editorial

Die Reihe **Geschlecht als Erfahrung** versammelt Monographien und Sammelbände, die aus der Perspektive einer interdisziplinären Geschlechterforschung die Konstitution und Transformation geschlechtlicher Existenzweisen erkunden.
Ein besonderer Schwerpunkt der Reihe liegt darauf, im Zusammenspiel verschiedener disziplinärer Sichtweisen wie u.a. Soziologie, Literaturwissenschaft, Politikwissenschaft, Gesundheitswissenschaft, American Studies, Sportwissenschaft oder Geschichtswissenschaft die Konturen einer kritischen Geschlechterforschung auszuleuchten, die sich für die Erfahrungen interessiert, die Menschen mit ihrer Geschlechtlichkeit in gesellschaftlichen Kontexten und in der Verschränkung mit anderen Dimensionen ihrer Existenz machen.
Die Reihe wird herausgegeben von Tomke König, Walter Erhart, Oliver Flügel-Martinsen, Valerie Kastrup und Petra Kolip.

Vera Kallenberg (Dr. phil.) forscht und lehrt am Interdisziplinären Zentrum für Geschlechterforschung (IZG) der Universität Bielefeld. Sie ist Historikerin und arbeitet an der Schnittstelle von Jewish Studies, Gender Studies, North American Studies und European Studies. Ihre Forschungsschwerpunkte liegen besonders im Verhältnis zwischen intersektionaler Erfahrung und Wissensproduktion in der feministischen Geschichtsschreibung, der jüdischen Intellectual history und dem kritischen Denken des 20. Jahrhunderts.
Tomke König ist Professorin für Geschlechtersoziologie an der Universität Bielefeld. Sie habilitierte an der Universität Basel und promovierte an der Goethe-Universität Frankfurt am Main. Ihre Forschungsschwerpunkte sind Eliten, Familien und erlebensbezogene Geschlechterforschung.
Walter Erhart ist Professor für germanistische Literaturwissenschaft an der Universität Bielefeld. Er habilitierte sich an der Georg-August-Universität Göttingen und promovierte an der Eberhard Karls Universität Tübingen. Seine Forschungsschwerpunkte sind deutsche Literatur vom 18. Jahrhundert bis zur Gegenwart, Literaturtheorie, Wissenschaftsgeschichte, Reiseliteratur sowie Gender Studies.

Vera Kallenberg, Tomke König, Walter Erhart (Hg.)

Geschlecht als Erfahrung

Theorien, Empirie, politische Praxis

[transcript]

We acknowledge support for the publication costs by the Open Access Publication Fund of Bielefeld University and the Deutsche Forschungsgemeinschaft (DFG). The publication of this volume was made possible thanks to the generous support of the DFG Research Training Group »Experiencing Gender. Constitution and Transforming of Being in the World« and the Interdisciplinary Center for Gender Research (IGZ), Bielefeld University.

Bibliografische Information der Deutschen Nationalbibliothek
Die Deutsche Nationalbibliothek verzeichnet diese Publikation in der Deutschen Nationalbibliografie; detaillierte bibliografische Daten sind im Internet über https://dnb.dnb.de/ abrufbar.

Erschienen 2024 im transcript Verlag, Bielefeld

Umschlaggestaltung: Maria Arndt, Bielefeld
Umschlagabbildung: Sketch for ›Homage to New York‹, 1960, Jean Tinguely, 2024
© The Museum of Modern Art, New York/Scala, Florence
Lektorat: Greta Darkow, Anke Kubitza, Birgitta Wrede
Druck: Majuskel Medienproduktion GmbH, Wetzlar
https://doi.org/10.14361/9783839468142
Print-ISBN: 978-3-8376-6814-8
PDF-ISBN: 978-3-8394-6814-2
Buchreihen-ISSN: 2941-4059
Buchreihen-eISSN: 2941-4067

Gedruckt auf alterungsbeständigem Papier mit chlorfrei gebleichtem Zellstoff.

Inhalt

Die Notwendigkeit von Erfahrung
Einleitung
Vera Kallenberg, Tomke König & Walter Erhart 9

The Necessity of Experience
Introduction
Vera Kallenberg, Tomke König & Walter Erhart 25

I. Differenz - Alterität - Otherness

Simone de Beauvoirs Grammatik des Andersseins
Toril Moi 43

Kommentar: Probleme der Anerkennung von Andersheit und Differenz
Andrea Maihofer 63

On the Translatability of Gendered Experiences
Socio-Historical, Feminist-Postcolonial, and Phenomenological Reflections
Heidemarie Winkel & Magdalena Suerbaum 81

Commentary: On the Translation of Literature and Experience
Reflections with Walter Benjamin
Annika Klanke 103

II. Körperlicher Leib - Bodies

Experiential Gender Research
The Body as a Source of Meaning and Change
Tomke König 111

Commentrary: Thoughts on the Interrelationship of Experiential Gender Research and Literature
Patricia Bollschweiler 131

Schmerzen
Überlegungen zu einer Sozialtheorie phänomenaler Erfahrungen
Rainer Schützeichel 139

Kommentar: Schmerz und Geschlecht
Walter Erhart 159

Kritik der Körperpolitik
Erfahrung, Sprache und politische Emanzipation
Vanessa Lara Ullrich & Oliver Flügel-Martinsen 167

Kommentar: Vom Interpretieren zum Um-Üben
Emanzipatorische Körperpraxis
Florian Kappeler 183

III. Lacunae: das Unausgesprochene und Unsprechbare (in) der Erfahrung

"Reading the Unspeakable"
Emotional Memory and Affective Relationality in Life-Writing Genres
Julia Roth 193

"Where † wrote"
Utopian Literary Experience in Constantine P. Cavafy's *The Afternoon Sun*
Benedikt Wolf 215

Commentary: Converting Silences into Possibilities
Applying Lessons from Literary Studies to Ethnographic Knowledge Production
Inka Stock 235

***Women's History* als Echo gebrochener jüdischer Erfahrung des 20. Jahrhunderts**
Gerda Lerners *The Female Experience* (1977)
Vera Kallenberg 241

Kommentar: Lektüreerfahrung rückblickend
Über Fantasie, Verwobenes und die Freiheit des Nichtthematisierens
Diana Lengersdorf ... 267

Anhang

Autor*innenverzeichnis ... 275

Danksagungen ... 281

Cover ... 283

Die Notwendigkeit von Erfahrung
Einleitung

Vera Kallenberg, Tomke König & Walter Erhart

> Experience taken into the body, breathed-in, so that reality is the completion of experience, and poetry is what is produced. And life is what is produced.
> *Muriel Rukeyser, The Life of Poetry [1949]*

Der Titel dieser Einleitung, der Gerda Lerners programmatischen Essay *The Necessity of History and the Professional Historian* (1982) aufgreift, hat eine doppelte Stoßrichtung: Erstens betont er die existenzielle Qualität von Erfahrung. Es ist essenzieller Bestandteil des Lebens eines jeden Menschen, Erfahrungen zu machen, von Beginn seiner Existenz bis zu seinem Ende. Zu den existenziellen Grunderfahrungen von Menschen gehört es dabei nicht nur, Erfahrungen *mit* Geschlecht und Vergeschlechtlichung zu machen, sondern auch, dass Erfahrungen vergeschlechtlicht und vergeschlechtlichend sind. Zweitens ergibt sich aus dieser existenziellen Qualität, dass es immer wieder notwendig ist, sich Erfahrung als Phänomen oder besser: den Phänomenen, die mit Erfahrung angesprochen sind, wissenschaftlich zuzuwenden, konzeptionell und methodologisch wie empirisch. Diese Verstehenskomplexe fragen nach den Zusammenhängen von Erfahrung und Erleben, Erfahrung und Erinnerung, Zeugenschaft und Gedächtnis, von Erfahrung und Erzählung, Erfahrung und Wissen, Erfahrung und Geschichte sowie nicht zuletzt von Erfahrung und Erkenntnis. Weiterhin gilt es das Verhältnis von Erfahrung und Handeln bzw. Agency, von Erfahrung und Subjektivität sowie von persönlicher und kollektiver Erfahrung zu bestimmen. Kurz gesagt verbinden wir mit dem Thema der Erfahrung von Geschlecht Grundfragen wissenschaftlicher Erkenntnis. Diese epistemologischen Fragehorizonte werden durch die Einbeziehung von Geschlecht noch komplexer, gilt doch die Einsicht in den mehrfachrelationalen und interagierenden Charakter der Kategorie Geschlecht mit anderen gesellschaftlichen Teilungsverhältnissen von Ungleichheit und Differenz als etabliertes Paradigma kritischer Geschlechterforschung (exemplarisch Demirović/Maihofer 2013; Knapp 2005; Kallenberg et al. 2013; Lutz/Vivar/Supik 2010).

Dieser Band ist das Ergebnis eines Forschungs- und Reflexionsprozesses, der im Umfeld des von der DFG geförderten interdisziplinären Graduiertenkollegs *Geschlecht als Erfahrung. Konstitution und Transformation gesellschaftlicher Existenzweisen* des Interdisziplinären Zentrums für Geschlechterforschung (IZG) der Universität Bielefeld seit 2021 stattgefunden hat. Anliegen der in diesem Buch versammelten Beiträge ist es, Geschlecht theoretisch als Erfahrung zu rekonzeptualisieren. Dafür stellen wir die Erfahrungen, die Menschen mit ihrer geschlechtlichen Existenzweise in Verschränkung mit anderen Dimensionen der Existenz machen (Klasse, Ethnizität, Staatsbürgerschaft, Sexualität, Gesundheit, Alter, Religion), in den Mittelpunkt von empirischer Forschung, in die wir ausdrücklich auch literatur- und kulturwissenschaftliche Analysen ästhetischer Erfahrung und literarischer Wissensproduktion einschließen. Wir greifen damit einen Faden auf, der bereits zu Beginn der Frauen- und Geschlechterforschung von zentraler Bedeutung gewesen ist (Alcoff 2000; Haraway 1988; Mies 1978; Opitz-Belakhal 2018; Vogel 2006). In den 1970er Jahren wurde vergeschlechtlichte Erfahrung zu einem doppelten Bezugspunkt: Zum einen spielten die konkreten Erfahrungen, die Frauen in von Männern und androzentrischen Denkweisen dominierten heteronormativen patriarchalen Institutionen machten, bei der Ausformulierung feministischer Theorie und Wissenschaft eine große Rolle. Zum anderen ging es diesen Frauen darum, ihre invisibilisierten Erfahrungen in allen gesellschaftlich-kulturellen Lebensbereichen wie ihrer Repräsentation synchron und diachron sichtbar zu machen sowie die Spezifik ihrer Erfahrung als Frauen und ihrer patriarchalen Strukturgebundenheit herauszuarbeiten (Grant 2015). Vera Kallenbergs Beitrag über die Geschichte von Gerda Lerners Quellenanthologie *The Female Experience* (1977) und deren Rezeption in den USA arbeitet am Beispiel der US-amerikanischen *Women's History* heraus, wie der Begriff der *Female Experience* als zugleich historiographische wie feministisch-emanzipatorische Kategorie in die Geschichtswissenschaft eingeführt wurde. Viele Wissenschaftlerinnen nahmen ihre eigenen Erfahrungen von Diskriminierung, Ausschluss und Gewalt zum Ausgangspunkt, um Geschlechterverhältnisse als spezifische, historisch und gesellschaftlich-kulturell geprägte Herrschaftsform sichtbar zu machen und den Objektivitätsanspruch einer androzentrischen Wissenschaft zu hinterfragen. Dabei spielte der Körper eine zentrale Rolle. Zum einen ging es um Fragen der Selbstbestimmung und der Befreiung des weiblichen Körpers aus den Vorgaben männlicher Herrschaft. Zum anderen wurde mit dem von Simone de Beauvoir 1949 zuerst eingeführten Begriff der *expérience vécue* oder *gelebten Erfahrung* (so der Titel des zweiten Buchs von *Le deuxième sexe*) auch die somatische Ebene geschlechtlicher Existenz in den Mittelpunkt der Frauen- und Geschlechterforschung gerückt. Die Gegenüberstellung von Geist/Vernunft und Körper/Gefühl wurde systematisch hinterfragt und in theoretischen sowie methodologischen Ansätzen neu konzeptualisiert. Später setzte mit der Formierung der People of Color-Feminismen einerseits und der Rezeption poststrukturalistischer Theoriebildung und des *linguistic turn* andererseits eine Kritik an einem naiven, homogenisierenden, essentialisierenden Verständnis von Erfahrung ein (hooks 1984; Lorde 1979; Walker 1983). Kritisiert wurde unter anderem die selbstverständliche Verallgemeinerung der Erfahrungen bestimmter Feministinnen (weiß, westlich, Mittelschicht etc.) für alle Frauen, die ideologische Aufladung von Erfahrung als Ausdruck von Authentizität sowie die Vorstellung, Erfahrung unvermittelt abbilden zu können. Problematisiert wurde darüber hinaus, dass ein Erfahrungsbegriff, der an die Vorstellung eines autonomen Subjektes gekoppelt ist, von einem Kausalitätsverhältnis zwischen Erfahrung und Subjektivität bzw. Erfahrung und Agency ausgehe. Besonders prominent wurde diese Kritik vorgetragen in einem breit rezipierten Essay der Historikerin Joan W. Scott, *The Evidence of Experience* (1991), der einen Bezugspunkt vieler in diesem Band versammelten Texte bildet.

> It is not individuals who have experience, but subjects who are constituted through experience. Experience in this definition then becomes not the origin of our explanation, not the authoritative (because seen or felt) evidence that grounds what is known, but rather that which we seek to explain, that about which knowledge is produced (Scott 1991: 26).

Das Fokussieren der gesellschaftlich-kulturellen, historischen und diskursiven Vermitteltheit sowie der Prozesshaftigkeit von Erfahrung im Zusammenhang mit den Theorie-Entwicklungen und den *turns* der Folgejahrzehnte brachte eine Reihe von Fragen hervor, die nicht nur in der Geschlechterforschung (Diezinger 1994; Bos 2004) verhandelt worden sind. Sie sind vor allem auch Gegenstand der Auto/Biographieforschung und der *life writing studies* (Smith/Watson 1998; Hof/Rohr 2008), der Auto/Ethnographie sowie der transnationalen und transkulturellen Geschichtsschreibung über verflochtene, geteilte und globale Geschichten (Conrad 2016; Conrad/Randeria 2002; Subrahmanyan 1997; Anderson 2012; Davos 2011; Banerjee 2020). Die Fragen, die sich im Anschluss an diese Kritik formulieren lassen, gelten dem Herstellungsprozess von Erfahrung (Wie wird Erfahrung konstituiert?); der Frage, wer legitimiert ist, über (welche/wessen) Erfahrungen zu sprechen; wann, zu welchem Zeitpunkt (welche/wessen) Erfahrungen (in Literatur, in Archiven, in wissenschaftlicher Forschung) in den Fokus rücken; wie individuelle Erfahrungen intelligibel sowie unter welchen Bedingungen diese Erfahrungen kollektiv geteilt und repräsentiert werden können. Wo kommt die Suche nach geteilten Erfahrungen an ihre Grenzen? Und wer kann welche Grenzen erkennen und benennen?

Während die Kritik an einem unreflektierten Erfahrungsbegriff für die feministische Forschung anfänglich eine produktive Irritation war, verwandelte sich

Erfahrung zusehends zu einem »dirty word« (Grosz 1993: 40). Bestimmte Themenfelder, die unter dem Stichwort *Erfahrung* analysiert worden sind, werden seither in den Sozial- und Geschichtswissenschaften mithilfe praxeologischer Ansätze untersucht, beispielsweise vergeschlechtlichte (Körper-)Praktiken oder Praktiken von Geschlecht (Graft/Ideler/Klinger 2013; Brockmeyer et al. 2018; Grittmann et al. 2018; Zettelbauer et al. 2017). Gleichzeitig geriet die Untersuchung des vergeschlechtlichten Erlebens sowie die erlebte Erfahrung von Geschlecht aus dem Blick der Geschlechtertheorie oder wurde – wie etwa die phänomenologisch ausgerichtete Geschlechterforschung (Landweer/Marcinski 2016) – marginalisiert. Silvia Stollers 2010 erhobene Diagnose, dass sich »der phänomenologische Erfahrungsbegriff im Kontext der feministischen Philosophie noch nicht von der poststrukturalistischen Kritik rehabilitiert« (Stoller 2010: 111) habe, gilt auch dreizehn Jahre später noch – für die feministische Philosophie wie mit wenigen Abwandlungen auch für die feministische Soziologie, Literatur- und Geschichtswissenschaft.[1] »Die feministische Theorie«, so bringt es Linda Martín Alcoff auf den Punkt, »wechselte vom einen Extrem, nämlich die persönliche Erfahrung als Grundlage von Wissen zu nehmen, zum anderen Extrem, der Diskreditierung der Erfahrung als Produkt des Phallogozentrismus« (Alcoff 1997: 233).

Dieser Band sucht nach neuen Wegen, uns dem Zusammenhang von Diskurs/Sprache, Erfahrung und Geschlecht anzunähern. Leitend ist für uns die Frage, wie wir sowohl die Bedeutung leiblich-körperlicher Erfahrung, die Menschen mit ihrem Geschlecht machen, als auch die diskursive Bestimmtheit der möglichen Erfahrungen in unsere Forschung einbeziehen können. Ein Schwerpunkt des Buches besteht in der Analyse des Zusammenhangs von leiblicher Körperlichkeit, Sprache und Situation in unterschiedlichen historischen und gesellschaftlich-kulturellen Konstellationen. Besonderes Anregungspotential sehen wir in jenen Ansätzen, die dekonstruktivistisch geprägte mit phänomenologischen oder materialistischen Ansätzen der Geschlechterforschung vermitteln und langfristig versuchen, die Kluft zwischen ihnen zu überwinden (Alcoff 1997; Maihofer 1995, 2004; Daniel 2004; Jäger 2014; Lindemann 2011; Rubin 1998; Shotwell 2021; Stoller 2010; Stoller/Vetter 1997). Wir verstehen Geschlecht weiterhin als historisch und gesellschaftlich-kulturell variablen, kontinuierlichen Prozess sowie als unentrinnbare, historisch je spezifische Materialität, berücksichtigen jedoch auch, dass Menschen eine körperliche *Existenzweise* (Maihofer 1995) haben, (sich) spüren und fühlen, dabei auch ein

1 Der Band *Politik-Theorie-Erfahrung: 30 Jahre feministische Geschichtswissenschaft im Gespräch* (Bauer/Hämmerle/Opitz-Belakhal 2020) bietet zwar Einblicke in die Erfahrungen der Geschlechtergeschichte, nicht aber eine Reflektion des Erfahrungsbegriffs. Die von uns bei transcript herausgegebene Buch-Reihe *Geschlecht als Erfahrung* hat sich zum Ziel gesetzt, neuen Ansätzen in diesem Bereich eine Plattform zu bieten; so z.B. der literaturwissenschaftlichen Studie von Box (2023).

grundlegendes implizites Wissen über ihre eigene geschlechtliche Praxis produzieren und (mit-)konstituieren, aber auch in Frage stellen können (Ahmed 2006; Moi 2015). Wir wollen die Unterscheidung von Sprache und körperlicher Erfahrung aufbrechen. Oder besser: Die kategoriale Trennung von Sprache und Körper erscheint uns selbst als eine Doxa, die es zu hinterfragen gilt. Der Vorgang des Sprechens, des Stimme-Erhebens, des Stimme-Gebens von Erfahrung steht nicht außerhalb von leiblichem Erleben, vielmehr ist von einer *Leibsprache* auszugehen (König/Wolf 2024), die selbst eine Erfahrung ist und damit Teil dessen, wie wir die Erfahrung des Vergeschlechtlicht-Seins und Sich-Vergeschlechtlichens erleben. Dabei können wir bei der Hinterfragung der selbstverständlichen binären Trennung von Körper/Leib und Sprache/Diskurs sowie bei der theoretischen Neubegründung des Erfahrungsbegriffs nicht stehen bleiben. Vielmehr möchte der vorliegende Band auch dazu anregen, diese Neukonzeptualisierung in der Forschungspraxis umzusetzen. Unsere Suchbewegungen zielen also in die Lücke zwischen dem Paradigma des Primats von Sprache/Diskurs in dekonstruktivistischen Ansätzen, der Einsicht in die materialistische und herrschaftsförmige Strukturgebundenheit von Geschlecht von Seiten der *älteren* feministischen Frauen- und Geschlechterforschung sowie dem Ansatz körperlich-leiblicher Eigenwilligkeit im Rahmen neuerer phänomenologischer Ansätze. Unsere Überlegungen rücken die Frage ins Zentrum, wie die materiale und phänomenale Dimension von Geschlecht thematisiert werden kann, ohne in die Fallen früherer Verwendungsweisen von Erfahrung und nicht zuletzt essentialistischer Annahmen einer natürlichen Bestimmtheit geschlechtlicher Körper zurückzufallen.

Selbstverständlich sprechen wir in diesem Buch nicht mit einer Stimme. Wir haben den Band zweisprachig konzipiert, auch um unterschiedliche, jeweils national-kulturell kodierte Wissenschaftsperspektiven aufnehmen und adressieren zu können. Dies führt zur Schwierigkeit des Umgangs mit unterschiedlichen (National-)Sprachen, die für zentrale Phänomene höchst unterschiedliche Begrifflichkeiten geprägt haben. Im Deutschen lassen sich die Verben *erfahren* und *erleben* sowie die Substantive *Körper* und *Leib* begrifflich unterscheiden, in anderen Sprachen sind dafür Hilfskonstruktionen und aufwändige Komposita notwendig. Der von König/Wolf (2024) verwendete Neologismus »Leibsprache« lässt sich nicht übersetzen, da derartige Komposita im Englischen nicht vorgesehen sind. *Experiencing gender* ist mit der *Erfahrung* oder *Erfahrbarkeit* nur ungenügend übersetzt, da der im Englischen konnotierte Praxisvollzug nicht abgebildet wird. Das französische *expérience vécue* sowie das englische *lived experience* erscheinen mehrdeutig, lassen sich im Deutschen als *Erleben* oder als individuelle biographische Ausformung menschlicher Erfahrung übersetzen; die gängige Übersetzung *gelebte Erfahrung* klingt eher tautologisch (ihr Gegensatz – eine *tote Erfahrung* – gibt es nicht).

Die Beiträge in diesem Band nehmen Beobachtungspunkte und unterschiedliche Perspektiven auf Erfahrung und Erleben ein. In manchen Beiträgen wird über die konkreten Erfahrungen geschrieben, die Menschen mit ihrem Geschlecht und als bestimmte Geschlechter machen. In anderen Beiträgen werden mit Bezug auf das körperlich-leibliche Erleben Aspekte geschlechtlicher Existenz und Erfahrung in den Blick genommen, die noch schwer greifbar und sagbar sind. Kunst und Literatur sind Medien, um den Raum des Sagbaren im Kontext der noch nicht artikulierten und noch nicht geteilten Erfahrung zu erweitern. Bereits Simone de Beauvoir verwies auf die fiktionale Literatur als ein mächtiges Instrument, um die unausweichliche Trennung isolierter Subjekte zu überwinden und sich die Erfahrungen anderer anzueignen (»capable de me donner l'incommunicable«), die Welt auf andere Weise zu erleben und zu fühlen (»capable de me donner le goût d'une autre vie«) und dadurch auch die als jeweils singulär erfahrenen Situationen einer vergeschlechtlichten Existenz zu überschreiten (Moi 2010: 29). Zugleich kann Literatur auch das Nicht-Sagbare unserer eigenen Erfahrungen zum Ausdruck bringen. Grundlegende poetisch-rhetorische Elemente wie Metaphern, Ellipsen, Assonanzen und Wiederholungen erproben – auch im alltagssprachlichen Kontext – verborgene Ausdrucksmöglichkeiten für *pragmatisch* nicht fassbare, auch dem eigenen Ich zunächst unverständliche und häufig körperlich-leiblich zu spürende Erfahrungsgehalte (König/Erhart 2023). Poesie und Literatur sind in der Lage, jene Lücken, Leerstellen oder Lacunae zu füllen, die sich jenseits und zwischen den Grenzen unserer geschlechtlichen Existenzweisen auftun und das oftmals utopische, nicht begrenzte Begehren geschlechtlicher Körper anzeigen. Geschlechtliche Erfahrungen sind nicht bloß präsent und gegeben, auch nicht bloß vermittelt und vollständig gesellschaftlich geformt, sie müssen und können übersetzt werden – in Sprache und Bewusstsein, von der fremden in die eigene Erfahrung und umgekehrt, von der je eigenen Situation in die Form (mit-)geteilter allgemeiner Erfahrungsweisen. Die ästhetische Erfahrung bildet dabei keine von anderen Erfahrungen abgespaltene Dimension, sondern einen wichtigen Bestandteil jenes Ausdrucksvermögens, das Erfahrungen begleitet und gestaltet (Dewey 1980). Als Ausdrucksform und Wirkungsweise geschlechtsspezifischer Erfahrungen birgt das Ästhetische demnach ein bislang wenig genutztes Potential. So wie der Begriff der Erfahrung in der Philosophie- und Theoriegeschichte des 20. Jahrhunderts stets dazu diente, unterschiedliche gesellschaftliche Sphären und theoretische Fraktionen zu verknüpfen (Jay 2004), so könnte die Geschlechtertheorie heute zu einem Begriff von Erfahrung zurückkehren, der die sinnlich-körperlichen und ästhetischen Aspekte von Geschlecht wieder mit der kritischen (Gesellschafts-)Theorie versucht zu verbinden.

Die Notwendigkeit von Übersetzungen in einem nicht nur sprachlichen Sinn ergibt sich darüber hinaus aus der Pluralität von Fachsprachen, die in unserer interdisziplinären Arbeitsweise unumgänglich sind. Für diejenigen von uns, die mit einem feministischen Wissenschaftsverständnis arbeiten, ob sozial-, kultur- oder literaturwissenschaftlich gerahmt, ist Erfahrung etwa immer schon vergeschlechtlicht und vergeschlechtlichend. Dagegen lässt sich Erfahrung aus sozialtheoretischer Perspektive zunächst auch unabhängig von Geschlecht denken, wie es Rainer Schützeichel in seinen Überlegungen zur Soziabilität von Schmerzerfahrungen nahelegt. Als Wissenschaftler*innen bringen wir einen spezifischen Erfahrungshintergrund mit, der uns Erfahrung unterschiedlich thematisieren lässt, je nachdem, in welcher Fachkultur wir primär situiert sind (in unserem Fall in der germanistischen Literaturwissenschaft, der (Inter-)Amerikanistik, der Soziologie, der Politischen Theorie, der Geschichtswissenschaft, der Sozialanthropologie und der Religionswissenschaft). Dass zu den gerade skizzierten unterschiedlichen Denk- und Ausdrucksweisen noch weitere Differenzen und Dissonanzen hinzutreten, zeigen Magdalena Suerbaum und Heidemarie Winkel in ihrem Beitrag. Diese leiten sie aus der geistesgeschichtlichen Herkunft des Erfahrungsbegriffs her, der ihnen qua europäisch-westlicher Tradition untrennbar mit einer (post-)kolonialen Grammatik verwoben scheint.

Der vorliegende Band versucht die Interdisziplinarität der Geschlechterforschung für ein Weiterdenken von Erfahrung nutzbar zu machen, indem sozialwissenschaftliche Beiträge aus geistes- und kulturwissenschaftlicher Perspektive und vice versa reflektiert werden. Dabei verfolgen wir drei Fragekomplexe. Da die Frage, wie Differenzen zwischen vergeschlechtlichten Menschen nicht hierarchisch gefasst werden können, zu den Grundfragen feministischer Wissenschaft und Forschung gehört, lotet der erste Teil den Zusammenhang von vergeschlechtlichter Erfahrung mit Differenz, Alterität und Anderssein aus. Der zweite Teil fokussiert (ver-)geschlechtlichtes Erleben und den körperlichen Leib – *bodies*. Die Frage nach individueller vergeschlechtlichter Körpererfahrung und ihren Artikulations- und Repräsentationsformen führt uns dabei zur Frage nach der Körperpolitik im Zusammenhang mit kollektiven Subordinationserfahrungen und Praktiken politischen Widerstands. Der dritte Teil des Bandes fokussiert schließlich das Unausgesprochene und Unaussprechbare (in) der Erfahrung – Lücken, Leerstellen, Lacunae.

Als erste Ergebnisse unserer Forschung lassen sich aus den Beiträgen folgende Beobachtungen und Thesen ableiten:

1. Erfahrung/Leben und Wissenschaft/Erkenntnis sind eng miteinander verwoben. Das wird besonders prägnant in dem Beitrag *Simone de Beauvoirs Grammatik des Andersseins* von Toril Moi deutlich. Die Literaturwissenschaftlerin hebt hervor, dass für Beauvoir Philosophie ununterscheidbar mit ihren eigenen Erfahrungen verknüpft ist. Philosophie und Erfahrung/Leben sind eins. Ebenso gibt es bei Beauvoir keine Trennung von Philosophie und Literatur sowie von Literatur und Erfahrung/Leben. Sie ist also in einem fundamentalen Sinne eine Denkerin und Erzählerin der eigenen Erfahrung, welche immer auch als philosophischer Entwurf lesbar sowie in eine spezifische Lebenserfahrung eingewoben ist. Moi beschreibt in ihrem Beitrag, wie die Erfahrung des Andersseins bei Beauvoir zum konstitutiven Moment von Subjektivierung wird. Ähnlich wie Beauvoir trennt auch die jüdische Historikerin und US-amerikanische Feministin Wiener Herkunft Gerda Lerner nicht zwischen Leben und Denken, wie im Beitrag von Vera Kallenberg deutlich wird. Die Zurückweisung dichotomischen Denkens gilt nicht nur bezogen auf feministische Klassiker, wie sich an Patricia Bollschweilers literaturwissenschaftlichen Überlegungen in ihrem Kommentar *Thoughts on the Interrelationship of Experiential Gender Research and Literature* zu Tomke Königs Beitrag ablesen lässt. Königs methodologisches Erkenntnisinteresse aufgreifend fragt Bollschweiler danach, wie sich das implizite Wissen von Geschlecht explizieren und zur Sprache bringen lässt. Anknüpfend an Kleists Überlegungen zu Erfahrung und Erleben betont sie, dass es sich um kein dichotomes Verhältnis von Innen versus Außen, sondern um komplexe Selbstverhältnisse handelt. Als Zugriff auf das Implizite gilt ihr die Selbsterkundung, wie sie am Beispiel von Virginia Woolfs Roman *Orlando* verdeutlicht. *Orlando* erinnere auch daran, dass ein Abbilden des Erlebens nicht möglich ist und in der Repräsentation immer etwas Neues passiert – dabei gilt es zuallererst, diese Pendelbewegung zwischen Gespürtem und Gesagtem bzw. Symbolisiertem auszuhalten.

Auch der germanistische Literaturwissenschaftler Florian Kappeler sucht in seinem Kommentar *Vom Interpretieren zum Um-Üben. Emanzipatorische Körperpraxis* nach Möglichkeiten, die Dichotomie von *Körper* und *politischem Diskurs* zu überschreiten. Aus der Perspektive eines praxeologischen Materialismus überprüft und erweitert der Kommentar die Überlegungen von Vanessa Ullrich und Oliver Flügel-Martinsen über eine an Karl Marx anknüpfende *Körperpolitik* und überlegt mit Jacques Rancière, Laura Quintana und Eva von Redecker, wie körperliche Erfahrungen zum Ausgangspunkt politischer Emanzipation werden können.

2. *Die Frage nach dem Denken von Erfahrung führt zur Auseinandersetzung mit der eigenen intellektuellen Biografie,* wie der Kommentar der feministischen Philosophin und Theoretikerin Andrea Maihofer zum Beitrag von Toril Moi zeigt. Ein zentrales Moment in Maihofers Kommentar *Probleme der Anerkennung von Andersheit und Differenz* ist ihre Auseinandersetzung mit dem französischen Existenzialismus und seiner humanistischen Tradition, in dem das Denken Simone de Beauvoirs situiert ist. Dessen Ausgangspunkt ist das Menschsein sowie die Notwendigkeit der Beziehung von Menschen mit anderen Menschen. Dabei erläutert Maihofer vor dem Hintergrund ihrer eigenen intellektuellen Biografie und ihrer Beziehung zum Existenzialismus, warum sie auf dem Recht auf Differenz und Verschiedenheit insistiert und die essentialistische Annahme einer grundsätzlichen Feindschaft des Menschen gegenüber anderen Menschen problematisch findet. Das ist schließlich auch der zentrale Grund, warum sie den Begriff der Andersheit und des Andersseins nicht zentral setzt. Auch die Soziologin Diana Lengersdorf folgt in ihrem Kommentar *Lektüreerfahrung rückblickend. Über Fantasie, Verwobenes und die Freiheit des Nichtthematisierens* den Spuren ihrer eigenen intellektuellen Biografie, wenn sie sich in Auseinandersetzung mit Kallenbergs Beitrag zum Erfahrungsbegriff der feministischen Pionierhis-

torikerin Gerda Lerner aus der Perspektive der für Lengersdorf zentralen Pionierfigur Donna Haraway zuwendet.

3. *Die Reflexion des Erfahrungsbegriffs impliziert eine Auseinandersetzung mit der eigenen Disziplinengeschichte*, wie die Beiträge von Rainer Schützeichel sowie Vanessa Ullrich und Oliver Flügel-Martinsen deutlich machen. Schützeichel widmet sich in seinem theoretischen Beitrag *Schmerzen. Überlegungen zu einer Sozialtheorie phänomenaler Erfahrungen* der Frage, wie die höchst individuellen Erfahrungen von Schmerzen soziabel und kollektivierbar werden können. Dies ist eine genuin soziologische Fragestellung. Aus der Perspektive der politischen Theorie analysieren die Politikwissenschaftler*innen Vanessa Ullrich und Oliver Flügel-Martinsen in ihrem Beitrag *Kritik der Körperpolitik. Erfahrung, Sprache und politische Emanzipation* die Bedeutung von körperlicher Erfahrung in sozialen Bewegungen der Gegenwart und in der politischen Theoriebildung. Ähnlich wie bei Schützeichel gehört dazu auch eine Auseinandersetzung mit der Theoretisierung in der eigenen Disziplinengeschichte, in der der Körper lange Zeit marginalisiert gewesen ist. Ihr Beitrag nutzt dabei höchst unterschiedliche Theorie- und Denktraditionen, die sich dem Ziel politischer Emanzipation verschrieben haben und verbindet marxistische Grundlegungen mit poststrukturalistischen und aktuellen Ansätzen einer Critical Theory, deren Ausgangspunkt verletzte Körper sind.

4. *In spezifischen historischen und gesellschaftlichen Situationen sind bestimmte wissenschaftliche und politische Zugriffe auf Erfahrung notwendig.* Das zeigt sich besonders in den Beiträgen von Vera Kallenberg und Julia Roth. Kallenberg legt in ihrem Beitrag dar, wie bei Gerda Lerners Rekonstruktion der *weiblichen Erfahrung* US-amerikanischer weißer Frauen zunächst das Sammeln, Sortieren, Aufbereiten, Sichtbarmachen, Zusammenstellen und Edieren von Quellen *realgeschichtlicher* Erfahrungen von Frauen im Vordergrund stand. Roth versteht die von ihr analysierten Genres des *life writing* als Zeugnisse, die die Gewalterfahrungen und Existenzweisen von People of Color belegen. Auch und gerade wenn Quellen *gegen den Strich* gelesen werden mussten, bezeugten sie die Existenz realer Unterdrückungs-, Leidens- und Lebenserfahrungen.

5. *In der empirischen Erforschung von Erfahrung wie in ihrer theoretischen Reflexion sind methodologische Überlegungen mit ethischen Fragen verknüpft.* Im Beitrag von Magdalena Suerbaum und Heidemarie Winkel *On the Translatability of Gendered Experiences. Socio-Historical, Feminist-Postcolonial, and Phenomenological Reflections* wird Erfahrung sowohl als empirische Kategorie der empirischen Sozialforschung als auch als theoretisch-wissensgeschichtliche Kategorie verhandelt. Am Beispiel von Mutterschaftserfahrungen geflüchteter Frauen im Kontext von Flucht, Migration und Exil geraten hier existenzielle Erfahrungen von Frauen unter besonders existenzbedrohenden Bedingungen in den Blick. Dabei wirft Suerbaums und Winkels Beitrag die Frage auf, welche Rolle die Erfahrungen der Forschenden und deren Vorstellungen von Erfahrung in der Forschungssituation spielen und welche Forderungen sich daraus

für die Forschungspraxis und -reflexion ergeben. Wie lässt sich Gleichheit in der Differenz in konkreten Begegnungen herstellen?

Der Kommentar des germanistischen Literaturwissenschaftlers Walter Erhart zum soziologischen Beitrag von Rainer Schützeichel knüpft an das schon von Ludwig Wittgenstein formulierte methodische Problem an, wie eine individuelle körperliche Erfahrung von Schmerz überhaupt übertragbar und kommunizierbar sein könne. Gerade im Hinblick auf die mit dem Schmerzempfinden zumeist ebenso verbundene Erfahrung einer geschlechtsspezifischen Differenz stellt sich die Frage, ob und wie der Ausdruck von Schmerz immer schon auf ethisch-moralische Reaktionen wie Anteilnahme und Anerkennung bezogen ist. Auch hier sind Literatur und Kunst prominente Medien der Übertragung und Übertragbarkeit geschlechtlicher (Schmerz-)Erfahrungen, die in der affektiven Übernahme fremder Perspektiven das Wissen über eigene Erfahrungen und Existenzweisen erweitern.

6. Die Frage der Translation/Übersetzbarkeit von Erfahrung in nicht-westliche Kontexte, zunächst vorwiegend in den postcolonial studies thematisiert, erweist sich auch mit Blick auf Geschlecht als ambivalent. Die Anthropologin Magdalena Suerbaum und die Religionssoziologin Heidemarie Winkel hinterfragen aus einer postkolonialen Perspektive die Übersetzbarkeit des im Westen entstandenen Erfahrungsbegriffs für nicht-westliche Kontexte aus der Perspektive der *middle eastern studies*. Annika Klankes Kommentar *On the Translation of Literature and Experience – Reflections with Walter Benjamin* betont dagegen aus germanistisch-literaturwissenschaftlicher Perspektive das utopische Potential des *Über*-Setzens, des aufeinander Zubewegens auf einen (gemeinsamen) imaginären Ort. Die Aufgabe des Forschenden-Übersetzenden bestünde darin, Forschung als Übersetzung, als Mittel zum Umgang mit Differenz, Alterität, Fremdheit zu verstehen, aber gleichzeitig darauf zu vertrauen, dass es möglich ist, in unterschiedlichen Erfahrungen einen Zusammenhang zu finden.

7. Die Auseinandersetzung mit den Lücken, Leerstellen, Lacunae in der Repräsentation und dem Erzählen von Erfahrung und Erleben zeigt, dass sich die dabei unterschiedlich angenommenen Bedeutungen zwischen Invisibilisierung, (Ver-)Leugnung und Bewahrung eines utopischen Moments bewegen. Im Beitrag der Kultur- und Literaturwissenschaftlerin Julia Roth *»Reading the Unspeakable«. Emotional Memory and Affective Relationality in Life-Writing Genres* steht das Erzählen von extremen Gewalterfahrungen im Zusammenhang mit rassistischen Gewaltverhältnissen im Mittelpunkt. In amerikanischen *slave narratives* im Zusammenhang mit der transatlantischen Versklavungsgeschichte verweisen die Un(aus)sprechbarkeit und das Un(aus)gesprochene, die *silences*, auf das, was zum Schweigen gebracht, was nicht gehört und was unsichtbar gemacht wurde; es muss dem Vergessen entrissen und ausgeleuchtet werden. So wie die *gaps* auf etwas verweisen, was (noch) nicht oder nicht adäquat gesehen wurde und wird, so sind diese Leerstellen negativ konnotiert und haben Aufforderungscharakter, sie sollen gefüllt werden und von den Rändern ins Zentrum rücken.

Vera Kallenberg fragt nach Verschiebungen und Überblendungen jüdischer Erfahrung bei der Konzeptualisierung und Aufbereitung der *Women's History* in den USA der 1970er Jahre. Ihr Beitrag *»Women's History« als Echo gebrochener jüdischer Erfahrung des 20. Jahrhunderts. Gerda Lerners »The Female Experience«* (1977) fragt zum einen nach dem Erfahrungsbegriff als Gegenstand historiographischer Forschung und Reflexion bei Lerner. Zum anderen geht es um die Auswirkungen der eigenen Erfahrung Lerners auf ihr Denken von Erfahrung. Dabei wird weibliche Erfahrung (re-)konstruiert, indem gezielt nach geteilten Erfahrungen und der geteilten Geschichte von Frauen als Frauen gesucht wird. Durch das Gruppieren solcher geteilten Erfahrungen auf der Mikroebene konstituiert sich eine Kollektivbiografie weiblicher Erfahrung. Beleuchtet werden auch Lerners Leerstellen in Bezug auf die Repräsentation von Erfahrungen. Die nicht bearbeiteten Erfahrungen und Themen deutet Kallenberg als Spuren traumatischer Erfahrungen, die die Repräsentation historischer weiblicher Erfahrung (ko-)konstituieren.

Tomke König zeigt in ihrem Beitrag *Experiential Gender Research. The Body as a Source of Meaning and Change*, wie ein Sprechen, das der gefühlten Bedeutung von Geschlecht Raum gibt, Nuancen geschlechtlicher Existenzweisen sichtbar machen kann, die das Paradigma der hierarchisch-heteronormativen Geschlechterordnung (zumindest zeitweise) stillstellen, suspendieren oder auch überschreiten. Das Explizieren von impliziten Bedeutungen ist allerdings nicht selbstverständlich. Auch wenn das körperlich-leibliche Erleben in allen Situationen implizit wirksam ist, beachten wir diese Dimension in der Regel nicht. Wir sprechen eher über eine Erfahrung statt aus dem Erleben dieser Erfahrung. Erst wenn wir die Aufmerksamkeit auf das Erleben im Hier und Jetzt richten, kann im Moment des Sprechens die Bedeutung entfaltet werden, die ein Wort, ein Konzept oder auch das Geschlecht für die sprechende Person hat. König macht in ihrem Beitrag zudem konkrete methodologische Vorschläge, wie wir uns in der empirischen Sozialforschung dem Erleben von Geschlecht nähern können.

Der Literaturwissenschaftler Benedikt Wolf stellt in seinem Beitrag über (homo-)sexuelle Erfahrung im Medium des Gedichts männliche Erfahrung und homosexuelles Begehren ins Zentrum seiner Analyse. In *»Where † wrote«. Utopian Literary Experience in Constantine P. Cavafy's »The Afternoon Sun«* analysiert er Lücken, Leerstellen – Lacunae – in poetischer Erfahrung, indem er die konkrete Materialität von Text und Textgestalt einbezieht. Bei Wolf haben die Lacunae gerade keinen Charakter von Auslassung, Ausblendung, Invisibilisierung und (Ver-)leugnung, sondern enthalten das Moment, das die Utopie bewahrt.

Das Anregungspotential dieses literaturwissenschaftlichen Ansatzes greift der Kommentar *Converting Silences into Possibilities. Applying Lessons from Literary Studies to Ethnographic Knowledge Production* der Soziologin und Ethnologin Inka Stock auf. Sie liest Wolfs Erörterung von Cavafys Gedicht als Hinweis auf den Prozess des Schreibens als einen kreativen Prozess, der neue und spezifische Erfahrungen bei den Lesenden schaffen kann. Daran anknüpfend schlägt sie vor, diesen methodologischen Ansatz für die ethnografische Forschung zu verwenden. Implizit auf die Thematisierung der Übersetzungsproblematik von Suerbaum und Winkel antwortend, empfiehlt Stock, dass Ethnograph*innen bewusst Lücken in Texten erzeugen sollten, wenn sie noch nicht in der Lage sind, Objekte, Prozesse oder Gefühle zu benennen. Dieser Prozess könne die Schreibenden auf die Stellen hinweisen, an denen eine neue Rahmung oder eine neue Perspektive erforderlich ist oder an denen sie weiter nachdenken müssten. Dabei geht Stock davon aus, dass dieser Ansatz besonders in der ethnografischen Forschung von Bedeutung sein könnte, da diese sich oft stark auf die Beobachtung und die körperliche Erfahrung des Unbekannten stütze.

8. Das Schreiben dieser Einleitung wurde überschattet vom antisemitischen Terrorangriff der Hamas auf Israel am 7. Oktober 2023 mit 1.200 (mehrheitlich) zivilen Opfern an nur einem Tag, dem anschließenden Israel-Hamas-Krieg und der sich daraus ergebenden humanitären Katastrophe im Gazastreifen mit derzeit rund 25.000 Toten und rund zwei Millionen Binnenflüchtlingen auf palästinensischer Seite (Stand 17.01.2024). Ende und Ausgang des Krieges inklusive des Einstellens des täglichen Raketenbeschusses auf Israel durch Hamas und Hezbollah, die endgültigen Opferzahlen, die Freilassung aller als *Juden* bzw. *jüdische Kollaborateure* entführten Geiseln sowie die Folgen der Katastrophe sind aktuell nicht abzusehen. Auch eine wissenschaftliche Bewertung des Massenmords der Hamas an jüdischen und anderen in Israel lebenden Menschen, unter Einsatz von Folter, brutaler sexualisierter Gewalt und massivem digitalen Terror, kann derzeit nur vorläufig ausfallen. Bei all dem sind die weltweiten Reaktionen auf das antisemitische Massaker auf israelischem Boden, den Krieg und die Toten in Gaza und Israel, einschließlich der gewalttätigen antisemitischen Ausbrüche in Zentren des globalen Nordens, noch nicht berücksichtigt. In extremer Weise lenken diese Vorgänge unsere Aufmerksamkeit jedoch auf *die besondere Qualität und die existenzielle Dimension von Gewalterfahrungen und deren Verarbeitungen, die im Zusammenhang mit Genozid, Krieg und Flucht sowie anderen Formen von Massengewalt zu verzeichnen sind.* Mit der Geschichte antisemitischer Verfolgung ist die Erfahrung des fundamentalen Bruchs verbunden, wie Kallenberg für die jüdische Erfahrung im Kontext der Shoah zeigt und die nun in die Gegenwart zurückkehrt. Solche Erfahrungen der Dehumanisierung erscheinen unspeakable, wie Roth anhand rassistischen Gewaltgeschehens darlegt, sind verknüpft mit vielfachen Traumata und dem Wunsch nach Heilung bei den Opfern (Kallenberg) sowie, im Kontext von Zwangsmigration, verbunden mit dem Bedürfnis nach dem Herstellen und Ausdrücken von Empathie bei den Forschenden (Suerbaum/Winkel).

Ebenfalls in die Zeit der Niederschrift dieser Einleitung fiel der Tod unseres Kollegen und Freundes Rainer Schützeichel. Sein soziologischer Einfallsreichtum, seine freundliche und insistierende Art, mit der er Wissenschaftler*innen – gerade auch jüngere – in ihren Projekten begleitete, haben zum Gelingen unseres Graduiertenkollegs beigetragen. Das Erscheinen dieses Buches konnte er nicht mehr miterleben. Wir werden ihn sehr vermissen. Ihm ist dieses Buch gewidmet.

Leitfragen für eine Reflexion von Erfahrung in der kritischen Geschlechterforschung

- Welche Bedeutung haben andere Menschen dafür, dass ich mich (als Selbst) erfahren kann? (= Prozesse der Subjektivierung)
- Welche Rolle spielt Differenz für Erfahrungen? Welche Rolle spielen Differenzen, um überhaupt Erfahrungen machen zu können?
- Welche Rolle spielt Alterität für Erfahrungen/als Erfahrung?
- Wie wird in Erfahrungen Differenz und/oder Alterität und/oder Abgetrenntsein hergestellt?
- Sind meine höchst subjektiven Erfahrungen vermittelbar oder (mit-)teilbar? Welche Erfahrungen erweisen sich für wen als *shared histories*?
- Wie kann ich (als Forschende*r) die Erfahrungen anderer Menschen (auch in der Vergangenheit) verstehen? (Forschung als Übersetzungsleistung)
- Welche Funktion können Erfahrungen für Verstehen in der Wissenschaft haben?
- Welche Rolle spielen die Erfahrungen der Forschenden in der konkreten Forschungssituation?
- Welche Rolle spielen geteilte Erfahrungen der Forschenden und Erforschten für die Wissenschaft?
- Wie sind Erfahrungen kollektivierbar? Oder: Unter welchen Bedingungen wird es möglich die Gleichheit in Differenz anzuerkennen?

Literaturverzeichnis

Ahmed, Sara (2006): Queer Phenomenology: Orientations, Objects, Others, Durham: Duke University Press.

Alcoff, Linda Martín (1997): Phänomenologie, Post-strukturalismus und feministische Theorie. Zum Begriff der Erfahrung, in: Silvia Stoller/Helmuth Vetter (Hg.), Phänomenologie und Geschlechterdifferenz, Wien: WUV, 227–248.

Alcoff, Linda Martín (2000): Phenomenology, Post-Structuralism, and Feminist Theory on the Concept of Experience, in: Linda Fisher/Lester Embree (Hg.), Feminist Phenomenology, Dordrecht/Boston/London: Kluwer Academic Publishers, 39–56.

Anderson, Clare (2012): Subaltern Lives. Biographies of Colonialism in the Indian Ocean World, 1790–1920, Cambridge: Cambridge University Press.

Banerjee, Prathama (2020): Elementary aspects of the political: Histories from the global south, Durham, NC: Duke University Press.

Bauer, Ingrid/Hämmerle, Christa/Opitz-Belakhal, Claudia (Hg.) (2020): Politik – Theorie – Erfahrung. 30 Jahre feministische Geschichtswissenschaft im Gespräch, Göttingen: V&R unipress.

Beauvoir, Simone de (1949): La deuxième Sexe, Paris: Gallimard.

Bos, Marguérite/Vincenz, Bettina/Wirz, Tanja (Hg.) (2004): Erfahrung: Alles nur Diskurs? Zur Verwendung des Erfahrungsbegriffs in der Geschlechtergeschichte, Zürich: Chronos.

Box, Marijke (2023): Inneres Erleben erzählen. Zur Prosa von Mela Hartwig und Irmgard Keun 1928–1948, Bielefeld: transcript.

Brockmeyer, Bettina/Lettow, Susanne/Manz, Ulrike/Schäfer, Sabine (Hg.) (2018): Praxeologien des Körpers: Geschlecht neu denken, in: GENDER. Zeitschrift für Geschlecht, Kultur und Gesellschaft; 10(1), 7–12.

Conrad, Sebastian (2016): What is Global History?, Princeton: Princeton University Press.

Conrad, Sebastian/Randeria, Shalini (Hg.) (2002): Jenseits des Eurozentrismus: postkoloniale Perspektiven in den Geschichts- und Kulturwissenschaften, Frankfurt a.M.: Campus.

Daniel, Ute (2004): Die Erfahrungen der Geschlechtergeschichte, in: Marguérite Bos/Bettina Vincenz/Tanja Wirz (Hg.), Erfahrung: Alles nur Diskurs? Zur Verwendung des Erfahrungsbegriffes in der Geschlechtergeschichte, Zürich: Chronos, 59–69.

Demirović, Alex/Maihofer, Andrea (2013): Vielfachkrise und die Krise der Geschlechterverhältnisse, in: Andreas Heilmann/Hildegard Maria Nickel (Hg.), Krise, Kritik, Allianzen. Arbeits- und geschlechtersoziologische Perspektiven, Weinheim, Basel: Beltz Juventa, 30–48.

Dewey, John (1980[1958]): Kunst als Erfahrung, Frankfurt a.M.: Suhrkamp.

Diezinger, Angelika (1994): Erfahrung mit Methode. Wege sozialwissenschaftlicher Frauenforschung, Freiburg i.Br.: Kore.

Graf, Julia/Ideler, Kristin/Klinger, Sabine (Hg.) (2013): Geschlecht zwischen Struktur und Subjekt: Theorie, Praxis, Perspektiven, Opladen u.a.: Budrich.

Grant, Judith (2015): Experience, in: Lisa Disch/Mary Hawkesworth (Hg.), The Oxford Handbook of Feminist Theory, New York: Oxford University Press, 227–246, https://doi.org/10.1093/oxfordhb/9780199328581.013.12

Grittmann, Elke/Lobinger, Katharina/Neverla, Irene/Pater, Monika (Hg.) (2018): Körperbilder – Körperpraktiken. Visualisierung und Vergeschlechtlichung von Körpern in Medienkulturen, Köln: Halem.

Grosz, Elizabeth (1993): Merleau-Ponty and Irigaray in the Flesh, in: Thesis Eleven 36(1), 37–59. https://doi.org/10.1177/072551369303600103

Haraway, Donna (1995[1988]): Situiertes Wissen. Die Wissenschaftsfrage im Feminismus und das Privileg einer partialen Perspektive, in: Carmen Hammer/Immanuel Stieß (Hg.), Donna Haraway: Die Neuerfindung der Natur. Primaten, Cyborgs und Frauen, Frankfurt a.M./New York: Campus, 73–97.

Hof, Renate/Rohr, Susanne (Hg.) (2008): Inszenierte Erfahrung: Gender und Genre in Tagebuch, Autobiographie, Essay, Tübingen: Stauffenburg.

hooks, bell (1984): Feminist Theory: From Margin to Center, London: Pluto Press.

Jäger, Ulle (2014): Der Körper, der Leib und die Soziologie, Frankfurt a.M.: Ulrike Helmer.

Jay, Martin (2004): Songs of Experience Modern American and European Variations on a Universal Theme, Berkeley: University of California Press.

Kallenberg, Vera et al. (Hg.) (2013): Intersectionality und Kritik. Neue Perspektiven für alte Fragen, Wiesbaden: Springer.

Knapp, Gudrun-Axeli (2005): »Intersectionality« – ein neues Paradigma feministischer Theorie? Zur transatlantischen Reise von »Race, Class, Gender«, in: Feministische Studien 23, 68–81.

König, Tomke/Erhart, Walter (2023): Das Ich in der Geschlechterforschung. Zur Bedeutung von Erfahrung und Erleben für die Kritik der Geschlechterordnung. Soziologische und literaturwissenschaftliche Perspektiven, in: Internationales Archiv für Sozialgeschichte der deutschen Literatur 48(2), 356–378.

König, Tomke/Wolf, Benedikt (2024): Die Leibsprache der Geschlechter. Ein Vorschlag zur Weiterentwicklung von Geschlechtertheorie, in: GENDER. Zeitschrift für Geschlecht, Kultur und Gesellschaft (im Erscheinen).

Landweer, Hilge/Marcinski, Isabella (Hg.) (2016): Dem Erleben auf der Spur. Feminismus und die Philosophie des Leibes, Bielefeld: transcript.

Lerner, Gerda (1977): The Female Experience. An American Documentary, Indianapolis: Bobbs-Merrill.

Lindemann, Gesa (2011): Das Paradoxe Geschlecht. Transsexualität im Spannungsfeld von Körper, Leib und Gefühl, Wiesbaden: VS Verlag.

Lorde, Audre (1979): Sister Outsider, Berkeley, Calif.: Crossing Press, 110–113.

Lutz, Helma/Vivar, Maria Teresa Herrera/Supik, Linda (Hg.) (2010): Fokus Intersektionalität. Bewegungen und Verortungen eines vielschichtigen Konzeptes, Wiesbaden: VS Verlag.

Maihofer, Andrea (1995): Geschlecht als Existenzweise, Frankfurt a.M.: Ulrike Helmer.

Mies, Maria (1978): Methodische Postulate zur Frauenforschung. Dargestellt am Beispiel der Gewalt gegen Frauen, in: Beiträge zur Feministischen Theorie und Praxis 11(7), München: Verlag Frauenoffensive, 7–25.

Moi, Toril (2010): What Can Literature Do? Simone de Beauvoir as a Literary Theorist, in: Querelles. Jahrbuch für Frauen- und Geschlechterforschung 15, 23–38.
Moi, Toril (2017): Revolution of the Ordinary. Literary Studies after Wittgenstein, Austin and Cavell, Chicago/London: The University of Chicago Press.
Opitz-Belakhal, Claudia (2018): Geschlechtergeschichte, Frankfurt a.M./New York: Campus.
Rubin, Henry S. (1998): Phenomenology as Method in Trans Studies, in: GLQ: A Journal of Lesbian and Gay Studies 4(2), 263–281.
Rukeyser, Muriel (1968[1949]): The Life of Poetry, New York: Kraus.
Scott, Joan W. (1991): The Evidence of Experience, in: Critical Inquiry 17(4), 773–797.
Smith, Sidonie/Watson, Julia (Hg.) (1998): Women, Autobiography, Theory: A Reader, Madison, WI. u.a.: University of Wisconsin Press.
Stoller, Silvia/Vetter, Helmut (Hg.) (1997): Phänomenologie und Geschlechterdifferenz, Wien: WUV.
Stoller, Silvia (2010): Existenz – Differenz – Konstruktion. Phänomenologie der Geschlechtlichkeit bei Beauvoir, Irigaray und Butler, München u.a.: Fink.
Subrahmanyam, Sanjay (1997): Connected Histories: Notes towards a Reconfiguration of Early Modern Eurasia, in: Modern Asian Studies 31(3), 735–762. https://doi.org/10.1017/S0026749X00017133
Vogel, Ulrike (Hg.) (2006): Wege in die Soziologie und die Frauen- und Geschlechterforschung. Autobiographische Notizen der ersten Generation von Professorinnen an der Universität, Wiesbaden: VS-Verlag.
Walker, Alice (1983): In Search of our Mother's Gardens, Orlando u.a.: Harcourt.
Werner, Michael/Zimmermann, Bénédicte (2004): De la comparaison à l'histoire croisée, Paris: Seuil.
Zettelbauer, Heidrun/Benedikt, Stefan/Kontschieder, Nina/Sonleitner, Käthe (Hg.) (2017): Verkörperungen – Embodiment. Transdisziplinäre Analysen zu Geschlecht und Körper in der Geschichte – Transdisciplinary Exploration on Gender and Body in History, Göttingen: V&R unipress.

The Necessity of Experience
Introduction

Vera Kallenberg, Tomke König & Walter Erhart

> Experience taken into the body, breathed-in, so that reality is the completion of experience, and poetry is what is produced. And life is what is produced.
> *Muriel Rukeyser, The Life of Poetry [1949]*

The title of this introduction, echoing Gerda Lerner's programmatic essay *The Necessity of History and the Professional Historian* (1982), has a twofold thrust: firstly, it emphasizes the existential quality of experience (*Erfahrung*). Every person's life is constituted by experiences, from the beginning of their existence to the end. Gender is one of the basic existential experiences that people have. Not only do we experience the world through our gender and being gendered, but experiences themselves are gendered and gendering. Secondly, this existential quality means that we must always approach experience as a phenomenon scientifically, or rather the phenomena addressed by experience, scientifically, conceptually, and methodologically as well as empirically. These complexes of understanding ask about the interrelationships between experience (*Erfahrung*) and experiencing (*Erleben*), experience and memory, testimony and memory, experience and narrative, experience and knowledge, experience and history and, last but not least, experience and knowledge. Furthermore, we need to explore the relationship between experience and action or agency, between experience and subjectivity, and between personal and collective experience. In short, investigating the complexity of experience means engaging with fundamental questions of scientific epistemology. These epistemological question horizons become even more challenging through the inclusion of gender.

This volume is the result of a research and reflection process that has taken place at Interdisciplinary Center for Gender Research (IZG), Bielefeld University, since 2021 in the context of the DFG-funded interdisciplinary Research Training Group *Experiencing Gender. Constitution and Transformation of Social Modes of Existence*. The aim of the chapters that make up this book is to theoretically reconceptualize gender as an experience. To this end, we place the experiences that people have with their gendered mode of existence in entanglement with other dimensions of existence (class, ethnicity, citizenship, sexuality, health, age, religion) at the center of empirical research (see Demirović/Maihofer 2013; Knapp 2005; Kallenberg et al. 2013; Lutz/Vivar/Supik 2010). We also explicitly include in these analyses of aesthetic experience and literary knowledge production in the areas of literary and cultural studies.

In doing this, we are picking up a thread that was already of central importance in the earliest days of women's studies and gender studies (Alcoff 2000; Haraway 1988; Mies 1978; Opitz-Belakhal 2018; Vogel 2006). In the 1970s, gendered experience became a double point of reference: On the one hand, the concrete experiences women had in heteronormative patriarchal institutions dominated by men and androcentric ways of thinking played a major role in the formulation of feminist theory and science. On the other hand, these women tried to make visible – synchronically and diachronically – their invisibilized experiences and representations in all areas of social and cultural life. They were concerned with the specifics of their experiences as women and how they related to patriarchal structures (Grant 2015). Vera Kallenberg's contribution on the history of Gerda Lerner's anthology of primary sources *The Female Experience* (1977) and its reception in the USA shows how the concept of *female experience* was introduced into historical scholarship as both a historiographical and feminist-emancipatory category.

Many female scholars have taken their own experiences of discrimination, exclusion, and violence as a starting point to make gender relations visible as a specific, historically, and socio-culturally shaped form of domination and to question the claim to objectivity of androcentric scholarship. The body has played a central role in this. These women were raising the question of self-determination and the liberation of the female body from the constraints of male domination. Furthermore, the concept of *expérience vécue* or lived experience (the title of the second book of *Le deuxième sexe*), introduced by Simone de Beauvoir in 1949, also brought the somatic level of gendered existence into the focus of women's and gender studies. Building on this, a range of theoretical and methodological approaches systematically questioned and reconceptualized the contrast between mind/reason and body/feeling. Later, with the formation of feminisms of color, on the one hand, and the reception of post-structuralist theory and the linguistic turn, on the other, a critique of a naïve, homogenizing, and essentializing understanding of experience began (hooks 1984; Lorde 1979; Walker 1983). Among other things, the self-evident generalization of the experiences of certain feminists (white, Western, middle class, etc.) for all women was challenged, as were the ideological baggage around the notion that experience is an expression of authenticity and the idea that experience can be depicted in an unmediated way. Critiques from the 1990s on also problematized the assumption of a causal relationship between experience and subjectivity or experience and agency, which is entailed by a concept of experience linked to the idea of an autonomous subject. This criticism was put forward particularly prominently in a widely received essay by the historian Joan W. Scott, *The Evidence of Experience* (1991), which forms a point of reference for many of the texts collected in this volume:

> It is not individuals who have experience, but subjects who are constituted through experience. Experience in this definition then becomes not the origin of our explanation, not the authoritative (because seen or felt) evidence that grounds what is known, but rather that which we seek to explain, that about which knowledge is produced (Scott 1991: 26).

In the following decades, the combination of theoretical developments and turns and the focus on socio-cultural, historical, and discursive mediation and the processuality of experience gave rise to a series of questions not limited to gender studies (Diezinger 1994; Bos 2004). Key areas in which they have been tackled include auto/biography research and *life-writing studies* (Smith/Watson 1998; Hof 2008), and auto/ethnography and transnational and transcultural historiography on interwoven, shared, and global histories (Conrad 2016; Conrad/Randeria 2002; Subrahmanyan 1997; Anderson 2012; Davos 2011; Banerjee 2020). Major questions formulated following this strand of critique concern the process of producing experience (how is experience constituted?); the question of who is legitimized to speak about (which/whose) experiences; when, at what point in time (which/whose) experiences (in literature, in archives, in scientific research) come into focus; how individual experiences become intelligible, and under what conditions they can be collectively shared and represented. Where does the search for shared experiences reach its limits? And who can recognize and name which limits?

While the criticism of an unanalyzed concept of experience worked initially as a productive irritation for feminist research, experience increasingly turned into a "dirty word" (Grosz 1993: 40). Certain topics that were analyzed under the keyword *experience* have since been examined in the social and historical sciences using praxeological approaches, for example gendered (body) practices or practices of gender (Graft/Ideler/Klinger 2013; Brockmeyer et al. 2018; Grittmann et al. 2018: Zettelbauer et al. 2017). At the same time, the study of gendered experience and the lived experience of gender has been marginalized by gender theory or – as in the case of phenomenologically oriented gender research (Landweer/Marcinski 2016) – marginalized altogether. Silvia Stoller's diagnosis in 2010 that "the phenomenological concept of experience in the context of feminist philosophy had not yet been rehabilitated by the post-structuralist critique" (Stoller 2010: 111, author's translation) still applies thirteen years later – to feminist philosophy as well as, with a few modifications, to feminist sociology, literature, and history.[1] "Feminist theory," as Linda Martín Alcoff puts it, "moved from one extreme, taking personal experience as the basis of knowledge, to the other extreme, discrediting experience as a product of phallogocentrism" (Alcoff 1997: 233, author's translation).

This volume seeks new ways of approaching the relationships among discourse/language, experience, and gender. We are guided by the question of how we can include in our research both the significance of the bodily experience that people have of their gender and the discursive determinacy of possible experiences. One focus is the connection between body, language, and situation in different historical and socio-cultural constellations. We see potential for inspiration in those approaches that seek to mediate deconstructivist and phenomenological or materialist approaches to gender studies and to bridge the gap between them in the long term (Alcoff 1997; Maihofer 1995; Daniel 2004; Jäger 2014; Lindemann 2011; Rubin 1998; Shotwell 2021; Stoller 2010; Stoller/Vetter 1997). We continue to understand gender as historically and socio-culturally variable, as a continuously and interactively produced process, and as an inescapable, historically specific materiality. However, we also consider that people have a bodily *mode of existence* (Maihofer 1995), sense (themselves) and feel, and can also produce and (co-)constitute, but also question a fundamental implicit knowledge about their own gender practice (Ahmed 2006; Moi 2015). We want to break down the distinction between language and bodily experience. Or rather: the categorical separation of language and body seems to us to be a doxa that needs to be questioned. The process of speaking, of raising one's voice, of giving voice to experience does not stand outside of bodily experience; rather, we must assume a "Leibsprache" (König/Wolf 2024). This "Leibsprache" is itself an experience and thus part of how we experience being gendered and gendering ourselves. In doing so, we cannot stop at questioning the self-evident binary separation of body and language/discourse and the theoretical re-foundation of the concept of experience. Rather, the volume also aims to encourage the implementation of this new conceptualization in research practice. Our research thus aims to fill the gap between the paradigm of the primacy of language/discourse in deconstructivist approaches, the insight into the materialistic and domination-shaped structural binding of gender on the part of *older* feminist women's and gender studies, and the approach of the body as "a place of possible deviations" (Jäger 2004: 222, author's translation) within the framework of more recent phenomenological approaches. Our considerations focus on the question of

1 The volume *Politik-Theorie-Erfahrung: 30 Jahre feministische Geschichtswissenschaft im Gespräch* (Bauer/Hämmerle/Opitz-Belakhal 2020) offers insights into the experiences of gender history, but not a reflection on the concept of experience. Our series *Gender as Experience* aims to provide a platform for new approaches in this area; see the research by Box (2023) in the field of literary studies.

how the material and phenomenal dimension of gender can be addressed without falling back into the traps of earlier uses of experience and, not least, essentialist assumptions of a natural determination of gendered bodies.

Of course, we do not speak with one voice in this book. We have conceived the volume bilingually, also to be able to include and address a range of nationally, and culturally coded academic perspectives. This leads to the difficulty of dealing with different (national) languages, which have coined very different terms for central phenomena. In German, the verbs *erfahren* and *erleben* as well as the nouns *Körper* and *Leib* can be distinguished conceptually. By contrast, other languages need auxiliary constructions and complex compounds. The neologism "Leibsprache" used by König/Wolf (2024) cannot be translated, as such compounds are not provided for in English. *Experiencing gender* is only inadequately translated as *experience* or *experiencability*, as the practical experience connoted in English is not represented. The French *expérience vécue* or the English *lived experience* appears ambiguous; it can be translated into German as *Erleben* or as an individual biographical manifestation of human experience; the common translation *gelebte Erfahrung* sounds rather tautological (its opposite – a *dead experience* – does not exist).

Our contributions take on different perspectives and points of observation. I can speak from my own experience and about the experiences of other people. Some contributions concern the concrete experiences that people have with their gender and as certain genders. Others focus on aspects of gendered existence and experiences of gender that are still difficult to grasp and express. Art and literature are media that allow us to expand the space of what can be said about experience that has not yet been articulated and shared. Simone de Beauvoir already referred to fictional literature as a powerful instrument for overcoming the inescapable separation of isolated subjects and appropriating the experiences of others ("capable de me donner l'incommunicable"), experiencing and feeling the world in a different way ("capable de me donner le goût d'une autre vie") and thereby also transcending the situations of a gendered existence that are experienced as singular in each case (Moi 2010: 29). Equally, literature can also express the unspeakable in our own experiences. Fundamental poetic-rhetorical elements such as metaphors, ellipses, assonances, and repetitions try out – even in the context of everyday language – hidden possibilities of expression for pragmatically incomprehensible contents of experience that are initially incomprehensible even to one's own self and can often be felt bodily (König/Erhart 2023). Poetry and literature can fill those gaps, voids, or *lacunae* that open up beyond and between the boundaries of our gendered modes of existence and indicate the often utopian, unbounded desire of gendered bodies. Gendered experiences are not merely present and given, nor are they merely formed by society and imparted to us. They must and can be translated – into language and consciousness, from the other's experience into one's own and vice versa, from the situation of each individual into the form of general modes of experience, which are shared and can be talked about. Aesthetic experience is not a separate dimension, cut off from other experiences, but an important component of the expressive capacity that accompanies and shapes experiences per se (Dewey 1980). As a form of expression and mode of action of gender-specific experiences, the aesthetic therefore harbors a hitherto underutilized potential. Just as the concept of experience consistently served to link different social spheres and theoretical factions in the history of 20th century philosophy and theory (Jay 2004), so too could contemporary gender theory return to a concept of experience that attempts to reconnect the sensual, physical, and aesthetic aspects of gender with critical (social-)theory.

The need for translations in more than just a linguistic sense also arises from the plurality of specialized languages that are unavoidable in our interdisciplinary approach. For those of us who work with a feminist understanding of research and knowledge production – whether framed as social, cultural, or literary studies – experience is always already both gendered and gendering. By contrast, in terms of social theory more generally, experience can initially be thought of independently of gender, as Rainer Schützeichel suggests in his reflections on the sociability of pain experiences.

As academics, we bring with us a specific background of experience that allows us to discuss experience differently depending on the culture of the field where we primarily work (in our case: literary studies, (inter)American studies, sociology, political theory, history, social anthropology, and religious studies). In their contribution to this volume, Magdalena Suerbaum and Heidemarie Winkel show that, in addition to the various ways of thinking and expressing just outlined, further differences and dissonances may arise. They derive these differences from the historical origins of the concept of experience, which, as a European and Western tradition, seems to them to be inextricably interwoven with a (post-)colonial grammar.

This volume attempts to harness the interdisciplinarity of gender studies to expand our understanding of experience by reflecting on contributions made to the topic by the social sciences from a humanities and cultural studies perspective, and vice versa. To do this, we pursue three sets of questions: Since the question of how to conceive of differences between gendered people non-hierarchically is one of the fundamental concerns of feminist research, the first part of the book explores the connections between gendered experience and difference, alterity, otherness. The second part focuses on gendered experience and the physical body. The question of individual gendered bodily experience and its forms of articulation and representation leads us to the question of body politics in connection with collective experiences of subordination and practices of political resistance. Finally, the third part of the volume focuses on the unspoken and unspeakable (in) experience: gaps, voids, lacunae.

The following observations and theses, derived from the various contributions to this volume, may be considered the initial results of our research:

1. *Experience/life and science/knowledge are closely interwoven.* This becomes particularly clear in the article *Simone de Beauvoir's grammar of otherness* by Toril Moi. The literary scholar emphasizes that for Beauvoir, philosophy is indistinguishably linked to her own experiences. Philosophy and experience/life are one. Similarly, for Beauvoir there is no separation between philosophy and literature or literature and experience/life. In a fundamental sense, then, she is a thinker and narrator of her own experience, which can always be read as a philosophical project and is woven into a specific life experience. In her article, Moi describes how the experience of otherness becomes a constitutive moment of subjectivation for Beauvoir. Like Beauvoir, the Vienna-born Jewish-American historian and feminist Gerda Lerner does not make a distinction between life and thought (see Kallenberg's contribution in this volume). The rejection of dichotomous thinking does not only apply to feminist classics, as can be seen in Patricia Bollschweiler's literary reflections in her commentary *Thoughts on the Interrelationship of Experiential Gender Research and Literature* on Tomke König's article. Taking up König's interest in methodology and epistemology, Bollschweiler asks how the implicit knowledge of gender can be made explicit and expressed. Following on from Kleist's reflections on experience and experiencing, she emphasizes that this is not a dichotomous relationship of inside versus outside, but rather a matter of complex self-relationships. She sees self-exploration as a means of accessing the implicit, which she illustrates using the example of Virginia Woolf's novel *Orlando*. *Orlando* also reminds us that it is not possible to depict experience and that something new always happens in representation—the first thing to do is to endure this oscillation between what is felt and what is said or symbolized.

In his commentary *From Interpretation to Embodied Transformation. Emancipatory Body Practice*, Florian Kappeler, a scholar of German literature, also looks for ways to transcend the dichotomy of body and political discourse. From the perspective of praxeological materialism, the commentary examines and expands on Vanessa Ulrich and Oliver Flügel-Martinsen's reflections on a Marxian body politics, while drawing on the work of Jacques Rancière, Laura Quintana, and Eva von Redecker to consider how bodily experiences can become the starting point for political emancipation.

2. *The question of thinking about experience leads to an examination of one's own intellectual biography*, as the commentary by the feminist philosopher and theorist Andrea Maihofer on Moi's article shows. A central moment in Maihofer's contribution *Problems of Recognizing Otherness and Difference* is her examination of French existentialism and its humanist tradition, in which Simone de Beauvoir's thinking is situated. The starting point of this tradition is human existence and the necessity of human relationships. Against the background of her own intellectual biography and her relationship to existentialism, Maihofer explains why she insists on the right to difference and diversity and why she finds the essentialist assumption of a fundamen-

tal hostility of humans towards other humans' problematic. Ultimately, this is also the central reason why she does not place the concept of otherness and alterity in a central position. The sociologist Diana Lengersdorf also follows in her commentary *The Experience of Reading in Retrospect: On Fantasy, Entanglement, and the Freedom of Non-Thematization* the traces of her own intellectual biography when, in her discussion of Kallenberg's article on the concept of experience, she turns to the pioneering feminist historian Gerda Lerner from the perspective of Donna Haraway, a pioneering figure central to Lengersdorf's work.

3. *Reflecting on the concept of experience implies an examination of one's own disciplinary history*, as the articles by Rainer Schützeichel, Vanessa Ulrich and Oliver Flügel-Martinsen make clear. In his theoretical contribution *Pain. Reflections on an Social Theory of Phenomenal Experiences*, Schützeichel addresses the question of how individual experiences can become sociable, i.e. collectivizable. This is a genuinely sociological question. In their contribution *Critique of Body Politics. Experience, Language and Political Emancipation*, political scientists Vanessa Ulrich and Oliver Flügel-Martinsen analyze the significance of physical experience in contemporary social movements and political theory formation. As in Schützeichel's article, this also includes an examination of the history of theoretical concepts within their own discipline, in which the body has long been marginalized. However, their contribution draws on vastly different traditions of theory and thought, dedicated to the goal of political emancipation and combining Marxist foundations with post-structuralist and contemporary currents in critical theory with a focus on injured bodies.

4. *In certain historical and social situations, certain scholarly and political approaches to experience are necessary*. This is particularly evident in the contributions by Vera Kallenberg and Julia Roth. Kallenberg explains how Gerda Lerner's reconstruction of the *female experience* of white women in the USA, initially focused on collecting, sorting, processing, visualizing, compiling, and editing sources of *real* experiences of women in history. Roth considers the examples of the life-writing genre she analyzes as testimony that documents the conditions of violence and modes of existence of the people described in them. Even and especially when sources have to be read *against the grain*, they testify to the existence of real experiences of oppression, suffering, and life.

5. *In both empirical research into experience and its theoretical reflection, methodological considerations are linked to ethical questions*. In Magdalena Suerbaum and Heidemarie Winkel's article *On the Translatability of Gendered Experiences. Socio-Historical, Feminist-Postcolonial, and Phenomenological Reflections*, experience is negotiated both as an empirical category of empirical social research and as a theoretical-historical category. With particular reference to the experiences of motherhood of refugee women in the context of flight, migration, and exile, the focus here is on women's experiences under conditions of existential threat. Suerbaum and Winkel's contribution raises the question of what role the experiences of the researchers and their ideas of ex-

perience play in the research situation, as well as what demands arise from this for research practice and reflection. How can equality in difference be established in concrete encounters?

The response by the German literature scholar Walter Erhart to Schützeichel's sociological article takes up the methodological problem formulated by Ludwig Wittgenstein about how an individual physical experience of pain can be transferable and communicable at all. Specifically, regarding the common experience of a gender-specific difference associated with the sensation of pain, the question arises as to whether and how the expression of pain is always already related to ethical and moral reactions such as sympathy and recognition. Here too, literature and art are prominent media for the relation and relatability of gendered (pain) experiences, which expand knowledge about one's own experiences and modes of existence through the affective adoption of other perspectives.

6. *The question of the translation/translatability of experience into non-Western contexts, initially addressed primarily in postcolonial studies, also proves to be ambivalent regarding gender.* From a postcolonial perspective, the anthropologist Magdalena Suerbaum and the sociologist of religion Heidemarie Winkel question the translatability of the concept of experience developed in the West for non-Western contexts from the perspective of *Middle Eastern studies*. By contrast, Annika Klanke's contribution *On the Translation of Literature and Experience – Reflections with Walter Benjamin* emphasizes, from the perspective of German literature studies, the utopian potential of translating, of moving towards a (common) imaginary place. The task of the *researcher-translator* is thus to understand *research as translation* as a means of dealing with difference, alterity, *foreignness*, but at the same time to trust that it is possible to find a connection in different experiences.

7. *Examination of the gaps, voids, lacunae in the representation and narration of experience and experiencing shows that the different meanings assumed in the process move between invisibilization, denial, and preservation of a utopian moment.* In her article, *Reading the Unspeakable. Emotional Memory and Affective Relationality in Life-Writing Genres*, the cultural and literary scholar Julia Roth focuses on the narration of extreme experiences of violence in the context of racist violence. In American *slave narratives*, the unspeakability and the unspoken, the *silences*, refer to what has been silenced, what has not been heard and what has been made invisible; it must be snatched from oblivion and illuminated. Just as the gaps refer to something that has not (yet) been or is not adequately seen, these empty spaces have negative connotations: They demand to be filled and moved from the margins to the center.

Vera Kallenberg explores shifts and superimpositions of Jewish experience in the conceptualization and treatment of *Women's History* in the USA in the 1970s. Her article *"Women's History" as an Echo of the Fractured Jewish Experience of the 20th Century. Gerda Lerner's "The Female Experience" (1977)* examines the concept of experience as an object of historiographical research and reflection in Gerda Lerner's work. At the same time, it deals with the effects of Lerner's own experience on her thinking of experience. In this, female experience is (re-)constructed by specifically looking for shared experiences and the shared history of women as women. By grouping such shared experiences at the micro level, a collective biography of female experience is constituted. The gaps in Lerner's representation of experiences are also illuminated. Kallenberg interprets the unprocessed experiences and themes as traces of traumatic experiences that (co-)constitute the representation of historical female experience.

In her article *Experiential Gender Research. The Body as a Source of Meaning and Change*, Tomke König shows how speech that gives space to the felt meaning of gender can make visible nuances of gendered modes of existence that (at least temporarily) silence, suspend, or even transgress the paradigm of the hierarchical-heteronormative gender order. However, the explication of implicit meanings is not straightforward. Even if bodily experience is implicitly active in all situations, we usually do not pay attention to this felt dimension. We speak about an experience rather than from the experiencing of this experience. Only when we focus our attention on the experience in the here and now can the meaning that a word, a concept, or even gender has for the person speaking be unfolded at the moment of speaking. In her article, König also makes concrete methodological suggestions as to how we can approach the experience of gender in empirical social research.

In his article on (homo-)sexual experience in the medium of the poem, the literature scholar Benedikt Wolf places male experience and homosexual desire at the center of his analysis. In *"Where † wrote". Utopian Literary Experience in Constantine P. Cavafy's "The Afternoon Sun"*, Wolf analyzes voids and gaps – lacunae – in poetic experience by considering the concrete materiality of text and textual form. For Wolf, gaps and lacunae do not have the character of omission, fading out, invisibilization, and denial, but contain the moment that preserves the utopia.

The commentary *Converting Silences into Possibilities. Applying Lessons from Literary Studies to Ethnographic Knowledge Production* by sociologist and ethnologist Inka Stock picks up on the stimulating potential of this literary studies approach. She reads Wolfs' discussion of Cavafy's poem as a reference to the act of writing as a creative process that can create new and specific experiences for the reader. Drawing consequences from this, she suggests using this methodological approach for ethnographic research. Implicitly responding to Suerbaum and Winkel's translation problem, she recommends that ethnographers should consciously create gaps in texts when they are not yet able to name objects, processes, or feelings. This process can point writers to the places where a new framing or perspective is needed or where they need to think further. Stock assumes that this approach could be particularly important in ethnographic research, which often relies heavily on observation and the physical experience of the unknown.

8. The writing of this introduction was overshadowed by Hamas's antisemitic terrorist attack on Israel on October 7, 2023, during in the course of which 1,200 (mostly) civilians were murdered on a single day; the subsequent Israel-Hamas war; and the resulting humanitarian catastrophe in the Gaza Strip, which has led to the deaths of some 25,000 people and the internal displacement of around two million on the Palestinian side (as of January 17, 2024). The end and outcome of the war, including the cessation of daily rocket fire on Israel by Hamas and Hezbollah, the final casualty figures, the release of all hostages kidnapped as Jews or Jewish collaborators, and the consequences of the catastrophe are currently difficult to foresee. Furthermore, any assessment of Hamas' mass murder of Jewish and other people living in Israel remains provisional. It must consider the widespread use of brutal sexualized violence against women, torture, and the psychological terror of Hamas, who posted images and videos of atrocities committed by the perpetrators they led on digital media. In all of this, we have not yet considered the worldwide responses to the antisemitic massacre on Israeli soil, the war and the dead in Gaza and Israel, especially the dramatic rise in antisemitism and violent antisemitic outbursts worldwide after October 7 (e.g., an increase of around 320% in Germany) but also the increase in attacks by Israeli settlers on Palestinians in the West Bank or cases of anti-Palestinian violence in the USA. These events draw our attention to *the unique quality and existential dimension of extreme experiences of violence in connection with genocide, war, flight, and other forms of mass violence, and to how people cope with them*. The history of antisemitic persecution is linked to the experience of fundamental rupture, as Kallenberg shows for the Jewish experience in the context of the Shoah, which is now returning in the present. Such experiences of dehumanization appear *unspeakable*, as Roth demonstrates in terms of racist violence, are linked to multiple traumas and the desire for healing among the victims (Roth/Kallenberg), and, as in the context of forced migration, to the need for the creation and expression of empathy among researchers (Suerbaum/Winkel).

The writing of this introduction was also overshadowed by the death of our colleague and friend Rainer Schützeichel. His sociological ingenuity, the friendly and insistent manner with which he accompanied researchers, especially younger researchers, in their projects, contributed to the success of our Research Training Group. He did not live to see the publication of this book. We will miss him very much. This book is dedicated to him.

Key questions for reflecting on experience in critical gender studies

- What significance do other people have for me to be able to experience myself (as a self)? (= processes of subjectivation)
- What role does difference play in experiences?/What role do differences play in being able to have experiences at all?
- What role does alterity play for experiences/as experience?
- How is difference and/or alterity and/or separateness produced in experience?
- Can my highly subjective experiences be communicated or shared? Which experiences prove to be *shared histories* for whom?
- How can I (as a researcher) understand the experiences of other people (including in the past)? (Research as a work of translation)
- What role can experiences play in the production of academic knowledge?
- What role do the experiences of researchers play in the specific research situation?
- What role do shared experiences of researchers and those who are the subjects of research play in academic knowledge production?
- How can experiences be collectivized? Or: Under what conditions is it possible to recognize equality in difference?

Bibliography

Ahmed, Sara (2006): Queer Phenomenology: Orientations, Objects, Others, Durham: Duke University Press.

Alcoff, Linda Martín (1997): Phänomenologie, Poststrukturalismus und feministische Theorie. Zum Begriff der Erfahrung, in: Silvia Stoller/Helmuth Vetter (eds.), Phänomenologie und Geschlechterdifferenz, Wien: WUV, 227–248.

Alcoff, Linda Martín (2000): Phenomenology, Post-structuralism, and Feminist Theory on the Concept of Experience, in: Linda Fisher/Lester Embree (eds.), Feminist Phenomenology, Dordrecht/Boston/London: Kluwer Academic Publishers, 39–56.

Anderson, Clare (2012): Subaltern Lives. Biographies of Colonialism in the Indian Ocean World, 1790–1920, Cambridge: Cambridge University Press.

Banerjee, Prathama (2020): Elementary aspects of the political: Histories from the global south, Durham, NC: Duke University Press.

Bauer, Ingrid/Hämmerle, Christa/Opitz-Belakhal, Claudia (eds.) (2020): Politik – Theorie – Erfahrung. 30 Jahre feministische Geschichtswissenschaft im Gespräch. Göttingen: V&R unipress.

Beauvoir, Simone de (1949): La deuxième Sexe, Paris: Gallimard.

Bos, Marguérite/Vincenz, Bettina/Wirz, Tanja (eds.) (2004): Erfahrung: Alles nur Diskurs? Zur Verwendung des Erfahrungsbegriffs in der Geschlechtergeschichte, Zürich: Chronos.

Box, Marijke (2023): Inneres Erleben erzählen. Zur Prosa von Mela Hartwig und Irmgard Keun 1928–1948, Bielefeld: transcript.

Brockmeyer, Bettina/Lettow, Susanne/Manz, Ulrike/Schäfer, Sabine (eds.) (2018): Praxeologien des Körpers: Geschlecht neu denken, in: GENDER. Zeitschrift für Geschlecht, Kultur und Gesellschaft, 10(1), 7–12.

Conrad, Sebastian (2016): What is Global History?, Princeton: Princeton University Press.

Conrad, Sebastian/Randeria, Shalini (eds.) (2002): Jenseits des Eurozentrismus: postkoloniale Perspektiven in den Geschichts- und Kulturwissenschaften, Frankfurt a.M.: Campus.

Daniel, Ute (2004): Die Erfahrungen der Geschlechtergeschichte, in: Marguérite Bos/Bettina Vincenz/Tanja Wirz (eds.), Erfahrung: Alles nur Diskurs? Zur Verwendung des Erfahrungsbegriffes in der Geschlechtergeschichte, Zürich: Chronos, 59–69.

Demirović, Alex/Maihofer, Andrea (2013): Vielfachkrise und die Krise der Geschlechterverhältnisse, in: Andreas Heilmann/Hildegard Maria Nickel (eds.), Krise, Kritik, Allianzen. Arbeits- und geschlechtersoziologische Perspektiven, Weinheim, Basel: Beltz Juventa, 30–48.

Dewey, John (1980[1958]): Kunst als Erfahrung, Frankfurt a.M.: Suhrkamp.

Diezinger, Angelika (1994): Erfahrung mit Methode. Wege sozialwissenschaftlicher Frauenforschung, Freiburg i.Br.: Kore.

Graf, Julia/Ideler, Kristin/Klinger, Sabine (eds.) (2013): Geschlecht zwischen Struktur und Subjekt: Theorie, Praxis, Perspektiven, Opladen u.a.: Budrich.

Grant, Judith (2015): Experience, in: Lisa Disch/Mary Hawkesworth (eds.), The Oxford Handbook of Feminist Theory, New York: Oxford University Press, 227–246, https://doi.org/10.1093/oxfordhb/9780199328581.013.12

Grittmann, Elke/Lobinger, Katharina/Neverla, Irene/Pater, Monika (eds.) (2018): Körperbilder – Körperpraktiken. Visualisierung und Vergeschlechtlichung von Körpern in Medienkulturen, Köln: Halem.

Grosz, Elizabeth (1993): Merleau-Ponty and Irigaray in the Flesh, in: Thesis Eleven, 36(1), 37–59. https://doi.org/10.1177/072551369303600103

Haraway, Donna (1995[1988]): Situiertes Wissen. Die Wissenschaftsfrage im Feminismus und das Privileg einer partialen Perspektive, in: Carmen Hammer/

Immanuel Stieß (eds.), Donna Haraway: Die Neuerfindung der Natur. Primaten, Cyborgs und Frauen. Frankfurt a.M./New York: Campus, 73–97.

Hof, Renate/Rohr, Susanne (eds.) (2008): Inszenierte Erfahrung: Gender und Genre in Tagebuch, Autobiographie, Essay, Tübingen: Stauffenburg.

hooks, bell (1984): Feminist Theory: From Margin to Center, London: Pluto Press.

Jäger, Ulle (2014): Der Körper, der Leib und die Soziologie, Frankfurt a.M.: Ulrike Helmer.

Jay, Martin (2004): Songs of Experience Modern American and European Variations on a Universal Theme, Berkeley: University of California Press.

Kallenberg, Vera et. al (eds.) (2013): Intersectionality und Kritik. Neue Perspektiven für alte Fragen, Wiesbaden: Springer.

Knapp, Gudrun-Axeli (2005): »Intersectionality« – ein neues Paradigma feministischer Theorie? Zur transatlantischen Reise von »Race, Class, Gender«, in: Feministische Studien 23, 68–81.

König, Tomke/Erhart, Walter (2023): Das Ich in der Geschlechterforschung. Zur Bedeutung von Erfahrung und Erleben für die Kritik der Geschlechterordnung. Soziologische und literaturwissenschaftliche Perspektiven, in: Internationales Archiv für Sozialgeschichte der deutschen Literatur 48(2), 356–378.

König, Tomke/Erhart, Walter/Wolf, Benedikt (2024): Die Leibsprache der Geschlechter. Ein Vorschlag zur Weiterentwicklung von Geschlechtertheorie, in: GENDER. Zeitschrift für Geschlecht, Kultur und Gesellschaft (in publication).

Landweer, Hilge/Marcinski, Isabella (eds.) (2016): Dem Erleben auf der Spur. Feminismus und die Philosophie des Leibes, Bielefeld: transcript.

Lerner, Gerda (1977): The Female Experience. An American Documentary, Indianapolis: Bobbs-Merrill.

Lindemann, Gesa (2011): Das Paradoxe Geschlecht. Transsexualität im Spannungsfeld von Körper, Leib und Gefühl, Wiesbaden: VS Verlag.

Lutz, Helma/Vivar, Maria Teresa Herrera/Supik, Linda (eds.) (2010): Fokus Intersektionalität. Bewegungen und Verortungen eines vielschichtigen Konzeptes, Wiesbaden: VS Verlag.

Maihofer, Andrea (1995): Geschlecht als Existenzweise, Frankfurt a.M.: Ulrike Helmer.

Mies, Maria (1978): Methodische Postulate zur Frauenforschung. Dargestellt am Beispiel der Gewalt gegen Frauen, in: Beiträge zur Feministischen Theorie und Praxis 11(7), München: Verlag Frauenoffensive, 7–25.

Moi, Toril (2010): What Can Literature Do? Simone de Beauvoir as a Literary Theorist, in: Querelles. Jahrbuch für Frauen- und Geschlechterforschung 15, 23–38.

Moi, Toril (2017): Revolution of the Ordinary. Literary Studies after Wittgenstein, Austin and Cavell, Chicago/London: The University of Chicago Press.

Opitz-Belakhal, Claudia (2018): Geschlechtergeschichte, Frankfurt a.M./New York: Campus.

Rubin, Henry S. (1998): Phenomenology as Method in Trans Studies, in: GLQ: A Journal of Lesbian and Gay Studies 4(2), 263–281.

Rukeyser, Muriel (1968[1949]): The Life of Poetry, New York: Kraus.

Scott, Joan W. (1991): The Evidence of Experience, in: Critical Inquiry 17(4), 773–797.

Smith, Sidonie/Watson, Julia (Hg.) (1998): Women, Autobiography, Theory: A Reader, Madison, WI. u.a.: University of Wisconsin Press.

Stoller, Silvia/Vetter, Helmut (eds.) (1997): Phänomenologie und Geschlechterdifferenz, Wien: WUV.

Stoller, Silvia (2010): Existenz – Differenz – Konstruktion. Phänomenologie der Geschlechtlichkeit bei Beauvoir, Irigaray und Butler, München u.a.: Fink.

Subrahmanyam, Sanjay (1997): Connected Histories: Notes towards a Reconfiguration of Early Modern Eurasia, in: Modern Asian Studies 31(3), 735–762. https://doi.org/10.1017/S0026749X00017133

Vogel, Ulrike (ed.) (2006): Wege in die Soziologie und die Frauen- und Geschlechterforschung. Autobiographische Notizen der ersten Generation von Professorinnen an der Universität, Wiesbaden: VS-Verlag.

Walker, Alice (1983): In Search of our Mother's Gardens, Orlando a.o.: Harcourt.

Werner, Michael/Zimmermann, Bénédicte (2004): De la comparaison à l'histoire croisée, Paris: Seuil.

Zettelbauer, Heidrun/Benedikt, Stefan/Kontschieder, Nina/Sonleitner, Käthe (eds.) (2017): Verkörperungen – Embodiment. Transdisziplinäre Analysen zu Geschlecht und Körper in der Geschichte – Transdisciplinary Exploration on Gender and Body in History, Göttingen: V&R unipress.

I. Differenz – Alterität – Otherness

Simone de Beauvoirs Grammatik des Andersseins[1]

Toril Moi

1. Einführung: Anderssein und gelebte Erfahrung

»Die Frau ist das Andere« ist eine der zwei berühmtesten Aussagen von Beauvoir. (Die zweite lautet: »Man kommt nicht als Frau zur Welt, man wird es.«) Allerdings könnte der wohlverdiente Ruhm beider Thesen dazu beigetragen haben, dass der volle Umfang von Beauvoirs Untersuchungen des Andersseins in den Hintergrund gerückt ist. Tatsächlich bietet uns Beauvoirs Werk aus den 1940er Jahren etwas, was wir als *Grammatik des Andersseins* bezeichnen können: Darin zeigt sie uns eine Art Landkarte mit vier unterschiedlichen Wegen, wie das Konzept des *Anderen* zur Anwendung kommen könnte.[2] Dies ist wegweisend, wenn wir bedenken, welche Schlüsselfunktion Begriffe wie *Anderssein*, *Othering* oder *das Andere* in zeitgenössischen kritischen Theorien spielen. Richten wir unsere Aufmerksamkeit auf Beauvoirs unterschiedlichen Umgang mit diesen Konzepten, werden wir solche Termini mit größerer Klarheit, Schärfe und Fokus einzusetzen wissen.

Ich beginne mit einem kurzen Überblick: 1. In ihrem ersten Roman *L'Invitee* (1943) erforscht Beauvoir etwas, was ich als *metaphysisches Anderssein* bezeichnen möchte; 2. In ihrem Essay *Pyrrhus und Cineas* (1964a[1944]) und in ihrem Roman *Das Blut der Anderen* (1963[1945]) untersucht sie die Vorstellung, dass die Anderen lediglich *besondere* oder *gewöhnliche* Andere sind. Hier liegt die Betonung nicht auf dem Anderen als einer erschreckenden metaphysischen Figur, sondern als historisch verortete Mit-Subjekte, deren Projekte auf unseren aufbauen (oder auch nicht). In *Das andere Geschlecht* (1992a[1949]) gibt es zwei Konzepte des Andersseins; 3. Das erste nenne ich *absolutes Anderssein*, was Beauvoir als einen *mythologischen* (das heißt ideologischen) Begriff versteht; 4. Das zweite ist das *wechselseitige Anderssein* oder schlicht *Wechselseitigkeit*. Während ersteres der Ursprung für *Das andere Geschlecht* ist, stammt letzteres aus *Pyrrhus und Cineas*.

---

1 Übersetzung von Christine Richter-Nilsson und Bo Magnus Nilsson.

2 Ich verwende den Ausdruck *Grammatik* analog zu Wittgenstein in *Philosophische Untersuchungen* (Wittgenstein 2009: 119, 123, 146, 150–160).

Ich habe mir die Frage gestellt, ob ich *Wechselseitigkeit* einfach als Variante von *besonderem Anderssein* klassifizieren sollte. In *Das andere Geschlecht* betont Beauvoir die Wechselseitigkeit zwischen den Geschlechtern als die unerlässliche Voraussetzung für die zukünftige Freiheit der Frau. In diesem Buch steht *Wechselseitigkeit* für eine Kritik der Ideologie des *absoluten Andersseins*. In *Pyrrhus und Cineas* ist Gender zwar kein Thema, trotzdem könnte argumentiert werden, dass die Subjekte, die in *Das andere Geschlecht* wechselseitige Beziehungen aufrechterhalten, tatsächlich Versionen des besonderen beziehungsweise gewöhnlichen Anderen darstellen, die in *Pyrrhus und Cineas* behandelt werden. Gleichzeitig erhält das Konzept durch die Betonung der *Wechselseitigkeit* in *Das andere Geschlecht* eine neue, deutlich politischere Dimension.

Konkrete, gelebte Erfahrung ist für Beauvoir immer der Ausgangspunkt aller Untersuchungen des Andersseins. Das ist an sich schon interessant, weil es zeigt, dass Beauvoir die Anschauung ablehnt, Philosophie wäre eine rein spekulative Unternehmung. Sobald wir uns die Verbindung zwischen gelebter Erfahrung und dem Konzept des Andersseins vergegenwärtigt haben, wird es einfacher, die Logik von Beauvoirs Sicht auf die Spannungen und Widersprüche der Situation von Frauen im Patriarchat zu begreifen. Insbesondere hilft es uns zu verstehen, wieso sie behauptet, Frauen seien keinesfalls nur Opfer eines sexistischen Systems. Im Gegenteil: Einige Frauen trügen zu ihrer eigenen Unterdrückung bei. Deshalb lautet eines der beiden Leitworte im zweiten Kapitel von *Das andere Geschlecht*: »Halb Opfer, halb Mitschuldige, wie wir alle.« (Beauvoir 1992a: 332) [»A moitié victimes, à moitié complices, comme tout le monde.«] (Beauvoir 1949: II: 2.)

2. Gelebte Erfahrung: Leben, Literatur, Philosophie

Beauvoirs Verständnis von Erfahrung gründet zwar auf der phänomenologischen Tradition nach Edmund Husserl und Martin Heidegger, wurde aber in Frankreich von Jean-Paul Sartre, Maurice Merleau-Ponty und Beauvoir selbst weiterentwickelt. Wir werden in einem zufälligen Moment an einem zufälligen Ort in die Welt geworfen. Die Wahrnehmung schenkt uns eine Welt: Sie lässt uns die Welt bewusstwerden. Ein Großteil von Beauvoirs Philosophie in *Das andere Geschlecht* will aufzeigen, dass Frauen, wie alle anderen Menschen, Geschöpfe im stetigen Werden sind. Indem wir auf unsere Wahrnehmungen von Anderen und ihren Projekten in Wechselwirkung mit unseren eigenen reagieren, machen wir ständig etwas aus dem, was die Welt aus uns macht.[3] Laut Beauvoir wird das menschliche Subjekt also durch ei-

3 »Laut Beauvoir definiert sich eine Frau dadurch, wie sie ihre verkörperte Situation in der Welt lebt, oder in anderen Worten, wie sie etwas daraus macht, was die Welt aus ihr macht.« (Moi 2005: 72)

nen Prozess der Ablagerung geprägt, bei dem stetig neue Schichten der Erfahrung zu den alten hinzugefügt werden und somit unsere Auffassung von dem, was wir sind, fortlaufend verändern. Anders ausgedrückt, jedes Subjekt, das auf die Welt trifft, muss versuchen, seine Erfahrungen zu verstehen. Angesichts einer endlosen Vielfalt von Situationen und Projekten wird die Subjektivität der Frauen so unterschiedlich sein wie die Sterne am Himmel; eine einheitliche *weibliche Erfahrung* kann es nicht geben. Allerdings sind Überschneidungen und Affinitäten möglich, in unterschiedlichen Weisen auf denselben sexistischen Druck zu reagieren. Diese Überschneidungen kann nur eine Untersuchung – oder eine Landkarte – der konkret gelebten Erfahrung hervorbringen.

Eines meiner Lieblingszitate von Beauvoir ist eine Zeile aus dem Jahr 1948. Dort schreibt sie: »Es gibt keine Trennung zwischen Philosophie und Leben.« (Beauvoir 1948a: 12) Beauvoir begann mit dem Schreiben, um ihre eigenen Erfahrungen besser verstehen zu können. Schon als Studentin war Philosophie ein Weg für sie, das Leben zu erfahren. Sie lebte ihre Ideen und dachte ihre Gefühle. Mit achtzehn Jahren schrieb sie: »Ich lege Verstand in meine Gefühle und meine Spontanität in meine Vorstellungen.« [»Je mets la raison dans mes sentiments et ma spontanéité dans mes idées.«] (Beauvoir 2008: 145) Über die Unterschiede zwischen ihr und Merleau-Ponty nachsinnend, merkt sie an, »die Probleme, die er mit seinem Hirn erlebt, lebe ich mit meinen Armen und Beinen.« [»Ces problèmes qu'il vit avec son cerveau, je les vis avec mes bras et mes jambes.«] (Ebd.: 384)

Im Rückblick auf ihr Leben notiert Beauvoir in *Alles in allem*, ihre »Freiheit« wäre »die Treue, mit der ich immer mein ursprüngliches Vorhaben [*project originel*] verfolgt habe: Erkennen und Schreiben« (Beauvoir 1976: 36). [»Ma liberté [...] a été la poursuite d'un project originel, incessamment repris et fortifié: savoir et exprimer.«] (Beauvoir 1970: 25) *Erkennen und Schreiben*: Die Formulierung verweigert sich den traditionellen Abgrenzungen zwischen Literatur und Philosophie, Fühlen und Denken. Diese Verweigerung ist grundlegend für Beauvoirs Verständnis von Erfahrung. Dies vorausgesetzt, so Beauvoir, entspringt Erfahrung nicht nur aus unseren Wahrnehmungen, sondern auch aus unseren Reaktionen darauf – gelebte Erfahrung verschmilzt also Erkenntnis und Emotionen.

Selbstverständlich versuchen sowohl Literatur als auch Philosophie, menschliche Erfahrung zu verstehen, doch Beauvoir lehnte es ab, die Philosophie von den Problemen des gewöhnlichen Lebens zu trennen. Sie glaubte auch, dass Literatur verschiedene Wege ausdrückt, wie jene Probleme philosophisch relevant gelebt und erfahren werden könnten. Folglich genügt es nicht, bloß Beauvoirs philosophische Essays zu lesen, um die gesamte Reichweite ihrer Philosophie zu entdecken. Wir müssen auch Methoden finden, um ihre Romane und autobiographischen Schriften in ihrer philosophischen Eigenständigkeit zu erkennen. Beauvoir selbst weist uns den Weg im zweiten Teil von *Das andere Geschlecht*, das den Titel *Gelebte Erfahrung* trägt, denn sie gründet ihre Analyse hauptsächlich auf Auszüge aus Prosa, Briefen und Tagebüchern von Frauen. Indem sie jene Texte häufig und ausführlich zitiert, zeigt sie uns die Welt, wie Frauen sie in verschiedenen Lebenssituationen vorgefunden haben. Sie verleiht den Erkenntnissen und Erfahrungen der Frauen philosophische Würde, indem sie die philosophischen Haltungen und Wertvorstellungen aufdeckt, die in der gelebten Erfahrung verkörpert werden. Auf diese Weise demonstriert sie, dass es keine Trennung zwischen Philosophie und Leben gibt.

3. Ein Beispiel: *L'Invitée* oder Literatur als und mit Philosophie lesen

Bei seiner Erstveröffentlichung im Jahr 1943 wurde *L'Invitée (Sie kam und blieb)*[4] als metaphysischer Roman gepriesen. Von der Literaturwissenschaftlerin und Romanistin Ann Jefferson habe ich gelernt, dass in Frankreich während der 1940er Jahre intensiv über den Roman reflektiert wurde, besonders in der Zeit unter der deutschen Besatzung.[5] Laut Jefferson waren die 1940er Jahre keine dogmatische Epoche. Es gab einen gewissen allgemeinen Konsens darüber, dass der Roman im Begriff war, ein neues Schlüsselgenre zu werden, ein Schauplatz für die Reflektion über die neue ästhetische Ära, die bereits alle kommen sahen, aber es gab keine vorherrschende Richtung und keine ausdrückliche Forderung nach radikalen formalen Erneuerungen. Viele Schriftsteller*innen und Intellektuelle der Zeit stellten fest, dass sich der Schwerpunkt des Romans verschoben hatte: vom Realismus hin zur Philosophie. Einige französische Kritiker*innen drückten den Wunsch aus, in Bildern und mittels Figuren aus Fleisch und Blut denken zu dürfen, statt sich nur mit blutleeren Argumentationen auseinandersetzen zu müssen. Gewöhnlich gaben sie als Beispiele für jene metaphysischen Romane die Werke von Dostojewski und Kafka an, oder Sartres *Der Ekel* und Camus' *Der Fremde*.

Es gab damals einen mehr oder weniger allgemeinen Konsens darüber, dass ein philosophischer Roman nicht nur auf die bestehende Philosophie zurückgreifen dürfe, sondern einen eigenen kreativen Beitrag zum Denken leisten müsste. In *Der Mythos des Sisyphos* beispielsweise besteht Albert Camus darauf: »Die großen Romanciers sind philosophische Romanciers.« (Camus 2000: 121) [»Les grands romanciers sont des romanciers philosophes.«] (Camus 1965: 178) Die Aufgabe der Philosophie wie auch der Literatur sei es, nicht »Erklärungen und Lösungen«

4 Ich ziehe es vor, den französischen Titel zu verwenden, weil dieser den Akt des Einladens betont, der in diesem Roman von so zentraler Bedeutung ist.

5 Jefferson hat mich auf die faszinierende, von Jean Prévost herausgegebene, Spezialausgabe der Zeitschrift *Confluences* hingewiesen, die dem Romanbegriff gewidmet ist (Prévost 1943). Prévost war als Autor und Kritiker in der Résistance aktiv und veröffentlichte die Ausgabe mitten in der Besatzungszeit. Er wurde 1944 in einem deutschen Hinterhalt getötet.

[»d'expliquer et de résoudre«] zu formulieren, sondern »Erfahrungen und Beschreibungen« (Camus 2000: 114) [»d'éprouver et de décrire«] (Camus 1965: 94). Er stellt fest: In großen philosophischen Werken »[verbindet sich] das abstrakte Denken endlich wieder mit seinem Träger aus Fleisch und Blut.« (Camus 2000: 120) [»La pensée abstraite rejoint enfin son support de chair.«] (Camus 1965: 178) In seinem Essay *Les romans de Sartre* unterscheidet Blanchot zwischen *Darstellung* [»exposition«] und *Entdeckung* [»découverte«] und betont, dass Literatur und Sprache sich als ein Mittel zur Entdeckung anbieten muss und nicht als ein Mittel zur Darstellung dessen, was bereits entdeckt worden ist (Blanchot 1995: 193).

Obwohl *L'Invitée* Ende 1943 während des Krieges veröffentlicht wurde, war es für Beauvoir ein Vorkriegsprojekt, an dem sie von 1937 bis 1941 arbeitete. Die Handlung setzt im Oktober 1938 ein, kurz nach dem Münchner Abkommen. Beauvoir erzählt eine einfache Geschichte: Es geht um ein bürgerliches Paar, Françoise und Pierre, die eine junge Frau namens Xavière einladen, ihr Leben in der Provinz hinter sich zu lassen und zu ihnen nach Paris zu kommen. Bald bilden die drei ein Trio. Doch die Sache nimmt ein böses Ende: Als Françoise erfährt, dass Xavière mit ihrem Freund geschlafen hat, tötet Françoise Xavière.

L'Invitée setzt sich auf philosophischer Ebene mit dem Problem des Andersseins auseinander. Françoise leidet unter einem schweren Solipsismus, das heißt, sie hat Schwierigkeiten, die Existenz von anderen Menschen überhaupt wahrzunehmen. Beauvoir erzählt aus Françoise Perspektive und rückt mittels ihrer Erzähltechnik Françoises besondere Sicht auf die Welt und die Anderen in den Vordergrund. Als Xavière allmählich zu einer realen Existenz in ihrem Leben wird, konstruiert die Erzählerin ein Feindbild von Xavière, die zur Bedrohung ihrer gesamten Existenz wird. Françoise tötet am Ende des Romans Xavière, denn sie kann in dem Bewusstsein der Feindseligkeit und Entfremdung von sich selbst nicht leben. Die Auseinandersetzung mit dem Begriff des Anderen in *L'Invitée* repräsentiert einen feinen Kontrapunkt zu Sartres *Das Ekel*, der den Fokus vorwiegend auf Roquentins Erfahrungen von den *Dingen* legt.

Beauvoir bekam für *L'Invitée* viel Anerkennung von anspruchsvollen philosophischen Leser*innen. Im Dezember 1943 schrieb Maurice Blanchot eine ungeheuer scharfsinnige Rezension, und im März 1945 veröffentlichte Beauvoirs Freund Maurice Merleau-Ponty einen Essay mit dem Titel *Der Roman und die Metaphysik*, in dem er sich auf *L'Invitée* bezog. Beauvoir selbst trug zur Diskussion über Metaphysik und den Roman bei und antwortete mit einem Essay mit dem Titel *Literatur und Metaphysik*, der 1946 erstmalig in *Les Temps modernes* erschien.

Blanchot beginnt seine Rezension über *L'Invitée* mit der Aussage, dieser »auf die Phänomenologie verpflanzte« [»greffé sur la phénoménologie«] Roman verlange Leser, die aufmerksam genug seien zu realisieren, dass dieser Roman weder als Charakterstudie noch als Gesellschaftsroman zu verstehen sei. Ebenso falsch wäre es, ihn wegen der Handlung zu lesen. Für Blanchot ist *L'Invitée* ein metaphysischer Roman, weil er die Geschichte eines Menschen erzählt, der gerade »auf tragische Weise den Blick des Anderen erfährt« [»la tragique expérience du regard d'autrui«] (Blanchot 2007: 517).

Merleau-Ponty behauptet, das Auftauchen des metaphysischen Romans repräsentiere »das Ende einer moralischen« Literatur, und er stimmt Blanchot zu, dass es ein Fehler wäre, das Drama in *L'Invitée* als psychologisch zu begreifen (Merleau-Ponty 2000: 37, 42, 1966: 49, 56). Beauvoir selbst schreibt: »Jedes menschliche Ereignis besitzt über seine psychologischen und gesellschaftlichen Konturen hinaus eine metaphysische Bedeutung.« (Beauvoir 1992b: 93) [»Tout événement humain possède par-delà ses contours psychologiques et sociaux une signification métaphysique.«] (Beauvoir 1948b: 114–115) Laut Merleau-Ponty und Beauvoir ist es das zentrale Anliegen des metaphysischen Romans, bestimmte Aspekte unserer existenziellen Situation zu thematisieren, etwa Sein, Zeit, Bewusstsein, das Andere, Freiheit, Trennung, und so weiter. Er müsste aufzeigen, welche Haltungen ein Mensch in diesen Situationen einnehmen kann. Beauvoir betont:

> durch seine Freuden, seine Leiden, seine Resignationen, seine Revolten, seine Ängste und seine Hoffnungen, realisiert jeder Mensch eine metaphysische Situation, die ihn viel wesentlicher bestimmt als jede seiner psychologischen Fähigkeiten. (Beauvoir 1992b: 93) [À travers ses joies, ses peines, ses résignations, ses révoltes, ses peurs, ses espoirs, chaque homme réalise une certaine situation métaphysique qui le définit beaucoup plus essentiellement qu'aucune de ses aptitudes psychologiques.] (Beauvoir 1948b: 115–116)

Es ist ebenso sehr die Aufgabe der Literatur wie auch der Philosophie, jene Haltungen zum Ausdruck zu bringen. Die drei Philosoph*innen sind sich in diesem Punkt auffallend einig. Es herrscht Einvernehmen darüber, dass es verfehlt wäre, *L'Invitée* als psychologischen Roman oder als Gesellschaftsroman zu lesen, denn das wäre so, als würde man Camus' *Der Fremde* als Charakterstudie oder als Kritik am Strafjustizsystem lesen; nicht, dass dies nicht möglich wäre, aber damit würden die inhärenten Anliegen des Textes grundlegend missverstanden werden. Blanchot lobt *L'Invitée* mit den Worten:

> Die Essenz des Buches ist nicht die Befindlichkeit oder die Eifersucht einer Person; hinter solchen individuellen Merkmalen kommt ihre nackte Existenz zum Vorschein, ihre Existenz als freies Bewusstsein und schwer fassbare Kraft. [Ce qui fait le fond du livre, ce n'est en rien l'humeur ou la jalousie d'une personne; c'est, derrière ces singularités, son existence toute nue, son existence comme conscience libre et puissance insaisissable.] (Blanchot 2007: 522–523)

Merleau-Ponty spricht davon, dass der metaphysische Roman dieselbe Wirkung wie die phänomenologische Philosophie hätte, denn sie versuche »eine Erfahrung der

Welt, eine Berührung mit der Welt zur Sprache zu bringen, die allem Nachdenken *über* die Welt vorausgeht.« (Merleau-Ponty 2000: 36–37) [»formuler une expérience du monde, un contact avec le monde qui précède toute pensée sur le monde.«] (Merleau-Ponty 1966: 48) Wenn wir *L'Invitée* lesen, müssen wir uns auf diese Ebene des Werkes einstellen, oder wir unterliegen der Versuchung, ihn als einen schalen psychologischen Roman zu lesen mit fadenscheinigem Plot über die banalste Eifersucht zwischen zwei Frauen oder – das wäre mindestens ebenso verfehlt – als einen allzu offensichtlichen autobiographischen *Roman à clef*.[6]

4. Das metaphysische Grauen des Anderen in *L'Invitée*

L'Invitée beinhaltet viele markante Abschnitte, die vermitteln, was es heißt, metaphysisch *zu sein* und *Ideen zu fühlen*. In einer besonders eindrucksvollen Szene unternimmt Beauvoir den Versuch, Françoises intensive Erfahrung des Andersseins detailliert zu vermitteln: Das Trio befindet sich in einem Nachtclub, als Xavière plötzlich beginnt, sich absichtlich an einer Zigarette zu verbrennen. Xavière »war wie eine in Trance versenkte Hysterikerin« [»dans une extase hystérique«], und Françoise schaut erschrocken zu:

> Die feindselige Gegenwart, die sich soeben in einem Wahnsinneslachen geoffenbart hatte, rückte immer näher; sie konnte sie sich mit der unverhüllten Drohung, die darin beschlossen war, nicht mehr länger verhehlen; Tag für Tag, Minute für Minute war Françoise geflüchtet vor der Gefahr; jetzt aber war es soweit, jetzt war das Unüberwindliche da, das sie in vielerlei unbestimmten Formen seit der frühsten Kindheit hatte herannahen fühlen: in der wahrhaften Verzückung Xavières, ihrem Haß, ihrer Eifersucht brach das Ärgernis aus, ungeheuerlich wie der Tod und unwiderruflich wie er; Auge in Auge mit Françoise und dennoch außerhalb von ihr existierte etwas wie ein endgültiges Verdikt, das unabänderlich war: frei, absolut, unerschütterlich erhob ein fremdes Bewußtsein sein Haupt. Es bestand wie der Tod in völliger Verneinung und ewiger Abwesenheit, und dennoch konnte durch einen bestürzenden Widerspruch dies Nichts sich selber gegenwärtig sein und für sich selbst existieren; das Universum versank darin und Francoise, für immer der Welt verlustig, ging unter in dieser Leere, deren unendlicher Horizont kein Bild umschreiben mochte. […] sie war nicht fähig, eine Bewegung zu machen; an Xavière gefesselt, betrachtete sie mit starrem Staunen diesen Körper, den man berühren konnte, und dies schöne Antlitz, hinter dem

6 Zwei ausgezeichnete Artikel teilen mein Vorhaben, die philosophische Kraft in Beauvoirs literarischem Schreiben herauszuarbeiten: Alexander Ruch (2009) und Ashley King Scheu (2012). Scheu diskutiert die Schwierigkeit und das Interesse, Literatur philosophisch zu lesen, ohne sie zu reduzieren. Sie bietet auch eine interessante Lektüre von *L'Invitée*. Ruch rückt die phänomenologischen Aspekte von *L'Amérique au jour le jour* in den Vordergrund.

> sich so eine unheilvolle Anwesenheit verbarg. Lange war Xavière für Francoise nichts anderes als ein Stück ihres eigenen Lebens gewesen; jetzt war sie plötzlich zu einer alles beherrschenden, alleinigen Wirklichkeit geworden, und Francoise hatte nur die blasse Stofflichkeit, die ein Abbild besitzt. (Beauvoir 1972: 272–273)

> Cette présence ennemie qui s'était révélée tout à l'heure dans un sourire de folle devenait de plus en plus proche, il n'y avait plus moyen d'en éviter le dévoilement terrifiant; jour après jour, minute après minute, Françoise avait fui le danger, mais c'en était fait, elle l'avait enfin rencontré cet infranchissable obstacle qu'elle avait pressenti sous des formes incertaines depuis sa plus petite enfance: à travers la jouissance maniaque de Xavière, à travers sa haine et sa jalousie, le scandale éclatait, aussi monstrueux, aussi définitif que la mort; en face de Françoise, et cependant sans elle, quelque chose existait comme une condamnation sans recours: libre, absolue, irréductible, une conscience étrangère se dressait. C'était comme la mort, une totale négation, une éternelle absence, et cependant par une contradiction bouleversante, ce gouffre de néant pouvait se rendre présent à soi-même et se faire exister pour soi avec plénitude; l'univers tout entier s'engloutissait en lui, et Françoise, à jamais dépossédée du monde, se dissolvait elle-même dans ce vide dont aucun mot, aucune image ne pouvait cerner le contour infini. [...] elle ne pouvait plus faire un mouvement; rivée à Xavière, elle considérait avec stupeur ce corps qui se laissait toucher, et ce beau visage visible derrière lequel se dérobait une présence scandaleuse. Longtemps, Xavière n'avait été qu'un fragment de la vie de Françoise; elle était soudain devenue l'unique réalité souveraine et Françoise n'avait plus que la pâle consistance de l'image. (Beauvoir 1943: 363–364)

Das ist Phänomenologie in Aktion: Beauvoir versucht uns die Erfahrung des metaphysischen Andersseins zu vermitteln, die weit über jede Beschreibung oder Definition hinausgeht und jenseits und außerhalb von konkreter Politik und Geschichte steht. Das meint Merleau-Ponty, wenn er darüber spricht, wie Phänomenologie und Existenzialismus versuchen »eine Erfahrung der Welt, eine Berührung mit der Welt zur Sprache zu bringen, die allem Nachdenken *über* die Welt vorausgeht.« (Merleau-Ponty 2000: 36–37) [»formuler une expérience du monde, un contact avec le monde qui précède toute pensée sur le monde.«] (Merleau-Ponty 1966: 48) Xavière ist nicht mehr diese oder jene besondere Frau, sie ist die pure, in schauerromantische Schreckensbilder gefasste Präsenz des Anderen. Xaviéres Anwesenheit beschwört zunehmend Vorstellungen von sexueller Bedrohung, Erstickung, Klaustrophobie, Tod und die Angst herauf, verschluckt, verschlungen, vergiftet, festgehalten, gewürgt oder erwürgt zu werden. Als Xavière sich zum monströsen Anderssein verwandelt, verliert Françoise ihre Selbstwahrnehmung. Während Xavière zur einzigen souveränen Realität wird, verliert Françoise an Substanz, wird zum bloßen Bild, das sich vollkommen aufzulösen droht. Ihre Selbstwahrnehmung als Subjekt wird durch ihre hypnotische Unterwerfung unter Xavières bedrohliches Anderssein völlig zerstört.

Beauvoir schildert das Erscheinen des Anderen als Horrorszenario ohne jegliches moralische Vokabular. Die pure Alterität überwältigt und zerstört das gebannte Subjekt. Die Hervorhebung von Françoise als gebannt, absorbiert und verschlungen zeigt uns, dass sie von ihrem eigenen Blick hypnotisiert ist und Xavière für sie das Andere repräsentiert: das Unbekannte, das Mysterium und den Horror. Sie hebt das Motiv des Spektakels hervor, indem sie die Handlung in einen spanischen Nachtclub mit Bühne verlegt, wo Flamencotänzer*innen auftreten. Auch Leser*innen versinken in einem Roman, doch Françoises Versinken in Xavières Spektakel wird als ungeheuer bedrohlicher Akt geschildert: Françoise wird lebendig verschluckt und löst sich auf: Sie ist nichts mehr und Xavière ist alles. Gefangen zwischen zwei radikalen Alles-oder-Nichts-Positionen schwankt Françoise hin und her – Narzissmus oder Metaphysik: beide sind gleichermaßen nicht lebbar.

L'Invitée stellt den komplexen Versuch dar, die Erfahrung der puren Alterität zu vermitteln, und zwar jenseits von allen sozialen und psychologischen Kategorien und jenseits von Sprache und Identität und auch jenseits von ethischen Kategorien. Das Ergebnis ist eine Vision des Anderen als einer teuflischen Kraft, die das Ethische an sich negiert. Am Ende des ersten Teils des Romans wird Françoise als Reaktion auf ihre Konfrontation mit dem Anderen von einer Lungenentzündung niedergestreckt. Sie fühlt sich reduziert auf »eine willenlose Masse, nicht einmal ein Körper« (Beauvoir 1972: 167) [»une masse inerte, pas même un corps organisé«] (Beauvoir 1943: 222), diese Erfahrung raubt ihr die letzten Überreste ihrer Identität. Zum Schluss dreht Françoise den Gashahn auf und verwandelt Xavière in nichts als Form. Es ist wohl kein Zufall, dass in beiden Fällen die Lungen zur Zielscheibe der Attacke werden: Der Erstickungstod raubt dem Opfer nicht nur den Atem, sondern auch die Stimme.

In ihren Memoiren schreibt Beauvoir, dass der Mord, der ultimative Akt der Vernichtung des Anderen, eine Erfahrung der *Abtrennung* [»séparation«] wäre, eine Erfahrung von sich selbst als abgetrennter und endlicher Existenz.[7] Zu Beginn des Romans bestehen Françoise und Pierre darauf, eins zu sein, ihr ständiger Refrain ist, »on ne fait qu'un«: »Wir sind alle eins.« Pierre hat regelmäßig Affären, doch Françoise macht sich nichts daraus, weil sie die *andere Frau* als unbedeutendes Fleckchen am Rande ihres eigenen Universums wahrnimmt. Erst das Experiment des Trios und insbesondere die Erfahrung von Xavières Anderssein belehren sie eines Besseren: Sie ist endlich, abgetrennt und selbst verantwortlich für ihre Wünsche, Worte und Handlungen.

7 »Mit dem Füller in der Hand durchlebte ich voll Schrecken die Erfahrung der Trennung.« Beauvoir (1969: 289) [»Stylo en main, je fis avec une sorte de terreur l'expérience de la séparation.«] (Beauvoir 1960: 389)

In diesem *amoralischen Roman* (in Merleau-Pontys Paraphrase) ist der Mord an Xavière ein Akt der reinen Freiheit. Als nicht mehr rückgängig zu machende Tat nimmt er sie absolut und für immer in die Pflicht, und ihre Tat gehört nur ihr, denn sie wird sie niemandem gestehen, nicht einmal Pierre, und auch wenn sie es eines Tages Pierre erzählen wird, nur sie allein wird entscheiden, wann es soweit ist. »Niemand konnte sie verurteilen oder ihr vergeben« (Beauvoir 1972: 378) [»Personne ne pourrait la condamner ni l'absoudre«] (Beauvoir 1943: 503), denkt Françoise im letzten Absatz des Romans. Als Frau gehört sie letztlich nur sich selbst.

Xavière andererseits ist zu nichts geworden, zu einem bloßen Leib ohne Bewusstsein: Ganz am Ende des Romans geht Françoise mit dem Wissen zu Bett, dass sie in Xavières Schlafzimmer nebenan das Gas aufgedreht hat. Xavière schläft, aber bald wird sie tot sein.

> Auf dem Bett lag noch eine lebendige Gestalt, aber sie war schon niemand mehr. Es gab niemand mehr. Francoise war allein. Allein. Sie hatte allein gehandelt. Allein wie der Tod. Eines Tages würde Pierre es erfahren. Aber auch er würde von ihrer Tat nur die Außenseite kennen. Niemand konnte sie verurteilen oder ihr vergeben. Ihre Tat gehörte nur ihr. *Ich* will es. Ihr Wille vollzog sich in diesem Augenblick, nichts trennte sie mehr von sich selbst. Sie hatte endlich gewählt. Sie hatte sich gewählt. (Beauvoir 1972: 378) [Il restait encore sur le lit une forme vivante, mais déjà ce n'était plus personne. Il n'y avait plus personne. Françoise était seule. Seule. Elle avait agi seule. Aussi seule que dans la mort. Un jour Pierre saurait. Mais même lui ne connaitra de cet acte que des dehors. Personne ne pourrait la condamner ni l'absoudre. Son acte n'appartenait qu'à elle. »C'est moi qui le veux.« C'était sa volonté qui était en train de s'accomplir, plus rien ne la séparait d'elle-même. Elle avait enfin choisi. Elle s'était choisie.] (Beauvoir 1943: 503)

Die Einsamkeit und Abgetrenntheit dieser Tat ist absolut. Der Mord an Xavière ist rein metaphysisch: Man könnte ihn verstehen als einen Kommentar zu Hegels Konzept von der Selbstbewusstwerdung des Subjekts durch einen Lebens- und Todeskampf, auf das jenes dem Roman vorangestellte Hegel-Zitat verweist: »Ebenso muss jedes Bewusstsein auf den Tod des Anderen gehen.« (Beauvoir 1972: 5) [»Chaque conscience poursuit la mort de l'autre.«] (Beauvoir 1943: 8) Trotzdem ist schwer zu erkennen, wie das Töten durch den heimlichen Einsatz von Gas ein Beispiel für den Lebens- und Todeskampf mit dem Anderen sein soll. Ich neige dazu zu sagen, dass Françoise nie wirklich in diese Dialektik einsteigt. Vielleicht könnten wir sagen, dass sie die erste Stufe fast erreicht hat, den Lebens- und Todeskampf aufnimmt, aber der realen Konfrontation ausweicht.

5. Besondere Andere: *Pyrrhus und Cineas* und *Das Blut der Anderen*

Die Auswirkungen des Zweiten Weltkriegs und vor allem der Deutschen Besetzung Frankreichs veranlassten Beauvoir dazu, sich von der Metaphysik ab- und sich der Geschichte und Politik zuzuwenden. *Pyrrhus und Cineas* [1944] und *Das Blut der Anderen* [1945] wurden beide während der Besatzung geschrieben. Jetzt geht es nicht mehr um die Frage »Wie kann es andere geben?«, sondern darum: »Wie kann ich mit anderen zusammenleben?« Sowohl im Essay als auch im Roman zeigt Beauvoir, wie ein Mensch die Anderen *braucht*, um seinen Projekten einen Sinn zu geben. »Wir brauchen den anderen, damit unser Dasein begründet und notwendig wird.« (Beauvoir 1964a: 248) [»Nous avons besoin d'autrui pour que notre existence devienne fondée et nécessaire.«] (Beauvoir 1944: 96) Dafür stehen die Hauptcharaktere im Roman, die ihre individuellen Ziele zurückstellen, um miteinander in einer eng verbundenen Gruppe für die Résistance zusammenzuarbeiten.

Deshalb müssen wir einsehen, dass die Anderen keine metaphysischen Monster, sondern konkrete, situierte Wesen oder eben besondere Andere sind. Auf keinen Fall dürfe man der Versuchung erliegen, über Andere zu dozieren, schreibt Beauvoir in *Pyrrhus und Cineas*, und in abstrakten und allgemeinen Begriffen über sie zu sprechen, zum Beispiel in Phrasen wie *Alle Menschen sind meine Brüder.* Selbst wenn wir solche Formulierungen nicht verwenden, taucht das gleiche Gefühl oder die gleiche Vorstellung auf, wenn wir von dem vagen Gedanken überwältigt werden, dass wir *gut* sein sollten oder von dem allgemeinen Gefühl, dass wir *allen helfen* müssten. Doch solche übergeneralisierenden moralischen Ansprüche, so Beauvoir, geben uns keinen Grund, zwischen den vielfältigen anderen zu wählen, die alle unsere Hilfe brauchen: »Wenn alle Menschen meine Brüder sind, dann ist kein bestimmter Mensch mehr mein Bruder.« (Beauvoir 1964a: 209) [»Si tous les hommes sont mes frères, aucun homme en particulier n'est plus mon frère.«] (Beauvoir 1944: 32) Ein vager Wunsch, *gut* zu sein, ist als Leitfaden für das Handeln in der Welt nutzlos. In gleicher Weise wird der fromme Wunsch, jegliches *Othering* zu vermeiden, dazu führen, dass wir nicht in der Lage sind, die notwendigen Unterscheidungen zwischen den verschiedenen Anderen zu machen oder sie vor dem Hintergrund unterschiedlicher Ziele zu betrachten. Eine sinnvolle Auswahl ist nur in bestimmten Situationen möglich, schreibt Beauvoir: »Wenn man mich außerhalb aller Situationen versetzen würde, dann wäre in meinen Augen jede Gegebenheit gleich indifferent.« (Beauvoir 1964a: 245) [»si l'on me transporte hors de toutes situations, tout donné me semble également indifferent«]. (Beauvoir 1944: 92)

Beauvoir impliziert, dass ich weder moralisch noch politisch handeln kann, wenn ich meine eigene Situation nicht verstehe und die Anderen nicht klar erkenne. Wenn ich moralische oder politische Entscheidungen treffen soll, müssen andere Menschen konkret für mich existieren.

> Sie existieren für mich nur, wenn ich konkrete Verbindungen zu ihnen hergestellt, wenn ich sie zu meinen Nächsten gemacht habe. Je nachdem, ob mein Entwurf mit dem ihren übereinstimmt oder ihm widerspricht, existieren sie für mich als Verbündete oder als Gegner. (Beauvoir 1964a: 256) [Ils n'existent pour moi que si j'ai créé des liens avec eux, si j'ai fait d'eux mon prochain; ils existent comme alliés ou comme ennemis selon que mon projet s'accorde avec le leur ou le contredit.] (Beauvoir 1944: 109–110)

Konkrete Verbindungen herstellen, bedeutet, mit Menschen zusammenzuarbeiten oder gegen sie anzukämpfen, sie zu lieben oder zu hassen – kurz gesagt, sich auf sie einzulassen als konkrete und besondere Andere. (Eben das vermag Françoise in *L'Invitée* nicht.) Diese Idee wird, auf eine Hegelsche Art, in *Das andere Geschlecht* wieder auftauchen.

Diese Konzeption des Andersseins ist reich an ethischen Implikationen und an möglichen Überlegungen zur historischen und gesellschaftlichen Besonderheit. Doch der Essay *Pyrrhus und Cineas* ist etwas arm an phänomenologischen Beschreibungen, zumindest im Vergleich zu *L'Invitée.* Bei der Lektüre des Romans *Das Blut der anderen* entdecken wir gleich, dass sowohl der Essay als auch der Roman den Todesfall des Kindes der Hausangestellten beziehungsweise des Pförtners als Schlüsselbeispiele verwenden. Im Roman erfährt Jean Blomart, der achtjährige Sohn des Druckereibetreibers, dass das Baby von Louise verstorben ist. Er geht mit seiner Mutter los, um die Hausangestellte zu besuchen:

> Im Körbchen lag blaß und mit geschlossenen Augen ein Baby. Ich blickte auf den roten Steinfußboden, die kahlen Wände, den Gaskocher und begann zu weinen. Ich weinte. Mama redete, aber das Kind blieb tot. (Beauvoir 1963: 10) [Dans le moïse, il y avait un bébé pale aux yeux fermés. J'ai regardé le carreau rouge, les murs nus, le réchaud à gaz et je me suis mise à pleurer. Je pleurais et maman parlait, et le bébé restait mort.] (Beauvoir 1945: 16)

Wieder zu Hause fragt der Vater beim Abendessen, was denn mit Jean los sei. Die Mutter versucht zu erklären. »Sie hatte die Leidensgeschichte schon erzählt; aber noch einmal versuchte sie, die Meningitis, die qualvolle Nacht und den am Morgen erstarrten kleinen Körper zu schildern.« (Beauvoir 1963: 10–11) [»Elle avait déjà raconté l'histoire, mais de nouveau elle essayait de la faire sentir, avec des mots: la méningite, la nuit angoissée, et au matin le petit corps raidi.«] (Beauvoir 1945: 16) Dieses Beispiel zeigt den Versuch, anderen eine Erfahrung zu vermitteln. Doch solche Bemühungen bleiben wirkungslos. Die Eltern drängen ihren Sohn zu essen, doch er bekommt keinen Bissen herunter. Der Vater rügt ihn:

> ›Hör mal zu‹, sagte mein Vater. ›Es ist zwar sehr traurig, daß Louises Kind tot ist; und sie tut mir auch leid, aber wir können doch nicht unser ganzes Leben darüber

> vertrauern. Los, beeil dich‹. (Beauvoir 1963: 11) [›Écoute‹, dit mon père. ›C'est très triste que le petit de Louise soit mort, j'en suis navrée pour elle, mais nous n'allons pas le pleurer toute notre vie. Allons, dépêche-toi un peu.‹] (Beauvoir 1945: 16)

Jean isst zwar, hat aber das Gefühl, er hätte etwas verraten, an sich selbst und an der Welt. In *Pyrrhus und Cineas* führt Beauvoir dasselbe Beispiel an, um die Frage zu stellen: Wie kann ich wissen, was ich in dieser Welt tun soll? Was zählt für mich als sinnvolles Handeln? Wenn ich *meinen Garten bestellen* muss – um Voltaires Candide zu zitieren –, wie kann ich wissen, was mein Garten ist? Ein Kind beweint den Tod des Babys des Pförtners. Die Eltern sagen ihm, er solle nicht trauern. Beauvoir schildert hier eine gefährliche Lektion, denn die Eltern wollen dem Kind weismachen, es soll seine spontanen Reaktionen auf die Welt ignorieren, also seine Erfahrung ignorieren. Und das ist brenzlich. Denn wenn wir jemals herausfinden sollen, was uns in einer verwirrenden und potenziell entfremdeten Welt wichtig ist, müssen wir genau beobachten, was wir tun. »Ich bin zunächst nicht Sache, sondern wünschende, liebende, wollende, handelnde Spontaneität.« [Je ne suis pas d'abord chose, mais spontanéité qui désire, qui aime, qui veut, qui agit.], schreibt Beauvoir.

> ›Dieser kleine Knabe ist nicht mein Bruder.‹ Aber wenn ich um ihn weine, ist er für mich kein Fremder mehr. Meine Tränen entscheiden darüber. Vor mir ist nichts entschieden. (Beauvoir 1964a: 200) [›Ce petit garçon n'est pas mon frère.‹ Mais si je pleure sur lui, il ne m'est plus un étranger. Ce sont mes larmes qui décident. Rien n'est décidée avant moi.] (Beauvoir 1944: 16–17)

Beauvoir nutzt dieses Beispiel, um zu zeigen, dass wir nicht wirklich kühl und rational wählen, was uns wichtig ist. Wir *finden* uns in Sorge für andere. Unsere spontanen Leidenschaften, unsere Intensität, unser Verlangen verraten uns, was uns im Leben wichtig ist. Natürlich können wir uns in dem, was unsere Handlungen und Wünsche uns mitteilen, irren, wir können unsere Meinung ändern, Verbindlichkeiten hinter uns lassen und so weiter. Beauvoir formuliert es so, dass ein Mensch sich im ständigen Werden befindet. Ihr Argument widerspricht der Annahme, dass es im Existenzialismus nur um die rationale, bewusste Entscheidung geht. Wenn wir unsere Leidenschaften und Wünsche – nennen wir sie unsere *Projekte* – der Meinung anderer opfern, verlieren wir unsere Freiheit und entfremden uns. Es ist Unterdrückung, wenn wir davon abgehalten werden, selbst herauszufinden, was uns wirklich am Herzen liegen könnte, weil wir daran gehindert werden, unsere eigenen Erfahrungen mit der Welt zu machen. In *Das andere Geschlecht* zeigt Beauvoir, dass Frauen, die in einer sexistischen Gesellschaft aufgewachsen sind, dazu neigen, genau das zu tun, weil ihnen eine ganze Reihe von normativen Anforderungen an die *Weiblichkeit* (patriarchale Weiblichkeit) auferlegt werden. In *Pyrrhus und Cineas* zeigt sie, dass wir die Freiheit der Anderen brauchen, um unsere eigenen Entscheidungen sinnvoll treffen zu können. In einer Welt ohne die Anderen wäre uns nichts wichtig. Jede meiner Handlungen und Äußerungen ist ein Appell an Andere oder wie es Beauvoir zusammenfasst: Ich brauche andere Menschen in der Welt, Andere, die mir ebenbürtig sind. Ich muss mich also für ihre konkreten Freiheiten einsetzen (z.B. Gesundheit, Ausbildung, Wohlbefinden, Freizeit), um ihnen zu ermöglichen, in der Welt tätig zu sein, damit sie auf mich reagieren können und ich auf sie (Beauvoir 1964a: 259, 1944: 115).

Dies ist ein Konzept des Andersseins, das ich nicht als besonders oder partikulär im Gegensatz zum Metaphysischen, sondern als *gewöhnlich* bezeichnen möchte. Andere Menschen haben Projekte und Wünsche, genau wie ich. Ihre Projekte können mit meinen kollidieren, wir können in einen Streit geraten, aber wir können auch in Resonanz gehen und uns in Anerkennung begegnen. Ein wichtiger Aspekt der Frage in Beauvoirs *historischer Wende* ist die entscheidende Einsicht, dass wir auf dieselben oder auf ähnliche Situationen unterschiedlich reagieren. Ein Kind wird über den Tod des Babys der Hausangestellten weinen, ein anderes nicht. Eine Person wird über die hungernden Kinder in China weinen, eine andere wird sich von deren Schicksal überhaupt nicht betroffen fühlen. Erfahrung, gelebte Erfahrung, besteht aus dem, was Andere uns antun, aus den Situationen und den Geschehnissen, die uns widerfahren, aber auch aus unseren Reaktionen darauf. Und weil wir als die besonderen Subjekte, die wir sind, reagieren, werden wir unterschiedlich reagieren.

6. *Das andere Geschlecht*: Absolutes Anderssein versus wechselseitiges Anderssein

»Er ist das Subjekt, er ist das Absolute: sie ist das Andere.« (Beauvoir 1992a: 12) [»Il est le Sujet, il est l'Absolu: elle est l'Autre«] (Beauvoir 1949 I: 16) schreibt Beauvoir in *Das andere Geschlecht*. Was soll es überhaupt bedeuten, dass »die Frau das Andere« ist? Für Beauvoir ist dies keine metaphysische Beschreibung (wir sind nicht zurück bei *L'Invitée*). Es ist auch nicht einfach eine Feststellung, dass Frauen besondere oder gewöhnliche Andere sind (wir sind auch nicht wieder bei *Pyrrhus und Cineas*). Es handelt sich vielmehr um die Behauptung, dass eine Gruppe von Menschen von Geburt an in einer Kategorie gefangen gehalten wird, die sie als das Andere und als zweitrangige Wesen definiert, beziehungsweise als Kreaturen, deren Existenz relativ zu der des Mannes ist. Das Anderssein ist in diesem Sinne weder ein metaphysisches Konzept noch eine besondere Person, sondern eine Ideologie, oder was Beauvoir einen *Mythos* nennt.

Beauvoir unterstreicht, dass das Anderssein, das die Situation der Frauen kennzeichnet, ein ganz besonderes Anderssein ist. Es ist, wie sie schreibt, *das absolute Andere ohne Wechselseitigkeit*: »So erschien die Frau als das Unwesentliche, das nie zum Wesentlichen wird, als das absolute Andere ohne Wechselseitigkeit.« (Beauvoir 1992a: 192) [»La femme apparaissait ainsi comme l'inessentiel qui ne retourne jamais à l'essentiel, comme l'Autre absolu sans réciprocité.«] (Beauvoir 1986: 239) Hier spielt sie auf Hegel an, denn nach der Logik der Herr-Knecht-Dialektik kann der Knecht eines Tages zum Herrn werden. Aber ein absolutes Anderes kommt in der Dialektik überhaupt nicht vor. Mit anderen Worten: Der Mann ist das Subjekt, die Frau das Andere.

In gewöhnlichen menschlichen Beziehungen ist jedoch niemand jemals das absolute Andere. Im Gegenteil, wenn wir mit Anderen interagieren, sei es in Freundschaft oder Feindschaft, kommt es zwangsläufig zu Wechselseitigkeit. Früher oder später »[sind] Individuen und Gruppen wohl oder übel gezwungen, die Wechselseitigkeit ihrer Beziehung anzuerkennen.« (Beauvoir 1992a: 14) [»Bon gré, mal gré, individus et groupes sont bien obligés de reconnaître la réciprocité de leur rapport.«] (Beauvoir 1986: 17) Die Anerkennung der Wechselseitigkeit bedeutet, dass die Anderen, mit denen wir zu tun haben, ob als Freunde oder Feinde, ebenso frei, genauso handlungs- und reflexionsfähig sind wie wir selbst. Im Alltag lernen wir daher, die Anderen – Kolleg*innen, Studierende, Freundinnen und Freunde, Familie – sowohl als Subjekte als auch als Objekte zu sehen, so wie sie mich (hoffentlich) auch gleichermaßen als Objekt und Subjekt sehen.

Wenn wir an *L'Invitée* zurückdenken, können wir jetzt erkennen, dass Françoise zur Wechselseitigkeit einfach nicht fähig ist. Sie tötet Xavière, weil sie den Gedanken nicht ertragen kann, dass Xavière genauso als eigenständiger Mensch existiert wie sie selbst. Denken wir nochmals an *Pyrrhus und Cineas*, verleiht der Begriff der *Wechselseitigkeit* dem Konzept vom *besonderen Anderssein* eine neue Dimension.

Auch wenn sie es meiner Meinung nach andeutet, betont Beauvoir in dem früheren Essay nicht, dass jedes besondere Andere sowohl ein Objekt für mich als auch ein Subjekt in der Welt ist. Um zum Konzept der Wechselseitigkeit zu gelangen, wie es in *Das andere Geschlecht* auftaucht, knüpft sie an ihrer Arbeit in *Für eine Moral der Doppelsinnigkeit* an. Hier betont sie die Versuchung des Subjekts, vor der Ambivalenz zu fliehen, einschließlich der Ambivalenz, die sich aus der Tatsache ergibt, dass wir gleichzeitig Subjekt und Objekt sind. Deuten wir diese Vorstellung im Lichte von *Das andere Geschlecht*, wird deutlich, dass der Sexismus, wie Beauvoir ihn versteht, den Männern die Möglichkeit bietet, der Ambivalenz zu entfliehen, und zwar, indem sie sich selbst als reine Subjekte definieren und die Frauen zu nichts als Objekten reduzieren (Beauvoir 1964b: 77, 1947: 10).

Die Unterscheidung zwischen *Wechselseitigkeit* und *absolutem Anderssein* ist entscheidend für das Verständnis von *Das andere Geschlecht*. Dennoch stellt sich eine Frage: Wie kann Beauvoir einerseits argumentieren, dass Wechselseitigkeit zwangsläufig aus der Arbeit und dem Kampf mit Anderen entsteht, und *gleichzeitig* sagen, dass die Frau das absolute Andere ist? Schließlich arbeiten Männer und Frauen selbst in sexistischen Gesellschaften häufig zusammen, sind an gemeinsamen

Projekten oder kollektiven Kämpfen gegen andere Gruppen beteiligt. Von solchen Beziehungen könnte man erwarten, dass sie Anerkennung und Wechselseitigkeit hervorbringen. Wieso besteht Beauvoir dann darauf, dass die Frau immer noch das Andere darstellt? Ist das nicht ein Widerspruch? Die Antwort ist, dass es ein Widerspruch ist, aber einer, der die Widersprüche im Kern des Sexismus bloßlegt und nicht die in Beauvoirs Denken.

Ich habe bereits dargelegt, dass das *absolute Anderssein* ein ideologisches Konstrukt ist. Leider lässt es sich nicht von der gewöhnlichen gelebten Erfahrung trennen, wie *Das andere Geschlecht* ausführlich dokumentiert. Die Vorstellung des Andersseins der Frauen an sich ist so mit unseren gesellschaftlichen Sitten und Gebräuchen, also mit gelebter Erfahrung in ihrer vollen Komplexität verwoben. Von Anfang an werden Mädchen dazu angehalten, einer patriarchalen Norm von Weiblichkeit zu entsprechen. Gleichzeitig erklärt Beauvoirs Erkenntnis, dass die praktische Erfahrung häufig Wechselseitigkeit hervorbringt und warum manche Frauen und manche Männer diesem ideologischen Gebot mehr Widerstand entgegensetzen als andere. *Das andere Geschlecht* ist voller Beispiele, in denen verschiedenen Frauen höchst unterschiedlich auf denselben ideologischen Druck reagieren. Gerade weil Sexismus als Spannung zwischen dem ideologischen Beharren auf das absolute Anderssein und der konstanten Möglichkeit einer gewöhnlichen, praktischen Anerkennung von Wechselseitigkeit existiert, kann Sexismus niemals absolut sein. Gerade der Widerspruch, der aus dieser Spannung entsteht, schafft einen Raum für Bewusstseinsbildung und Kritik. Weil unterschiedliche Frauen unterschiedliche Erfahrungen machen, werden sie diese Spannung nicht in gleicher Weise erleben.

Beauvoirs Verständnis von Sexismus als einer zutiefst widersprüchlichen Situation erklärt, warum Frauen ihre Unterdrückung selbst aufdecken und dagegen kämpfen können. In dieser Hinsicht ähnelt Beauvoirs Begriff des *Mythos* eher diversen marxistischen Vorstellungen von Ideologie als einigen neueren Theorien der Macht. Besonders bestimmte Lesarten von Foucault stellen Macht als allumfassend dar. Laut jenen Theorien produziert Macht ihren eigenen Widerstand und deshalb kann der Widerstand nur in einer Art Unterminierung, ironischer Nachahmung oder Subversion (im Gegensatz zu Revolution) bestehen. Die Vorstellung von Sexismus oder *Gender-Normativität* als allumfassendem *Diskurs*, der unser gesamtes Denken, Fühlen und Handeln bestimmt, hat denselben Effekt. Solche Theorien sind meiner Meinung nach zutiefst deprimierend, denn sie erwecken den Anschein, das Ringen um echte Veränderungen wäre hoffnungslos. Beauvoirs Verständnis von Sexismus erklärt, wieso manche Frauen schnell erkennen, dass sie in einer sexistischen Welt als das Andere besetzt werden, während andere das leidenschaftlich bestreiten, und warum einige Frauen behaupten, dass sie ihre Freiheit gerade dadurch bestätigen, dass sie sich entfremden und objektivieren. Solche Konflikte sind der Ausgangspunkt für Kampf, Debatte und Auseinandersetzungen, aber nicht für Hoffnungslosigkeit.

Wechselseitiges Anderssein ist nicht nur etwas, das in konkreten Situationen von Zusammenarbeit oder Kampf entstehen kann oder nicht. Es ist auch ein utopisches Ziel. Für Beauvoir ist das Ziel der Frauenbefreiung die Wechselseitigkeit zwischen Frauen und Männern, das heißt zwischen den Unterdrückten und der Gruppe der Unterdrücker. Beauvoir spricht immer wieder von der künftigen Freundschaft zwischen Männern und Frauen und von der Zusammenarbeit der Geschlechter an gemeinsamen Projekten. Doch sie bestreitet nicht, dass es auch in einer sexistischen Gesellschaft einige Fälle solcher Freundschaft und gegenseitiger Anerkennung gibt.

Wie wird Wechselseitigkeit ohne die Widersprüche des Sexismus aussehen? Wie könnten wir in einer nicht-sexistischen Welt leben, die von echtem Respekt für die Freiheit des Anderen geprägt ist? Gegenwärtig ist die Wechselseitigkeit zwischen Frauen und Männern ständig von der Rückeroberung durch die sexistische Ideologie bedroht. Es ist immer noch möglich, dass ein Mann selbstgefällige Selbstzufriedenheit fühlt, wenn er eine Frau als gleichberechtigt anerkennt oder wenn er etwas Hausarbeit erledigt, während eine Frau Dankbarkeit für eine Anerkennung empfindet, die ein Mann für selbstverständlich hält. In einer sexistischen Welt, wie wir sie heute haben, die sich durch eingeschränkte Gelegenheiten der Wechselseitigkeit auszeichnet, ist es oft schwer zu sagen, ob das abschätzige Verhalten eines Mannes gegenüber einer Frau Ausdruck von Sexismus ist oder ob die Frau seine Abfuhr tatsächlich verdient hat. In einer nicht-sexistischen Welt könnte ein Mann die Projekte einer Frau ablehnen, nicht weil er ein Mann und sie eine Frau ist, sondern einfach, weil sie in der Sache wirklich anderer Meinung sind. Ebenso kann sich eine Frau, die heute einen Preis oder eine Auszeichnung erhält, immer noch fragen, ob sie die Ehre verdient hat oder ob sie nur ausgewählt wurde, um eine Geschlechterquote zu erfüllen. Diese Unsicherheit ist eine Folge der Tatsache, dass jeder Moment der Anerkennung und der Wechselseitigkeit auch heute noch vor dem Hintergrund des Sexismus stattfindet.

Simone de Beauvoirs Werk ist eine lebenslange Erforschung des Konzepts der Erfahrung, eine lebenslange Untersuchung der Frage, warum wir aus denselben Erfahrungen so unterschiedliche Schlüsse ziehen, eine Erforschung der menschlichen Besonderheit, unserer verblüffenden Unterschiede zueinander. Was all dies zusammenhält, ist Beauvoirs Engagement für die grundlegende Freiheit eines jeden von uns. In einer Welt der freien Subjekte brauchen wir die Reaktion der Anderen, um unserem eigenen Handeln einen Sinn zu geben. *Das andere Geschlecht* bleibt gerade wegen Beauvoirs unerschütterlichem Bekenntnis zu Freiheit und Wechselseitigkeit und wegen ihres Glaubens daran, dass es möglich sein wird, eine Welt zu schaffen, in der Männer und Frauen sich frei und spontan nicht durch Fesseln der Feindschaft, der Feindseligkeit und der Unterdrückung, sondern durch Solidarität verbunden fühlen werden, ein kraftvoller feministischer Text.

Literaturverzeichnis

Beauvoir, Simone de (1943): L'Invitée, Paris: Gallimard.

Beauvoir, Simone de (1944): Pyrrhus et Cinéas, Paris: Gallimard.

Beauvoir, Simone de (1945): Le Sang des autres, Paris: Gallimard.

Beauvoir, Simone de (1947): Pour une morale de l'ambiguïté, Paris: Gallimard.

Beauvoir, Simone de (1948a): L'Existentialisme et la sagesse des nations, Paris: Nagel.

Beauvoir, Simone de (1948b): Littérature et métaphysique, in: Simone de Beauvoir, L'Existentialisme et la sagesse des nations, Paris: Nagel, 103–124.

Beauvoir, Simone de (1949): Le Deuxième Sexe, 2 Vol., Paris: Gallimard.

Beauvoir, Simone de (1960): La Force de l'âge, Paris: Gallimard.

Beauvoir, Simone de (1963): Das Blut der Anderen, Reinbek bei Hamburg: Rowohlt.

Beauvoir, Simone de (1964a): Pyrrhus und Cineas, in: Simone de Beauvoir, Soll man de Sade verbrennen? Drei Essays zur Moral des Existenzialismus, Reinbek bei Hamburg: Rowohlt, 193–264.

Beauvoir, Simone de (1964b): Für eine Moral der Doppelsinnigkeit, in: Simone de Beauvoir, Soll man de Sade verbrennen? Drei Essays zur Moral des Existenzialismus, Reinbek bei Hamburg: Rowohlt, 77–192.

Beauvoir, Simone de (1969): In den besten Jahren, Reinbek bei Hamburg: Rowohlt.

Beauvoir, Simone de (1970): Tout compte fait, Paris: Gallimard.

Beauvoir, Simone de (1972): Sie kam und blieb, Reinbek bei Hamburg: Rowohlt.

Beauvoir, Simone de (1976): Alles in allem, Reinbek bei Hamburg: Rowohlt.

Beauvoir, Simone de (1992a): Das andere Geschlecht, Reinbek bei Hamburg: Rowohlt.

Beauvoir, Simone de (1992b): Literatur and Metaphysik, in: Auge um Auge, Artikel zu Politik, Moral und Literatur 1945–1955, Reinbek bei Hamburg: Rowohlt.

Beauvoir, Simone de (2008): Cahiers de jeunesse 1926–1930, Paris: Gallimard.

Blanchot, Maurice (1949): Les romans de Sartre, in: Maurice Blanchot, La Part du feu, Paris: Gallimard, 188–203.

Blanchot, Maurice (1995): The Novels of Sartre, in: Maurice Blanchot, The Work of Fire, Stanford: Stanford University Press, 191–207.

Blanchot, Maurice (2007): Le Roman du regard, in: Chroniques littéraires du Journal des débats: avril 1941 – août 1944, Paris: Gallimard, 517–523.

Camus (1965[1942]): Le Mythe de Sisyphe, in: Roger Quilliot/Louis Faucon (Hg.), Essais. Bibliothèque de la Pléiade 183, Paris: Gallimard, 89–211.

Camus (2000): Der Mythos des Sisyphos, Reinbek bei Hamburg: Rowohlt.

Merleau-Ponty, Maurice (1966[1948]): Le roman et la métaphysique, in: Maurice Merleau-Ponty, Sens et non-sens, Paris: Nagel, 45–71.

Merleau-Ponty, Maurice (2000): Der Roman und die Metaphysik, in: Maurice Merleau-Ponty, Sinn und Nicht-Sinn, München: Fink, 34–54.

Moi, Toril (2005): Sex, Gender, and the Body: The Student Edition of What Is a Woman?, Oxford/New York: Oxford University Press.

Prévost, Jean (Hg.) (1943): Problèmes du roman, special issue of the journal Confluences, Lyon.

Ruch, Alexander (2009): Beauvoir-in-America: Understanding, Concrete Experience, and Beauvoir's Appropriation of Heidegger in America Day by Day, in: Hypatia. A Journal of Feminist Philosophy 24(4), 104–129.

Scheu, Ashley King (2012): The Viability of the Philosophical Novel. The Case of Simone de Beauvoir's She Came to Stay, in: Hypatia. A Journal of Feminist Philosophy 27(4), 791–809.

Wittgenstein, Ludwig (2009): Philosophische Untersuchungen/Philosophical Investigations. The German text, with an English translation, 4. Aufl., Malden, Mass./ Oxford: Wiley-Blackwell.

Kommentar: Probleme der Anerkennung von Andersheit und Differenz

Andrea Maihofer

1. Ein paar einleitende Bemerkungen

Einen Kommentar zu Toril Mois Beitrag zu *Simone de Beauvoirs Grammatik des Andersseins* (2024) zu schreiben, war für mich eine Herausforderung, von der ich zunächst nicht so recht wusste, ob ich sie annehmen sollte. Mit genauerer Lektüre des Textes von Moi konnte ich diese Aufgabe jedoch zunehmend als eine Art Chance verstehen zu einer Annäherung an eine Begrifflichkeit bzw. Problemstellung, mit der ich bislang nicht so recht etwas anzufangen wusste: dem Problem des Anderen und der Andersheit. Auch jetzt, wo ich zu schreiben beginne, weiß ich noch nicht, wie sinnvoll ich diese Begrifflichkeiten für meine eigenen Überlegungen finde. Doch meine Hoffnung ist, dass mir ein genauerer Blick auf Mois, wie ich finde, sehr gelungene Relektüre von Beauvoirs Verständnis des Anderen/der Andersheit, dabei hilft, der Frage nachzugehen, die mich immer wieder beschäftigt hat: Welchen Unterschied macht es, wenn ich, wie ich es tue, bislang eher von *anderen Menschen* statt von *Anderen* spreche bzw. von *Verschiedenheit/Differenz* statt von *Andersheit*? Erfasse ich damit unterschiedliche Problemlagen oder geht es – genau besehen – um dasselbe nur in unterschiedlichen Begrifflichkeiten? Und wäre ein Einlassen auf diese Begriffe eine produktive Erweiterung meiner eigenen Überlegungen zum Problem einer positiven nicht-hierarchisierenden Anerkennung von Differenz? Kurzum: Diesen Kommentar zu schreiben ist so etwas wie ein Abenteuer, von dem ich nicht weiß, zu welcher Einsicht mich das führen wird.

Bevor ich auf Mois Relektüre von Beauvoirs Verständnis von Andersheit genauer eingehe, möchte ich einige Bemerkungen zu meinem Verständnis des Existenzialismus machen in der Hoffnung, dass auf diese Weise – auch mir selbst – etwas verständlicher wird, warum mir das Potential des Begriffs des Anderen bislang eher entgangen ist.

2. Existenzialismus als theoretisches und politisches Verständnis menschlicher Existenz

Mein Verständnis des Existenzialismus ist zunächst zutiefst persönlich geprägt. Stellt der Existenzialismus für mich doch gleichsam den Einstieg in mein intellektuelles Denken in einer Lebensphase dar, in der ich sehr existenziell mit der Abwehr der gesellschaftlichen Zumutung beschäftigt war, an die Existenz eines Gottes glauben zu sollen, den es nicht gibt, sowie in eine Welt hineingeboren zu sein, die ich selbst nicht gewählt hatte. Weder hatte ich gewählt, eine Frau sein zu müssen, noch dies zudem in einer kapitalistischen cisheteropatriarchalen Gesellschaft. Damit auf das engste verbunden war mein Lebensgefühl bestimmt von der Sehnsucht, Ich-selber-sein-zu-können, ein für den Existenzialismus zentrales Element. Wenig verwunderlich also, dass meine eigene intellektuelle Geschichte mit der Lektüre von Sartre begann und damit – zumindest zu Beginn – entscheidend vom Existenzialismus geprägt war. So war eines der ersten Bücher, die ich mir bei meinem Vater *ausgeliehen* und ein paar Jahre später selbst gekauft habe, die *Drei Essays* von Sartre. Dabei war für mich jedoch nicht, die *Figur des Anderen* zentral, vielmehr die des *Sich-selber-sein-könnens* oder wie es Sartre formuliert, »sich selber zu wollen«, was nach ihm auf das Engste mit dem Begriff der Freiheit verbunden ist (Sartre 1969: 31). Im Zentrum stand für mich daher zunächst das politische Engagement für eine Gesellschaft, die die Freiheit sich-selbst-zu-sein, mir, aber auch allen anderen Menschen ermöglicht.

Diese *Rebellion* gegen die Zumutung des Zwangs zur Anpassung an die herrschenden gesellschaftlichen Normen und deren bigotter Moral, also an *das allgemeine Man*, war zu Beginn – schon vom Alter her – sicherlich stark pubertär oder »melodramatisch«, um eine sehr treffende Formulierung von Moi bezogen auf den Existenzialismus als »einer melodramatischen Philosophie« aufzunehmen (Moi 1996: 142). Zugleich aber war sie eine zutiefst existentielle Erfahrung, die für mich gleichsam den Kern des Existenzialismus als Denk-, Gefühls- und Handlungsweise ausgemacht hat. Diese Sehnsucht, aber auch Forderung nach der Freiheit, sich-selbst-zu-sein, impliziert *zum einen* eine grundlegende Kritik an den herrschenden gesellschaftlichen Normen einschließlich ihres Anspruchs als Maßstab für *alle* gleichermaßen zu gelten und damit zugleich den Ausschluss aller zu rechtfertigen, die diesem Maßstab nicht entsprechen bzw. nicht entsprechen wollen. In diesem Sinne impliziert das Insistieren darauf, sich-selbst-zu-sein, *zum anderen* die *Forderung nach einer positiven nicht-hierarchisierenden Anerkennung von Differenz bzw. von Verschiedenheit.*

Ein weiteres Problem, das mich auch damals schon beschäftigte, und das mit letzterem eng zusammenhängt, war Sartres These, die er im Anschluss an Dostojewskis Überlegung: »›Wenn Gott nicht existierte, so wäre alles erlaubt!‹« formuliert (Sartre 1969: 16). Genau diese Überlegung ist, so Sartre, »der Ausgangspunkt des

Existentialismus« (ebd.). Und er bekräftigt: »In der Tat, alles ist erlaubt, wenn Gott nicht existiert« (ebd.). Zugleich bedeutet dies jedoch auch, dass jeder Mensch nicht nur für das eigene Handeln verantwortlich ist, sondern auch, dass es für das eigene Handeln »keine Entschuldigungen« gibt (ebd.), da es nicht mehr möglich ist, sich zur Rechtfertigung des eigenen Handelns auf ein vorgängiges menschliches Wesen zu berufen. Denn, so Sartre weiter, »wenn Gott nicht existiert«, gibt »es mindestens *ein* Wesen«, nämlich den Menschen, »bei dem die Existenz der Essenz vorausgeht, ein Wesen, das existiert, bevor es durch irgendeinen Begriff definiert werden kann« (ebd.: 11). Diese grundlegende Zurückweisung eines vorgängigen menschlichen Wesens bedeutet zudem, dass jedes individuelle Handeln eines Menschen nicht nur bestimmt, was diesen individuellen Menschen ausmacht, sondern auch das *Menschsein als solches*. Oder in Sartres Worten: »indem ich mich wähle, wähle ich den Menschen« (ebd.: 13) und ich binde damit in meinem Handeln »die ganze Menschheit« (ebd.: 12). Im Rahmen des Existenzialismus kann ich also mein eigenes Handeln weder mit dem Rekurs auf ein vorgängiges menschliches Wesen noch durch Berufung auf die herrschenden Normen rechtfertigen. Zudem bedeutet dies jedoch auch – um es bezogen auf das Problem der Erfahrung zu formulieren –, dass die Existenz der Erfahrung vorausgeht, oder anders ausgedrückt: Das Spektrum und die Art und Weise möglicher Erfahrung ist durch die historisch und gesellschaftlich kulturell hegemoniale Existenzweise bestimmt, wenn auch nie in Gänze und nicht absolut.

Spätestens hier wird deutlich: Es ist ein Missverständnis, den Existenzialismus und schon gar den Anspruch des Sich-Selbst-sein-könnens individualistisch oder gar solipsistisch zu verstehen. Im Gegenteil, jede*r Einzelne muss im eigenen Handeln stets alle anderen sowie eine mögliche Verallgemeinerung des eigenen Handelns im Blick haben. Mehr noch, jede*r trägt im eigenen Handeln eine große Verantwortung: es bestimmt, was die Menschheit ausmacht.

Des Weiteren zeigt sich damit – und das ist für den hiesigen Kontext bedeutsam –, dass im Existenzialismus die Beziehung zum Anderen oder genauer, zu *den Anderen* als grundlegend und existentiell gedacht wird. So »wählt« nach Sartre »der Mensch« sich selbst stets »in Beziehung auf die anderen« sowie »im Angesicht der anderen« (Sartre 1969: 31). Schließlich leben wir alle stets innerhalb von Beziehungen und hängen von anderen Menschen ab, ob wir das nun wahrhaben wollen oder nicht. Konkret bedeutet dies, dass unsere Freiheit »ganz und gar von der Freiheit der anderen abhängt« und »die Freiheit der anderen von der unseren« (ebd.: 32). Ich bin daher »verpflichtet, gleichzeitig mit meiner Freiheit die der anderen zu wollen« (ebd.).

Kurzum: Für mich war von Beginn an die Idee der Freiheit gegenüber den herrschenden gesellschaftlichen Normen, also die Sehnsucht, sich-selbst-zu-sein, zentral – und zwar für mich selbst sowie für Andere. Und dabei ging und geht es mir um die normative Forderung nach einer positiven nicht-hierarchisierenden Anerkennung der Differenz für alle Menschen. Denn deren Existenz ist unabdingbare Bedingung der Möglichkeit meiner eigenen Existenz und vice versa.

Das aber bedeutet: In meinem Verständnis des Existenzialismus spielte nicht die Figur des *Anderen* bzw. der *Andersheit* eine zentrale Rolle, vielmehr die Idee der Differenz, mit der es auf produktiv anerkennende Weise umzugehen gilt. Das bedeutet jedoch auch – wie mir nun klar wird –, dass sich für mich das Problem der Bedrohung durch die Existenz eines »andersartigen Anderen«, wie Jessica Benjamin es im Anschluss an Beauvoir formuliert, nicht per se durch die Existenz Anderer stellt, vielmehr nur dann, wenn sie sich als Vertretung oder Personifizierung herrschender gesellschaftlicher Normen gerieren (Benjamin 2002: 17). Ich ging weder davon aus, wie es Benjamin dem Existenzialismus im Anschluss an Beauvoir zuschreibt, dass in ihm per se jede*r »andersartige Andere die Identität des Selbst oder Ich bedroht«, weil jedes Selbst bzw. jedes Ich stets einen »Ausschließlichkeitsanspruch erhebt und alles an sich angleichen will« (ebd.). Ich denke, es besteht ein großer Unterschied, ob ich von allen erwarte, dass sie mir gleich sein sollen und ich sie daher an mich »angleichen will« (ebd.); oder ob ich auf der Anerkennung meiner Selbst insistiere und dies allen anderen ebenso zusteht. In diesem Sinne ging und geht es mir nach wie vor um die Forderung nach einer positiven nicht-hierarchisierenden Anerkennung der Differenz eines jeden Menschen. Dass ich ein anderes Verständnis des Existenzialismus hatte und habe, hat sicherlich auch damit zu tun, dass es zu Beginn durch Sartre und nicht durch Beauvoir geprägt wurde. Ist doch das Problem des Anderen genuin ein Problem von Beauvoir und nicht von Sartre, wie sie selbst in einem Interview mit Jessica Benjamin betont: »Ja [...] Aber das Problem des Bewusstseins des Anderen war mein eigenes« (ebd.: 9).

Ich vermute, hierin liegt auch der Grund, warum ich die Bedeutung des Zitats von Hegel »Ebenso muss jedes Bewusstsein auf den Tod des anderen gehen«, das Beauvoir ihrem Roman *Sie kam und blieb* (1972) voranstellt, anders verstehe als Moi, die hier eine ähnliche Auffassung vertritt wie Benjamin (2002: 9). So »lenkt« nach Moi Beauvoir mit diesem Hegelzitat »unsere Aufmerksamkeit auf die in der existenzialistischen Philosophie unversöhnliche Feindschaft zwischen dem Bewusstsein und dem Anderen« (Moi 1996: 153). Doch, wie gesagt, Beauvoir formuliert hier keineswegs ein für den Existenzialismus, sondern ein für sie *selbst* zu dieser Zeit zentrales Problem, das sie in diesem Roman *bearbeiten* möchte. Denn nach ihr neigen ja in der Tat die Menschen dazu, im Anderen eine Bedrohung zu sehen, eine Bedrohung, die, wie sie zeigt, bis zum Wunsch gehen kann, den Anderen zu töten – oder, um es etwas harmloser zu formulieren, sie aus dem eigenen Leben zu streichen. Auch scheint Beauvoir in dieser Zeit noch zu schwanken, ob dies ein lediglich existenzielles oder nicht doch ein essentielles, also konstitutiv mit dem menschlichen Wesen verbundenes Problem ist. Insgesamt aber ging es ihr meiner Meinung nach in ihrem Roman genau darum, die Gefahr aufzuzeigen, die in diesem Verständnis des Anderen als einem grundlegend bedrohlichen Anderen liegt, eine Haltung, die, wie in diesem Fall gar mit einer Ermordung des/der Anderen endet. So heißt es auch am Schluss des Romans: »Niemand konnte sie verurteilen oder ihr vergeben. Ihre Tat gehörte nur ihr ›Ich will es‹. Ihr Wille vollzog sich in diesem Augenblick, nichts trennte sie mehr von sich selbst. Sie hatte endlich gewählt. Sie hatte sich gewählt.« (Beauvoir 1972: 553) Ihr »Wille« geschehe. In fast göttlicher Allmacht entscheidet sich Françoise für sich selbst, was den Tod der Anderen bedeutet! Deutlicher lässt sich die verhängnisvolle Problematik dieser Haltung zum Anderen kaum zeigen. Aber genau deshalb auch gilt es nach Beauvoir schon hier, ein anderes Verhältnis gegenüber dem Anderen zu entwickeln: eine Haltung, die den Anderen nicht mehr per se als Bedrohung empfindet, eine Haltung, wie sie Beauvoir, wie Moi zeigt, dann auch später in der Tat explizit entwickelt.

Möglicherweise hängt diese unterschiedliche Lesart des Anliegens des Romans aber noch mit einer weiteren Differenz im Verständnis des Existenzialismus zusammen. So betont Moi kurz vor den obigen Überlegungen:

> Obwohl es also für den Existenzialisten keinen Kanon gegebener Normen gibt, kann kein Zweifel daran bestehen, dass der Existenzialismus tatsächlich ein weitgehend dualistisches moralisches System ist, das über der Kluft zwischen positiven Werten Freiheit, Authentizität, Transzendenz, Aufrichtigkeit und den negativen Werten Leugnung der Freiheit, Inauthentizität, Immanenz, Unaufrichtigkeit aufgebaut ist. (Moi 1996: 151–152)

In der Tat insistieren sowohl Sartre als auch Beauvoir auf dieser Art von Normen. Doch zweifellos gehen beide dabei nicht von vorab »gegebenen Normen« (ebd.) aus. Weder sind Normen nach ihnen, wie schon angesprochen, in Gott noch im Wesen des Menschen begründet. Was jedoch nicht bedeutet, dass es für sie nicht jeweils herrschende Normen gibt, auf die sich normativ beziehen lässt bzw. bezogen werden sollte – so z.B. auf Verfassungsnormen oder die Menschenrechte oder eben die oben genannten Normen. Da all diese Normen für sie jedoch weder in einer Existenz Gottes noch in einem Wesen des Menschen begründet, vielmehr gesellschaftlich kulturelle Normen sind, ist ihre jeweilige normative Gültigkeit stets gesellschaftlich umkämpft und sie besitzen nur dann und so lange Gültigkeit, wie sie faktisch gesellschaftlich gelebt werden. Entsprechend war es in der Tat Sartres wie Beauvoirs Hoffnung, dass sich die normative Haltung des Existenzialismus durch das konkrete alltägliche Handeln der Menschen als gesellschaftlich gültige Normen etablieren würde. Für sie ist es daher kein Widerspruch gesellschaftlich und politisch auf ihren Normen zu insistieren, wie es Moi hier nahezulegen scheint.

Kurzum: Wie sich zeigt, hatte für mich bislang der *Begriff des Anderen* keine zentrale theoretische oder politische Bedeutung, vielmehr der der *Differenz*. Allerdings spielt der *Begriff des Anderen* für mich inzwischen in einem anderen Zusammenhang eine bedeutsame Rolle: nämlich im Kontext des für westliche bürgerlich kapitalistische Gesellschaften konstitutiven Problems von Selbstaffirmierung und Veranderung (Maihofer 2014). Eine Begrifflichkeit, die ich im Übrigen unter anderem im Anschluss an Beauvoir entwickelt habe. Ich komme hierauf später nochmals zurück. Vor diesem Hintergrund bin ich gespannt, was geschieht, wenn ich mir nun im Folgenden im Rahmen von Mois Relektüre von Simone de Beauvoirs *Grammatik des Andersseins* den Begriff des Anderen bzw. der Andersheit nochmals genauer anschaue.

3. Toril Mois Rekonstruktion von Simone de Beauvoirs Grammatik des Andersseins

Der Fokus von Toril Mois Rekonstruktion einer »Grammatik des Andersseins« liegt auf Simone de Beauvoirs erstem Roman *Sie kam und blieb*, geschrieben in der Zeit von 1937–1941 und 1943. Auf der Grundlage dieses Romans entwickelt Moi eine, wie sie es nennt, »Grammatik des Andersseins«, in der sie drei bzw. vier unterschiedliche, wenn auch teilweise eng zusammenhängende Konzepte der Andersheit bei Beauvoir herausarbeitet. »Konkrete, gelebte Erfahrung« ist für Beauvoir, so Mois zentrale Ausgangsthese, »der Ausgangspunkt aller Untersuchungen des Andersseins« (Moi 2024: 43).

Dieser Zugang Beauvoirs ist für Moi vor allem deshalb bedeutsam, verweist er doch darauf, »dass Beauvoir die Anschauung ablehnt, Philosophie wäre eine rein spekulative Unternehmung« (ebd.: 44); im Gegenteil, sie hat zutiefst mit dem Leben zu tun. Zudem impliziert nach ihr dieses Verständnis des Romans im Sinne Camus, dass die »großen Romanciers [...] philosophische Romanciers« sind (ebd.: 46). Wobei die »Aufgabe der Philosophie wie auch der Literatur« nicht sei, »›Erklärungen und Lösungen‹ zu formulieren, sondern ›Erfahrungen und Beschreibungen‹« (ebd.: 46–47). In diesem Sinne versteht sich nach Moi Beauvoirs erster Roman *Sie kam und blieb* als eben eine solche Form, durch ihre Geschichte und deren Figuren und Charaktere *hindurch* philosophisch zu denken. Oder, wie es Moi in Beauvoirs eigenen Worten betont: »›durch seine Freuden, seine Leiden, seine Resignation, seine Revolten, seine Ängste und seine Hoffnungen, realisiert jeder Mensch eine metaphysische Situation, die ihn viel wesentlicher bestimmt als jede seiner psychologischen Fähigkeiten‹« (ebd.: 48).

Das heißt, nach Beauvoir gibt es im Leben eines Menschen Situationen und Erfahrungen, die in sich so unbegreiflich und zugleich so existenziell sind, dass sie einen Menschen mehr in dem bestimmen, was er ist und tut, als seine psychischen Dispositionen – Situationen also, die in ihrer letztlichen Unbegreiflichkeit und eigenen Dynamik zu existenziellen Entscheidungen führen, die nicht mehr einfach aus der Person selbst zu erklären sind. Und genau in eine solche Situation gerät Françoise in Beauvoirs Roman *Sie kam und blieb*.

Auf der Grundlage dieses Romans arbeitet Moi auf eine meiner Ansicht nach sehr gelungene Weise drei bzw. vier Varianten von Anderssein heraus: 1. »Das metaphysische Grauen des Anderen in *L'Invitè*« (ebd.: 49); 2. »Besondere Andere: *Pyrrhus und Cineas* und *Das Blut der Anderen*« (ebd.: 53); sowie 3. und 4. »*Das andere Geschlecht*: Absolutes Anderssein versus wechselseitiges Anderssein« oder einfach »Wechselseitigkeit« (ebd.: 56).

3.1 »Das metaphysische Grauen des Anderen in *L'Invitée*«

Die Erfahrung des Anderen als »das metaphysische Grauen des Anderen« (ebd.: 49) entwickelt Moi vor allem aus der Perspektive von Françoise. Hierbei geht es insbesondere um eine Szene, in der sich Xavière absichtlich mit einer Zigarette verbrennt und dabei »wie eine in Trance versenkte Hysterikerin« (ebd.) beschrieben wird, während Françoise ihr mit wachsendem Grauen zuschaut. Xavière wird für Françoise in dieser Situation durch ihr Handeln zur Erfahrung eines »metaphysischen Andersseins«, eines Andersseins jenseits jeglichen Beschreibens und Begreifens (ebd.: 50). Xavière ist nicht mehr eine bestimmte, konkrete Person, vielmehr »die pure [...] Präsenz des Anderen« (ebd.:), von Françoise beschrieben in einer grotesk anmutenden Bildersprache von Furcht und Horror.

Im Verlaufe dieser Erfahrung verliert Françoise, so Moi, nach und nach ihr Verhältnis zu sich selbst. Sie löst sich gleichsam auf in ihrem gebannten Blick auf die andere: »Sie ist nichts mehr und Xavière ist alles« (ebd.: 51). »Ihre Selbstwahrnehmung als Subjekt wird durch ihre hypnotische Unterwerfung unter Xavières bedrohliches Andersseins völlig zerstört« (ebd.). In dieser grundlegend feindseligen Gegenwart des/der Anderen, konfrontiert mit einem absolut fremden Bewusstsein erlebt Françoise die existentielle Erfahrung ihrer totalen Negation: »Xavières Anwesenheit beschwört zunehmend Vorstellungen von sexueller Bedrohung, Erstickung, Klaustrophobie, Tod und die Angst herauf, verschluckt, verschlungen, vergiftet, festgehalten, gewürgt oder erwürgt zu werden« (ebd.: 50).

Das ganze Geschehen ist in seiner Brutalität surreal, unerträglich und im wahrsten Sinne des Wortes eine *metaphysische* Erfahrung des Andersseins des Anderen, voller Angst und Grauen, die Existenz der Anderen genaugenommen der reine Terror. Und wie Moi eindrücklich in selbst wieder eigentümlich schnellem Tempo erzählt, liegt in dieser Szene bereits der logische Schluss des Romans: die Ermordung Xavières. Letztlich gibt es, so scheint es, für Françoise keine andere Lösung, sich von dieser völlig surrealen Okkupation des eigenen Selbst durch die Andere zu befreien.

Doch was geschieht hier eigentlich? Durch diesen Akt des sich bewusst öffentlichen *Verbrennens* ihrer Hand und die lustvolle Ektase, in die der Akt Xavière versetzt, wird diese für Françoise zu einer feindlichen und furchterregenden Anderen, eben zur Präsenz eines »metaphysischen Andersseins« (ebd.: 50). Und wie Moi mit Beauvoirs Worten betont, geschieht dabei vor allem zweierlei: zum einen setzt sich Xavière mit dieser Handlung erstmals als eigenständiges souveränes Subjekt, während Françoise »sich vollkommen aufzulösen droht« (ebd.: 50–51). Zum anderen wird Françoise durch diesen Akt des Selbsthasses der Anderen die rasende Eifersucht und der vehemente Hass, den Xavière für sie empfindet, und damit das ganze Ausmaß ihres eigenen Verrates an Xavière bewusst. Mehr noch, Françoise erkennt in aller Deutlichkeit, dass hier in Xavière ein unwiderrufliches Urteil existiert, und – um es in Beauvoirs eigenen Worten zu formulieren – »frei, absolut, unerschütterlich ein fremdes Bewusstsein sein Haupt [...] erhob« (Beauvoir 1972: 400). Das übermächtige Grauen, das Françoise erfasst, übersteigt in seiner Intensität jegliche bisherige Erfahrung und bedroht damit das Subjekt in seiner gesamten Existenz, eine Bedrohung, von der sich Françoise ihrem Gefühl nach nur mehr durch die Vernichtung der Anderen befreien kann. Nur so kann sie ihre eigene Subjektivität wiedergewinnen.

Lange hat Françoise, wie auch Moi betont, die direkte Konfrontation mit Xavière vermieden (Moi 2024: 52). Wobei es im Roman viele Situationen gibt, in denen deutlich wird, dass sich Xavière ihrerseits auch jeglichem Versuch von Françoise, sie zu einer Aussprache zu bewegen, entzieht. Zudem führt, wie gesagt, die ganze Situation dazu, dass Françoise selbst ihre Eigenständigkeit in diesem Konflikt verliert. So ist für Françoise nicht nur die obige Situation des öffentlichen Verbrennens der Hand selbst der schiere Horror. Auch der Verlust der eigenen Souveränität sowie das komplette Entziehen von Xavière stellen eine grundsätzliche existentielle Bedrohung dar. Die Ermordung Xavières scheint deshalb für Françoise in der Tat die einzige Möglichkeit, ihre Souveränität wiederzugewinnen. Wie Moi mit Beauvoirs eigenen Worten betont, war der Mord der »ultimative Akt der Vernichtung des Anderen eine Erfahrung der ›Abtrennung‹« (ebd.: 51), »eine Erfahrung von sich selbst als abgetrennter und endlicher Existenz« (ebd.). Während zu Beginn des Romans Françoise und Pierre darauf insistieren, »eins zu sein« (ebd.).

Zudem ist es nicht nur das Wissen ihrer eigenen Schuld, die die Andere sie ständig erneut spüren lässt, was Françoise nicht länger ertragen kann, sondern auch ihre eigene Eifersucht auf Xavière. Schließlich hatte diese wiederum eine Affäre mit Pierre. Mit Claude zu schlafen war daher nicht nur Verrat, sondern auch Rache, was ihre eigene Schuld umso größer macht und die Verurteilung durch Xavière umso schwerwiegender.[1] Das Grauen, das Françoise in der Anwesenheit der Anderen erfasst, dieser schiere Horror, »mit einem anderen Bewusstsein konfrontiert zu sein«, wie es Jessica Benjamin (2002: 9) in einem Interview mit Beauvoir formuliert, kann daher letztlich nur durch den Tod der Anderen ein Ende haben. Entsprechend benennt Moi diese Erfahrung zwischen Françoise und Xavière treffend als monströs und surreal, eben als *metaphysische Erfahrung des Anderen*. Beauvoir macht hier eindrücklich deutlich, wie sehr das Verhältnis zum anderen in der Tat im Sinne Hegels

1 So ist der Wunsch, aus Eifersucht einen Mord zu begehen, in diesem Roman zumindest noch ein weiteres Mal präsent.

als grundsätzlich bedrohlich erfahren wird bzw. werden kann und daher auf den *Tod* des/der Anderen zielt.

Und gerade in diesem romanhaften Durchspielen dieser letztlich tödlichen, allemal äußerst problematischen Logik in diesem Verständnis vom Anderen zeigt Beauvoir meiner Meinung nach die unumgängliche Notwendigkeit, ein grundsätzlich anderes Verständnis und damit auch anderes Verhältnis zum Anderen zu entwickeln. Und genau diese Entwicklung bei Beauvoir zeigt Moi nun in ihrem zweiten Verständnis des Anderen: dem »Besonderen Andere[n]« (Moi 2024: 53). Allerdings scheint Moi diesen Schritt nicht als logische Konsequenz zu verstehen, die in diesem Roman schon angelegt ist, vielmehr als eine davon unabhängige spätere Entwicklung. Ich denke, es geht um beides.

3.2 »Besondere Andere: *Pyrrhus und Cineas* und *Das Blut der Anderen*«

Nach Moi ändert sich mit dem Zweiten Weltkrieg und der Besetzung Frankreichs die Perspektive von Beauvoir, die sich nun »von der Metaphysik ab- und […] der Geschichte und Politik« zuwendet (ebd.: 53). Entsprechend »geht es« jetzt »nicht mehr um die Frage ›Wie kann es Andere geben?‹«, als vielmehr »darum: ›Wie kann ich mit Anderen zusammenleben?‹« (ebd.). Das heißt, die Existenz der Anderen wird nun als unerlässliche Bedingung der eigenen Existenz erkannt: »Wir brauchen die Anderen, damit unsere Existenz begründet und notwendig wird« (ebd.). Vertieft wird diese Einsicht nach Moi durch die Erfahrung im Widerstand gegen die deutsche Besatzung, in der die Abhängigkeit von der Existenz der Anderen und deren Handeln eine bestimmende existenzielle Erfahrung für Beauvoir wird.

Wie eingangs gezeigt, findet sich dieses Verständnis des Anderen auch bei Sartre in seinem Essay *Ist der Existenzialismus ein Humanismus?* von 1946. Dieses versteht sich allerdings nicht als Korrektur, vielmehr als Darstellung zentraler Thesen des Existenzialismus, die ihm aufgrund verschiedener Kritiken am Existenzialismus als notwendig erschien (Sartre 1969[1946]: 7). Entsprechend würde ich auch bei Beauvoir eher von einer weiteren Explizierung ihres Verständnisses des Anderen sprechen, die sich, wie angesprochen, bereits als Konsequenz in ihrem Roman *Sie kam und blieb* zeigt. Den Anderen grundsätzlich vor allem als *bedrohlichen Anderen*, oder als *metaphysischen Anderen* wahrzunehmen, erweist sich zunehmend als unzureichend. Allerdings betont Beauvoir selbst, dass Sartre bereits vor ihr die Problematik des zunächst stark individualistisch geprägten Existenzialismus erkannt und in seinem Denken umgesetzt hat (Moser 2010: 57–58).

Eng damit verbunden werden jetzt Moi zufolge bei Beauvoir die Anderen zu »konkreten […] oder eben besonderen Anderen« (Moi 2024: 53), zu historisch und gesellschaftlich kulturell situierten Personen bzw. Subjekten. Denn nur, wenn ich die Anderen und deren Ziele und Ansichten kenne, kann ich wissen, ob gemeinsames Handeln möglich ist oder nicht. Zudem »›existieren (sie) für mich nur, wenn ich eine Beziehung zu ihnen aufgebaut habe oder, wenn ich sie zu meinen Nachbarn gemacht habe; sie existieren als Verbündete oder Feinde, je nachdem, ob meine Projekte mit ihren übereinstimmen oder nicht‹«, so Beauvoir (ebd.: 54). Das heißt, eine Bindung zu Menschen herzustellen, bedeutet, »mit Menschen zusammenzuarbeiten oder gegen sie zu kämpfen, sie zu lieben oder zu hassen – kurz gesagt, sich auf sie einzulassen als konkrete und besondere Andere« (ebd.). Nach Moi ist es genau das, was Françoise in *Sie kam und blieb* nicht kann (ebd.), genauer, würde ich sagen, im Verhältnis zu Xavière nicht kann.

Zugleich ist dieses Verständnis des Anderen nach Moi mit ethischen Implikationen und historischen und gesellschaftlichen Überlegungen verbunden (ebd.). Moi hebt hier ein Beispiel aus dem Roman *Das Blut der Anderen* bzw. dem Essay *Pyrrhus und Cineas* hervor: ein Junge, der aus Trauer über »den Tod des Babys des Pförtners« weinend nicht essen kann, wird vom Vater autoritär dazu gezwungen (ebd.: 54–55). Für Moi ein eindrückliches Beispiel für die Schwierigkeit, anderen die eigene Erfahrung mitzuteilen; mehr noch, hier wird nach ihr deutlich, dass wir nicht wählen können, um was wir uns sorgen. Im Gegenteil: »Wir *finden* uns in Sorge für andere« (ebd.: 55) – eine Formulierung, die ich sehr treffend und zugleich berührend finde. Zudem wird jetzt unübersehbar, dass wir »andere Menschen in der Welt« »brauchen«, die uns gleich und ebenbürtig sind. Und gerade deshalb, so Moi, muss ich mich »für ihre konkreten Freiheiten einsetzen« (ebd.: 56). Nur so sind *wechselseitige* Beziehungen zueinander möglich. Dieses »Konzept des Andersseins« bei Beauvoir möchte Moi nun »nicht als ›besonders‹ oder partikulär [...], sondern als ›gewöhnlich‹ bezeichnen« (ebd.). Hier *treffen* sich die Reaktionen verschiedener Personen: *sie reagieren gleich*.

Des Weiteren wird nun bei Beauvoir, so Moi, deutlich, dass wir, weil wir als Menschen historisch und gesellschaftlich kulturell verschieden sind, auch immer wieder »auf dieselben oder auf ähnliche Situationen unterschiedlich reagieren« (ebd.). Dies bezeichnet Moi als das »partikuläre« »Anderssein« (ebd.). Das heisst: Moi unterscheidet innerhalb des »partikulären Andersseins« (ebd.) *ähnliche* von *unterschiedlichen* Reaktionen auf die gleiche Situation. Mal reagieren wir wie alle anderen, also »gewöhnlich«; mal jedoch verschieden, also »besonders« (ebd.). Entsprechend fühlt sich die Andersheit des Anderen jeweils auch unterschiedlich an.

3.3 »*Das andere Geschlecht*: Absolutes Anderssein versus wechselseitiges Anderssein«

In ihrem dritten Schritt unterscheidet Toril Moi nun auf der Grundlage von Beauvoirs Ausführungen in *Das andere Geschlecht* zwischen einem »absoluten« und einem »wechselseitigen Anderssein« (ebd.: 56). Ich möchte diese beiden Verständnisse des Andersseins als zwei *unterschiedliche*, also als ein *drittes und viertes Verständnis* des Andersseins rekonstruieren.

3.3.1 Das »absolute Anderssein«

Ausgangspunkt für dieses Verständnis von Andersheit ist für Moi Beauvoirs These in *Das andere Geschlecht*: »›Er ist das Subjekt, er ist das Absolute: sie ist das Andere‹« (ebd.: 56). Nach Moi handelt es sich hierbei zunächst einmal weder, wie zuvor, um eine »metaphysische Beschreibung« von Anderssein noch um eine Vorstellung, wonach »Frauen besondere oder gewöhnliche Andere sind« (ebd.). Jetzt geht es vielmehr um die grundsätzliche »Behauptung, dass eine Gruppe von Menschen«, hier die Frauen, »von Geburt an in einer Kategorie gefangen gehalten wird, die sie als das Andere und als zweitrangige Wesen definiert« (ebd.). In diesem Verständnis von Anderssein sind Frauen also von vornherein »als zweitrangige Wesen definiert, […] deren Existenz relativ zu der des Mannes ist« (ebd.). So ist die Frau das »Unwesentliche«, »das absolut Andere ohne Wechselseitigkeit« und ohne jede Chance, aus dieser gesellschaftlichen Positionierung herauszukommen (ebd.). Eine solche Vorstellung widerspricht jedoch nach Moi genaugenommen jeder alltäglichen Erfahrung, in der »niemand jemals das absolute Andere« ist (ebd.: 57). Im Gegenteil, meist nehmen wir uns, so Moi, zumindest mehr oder weniger wechselseitig »als Subjekte als auch als Objekte« wahr (ebd.).

Hier geht es also um eine besondere Vorstellung von Anderssein: nämlich um die Bestimmung einer Gruppe von Menschen als das »absolute Andere« (ebd.: 57). Deshalb spricht Beauvoir auch nach Moi von einem »Mythos« (ebd.: 56) oder einer »Ideologie« (ebd.). Wobei dieses Verständnis von Ideologie Moi zufolge eher dem Begriff von Ideologie in der marxistischen Tradition entspricht als dem Verständnis von »Macht als allumfassend« im Sinne »bestimmte[r] Lesarten von Foucault« (ebd.: 58). Das heißt, diese »Ideologie« (ebd.: 56) eines »absoluten Andersseins« (ebd.: 56) zwischen Männern und Frauen ist gesellschaftlich zwar äußerst wirkmächtig, jedoch nicht totalitär bzw. allumfassend, vielmehr brüchig und lässt Widerständigkeit zu. Entsprechend ist auch die Vorstellung des »absoluten Andersseins« der Frau auf grundlegende und vielfältige Weise, so Moi weiter, »mit unseren gesellschaftlichen Sitten und Gebräuchen, also mit gelebter Erfahrung in ihrer ganzen Komplexität verwoben. Von Anfang an werden Mädchen dazu angehalten, einer patriarchalen Norm von Weiblichkeit zu entsprechen« (ebd.: 58). Und dass, obwohl, wie Moi betont, Beauvoir zugleich zeigt, dass sehr wohl auch reziproke Beziehungen zwischen Frauen und Männern möglich sind, es also nach ihr durchaus bei Frauen und Männern Möglichkeiten der Resistenz und des Widerstandes gegenüber dem »ideologischen Gebot« gibt (ebd.). In diesem Sinne kann nach Moi bei Beauvoir »der Sexismus niemals absolut sein« (ebd.).

Hier bin ich nun unsicher, ob ich diese These von Moi teile. Was genau heißt es, wenn sie betont, dass »der Sexismus« bei Beauvoir »niemals absolut sein kann« (ebd.)? Klar ist, dass nach Beauvoir Sexismus, Rassismus und Antisemitismus – um die drei Formen der absoluten Andersheit zu nennen, auf die sie sich selbst in *Das andere Geschlecht* bezieht (Beauvoir 1992: 10) – niemals wirklich absolut sind: weder was die Verhältnisse noch die Haltungen und Praxen der Menschen in einer Gesellschaft betrifft. Immer gibt es Brüche, Widerstände sowie historisch verschieden stark ausgeprägte Formen von Sexismus, Rassismus und Antisemitismus. Zugleich betont Beauvoir jedoch: »Die Begriffe vom Ewigweiblichen, von der schwarzen Seele, vom jüdischen Charakter abzulehnen, bedeutet ja nicht zu verneinen, dass es heute Juden, Schwarze, Frauen gibt: diese Verneinung wäre für die Betroffenen keine Befreiung, sondern eine Flucht ins Unauthentische« (ebd.). Beauvoir weist damit *zum einen* einmal mehr essentialistische Begrifflichkeiten bezogen auf die Charakterisierung bzw. Bestimmung von Andersheit/Differenz zurück. So betont sie auch wiederholt, dass sich »jeder konkrete Mensch immer in einer einzigartigen Situation« befindet (ebd.). *Zum anderen* sind nach ihr jedoch bestimmte Gruppen von Menschen in sexistischen, rassistischen und antisemitischen Gesellschaften stets strukturell in einer Position des »absoluten Andersseins« (ebd.: 22), um Mois hierfür, wie ich finde, recht treffenden Begriff aufzunehmen, oder, wie ich es bezeichne, in einer letztlich unhintergehbaren Position der »Veranderung« (Maihofer 2014: 305). Das heißt allerdings nicht, dass die Formen dieser Veranderungen historisch und gesellschaftlich kulturell nicht jeweils sehr unterschiedlich sind. Dies zu relativieren, wäre in der Tat für »die Betroffenen keine Befreiung« (Beauvoir 1992: 10), vielmehr eine Verkennung ihrer jeweils spezifischen strukturellen Gewalt- und Diskriminierungserfahrungen.

Zudem geht Beauvoir zwar davon aus, dass diese Dynamiken von »Selbstaffirmierung und Veranderung« (Maihofer 2014: 306–314) brüchig werden und die ihr zugrundeliegende gesellschaftliche Hegemonie sich verschieben kann. Das ist nach ihr spätestens dann der Fall, wenn die veranderten Anderen »wir« zu sagen beginnen (Beauvoir 1992: 15), sie sich selbst also als Subjekte setzen, wie das im Rahmen der Arbeiterbewegung, der Schwarzen Bürgerrechtsbewegung in den USA oder in der Frauenbewegung geschehen ist. Doch grundsätzlich überwunden sind Sexismus, Rassismus, Antisemitismus und Klassenverhältnisse in den heutigen westlichen Gesellschaften nach wie vor nicht. Daher sind sie zwar »niemals absolut« (Moi 2024: 58), aber doch noch immer stets vorhanden und die von ihnen strukturell Betroffenen sind davon nie gänzlich unberührt.

Auch frage ich mich, warum Moi gerade jetzt, wo es ihr um die These eines »absoluten Andersseins« bei Beauvoir geht, wonach »der Mann das Eine«, »das Subjekt«, »das Wesentliche« ist und »die Frau« demgegenüber »das Andere«, »das Objekt«, »das Unwesentliche« (Beauvoir 1992: 12), nicht auf Beauvoirs Bezug auf Hegel zurückkommt. Denn hier, also einige Jahre später als in ihrem Roman *Sie kam und blieb*, nimmt Beauvoir zur Erklärung dieser Veranderung von Frauen nochmals explizit auf Hegels These Bezug und betont: »Diese Phänomene blieben unverständlich, wenn die menschliche Realität ausschließlich ein auf Solidarität und Freundschaft beruhendes *Mitsein* wäre. Sie werden erst begreiflich, wenn man wie Hegel im Bewusstsein selbst eine grundlegende Feindseligkeit gegenüber jedem anderen Bewusstsein entdeckt« (ebd.: 13).

Und sie fährt fort: »Das Subjekt setzt sich nur, indem es sich entgegen-setzt. Es hat den Anspruch, sich als das Wesentliche zu behaupten und das Andere als das Unwesentliche, als Objekt zu konstituieren« (ebd.). Und dabei ist die Frau »nichts anderes als das, was der Mann bestimmt« (ebd.: 12). Wobei es jetzt nicht um das Verhältnis zwischen einzelnen Individuen – wie zwischen Françoise und Xavière – geht, sondern um einen Prozess, in dem eine gesellschaftliche Gruppe, hier die Männer, über die Macht verfügt, sich selbst als das Subjekt, das Wesentliche zu affirmieren, in dem sie zugleich die Frauen als das Objekt, das Unwesentliche verandern. Dieser Prozess von »Selbstaffirmierung und Veranderung« (Maihofer 2014: 306–314) ist, wie sich zeigt, ein zentraler Mechanismus bei der Etablierung bürgerlicher cis-heteropatriarchaler Herrschaft. Und einmal mehr wird deutlich, dass es Beauvoir letztlich genau darum geht, dieses grundlegend feindliche Verhältnis zum Anderen zu überwinden. Denn nur so lässt sich dieser für die Etablierung männlicher Herrschaft bislang zentrale Mechanismus von Selbstaffirmierung und Veranderung auflösen und ein Verhältnis gleichberechtigter Wechselseitigkeit zwischen beiden bzw. allen Geschlechtern entwickeln.

Hier nun von *allen* Geschlechtern zu sprechen statt nur von Männern und Frauen, scheint mir deshalb angemessen, weil Beauvoir unter anderem mit ihrer These: »Nicht jeder weibliche Mensch ist also zwangsläufig eine Frau« (Beauvoir 1992: 9) eine natürliche Bestimmung von Weiblichkeit bzw. überhaupt von Geschlechtlichkeit zurückweist. So ist nach ihr zwar jeder »Körper« gesellschaftlich vorherrschenden Geschlechternormen, also »Tabus und Gesetzen unterworfen« (ebd.: 61). Doch bestimmt »nicht die Physiologie, die Werte«, »vielmehr nehmen die biologischen Gegebenheiten die Werte an, die der Existierende ihnen gibt« (ebd.). Anders ausgedrückt: Körperliche Unterschiede haben »an sich keine Bedeutung« (ebd.: 59). Wir erfahren vielmehr unseren (Geschlechts-)Körper immer schon innerhalb einer gegebenen Geschlechterordnung, in der die jeweiligen Körperteile bestimmte Bedeutungen erhalten und bestimmten Wertungen und Tabus unterworfen sind. In Beauvoirs Verständnis von Geschlecht ist also genau besehen bereits die Möglichkeit einer Pluralisierung von Geschlecht und Sexualität als gesellschaftliche Utopie angedacht. Denn letztlich ist aus der Perspektive des Existenzialismus »der Mensch [...] nichts anderes als wozu er sich macht« (Sartre 1969: 11).

Diesen Aspekt des Geschlechterverständnisses bei Beauvoir scheint Moi jedoch zu übersehen und verbleibt so in ihrer Relektüre argumentativ in der Dichotomie von cisheterosexuellen Männern und Frauen. Dies zeigt sich auch, wenn sie betont, dass es nach Beauvoir zur Überwindung der patriarchalen Geschlechterverhältnisse eines weiteren Schritts bedarf: nämlich der Entwicklung eines »wechselseitigen Andersseins oder schlicht Wechselseitigkeit« zwischen Männern und Frauen (Moi 2024: 43). Die Entwicklung eines solchen »wechselseitigen Andersseins« ist allerdings, so Moi, als »ein utopisches Ziel« und nicht als aktuelle Gegebenheit zu verstehen (ebd.: 59).

3.3.2 Das wechselseitige Anderssein oder einfach Wechselseitigkeit

Moi geht hier davon aus, dass die »Unterscheidung zwischen *Wechselseitigkeit* und *absolutem Anderssein* [...] entscheidend für das Verständnis« von Beauvoirs *Das andere Geschlecht* ist (ebd.: 57). Denn nur mit der Entwicklung eines »wechselseitigen Andersseins« wird es, so Moi, nach Beauvoir möglich sein, dass sich Frauen und Männer wechselseitig sowohl als »Objekt als auch als Subjekt« verstehen und in diesem Sinne tatsächlich wechselseitig und damit gleichberechtigt einander begegnen – und das nicht mehr nur in Ausnahmefällen bzw. in einzelnen individuellen Beziehungen, sondern grundsätzlich (ebd.). Und erst dann wird die patriarchale Gesellschafts- und Geschlechterordnung wirklich überwunden sein. Das bedeutet allerdings nicht, dass es nicht auch zuvor gleichberechtigte Beziehungen zwischen den Geschlechtern gegeben hat bzw. gibt. Jedoch ist nach ihr selbst heute noch »die Wechselseitigkeit zwischen Frauen und Männern ständig von der Rückeroberung durch die sexistische Ideologie bedroht« (ebd.: 59). In diesem Sinne ist die Entwicklung eines »wechselseitigen Andersseins« und damit eine »Welt, die von echtem Respekt für die Freiheit des Anderen geprägt ist« (ebd.) für Moi, wie gesagt, »ein utopisches Ziel« (ebd.). Zugleich ist dies die Grundvoraussetzung für die Freiheit von Frauen und damit zentrale Voraussetzung für die Anerkennung der »grundlegenden Freiheit eines jeden von uns« (ebd.: 59).

Wobei Moi auch hier mit der »Freiheit eines jeden« letztlich explizit *nur* Frauen und Männer meint. Beauvoir geht es jedoch um die Freiheit *aller* und sie knüpft dabei an die für den Existenzialismus zentrale Bedeutung der Freiheit an, auf die ich bereits eingangs in einer Formulierung von Sartre hingewiesen habe. Danach ist jede Person in ihrer Existenz nach Sartre »verpflichtet, gleichzeitig mit meiner Freiheit die der anderen zu wollen, und ich kann meine Freiheit nicht zum Ziel nehmen, wenn ich nicht zugleich die Freiheit der andern zum Ziel nehme« (Sartre 1969: 32). In diesem Verständnis von Freiheit ist also die Verwirklichung der Wechselseitigkeit zwischen den Menschen als Basis der gleichen Freiheit aller notwendig inhärent. Das impliziert zudem, so Moi, dass es bei Beauvoir um eine »nicht-sexistische Welt« geht, »die von echtem Respekt für die Freiheit des Anderen geprägt ist« (Moi 2024: 59) und damit von der gegenseitigen Anerkennung des jeweiligen Andersseins, in der sich alle Menschen wechselseitig als gleichberechtigte Subjekte begegnen. Oder in meinen Worten: Ziel ist eine Gesellschaft, in der die wechselseitige Anerkennung aller als gleiche in ihrer jeweiligen Differenz und Andersheit realisiert ist und damit, wie ich es nenne, eine nichthierarchisierende Anerkennung in der Differenz garantiert ist. Dies impliziert jedoch nach Adorno die Notwendigkeit einer grundsätzlich anderen Haltung, geprägt durch das Bewusstsein von der eigenen Fehlbarkeit und der ständigen Aufmerksamkeit darauf, nicht »sich selbst und seine eigene Gruppe, zu der man gehört als Positives [zu setzen] und das, was anders ist« zu negieren (Adorno 1977: 251). Kurzum: »Dieses Nicht-sich-selber-Setzen [...] das scheint mir eigentlich das Zentrale, was heute überhaupt von dem einzelnen Menschen zu verlangen ist« (ebd.). Erst wenn es also gelingt, den Mechanismus von Selbstaffirmierung und Veranderung grundsätzlich zu überwinden, wird in der Tat auch die cisheteropatriarchale Gesellschafts- und Geschlechterordnung überwunden sein.

4. Versuch eines Fazits

Einen Kommentar zu Toril Mois Beitrag zu *Simone de Beauvoirs Grammatik des Andersseins* zu schreiben, war für mich zunächst, wie eingangs angesprochen, eine Herausforderung, von der ich nicht so recht wusste, wohin sie mich führen würde. Doch eine genauere Lektüre des Textes von Moi hat mir in der Tat nicht nur ermöglicht, etwas genauer zu verstehen, warum der *Begriff der Erfahrung* für mich bislang kein *systematisch* bedeutsamer Begriff gewesen ist, sondern auch, warum der *Begriff der Differenz* für mich stets zentraler war als der *Begriff des Andersseins*.

Zum Begriff der Erfahrung: Geschlecht ist für mich zunächst einmal eine hegemoniale Existenzweise, der sich Menschen gegenwärtig nicht wirklich entziehen können und die gesellschaftlich bestimmte Denk-, Gefühls- und Körperpraxen umfasst (Maihofer 1995: 79–108). Das heißt, sie bestimmt sowohl *dass* und *wie* Menschen geschlechtlich und sexuell *existieren*, als auch wie sie Geschlecht jeweils körperlich *fühlen* und *erfahren*. In diesem Sinne ist Geschlecht eine höchst *individuelle* und zugleich zutiefst *durch gesellschaftliche Normen bestimmte* existentielle Erfahrung. So müssen die Menschen entsprechend der nach wie vor herrschenden bürgerlichen cisheteropatriarchalen Geschlechterordnung nicht nur überhaupt ein *Geschlecht* entwickeln, sondern sie müssen auch, eine *eindeutige* – und je nach *körperlicher Beschaffenheit* – männliche *oder* weibliche *Geschlechtsidentität* mit dem entsprechenden *heterosexuellen Begehren* entwickeln. Oder wie es Tomke König und Walter Erhart formulieren: »hegemoniale Verständnisse von Weiblichkeit und Männlichkeit sowie sämtliche damit verbundenen Zuschreibungen beeinflussen und bestimmen in hohem Maße, wie Menschen in dieser Gesellschaft ihren Körper und ihr geschlechtliches Selbstverständnis immer schon erleben« (König/Erhart 2023: 362). Das heißt allerdings nicht, dass tatsächlich alle Menschen entsprechend den herrschenden Normen ihr Geschlecht und sexuelles Begehren (er-)leben. Es bedeutet jedoch, dass, wenn Menschen eine andere Form von Geschlechtlichkeit als die gesellschaftlich normativ vorgegebene spüren bzw. (er-)leben, ihnen oft die für ihre geschlechtlichen und sexuellen Gefühle und Erfahrungen angemessenen Worte fehlen. Das kann – zumindest für eine Weile – zu einer Kluft zwischen den bislang vorhandenen Begriffen und den jetzt erlebten Erfahrungen führen. So können Menschen ein homosexuelles Begehren oder eine Irritation in der ihnen gesellschaftlich zugewiesenen männlichen oder weiblichen Geschlechtsidentität spüren oder gar (er-)leben, für die für sie zunächst keine angemessenen Worte zur Verfügung stehen. In diesem Sinne können, wie König und Erhart zu Recht betonen, lebendige Körper in der Tat »stets mehr, als in den zur Verfügung stehenden Kategorien fassbar und ausdrückbar ist« erleben (ebd.). Doch, ob dies »stets« der Fall ist, weiß ich nicht. Und warum dieser grundsätzliche Hiatus zwischen Erleben und Sprache? Klar, geraten wir oft ins Stottern, suchen nach den richtigen Worten, um unser Erleben und unsere Erfahrungen auszudrücken. Aber ist das wirklich ein prinzipielles Problem zwischen Sprache und Erleben/Erfahren oder nicht vielmehr vor allem ein historisch gesellschaftliches und kulturelles Problem? Finden wir nicht mit der Zeit meist doch die richtigen Worte? Oder *erfinden* sie gar? Letztendlich kommen auch König und Erhart zu dem Schluss, dass etwas ganz Wichtiges passiert, wenn wir ein diffuses oder sehr klares Erleben in Worte fassen können. Wenn also unsere Erfahrung nicht mehr ohne Worte ist, vielmehr benannt und ausgesprochen werden kann. In diesem Sinne bedingen sich, denke ich, Sprache, Körper, Erfahrung, Erleben und Existenzweise ständig wechselseitig, und kann letztlich keines ohne das andere sein.

Zugleich bedeutet eine solche Diskrepanz zwischen herrschenden Geschlechternormen und gelebter Erfahrung von Geschlecht und Sexualität, dass wir es unter Umständen, wenn beispielsweise immer mehr Menschen eine solche Diskrepanz erfahren, mit einem Wandel der herrschenden Geschlechterordnung zu tun haben. All dies zeigt sich ja gerade derzeit sehr eindrücklich an der zunehmenden Pluralisierung von Geschlechtern und Sexualitäten und der mit dieser Entwicklung einhergehenden Entstehung vieler neuer Begriffe, mit denen die neuen geschlechtlichen und sexuellen Existenzweisen und die mit ihnen verbundenen Gefühle und Erfahrungen zu erfassen versucht werden. Eine Entwicklung, die sehr wahrscheinlich langfristig – trotz aller aktuellen Widerstände – zu einer grundlegenden Überwindung der bürgerlichen cisheteropatriarchalen Geschlechterordnung führt, in der also neue Erfahrungen zu neuen Gesellschaftsverhältnissen führt.

Zum Begriff des Andersseins: Hierzu ist mir vor dem Hintergrund der Lektüre von Mois Text klargeworden, dass für mich in der Tat der Begriff des Andersseins für meine geschlechtertheoretischen Überlegungen bislang weniger zentral war als der Begriff der Differenz bzw. der der Verschiedenheit. Hinderlich war für mich – und ist es in gewisser Weise auch jetzt noch –, dass dem Begriff im Anschluss an Hegel die essentialistische Annahme zugrunde liegt, dass eine grundsätzliche Feindschaft des Menschen gegenüber anderen Menschen besteht und damit verbunden der tiefsitzende Wunsch, alle anderen sollten wie man selbst sein. Diese Annahme finde ich nicht nur befremdlich, sondern auch problematisch. Weder halte ich den Wunsch, alle anderen sollten wie man selbst sein, für nachvollziehbar, noch die Forderung, man selbst solle wie alle anderen sein. Im Gegenteil ist für mich das Insistieren auf dem Recht auf Differenz und Verschiedenheit zentral. In diesem Sinne zielt für mich der Begriff der Differenz von jeher auf die Utopie einer Gesellschaft, in der alle Menschen – wie Adorno es in der *Minima Moralia* formuliert – »ohne Angst verschieden sein« können (Adorno 1969: 131).

Problematisch ist diese essentialistische Annahme, wie sich zeigt, für mich zudem, weil sie, genau besehen, die Einsicht verhindert, dass gesellschaftliche Hegemonie- und damit Ausgrenzungs- und Diskriminierungsprozesse nicht aus einer grundlegenden Feindschaft jedes Menschen gegenüber anderen Menschen zu erklären sind, vielmehr aus den jeweiligen konkreten Gesellschafts- und Geschlechterverhältnissen. Auch wurde mir im Verlaufe des Schreibens an diesem Text bewusst, dass ich selbst sehr wohl mit dem Begriff der Andersheit im Anschluss an Beauvoir im Rahmen meiner Überlegungen zu historischen und gesellschaftlich kulturellen Prozessen der Selbstaffirmierung und Veranderung gearbeitet habe: also sowohl im Rahmen von Analysen zu Prozessen der gesellschaftlichen Hegemoniebildung nach *innen*, eben der Herausbildung cisheteropatriarchaler Geschlechterverhältnisse sowie von Klassenverhältnissen, als auch nach außen, wie z.B. die Prozesse der Selbstaffirmierung Europas und der Veranderung bzw. der »Orientalisierung des Orients« (Said 2010: 14). Wobei sich zeigt, dass diese Prozesse historisch jeweils auf das engste zusammenhängen (Maihofer 2014: 314).

Außerdem lässt sich für mich nun genauer bestimmen, warum ich es für angemessener halte, von *anderen Menschen* statt lediglich von *Anderen* zu sprechen bzw. von *Verschiedenheit/Differenz* statt von *Anderssein*. Wenn ich von *anderen Menschen* spreche, gehe ich davon aus, dass sie eben einfach andere Menschen sind. Diese können mir ähnlich sein, nur sind sie eben nicht Ich, sondern Andere. Diese können jedoch ebenso anders im Sinne von sehr verschieden sein. Um diesen bedeutsamen Unterschied begrifflich präsent zu halten, scheint mir nach wie vor der Begriff der Verschiedenheit bzw. der Differenz eindeutiger und unmissverständlicher als der der Andersheit bzw. des Andersseins.

Und nicht zuletzt wurde mir einmal mehr bewusst, dass es offensichtlich im Rahmen der gegenwärtigen Gesellschaftsverhältnisse für viele – um es paradox zu formulieren – selbstverständlich ist, Andere als *Andere* wahrzunehmen und nicht als sich selbst. Das heißt, mir wurde erneut die Schwierigkeit deutlich, die noch immer besteht, die Anderen, weil anders, nicht als grundsätzlich bedrohliche Andere zu verandern, sowie die Schwierigkeit, Andere überhaupt als eigenständige Subjekte wahrzunehmen und zu ihnen eine gleichberechtigte Subjekt – Subjekt Beziehung herzustellen. Wobei diese Schwierigkeit nicht auf einer grundsätzlichen Feindschaft der Menschen gegenüber anderen Menschen basiert, vielmehr Ergebnis gesellschaftlicher Macht und Herrschaftsprozesse und -verhältnisse ist. Kurzum: Es gibt Kontexte, in denen der Begriff des Anderen im Rahmen einer herrschaftskritischen gesellschaftstheoretischen Perspektive sehr produktiv ist und andere, in denen der Begriff der Differenz, die Problematik der Veranderung als grundlegend verschieden, besser trifft. Dies ist allemal dann der Fall, wenn es die Utopie einer Gesellschaft zu formulieren gilt, in der wir alle, um nochmals an Adorno anzuschließen, »ohne Angst verschieden sein« können (Adorno 1969: 131).

Literaturverzeichnis

Adorno, Theodor W. (1969): Minima Moralia. Reflexionen aus dem beschädigten Leben, Frankfurt a.M.: Suhrkamp.

Adorno, Theodor W. (1977): Kritik, in: Theodor W. Adorno, Gesammelte Schriften, Bd. 10(2), Suhrkamp: Frankfurt a.M., 785–793.

Beauvoir, Simone de (1972): Sie kam und blieb, Reinbek bei Hamburg: Rowohlt.

Beauvoir, Simone de (1992): Das andere Geschlecht, Reinbek bei Hamburg: Rowohlt.

Benjamin, Jessica (2002): Der Schatten des Anderen. Intersubjektivität – Gender – Psychoanalyse, Frankfurt a.M./Basel: Stromfeld/Nexus.

König, Tomke/Erhart, Walter (2023): Das Ich in der Geschlechterforschung. Zur Bedeutung von Erfahrung und Erleben für die Kritik der Geschlechterordnung. Soziologische und literaturwissenschaftliche Perspektiven, in: Internationales Archiv für Sozialgeschichte der deutschen Literatur 48(2), 356–378.

Maihofer, Andrea (1995): Geschlecht als Existenzweise, Frankfurt a.M.: Ulrike Helmer.

Maihofer, Andrea (2014): Hegemoniale Selbstaffirmierung und Veranderung, in: Karin Hostettler/Sophie Vögele (Hg.), Diesseits der imperialen Geschlechterordnung: (Post-)koloniale Reflexionen über den Westen, Bielefeld: transcript, 305–318.

Moi, Toril (1996): Simone de Beauvoir. Die Psychographie einer Intellektuellen, Frankfurt a.M.: Fischer.

Moi, Toril (2024): Simone de Beauvoirs Grammatik des Andersseins, in: Vera Kallenberg/Tomke König/Walter Erhart (Hg.): Geschlecht als Erfahrung. Theorien, Empirie, politische Praxis, Bielefeld: transcript, 43–60.

Moser, Susanne (2010): Die Frauen: Opfer der Dialektik. Das Thema der Anerkennung bei Simone de Beauvoir, in: Mechthild Jansen/Ingeborg Nordmann/Angelika Röming (Hg.), Man wird nicht als Frau geboren, Polis 52, Wiesbaden: HLZ, 52–71.

Said, Edward (2010): Orientalismus, Frankfurt a.M.: Fischer.

Sartre, Jean Paul (1969): Ist der Existenzialismus ein Humanismus?, in: Jean Paul Satre. Drei Essays, Frankfurt a.M./Berlin/Wien: Ullstein, 7–51.

Simons, Margaret A./Benjamin, Jessica/Beauvoir, Simone de (1979): Simone de Beauvoir. An Interview, in: Feminist Studies 5(2), 330–345.

On the Translatability of Gendered Experiences

Socio-Historical, Feminist-Postcolonial, and Phenomenological Reflections

Heidemarie Winkel & Magdalena Suerbaum

1. Power Asymmetries and Epistemological Pitfalls: An Introduction

It is a winter morning in Berlin in early 2020. A group of women are seated around a well-laden table enjoying a long breakfast. Children of various ages play in the kid's corner of the small room. While the children play, run around, and occasionally interrupt their mothers, seeking resolution to some emerging dispute, their mothers chat. Most of the women at the table only recently arrived in Germany and attend the weekly gatherings organized by a project dedicated to the support of migrant mothers. Among the women, most of whom came to Berlin from countries located in Western Asia and North Africa and who communicate predominantly in Arabic, there are three White,[1] German-speaking women who hold German citizenship: two social workers and Magdalena, a researcher. On this day, the women discuss various topics: they share their experiences of legal status determination in Germany, complain about their encounters with bureaucrats, but also recommend recipes to each other, and exchange stories about the early days of their marriages. Widad's two-year-old daughter climbs on her mother's lap and pulls up her mother's top. While Widad breastfeeds, she asks Magdalena whether she has weaned her fifteen-month-old daughter already, and Magdalena shakes her head with a smile. Widad and Magdalena have had regular conversations during the preceding meetings about a suitable moment to wean their daughters and empathized with each other's challenges. Siyam suggests wearing a turtleneck pullover and keeping the child busy and distracted once one decides to wean. Aysha shares her struggles of potty training her son and complains that the teachers in the kindergarten do not support the process. Layyan asks Magdalena when German mothers commonly start potty training, and

1 Following the Critical Whiteness approach (Dietze 2009: 222), the notion of whiteness indicates a structural power asymmetry; thus, it is not about phenotypical or *racial* markers.

Magdalena shares the various pieces of advice she has received from kindergarten teachers, acquaintances, friends, and family. Layyan tells the women that she began training one of her sons back in Syria, when he was eighteen months old. However, she had to interrupt the process when the family was forced to flee their home. Over the course of the six months that the family spent traveling from Syria via Turkey and Greece to Germany, she could not continue potty training, and the interruption meant that her son would still wet the bed occasionally. The women, among them Magdalena, share their empathy with Layyan: they smile at her, touch her arm briefly, say a few encouraging words, or give advice before moving on to discuss another topic.

This ethnographic vignette, created as part of a research project on migrants' experiences of legal status determination in Germany, could be used as a jumping-off point to discuss various questions, including the main concern of this chapter. Primarily, we are interested in the possibilities of theorizing social experiences of gender in contexts defined by differences of positionality, as in the vignette, and the extent to which these experiences are translatable into theoretical knowledge, in the sense of Edith Stein's (1917) phenomenological notion of empathy (*Einfühlung*) with the experience of "other" people. To this end, we take the dimension of caring for children as empirical reference point, and ask whether the fact of being the primary carer for children that both researcher and interlocutors share, creates a common ground of experience. Can the experience of motherhood and caring for children bridge apparent differences, for example in terms of legal status, class, racialization, and nationality, between researchers and researched? And what do we learn about the translatability of gendered experiences in phenomenological terms if we consider motherhood as a social role that researcher and researched have in common?

In the following, we seek to combine the analysis of the above-mentioned ethnographic encounter with an epistemological critique. Ethnographic knowledge production is prominently characterized by diverging experiences that are, among other things, a result of more or less hidden power dynamics and knowledge hegemonies between researchers and researched, whether in terms of racializing structures, unequal legal status positions, or varying socio-cultural bodies of knowledge, such as about motherhood and care in the vignette. We assume that these fault lines of experience characterize the encounter between privileged, White, Western researchers and non-White, non-Western interlocutors in a way that makes it necessary to revisit the conceivability and translatability of gendered experiences in the research process to reflect the inherent epistemological imbalances. Anthropologists have been particularly active in addressing this epistemological bias since the 1980s. Nevertheless, "the" White, Western researcher, her standpoint, and the asymmetry of power vis-à-vis "the" Other tend to escape notice (Abu-Lughod 2001, 1991).

At first glance, this epistemological critique seems familiar to feminist theory. As early as the 1970s, feminist approaches acted as a powerful irritant on the self-image that social sciences such as anthropology and sociology had as disciplines that reflected reality by means of an objectifying methodological and conceptual apparatus. By contrast, feminist theory has emphasized the social situatedness of knowledge production (Harding 2012), highlighted anthropology's male bias (Strathern 1987), and unmasked the androcentric closedness of sociology's conceptual apparatus (Smith 1974, 1979).[2] Half a century later, however, it is evident that feminist theory itself is characterized by the production of exclusions and asymmetries. Postcolonial feminisms have demonstrated to what extent Western, European feminist theory is shaped by a White, colonial episteme[3] and a system of racism (Combahee River Collective 1977; Anzaldúa 1987; Mohanty 1988, 1997; Spivak 1988, 1990; Gümen 1996, 1999; Gutiérrez Rodríguez 1996, 1999; Lugones 2007, 2008).[4] The existence of Eurocentric epistemological privileges refers back to the guiding question of this chapter on the translatability of social experiences of gender. What might be the epistemological pitfalls and limitations in translating experiences of gender into concepts and theories?

Against the backdrop of the following considerations, these questions prove to be all the more pressing: As indicated above, empirically based research is constituted as encounters of socio-politically, economically and culturally[5] contingently positioned subjects. Researchers and interlocutors are differently involved in – and affected by – processes of gendering, sexism, classism, and racialization in their respective lifeworlds. This is reflected in diverse social positions, unequal legal or class statuses or, as in the vignette above, migration trajectories and biographies of displacement. As a result, research unfolds as an *intersectionally structured social configuration of power asymmetry*. This configuration reflects mutually interlocking relations of epistemic and structural inequality; they are part and result of colonial, uneven social histories as revealed by various postcolonial social theorists (Randeria 1999, 2006; Chakrabarty 2010; Mignolo 2000; Quijano 2000, 2016). This does not mean, however, that interlocutors are passive, unaware of existing power asymmetries, or have no agendas of their own in their contact with researchers. How they respond, for instance, by sharing certain knowledge and narratives while hiding other experi-

---

2 Dorothy E. Smith (1974, 1979) identified a male epistemological privilege in the production of theory. She illustrated how concepts and texts act as building blocks of gendered power processes in academic discourse.

3 The notion of the White episteme has been further discussed by Heidemarie Winkel (2021a).

4 In Germany, the critical analysis of White feminism goes back to the 1980s, in texts such as *Farbe bekennen* (Oguntoye/Opitz/Schultz 1986).

5 The notion of culture is used in a meaning and knowledge-based sense (Winkel 2021b).

ences, has been discussed and highlighted, for example, by Marita Eastmond (2007) and Kirsten Hastrup (2004).

Although the social sciences have long sought "to offer an unparalleled position from which to scrutinize Western assumptions" (Strathern 1987: 279), social-scientific knowledge production is structured by hegemonic worldviews and concepts. The notion of gender that is predominantly used in the social sciences, for example, has its origin in the analysis of bourgeois-capitalist societies; it is thus a core instance of knowledge hegemonies and the related problem of the translatability of experience. Postcolonial feminists and theorists have dismantled gender as a colonial category of knowledge accordingly (Lugones 2007, 2008; Patil 2017); among other things, they have revealed the constitutive function of bourgeois notions of femininity, motherhood, and domesticity for the self-affirmation of Europeans as civilized people (Comaroff/Comaroff 2002; Dietrich 2007; Habermas 2016). Researching experiences of gender is therefore not unproblematic. The epistemological challenge is not only about the question of *what experience of gender* – in the sense of Gayatri Chakravorty Spivak (1988) – can be talked about, heard respectively, understood and dealt with accordingly in the research process without reproducing subalternity and othering.[6] It is also about whether the notion of experience *per se* can be assumed unquestioned as a foundational concept. The gender historian Joan W. Scott already questioned "the authority of experience" as an unconditional "challenge to normative history" (1991: 776) several decades ago. She challenges us to explore the assumptions that underlie the theoretical formulation of experiences, and, as Saba Mahmood suggests, "perform the difficult task of [conceptual] translation" in order to make it "travel across cultural and historical specificities" (2005: 163).[7]

Following Scott, we hence start from the premise that the notion of experience – envisioned as the "origin of knowledge" – includes an epistemological pitfall that is inherently connected with a particular Western, European "vision of the individual subject", not only as "the bedrock of evidence on which explanation is built" (1991: 777) but rather as the bearer of an autonomous, independent will. This vision includes a universalistic notion of the self as self-determined, bounded subject that limits the possibility of imagining a multiplicity of notions of personhood, as suggested, for example, by Suad Joseph (1993, 1994, 2005, 2012, 2022). Hence, the historicity of the concept of the individual, gendered self in bourgeois-capitalist societies has to

6 Subalternity can be understood, following Spivak, as the status of those that stand outside the dominant discourse. The subaltern cannot speak or be heard, because s/he is "marked only as a pointer" (Spivak 1988: 163) by hegemonic invocations; this includes scientific invocations. The way people are constructed as objects of scientific inquiry (as well as in others spheres of social life) has also been discussed by Ian Hacking (1983).

7 In her famous study *The Politics of Piety*, Mahmood (2005) deals primarily with the concept of individual autonomy as well as liberal ideas of emancipation and agency.

be reconsidered. Otherwise, the constructed nature of experience as a foundational concept could be lost from view, as Scott (1991: 777) notes, and, as we would like to add, by extension, the social mechanisms that make up gendered experiences.

We begin by briefly reflecting on the genealogy of the notion of experience in European thought and its importance as a foundational concept in the social sciences. We start from the premise that there is a semantics of experience that we can trace in socio-historical terms, namely a particular inner-directedness and self-centered mental orientation towards the world, which gained in importance in 17th and 18th century European history as a result of increasing individualization. Consequently, we understand the notion of experience as having a history and a kind of ontological quality that is linked to structural changes that belong to that period as well as related liberal ideas of personhood and political agency. After locating the concept of experience in the knowledge horizon of European societies, related challenges are outlined for a gender-sensitive analysis that is aware of colonial legacies of knowledge production. Against this backdrop, we deepen the discussion of epistemological pitfalls from a postcolonial feminist perspective. Finally, we briefly discuss the vignette on motherhood and care to exemplify the possibilities and pitfalls of the translatability of gender.

2. Experience as a Foundational Concept in European Thought

The way the social sciences – including anthropology and sociology, the disciplines to which the authors of this chapter belong – approach and conceptualize experience is the result of an epistemological shift in European philosophical thought that can be traced back to the 17th and 18th centuries. It resides in philosophy's dissociation from the positivist science of naturalism with its mechanical-causal understanding of nature and human existence and its tremendous impact on the conception of gender, namely as natural, categorical difference based on dimorphism.[8] In contrast to naturalism, *phenomenological philosophy* as in the case of Edmund Husserl (1963[1913], 1989[1915]), and *philosophy of mind* as found prominently in Wilhelm Dilthey,[9] are based on the conviction that the "object of philosophy [...] is formed by the [...] facts of consciousness" (1982: 41).[10] In both philosophical currents, the emphasis is on the study of consciousness as experienced by a person, that is, the orientation of consciousness toward a phenomenon, which manifests itself as an experience of or

8 Claudia Honegger's (1991) seminal study discussed the impact of naturalistic thought on the anthropology of gender.

9 Dilthey can be considered a forerunner of both anthropology and sociology.

10 Translated from the German source by the authors: "Der Gegenstand der Philosophie wird durch den Inbegriff der Tatsachen des Bewusstseins gebildet" (Dilthey 1982: 41).

about that object, such as in the case of a maternal gesture of care towards a child. For both approaches, the social world with all its moral facts – such as the gender order – exists "only" in consciousness: "Nothing else is given to me. For what is given is given only in consciousness" (ibid.). Phenomenology and philosophy of mind thus naturally assume the historicity of consciousness and ask for "the conditions of the conceivability of this consciousness" (Dilthey 1982: 42). Consequently, consciousness – and the experience related to it – is a contextually contingent sense of orientation.[11] Alfred Schütz (1974, 2004), who was instrumental in founding phenomenological sociology, picked up on this, formulating the problem of the conceivability of consciousness as the question of the possibility of understanding the other (*Fremdverstehen*), while Edith Stein (1917), who was an early student of Husserl's, conceptualized the problem of the traceability of experience as a question of empathy (*Einfühlung*).

Today, it seems self-evident to us that the facts of consciousness in our inner experience are at the center of the humanities and that lived experience is the nucleus of primary reality (Turner/Bruner 1986). Since the 1980s, this includes an increasing awareness of the physical dimension of lived experience as "embodied consciousness" that is "drenched with symbolic meaning" (Turner 2008[1984]: 50). While a new interest in the body as "an experiencing agent" (Csordas 1994: 3) crystallized, the understanding grew that the category of experience has generated a paradox: On the one hand, the manifold ambivalent realities of human existence come to light, namely as subjective experience; on the other hand, the notion of experience carries a risk of promoting "unexamined cultural assumptions concerning articulations of self, subjectivity and social action" (Desjarlais/Throop 2011: 93) that configure – and might hence prevent – the recognition of further possible modalities of being and experiencing the social world. Sociological and anthropological knowledge about human experience, such as the experience of gender, is hence necessarily partial, limited, and structured by time and context (ibid.: 90).[12]

Most sociologists and anthropologists are aware that the socio-historical and cultural focus on experience can be challenged at the level of its conceptualization. Of course, the capacity to differentiate between one's own experience and the (observable) behavior of other persons is a basic feature of the human condition (Schnettler 2008: 141). The patterns in which this capacity unfold, that is, the varying modalities of orienting, sensing, and experiencing each other, evolve according to

---

11 With this position, Dilthey also turned against the philosophy of idealism, which presupposes the existence of ideas and concepts, when he postulated that we "possess reality as it is [...] only in the facts of consciousness given in inner experience" (Dilthey 1883: 3, cited in Bräunlein 2012: 127).

12 Furthermore, phenomenological anthropologists stress the intersubjectivity of human experience (Desjarlais/Throop 2011: 91; Horton 2009).

different political, cultural and economic realities. As a result, the experiencing agent is shaped by related social notions of self and other (Turner 2008[1984]). Liberalism's conception of the person as autonomous subject, for example, and the accompanying experience of self as endowed with an autonomous will, is the result of political revolutions and intellectual currents in European thought. This mode of experiencing the world is gendered; as manifold feminist political theorists have pointed out, women's exclusion from political, economic, and social rights results in a very different experience of the social world (Pateman 1988, 1989; Nussbaum 1999; Okin 2004). This points to the existence of varying modes of experiencing social reality and different ways in which these are gendered; for example, the connective, relational conception of gendered personhood, which Joseph (2005) identified as the center of experiencing self and other over the course of more than thirty years of ethnographic research in Lebanon.

There is evidence that the theoretical challenge we are talking about in this chapter is fundamental; we assume that the relevance of (individual) experience as a core element of social orientation and sense-making, and as empirical data, is a socio-historically traceable phenomenon that has gained in significance within the framework of European philosophical thought. To put it precisely, the notion of – and interest in – experience is closely linked to European intellectual history as it concerns philosophical concepts of the person, the self, and the basic conditions of self-awareness (Mauss 1985). This is not the place to systematically reconstruct these processes. It can be stated, however, that self, individual consciousness, and experience became the focus of European philosophical conviction in the 17th century. As Marcel Mauss states, it was Fichte who "founded all science and action on the 'self'", and Kant who "had already made of the individual consciousness, the sacred character of the human person" (1985: 22).

In the framework of European, bourgeois-capitalist "modernity," then, individual experience finally became the ubiquitous hub of social existence – and "the bedrock of evidence" and scientific interest (Scott 1991: 777). European sociological knowledge production centered particularly on the question how the individual became the central unit of sociation in the transition from the estate-based to the bourgeois-capitalist society, and how subjects have become conscious – of themselves and others – as individual objects of imagination and experience (Simmel 1989[1901]). This notion of individual personhood was nourished by the currents of contemporary European intellectual life that we have already mentioned, such as the political philosophy of liberalism, which facilitated an idealization of individual autonomy and experience (Mahmood 2005: 13–14; Young 1990). The liberal notion of the self remains a central tile in the mosaic of individual consciousness and orientation in post-migrant, capitalist European societies to this day (Foroutan 2019), while capitalism, for its part, needs autonomous selves who function as separate, bounded beings (Joseph 2022). It was not until the second half of the 20th century that Women's Studies and Gender Studies dismantled the androcentric bias of political liberalism and of European social-scientific thought (Smith 1990; Okin 2004). Until the 2000s, the need for women to catch up in terms of modernization and to fully join in with individualization were common topoi in the global north, once more confirming individual experience as the focal point of social existence – and the foundation of social-scientific evidence.

These opening considerations show that experience is not a neutral term, but a multifaceted phenomenon whose meaning and relevance are closely linked to social place and time as well as to existing global hierarchies in knowledge production. Against this backdrop, we consider the extent to which *multiple patterns* of gendered experience are conceivable beyond the universalistic notion of the autonomous, individual subject as the bedrock of experience.

3. Multiple Patterns of Gendered Experience: Gender as a Category of Analysis

Thinking of the *experience of gender* – as well as the concept of experience itself – as a multilayered, plural, and contextually contingent phenomenon likewise requires to situate gender as a category of analysis socio-historically. This means, for example, considering gender as a constitutive signifier in the symbolic order of Western, European self-conceived "modernity" (Kröhnert-Othmann 2014).[13] This means, bourgeois notions of gender developed not only as a central structural, institutional, and socio-cultural component of the social order within European nation-states, but also in relation to non-European societies, namely as a symbolic order of difference. This symbolic order goes back to colonial times (Boatcă 2021). While White, European women functioned as the markers of "civilization" and cultural representation in the framework of nationalist European self-understanding, women of color in the colonies were particularly vilified (Dietrich 2007). Ann Stoler (2002) analyses the foundational quality of sex in the material terms of colonial projects. As Rebekka Habermas (2016) shows using the example of the German colonization of Togo, Black women were victims of systematic, structural sexual violence. However, European constructions of femininity not only affected the legal and social status of African women during colonialization, but have a lasting impact on women in postcolonial systems and contexts (Mama 1997).

As a result, the experience of colonization is not only a cardinally gendered experience that usurps the minds of the colonized and, consequently, their conception of social reality. Gender itself is a colonial category of knowing, sensing, and

13 The discussion in this subchapter is based on Winkel's considerations in *Multiple Gender Cultures. Gender as an Epistemic Test Case of Plural Modernities* (2021b).

experiencing the world; it rests upon the colonial divide between "the West," its "civilized" gender order and "the uncivilized rest" (Hall 1994). As an analytical category, gender is hence closely intertwined with the bourgeois gender arrangement. It is without a doubt the gendered social fabric of capitalist society and its political, legal, and economic constitution based on the private/public divide (Winkel 2022) that shapes how the notion of the binary gender order was included, for example, in European sociological theories around 1900, namely as a natural matter of fact (such as in Durkheim's, Simmel's or Weber's concepts of society). The cultural practice of binary sex categorization, the knowledge code of heteronormativity, and male dominance have not only been taken for granted by most European sociologists and anthropologists, but have also been depicted as ubiquitous and universal features of worldwide social change toward "modernity". Consequently, most European sociologists' and anthropologists' understanding of gender was – and in many ways still is – ethnocentric insofar as a particular historical set of assumptions about gender is made the starting point for the study of non-European societies. As a result, a certain, historically particular socio-cultural "normality" is transferred to an object of research that subsequently appears quasi-necessarily as "different" or "other," while the epistemological feature of the "unproblematic and unmarked Western self" remains untouched (Abu-Lughod 1991: 467). This is why we suggest not to take the social place and function that the notion and constitution of gender holds in White European "modernity" for granted, but to ask about the location of gender in the axiomatics of sociological and anthropological thought.

Radically questioning the translatability of the experience of gender, literature emerging from Black African diaspora studies has analysed notions of Black mothering and how it emerges from within contexts of racism, discrimination, and structural inequalities (Collins 1994; hooks 1991; Reynolds 2005). African and Middle Eastern feminists such as Oyeronke Oyewumi (1997), Fatima Mernissi (1975), and Zethu Matebeni (2012, 2014) argue that cultural and epistemological imperialism gave gender explanatory power in non-Western societies, but misinterpreted the social order of knowledge, related gender codes, and modes of experience by erroneously transferring the concept of essential, naturalized bodies to the social realities of contexts such as Morocco, South Africa, and the Oyo-Yoruba in Nigeria. While Mernissi shows how religious notions of female sexuality shape gender reality in Morocco and other North African contexts, Oyewumi stresses that seniority and not gender has been the organizing principle historically among the Oyo-Yoruba in Nigeria and that gender was not conceived as biologically based ontological difference. Similarly, Matebeni criticizes Eurocentric concepts of queer African – e.g., lesbian-African – identity, that are based on the ontological binary.

The transferability of the gender ontology and related notions of reproductivity, domesticity, or the private/public divide that is so central to this ethnocentric conceptualization of gender, have meanwhile been critically questioned in various interdisciplinary fields (Habermas 1993; Comaroff/Comaroff 2002; Alber et al. 2022). Critical of applications of European conceptual categories to understanding African societies (but also of some of Oyewumi's arguments, which she considers authenticist and reductionist), Bibi Bakare-Yusuf (2003) suggests engaging with existential phenomenology to explore African women's everyday experiences. She is particularly interested in the dimension of embodied existence and inquiring "what each culture and historical context makes of the biological body, and what this body makes of the culture and historical context in turn" (2003: n.p.). Against this backdrop, we briefly discuss alternative approaches to the study of the experience of gender beyond the Eurocentric mental map.

4. Feminist (and) Phenomenological Approaches to the Study of the Experience of Gender

From a feminist-phenomenological perspective, tracing the experience of gender requires – as discussed above – consideration of the respective socio-historic context. Simone de Beauvoir already pointed out that becoming a woman is shaped by lived experience in a particular social setting. Her idea of *cultural becoming* is based on the conviction that "the human condition is indefinite and ambiguous: it allows for different variations and modifications" in diverse contexts (Sara Heinämaa, cited in Landweer/Marcinski 2016: 12). With Judith Butler (2002), this can be further thought of as the constitution of gender that is historically and culturally situated, and as performatively produced. But what does this mean for the notion and operation of experience itself?

For Sara Ahmed, the core of the concept of experience lies in the way consciousness is directed at certain phenomena. Accordingly, she asks what it means for our perception of sexuality – and the same is true of gender or motherhood – "to be lived as oriented" (Ahmed 2006: 1). This is a question of how subjects apprehend the world, that is, how "we come into contact with" the world with our living bodies[14] (ibid.: 2), for example with the child that needs care or with others who judge one's performance as a mother. As Ahmed argues, the direction of our orientation is never neutral, but its meaning is related to space and time; she underlines this with the example of the difference between "the East" and "the West" as "two sides of the globe": "the East is associated with women, sexuality and the exotic, with what is 'behind' and 'below' the West" (ibid.: 13–14). Whether we orient ourselves to the left or the right, look up or bend down is hence a meaningful orientation that shapes our experiences and may also reveal tensions in this regard.

14 The notion of the living body refers to Husserl's notion of the *Leib* (Ahmed 2006: 2).

Avtar Brah points to these possible tensions and conflict inherent in experience when she emphasizes the need to perceive of experience "as a practice of making sense, both symbolically and narratively; as struggle over material conditions and over meaning" (1992: 141). However, her suggestion also raises the possibility of reckoning and thinking with *multiple modalities of gendered experience*, namely in a non-hierarchical way. This is similar to Saba Mahmood's view. When thinking about the relation of theory and ethnographic data collection, she sees the need to question taken-for-granted perceptions of the world, arguing that "the terms people use to organize their lives are not simply a gloss over universally shared assumptions about the world and one's place in it, but are actually constitutive at times of very different forms of personhood, knowledge, and experience" (Mahmood 2001: 209).

Mahmood urges us to take seriously how the people with whom we conduct research, frame and structure their lives and to consider the terms they use and the meanings that are attached to them as crucial aspects of how people inhabit, experience, and encounter the world. Alexis Shotwell (2011: xv) stresses that knowledge depends on the knower's position and that some knowledge cannot be understood beyond particular knowledge positions. We might add that this includes the position of the living body. Shotwell also suggests taking seriously people's implicit understanding, which might come to the surface "at sites of a certain rupture in habitual activity, or points of breakdown in our conception of our selves" (ibid.: xvi).

Alternative concepts to the notion of the autonomous, bounded (and gendered) self have been developed over the past decades, for example in the context of migration (Jackson 2013) and familial networks in Arab contexts (Joseph 1993, 1994, 2005, 2012). Drawing on his analysis of migration trajectories, Michael Jackson stresses that people continuously change and adapt in relation to their surroundings, the people who accompany them, the circumstances they face, and their wellbeing. He thus proposes to think of the self as "several rather than singular" (Jackson 2013: 202). Joseph (1993, see also 1994, 2005, 2012) seeks to destabilize the prevalence of Western psychological constructs and gender binaries in feminist thought and to show a variety of selfhood. She proposes the concept of patriarchal connectivity to capture the fluid and relational character of the self. With this concept, she seeks to fathom an active and intentional relationality "that can take various forms under different political economy regimes" (Joseph 1993: 467). Over the course of more than thirty years of ethnographic fieldwork in Beirut, Joseph found connectivity to be reciprocal, interwoven, and shaped into a system of gendered and aged domination. In other words, she argues that patriarchal connectivity supports "the production of selves who invited, required, and initiated involvement with others in the shaping of the self" (ibid.: 468). Opposing the idea of a "true" self that has "true" desires, Joseph also shows that desire is constructed relationally in a matrix of culturally constructed meanings. She cautions that "the connective self and the individuated self are cultural models, or "'ideal types' that guide social behavior and can guide social analysis" (Joseph 2005: 87) of personhood and relationships. Nevertheless, these ideal types do not completely capture the messy, complex, and contradictory nature of lived realities. As far as the study of gendered subjectivities is concerned, Joseph thus proposes, based on her ethnographic research, "a notion of subjectivity that is always in motion, always in relation" (Joseph 2012: 16).

While we value Joseph's conceptualization of selving, we do not follow her skepticism vis-à-vis the body as a productive point of departure (Joseph 2012: 16). Rather, it might be fruitful to think of embodiment with Iris Marion Young (2005: 9), who stresses that phenomenological descriptions of women's lived body experiences have the potential to show why women who are differently situated, such as the women in the vignette above, come to sympathize with other women's (embodied) situations. This will be deepened in the following subchapter.

5. Pitfalls of Translatability: Exploring Experience in Ethnographic Encounters

In order to discuss the pitfalls of researching experiences of gender and the difficulties of making them translatable, we are now going to focus on the ethnographic vignette introduced at the beginning of this chapter. This is an elaboration on ethnographic research conducted in Berlin over the course of sixteen months in two phases between December 2017 and March 2020. Magdalena collected data in a refugee shelter, a legal advice center, and a project dedicated to refugee mothers and their children. Her fieldwork spanned her pregnancy, was on hold during her parental leave, and was resumed when her daughter, who occasionally accompanied her to fieldwork meetings, was ten months old. Magdalena's transition into motherhood sensitized her for various new research topics, such as the embodied experience of legal precarity (Suerbaum 2023a) or the challenges of mothering during displacement (Suerbaum 2023b, 2022). Furthermore, being an (expectant) mother while conducting ethnographic research significantly affected Magdalena's encounters with her interlocutors. Topics pertaining to experiences of motherhood and childrearing were recurring elements of conversations she had with many migrant women. Nevertheless, while Magdalena and the women she met occupied the same social role, this did not mean that their experiences as mothers necessarily had much in common at all. In fact, motherhood for most migrant women was deeply marked and shaped by their limited legal protection, financial constraints, and uncertain future perspectives. By contrast, Magdalena embodied and brought to research encounters aspects and privileges of White, German, middle-class motherhood.

Revisiting our initial questions, we would like to ask whether caring for young children creates a common ground of experience in encounters of researchers and interlocutors and allows for certain experiences to be "translated". Kelly Dombroski describes herself as an "edgewalker" and her field site as "a relational space centred around the moving trajectory of [her] mother-body" (2011: 52). She applies the notion of the edgewalker to capture her positionality vis-à-vis the Chinese women she talked to about mothering and childrearing. The women considered her parenting style familiar, while simultaneously seeing in her an example of Western motherhood by virtue of her nationality and ethnicity. In a similar vein, Magdalena experienced that with her transition into motherhood, topics of conversations changed and that it was taken for granted that she knew, understood, and lived through certain bodily experiences. At the same time, however, the migrant women Magdalena met were aware of various differences in childrearing practices that they tied to their respective socialization, level of religiosity, and living conditions. While Magdalena frequently experienced moments of intimacy in which women gave her advice as an (expectant) mother, taking for granted a form of mutual understanding because of the exposure to similar embodied experiences, such as pregnancy, birthing, breastfeeding, interrupted nights, emotional turbulence, she also realized and was made aware that she did not live through moments of racialization, discrimination, speechlessness, the daily worries about loved ones who were far away in conflict zones, and the coming to terms with experiences of war and displacement.

The exchange about maternal duties among the migrant women, the social workers, and the researcher at breakfast that was introduced in the ethnographic vignette at the beginning of this chapter can be initially understood as a shared experience. Thinking with Rosalyn Diprose (2003: 38), who argues that familiarity and belonging are "located in [the] body as an atmosphere that informs [one's] perception of the world and of others," particularly the conversation about the shared bodily experience of breastfeeding and weaning lends itself to assume that the women felt a momentary sense of belonging and mutual understanding in which experiences could be shared. "Through habituated dwelling with others" (Diprose 2003: 38) and through living certain values in relation to other bodies, one can grasp a sense of belonging to a community. Accordingly, we suggest that the women seated at the breakfast table experienced themselves and related with each other via their mothering practices. Motherhood constituted a "modality of engagement" in this situation (Douzina-Bakalaki 2017: 13). Hence, it might be fruitful to perceive of their experiences of care for children as one form of being in a momentary community with each other; this does not exclude the simultaneous existence of power asymmetries. The community that formed around their experiences, worries, and questions concerning care for young children exists alongside communities of experience that many other social groups – e.g., Black women, lesbians, or widows –

can be assumed to participate in.[15] Following Diprose, sensing familiarity and being part of a community does not rely on commonality but rather on difference: "The difference community lives from is the other's difference that [one] cannot grasp but that initiates [one's] movement toward the other and towards the world" (Diprose 2003: 40). Thinking with Diprose helps us to perceive shared bodily experiences as connecting without denying the existence of differences in terms of influences such as poverty, displacement, and legal precarity, which affect the migrant women and Magdalena differently. Thus, being in conversation with each other based on mothering practices is a form of community that does not require sameness, rather, it lives on and through differences that result from one's particular mode of *becoming*, and this means, phenomenologically speaking, from the particular way subjects have come into contact with the world with their living bodies (Ahmed 2006: 2).

Ultimately, writing about conversations about mothering practices, motherhood as a common ground and about the question of translatability of experiences needs to involve the realization that "there are no pure power-free sites from which to speak and act" (Gedalof 1999: 2). Thus, it is crucial to attend to "the working of power differentials between particular groups of women" (ibid.). The existence of multiple power differentials along the lines of legal status, financial precarity, nationality, and racialization and their effects on motherhood are as powerful if not more powerful in the research process as shared experiences of caring for dependents. These differences, for instance the legal and bureaucratic inscriptions (Horton 2020) that migrant women experience in their contact with the German migration regime, cannot be naturalized and taken for granted. The asymmetrical encounters between researcher and interlocutors need to be thoroughly historicized and colonial structures that enabled them need to be acknowledged. Hence, conversations that revolve around the mothering body and might allow for a community to be established need to take account of the positions of bodies that are always already "inscribed in power geometries which mark their 'affective capacities' (Tolia-Kelly 2006: 213) in unequal and diverse ways" (Salih 2016: 2).

The fact that the prerogative of interpretation remains in Heidemarie's and Magdalena's hands is an ongoing challenge, a continuous request to be attentive to the various structures that informed the contact between Magdalena and the migrant women; it turns the concern with the translatability of experiences of gender into a continuous task. Thus, we suggest that translating experiences of gender can always

---

15 We do not want to imply that being a mother constitutes a *natural* form of solidarity with other women. Communities of experience, as we perceive them, may involve forms of solidarity but this is not a prerequisite. In this chapter, we are primarily interested in identifying how the translation of gendered experiences may become a possibility, despite the existence of unbridgeable hierarchies and asymmetries within communities of experience.

only be partial, power-induced, incomplete, and formed by structures of dominance and asymmetry.

6. Conclusions

The chapter started from the assumption that power effects make it necessary to reflect on the translatability of experiences in the ethnographic research process. We argued that experience is a historically and contextually contingent sense of orientation and that the individual, as an "experiencing agent" (Csordas 1994: 3), is strongly shaped by their positionality. We traced how the notion of experience, as it is often taken for granted in the social sciences, developed over time and was shaped by the European history of ideas. Moreover, we sketched how gender as a category in the process of knowledge production comes with particular baggage and a problematic colonial history. Throughout the chapter, we tried to highlight how the idea of the autonomous self has been repeatedly challenged by various scholars. While we acknowledge that we are deeply socialized in the traditions that we critique and thus cannot step out of established academic traditions entirely, we may at least point to the relevance of thoroughly scrutinizing the genealogy of terms we use when producing knowledge and translating fieldwork encounters into theories and concepts.

We believe that the ethnographic vignette shows us, on the one hand, how living with similar challenges such as care responsibilities for children is one of manifold conditions that can affect relationship during ethnographic research. As the introductory scene indicates, being a mother can translate into a sense of community inviting certain conversations to take place and particular experiences to be shared, which does not mean that it is a privileged condition that automatically excludes non-mothers from conducting research on this topic. Motherhood, as a shared experience, is thus understood in this chapter as an example of a social role that has the potential to influence dialogues and relationships during empirical research. Nevertheless, caring for children, which is deeply affected by legal categorizations, biographies of displacement, impoverishment, and many other factors, remains an experience that researchers may never fully be able to grasp and empathize with, as we sought to point out. We believe that we cannot solve the question of how translating experiences of gender is possible. Yet, we can fine-tune our practices, our empathy (*Einfühlung*), accept limits of shared experiences, and most importantly, continuously question the tools and terms we use in the process of knowledge production.

Bibliography

Abu-Lughod, Lilia (1991): Writing against Culture, in: Richard G. Fox (ed.), Recapturing Anthropology. Working the Present, Santa Fe, NM: School of American Research Press, 127–154.

Abu-Lughod, Lilia (2001): "Orientalism" and Middle East Feminist Studies, in: Feminist Studies 27(1), 101–113.

Ahmed, Sara (2006): Queer Phenomenology. Orientations, Objects, Others, London: Duke University Press.

Alber, Erdmute et al. (eds.) (2022): The Politics of Making Kinship, New York: Berghahn Books.

Anzaldúa, Gloria E. (1987): Borderlands/La Frontera. The New Mestiza, San Francisco: Aunt Lute Books.

Bakare-Yusuf, Bibi (2003): Beyond Determinism. The Phenomenology of African Female Existence, in: Feminist Africa 2, n.p.

Boatcă, Manuela (2021): Gendering Modernities. Tracing Multiple Alterities in the Longue Durée, in: Heidemarie Winkel/Angelika Poferl (eds.), Multiple Gender Cultures, Sociology, and Plural Modernities, New York: Routledge, 17–47.

Brah, Avtar (1992): Difference, Diversity, Differentiation, in: James Donald/Ali Rattansi (eds.), Race Culture and Difference, London: Sage, 126–145.

Bräunlein, Peter (2012): Wilhelm Dilthey und die Geister: Victor und Edith Turners "Anthropology of Experience", in: Peter Bräunlein, Zur Aktualität von Victor W. Turner. Aktuelle und klassische Sozial- und Kulturwissenschaftler|innen, Wiesbaden: VS Verlag, 127–141.

Butler, Judith (2002): Performative Akte und Geschlechterkonstitutionen. Phänomenologie und feministische Theorie, in: Uwe Wirth (ed.), Performanz. Zwischen Sprachphilosophie und Kulturwissenschaften, Frankfurt a.M.: Suhrkamp, 301–320.

Chakrabarty, Dipesh (2010): Europa als Provinz. Perspektiven postkolonialer Geschichtsschreibung, Frankfurt a.M./New York: Campus.

Collins, Patricia Hill (1994): Shifting the Center. Race, Class, and Feminist Theorizing About Motherhood, in: Evelyn Nakano Glenn/Grace Chang/Linda Rennie Forcey (eds.), Mothering. Ideology, Experience and Agency, London: Routledge, 45–66.

Comaroff, Jean/Comaroff, John L. (2002): Hausgemachte Hegemonie, in: Sebastian Conrad/Shalini Randeria (eds.), Jenseits des Eurozentrismus. Postkoloniale Perspektiven in den Geschichts- und Kulturwissenschaften, Frankfurt a.M.: Campus, 247–282.

Combahee River Collective (1977): The Combahee River Collective Statement, reprinted in: Linda Nicholson (ed.) (1997): The Second Wave. A Reader in Feminist Theory, New York: Routledge, 63–70.

Csordas, Thomas J. (ed.) (1994): Embodiment and Experience. The Existential Ground of Culture and Self, Cambridge: Cambridge University Press.

Desjarlais, Robert/Throop, C. Jason (2011): Phenomenological Approaches in Anthropology, in: Annual Review of Anthropology 40, 87–102.

Dietrich, Anette (2007): Weiße Weiblichkeiten. Konstruktionen von "Rasse" und Geschlecht im deutschen Kolonialismus, Bielefeld: transcript.

Dietze, Gabriele (2009): Critical Whiteness Theory und Kritischer Okzidentalismus. Zwei Figuren hegemonialer Selbstreflexion, in: Martina Tisberger/Gabriele Dietze/Daniela Hrzan/Jana Husmann-Kastein (eds.), Weiß – Weißsein – Whiteness. Kritische Studien zu Gender und Rassismus, Frankfurt a.M.: Peter Lang, 219–247.

Dilthey, Wilhelm (1982): Gesammelte Schriften Band 19. Grundlegung der Wissenschaften vom Menschen, der Gesellschaft und der Geschichte. Ausarbeitungen und Entwürfe zum zweiten Band der Einleitung in die Geisteswissenschaften (ca. 1870–1895), Helmut Johach/Frithjof Rodi (eds.), Göttingen: Vandenhoeck & Ruprecht.

Diprose, Rosalyn (2003): The Hand that Writes Community in Blood, in: Cultural Studies Review 9(1), 35–50.

Dombroski, Kelly (2011): Awkward Engagements in Mothering. Embodying and Experimenting in Northwest China, in: Michelle Walks/Naomi McPherson (eds.), An Anthropology of Mothering, Toronto: Demeter Press, n.p.

Douzina-Bakalaki, Phaedra (2017): Volunteering Mothers. Engaging the Crisis in a Soup Kitchen of Northern Greece, in: Anthropology Matters Journal 17(1), 1–24.

Eastmond, Marita (2007): Stories as Lived Experience. Narratives in Forced Migration Research, in: Journal of Refugee Studies 20(2), 248–264.

Foroutan, Naika (2019): Die postmigrantische Gesellschaft. Ein Versprechen der pluralen Demokratie, Bielefeld: transcript.

Gedalof, Irene (1999): Against Purity. Rethinking Identity with Indian and Western Feminisms, London/New York: Routledge.

Gümen, Sedef (1996): Die sozialpolitische Konstruktion "kultureller" Differenzen in der bundesdeutschen Frauen- und Migrationsforschung, in: Beiträge zur feministischen Theorie und Praxis 42, 77–90.

Gümen, Sedef (1999): Das Soziale des Geschlechts. Frauenforschung und die Kategorie "Ethnizität", in: Brigitte Kossek (ed.), Gegen-Rassismen. Konstruktionen – Interaktionen – Interventionen, Hamburg: Argument, 221–241.

Gutiérrez Rodríguez, Encarnación (1996): Frau ist nicht gleich Frau, nicht gleich Frau, nicht gleich Frau ... Über die Notwendigkeit einer kritischen Dekonstruktion in der feministischen Forschung, in: Ute Luise Fischer et al. (eds.), Kategorie: Geschlecht? Empirische Analysen und feministische Theorien, Opladen: Leske + Budrich, 163–190.

Gutiérrez Rodríguez, Encarnación (1999): Fallstricke des Feminismus. Das Denken "kritischer Differenzen" ohne geopolitische Kontextualisierung. Einige Überlegungen zur Rezeption antirassistischer und postkolonialer Kritik im deutschsprachigen Feminismus, in: Polylog. Zeitschrift für interkulturelle Philosophie 4, 13–24.

Habermas, Rebekka (1993): Geschlechtergeschichte und "anthropology of gender". Geschichte einer Begegnung, in: Historische Anthropologie 1(3), 485–509.

Habermas, Rebekka (2016): Skandal in Togo. Ein Kapitel deutscher Kolonialherrschaft, Frankfurt a.M.: Fischer.

Hacking, Ian (1983): Making up People, in: Mario Biogioli (ed.), The Science Studies Reader, New York: Routledge, 161–171.

Hall, Stuart (1994): Der Westen und der Rest. Diskurs und Macht, in: Stuart Hall, Ulrich Mehlem (eds.), Rassismus und kulturelle Identität. Ausgewählte Schriften 2, Hamburg: Argument, 137–179.

Harding, Sandra (2012): Postcolonialism and Science. Gender Issues, in: Stefanie Knauss/Theresa Wobbe/Giovanna Covi (eds.), Gendered Ways of Knowing in Science. Scope and Limitations, Trento: FBK Press, 133–154.

Hastrup, Kirsten (2004): Getting it Right. Knowledge and Evidence in Anthropology, in: Anthropological Theory 4(4), 455–472.

Honegger, Claudia (1991): Die Ordnung der Geschlechter. Die Wissenschaften vom Menschen und das Weib 1750–1850, Frankfurt a.M./New York: Campus.

hooks, bell (1991): Yearning. Race, Gender and Cultural Politics, New York: Routledge.

Horton, Sarah (2009): A Mother's Heart is Weighed Down with Stones. A Phenomenological Approach to the Experience of Transnational Motherhood, in: Cult Med Psychiatry 33(1), 21–40.

Horton, Sarah (2020): Introduction. Paper Trails. Migrants, Bureaucratic Inscription, and Legal Recognition, in: Sarah Horton, Josiah Heyman (eds.), Paper Trails. Migrants, Bureaucratic Inscription, and Legal Recognition, Durham: Duke University Press, 1–26.

Husserl, Edmund (1963[1913]): Ideas. A General Introduction to Pure Phenomenology, New York: Collier Books. From the German original of 1913, originally titled: Ideas Pertaining to a Pure Phenomenology and to a Phenomenological Philosophy (Ideas I).

Husserl, Edmund (1989[1915]): Ideas Pertaining to a Pure Phenomenology and to a Phenomenological Philosophy [Ideas II], Dordrecht/Boston: Kluwer Academic Publishers. From the German original unpublished manuscript of 1912, revised 1915, 1928.

Jackson, Michael (2013): The Wherewithal of Life. Ethics, Migration, and the Question of Well-Being, Berkeley/Los Angeles/London: University of California Press.

Joseph, Suad (1993): Gender and Relationality Among Arab Families in Lebanon, in: Feminist Studies 19(3), 465–486.

Joseph, Suad (1994): Brother/Sister Relationships. Connectivity, Love, and Power in the Reproduction of Patriarchy in Lebanon, in: American Ethnologist 21(1), 50–73.

Joseph, Suad (2005): Learning Desire. Relational Pedagogies and the Desiring Female Subject in Lebanon, in: Journal of Middle East Women's Studies 1(1), 79–109.

Joseph, Suad (2012): Thinking Intentionality. Arab Women's Subjectivity and its Discontents, in: Journal of Middle East Women's Studies 8(2), 1–25.

Joseph, Suad (2022): Self, Relation and Gender Rights. (Un)bounding Rights and Personhood, in: Alexandra Scheele/Julia Roth/Heidemarie Winkel (eds.), Global Contestations of Gender, Bielefeld: transcript, 149–162.

Kröhnert-Othman, Susanne (2014): Die symbolische Ordnung der Moderne, kulturelle Identität und Gender im arabisch-islamischen Raum, in: Michiko Mae/Britta Saal (eds.), Transkulturelle Genderforschung. Ein Studienbuch zum Verhältnis von Kultur und Geschlecht, Wiesbaden: Springer, 129–154.

Landweer, Hilge/Marcinski, Isabella (eds.) (2016): Dem Erleben auf der Spur. Feminismus und die Philosophie des Leibes, Bielefeld: transcript.

Lugones, María (2007): Heterosexualism and the Colonial/Modern Gender System, in: Hypathia 22(1), 186–209.

Lugones, María (2008): The Coloniality of Gender, in: Worlds and Knowledges Otherwise 2, 1–17.

Mahmood, Saba (2001): Feminist Theory, Embodiment, and the Docile Agent. Some Reflections on the Egyptian Islamic Revival, in: Cultural Anthropology 16(2), 202–236.

Mahmood, Saba (2005): Politics of Piety. The Islamic Revival and the Feminist Subject, Princeton: Princeton University Press.

Mama, Amina (1997): Sheroes and Villains. Conceptualizing Colonial and Contemporary Violence Against Women in Africa, in: M. Jacqui Alexander/Chandra Talpade Mohanty (eds.), Feminist Genealogies, Colonial Legacies & Democratic Futures, New York/London: Routledge, 46–62.

Matebeni, Zethu (2012): Feminizing Lesbians, Degendering Transgender Men. A Model for Building Lesbian Feminist Thinkers and Leaders in Africa?, in: Shaka McGlotten/Dana-Ain Davis (eds.), Black Genders and Sexualities, New York: Palgrave Macmillan, 187–193.

Matebeni, Zethu (2014): How Not to Write About Queer South Africa, in: Zethu Matebeni (Curator), Reclaiming Afrikan: Queer Perspectives on Sexual and Gender Identities, Cape Town, South Africa: Modjaji Books, 61–63.

Mauss, Marcel (1985): A Category of the Human Mind. The Notion of the Person, the Notion of the Self, in: Michael Carrithers/Steven Collins/Steven Lukes (eds.), The

Category of the Person. Anthropology, Philosophy, History, Cambridge: Cambridge University Press, 1–25.

Mernissi, Fatima (1975): Beyond the Veil. Male-female Dynamics in Modern Muslim Society, Bloomington: Indiana University Press.

Mignolo, Walter D. (2000): Local Histories/Global Designs. Coloniality, Subaltern Knowledges, and Border Thinking, Princeton: Princeton University Press.

Mohanty, Chandra Talpade (1988): Aus westlicher Sicht. Feministische Theorie und koloniale Diskurse, in: Beiträge zur feministischen Theorie und Praxis 23, 149–162.

Mohanty, Chandra Talpade (1997): Under Western Eyes. Feminist Scholarship and Colonial Discourses, in: Anne McClintock/Aamir Mufti/Ella Shohat (eds.), Dangerous Liaisons. Gender, Nation, and Postcolonial Perspectives, Minneapolis: University of Minnesota Press, 255–277.

Nussbaum, Martha (1999): Sex & Social Justice, Oxford: Oxford University Press.

Oguntoye, Katharina/Opitz, May/Schultz, Dagmar (1986): Farbe bekennen. Afrodeutsche Frauen auf den Spuren ihrer Geschichte, Berlin: Orlanda.

Okin, Susan Moller (2004): Gender, Justice and Gender. An unfinished Debate, in: Fordham Law Journal 72(5), 1537–1567.

Oyewumi, Oyeronke (1997): Invention of Women. Making an African Sense of Western Gender Discourses, Minneapolis/London: University of Minnesota Press.

Pateman, Carole (1988): The Sexual Contract, Cambridge, UK: Polity Press.

Pateman, Carole (1989): Feminist Critiques of the Public/Private Distinction, in: Carol Pateman, The Disorder of Women. Democracy, Feminism and Political Theory, Stanford: Stanford University Press, 17–32.

Patil, Vrushali (2017): Sex, Gender, and Sexuality in Colonial Modernity. Towards a Sociology of Webbed Connectivity, in: Julian Go/George Lawson (eds.), Global Historical Sociology, Cambridge: Cambridge University Press, 142–159.

Quijano, Aníbal (2016): Kolonialität der Macht, Eurozentrismus und Lateinamerika, Wien: Turia + Kant.

Quijano, Aníbal (2000): Coloniality of Power, Eurocentrism, and Latin America, in: Nepentla: Views from the South 1(3), 533–580.

Randeria, Shalini (1999): Jenseits von Soziologie und soziokultureller Anthropologie. Zur Ortsbestimmung der nichtwestlichen Welt in einer zukünftigen Sozialtheorie, in: Soziale Welt 50(1), 373–382.

Randeria, Shalini (2006): Entangled Histories of Uneven Modernities. Civil Society, Caste Solidarities and Legal Pluralism in Post-Colonial India, in: John Keane (ed.), Civil Society. Berlin Perspectives, New York: Berghahn Books, 213–242.

Reynolds, Tracey (2005): Carribean Mothering. Identity and Experience in the UK, London: Tufnell Press.

Salih, Ruba (2016): Bodies That Walk, Bodies That Talk, Bodies That Love. Palestinian Women Refugees, Affectivity, and the Politics of the Ordinary, in: Antipode 49(3), 742–760.

Schnettler, Bernt (2008): Soziologie als Erfahrungswissenschaft. Überlegungen zum Verhältnis von Mundanphänomenologie und Ethnophänomenologie, in: Jürgen Raab et al. (eds.), Phänomenologie und Soziologie. Theoretische Positionen, aktuelle Problemfelder und empirische Umsetzungen, Wiesbaden: Springer, 141–150.

Schütz, Alfred (1974): Der sinnhafte Aufbau der sozialen Welt, Frankfurt a.M.: Suhrkamp.

Schütz, Alfred (2004): Der sinnhafte Aufbau der sozialen Welt, Alfred Schütz Werkausgabe Band 2, Konstanz: UVK.

Scott, Joan W. (1991): The Evidence of Experience, in: Critical Inquiry 17(4), 773–797.

Shotwell, Alexis (2011): Knowing Otherwise. Race, Gender, and Implicit Understanding, University Park, Pennsylvania: Pennsylvania State University Press.

Simmel, Georg (1989[1901]): Die beiden Formen des Individualismus, in: Otthein Rammstedt (ed.), Georg Simmel Gesamtausgabe, Frankfurt a.M.: Suhrkamp.

Smith, Dorothy E. (1974): Women's Perspective as a Radical Critique of Sociology, in: Sociological Inquiry 44, 7–13.

Smith, Dorothy E. (1979): A Sociology for Women, in: Julia Sherman/Evelyn T. Beck (eds.), The Prism of Sex. Essays in the Sociology of Knowledge, Madison: University of Wisconsin, 135–187.

Smith, Dorothy E. (1990): The Conceptual Practices of Power. A Feminist Sociology of Knowledge, Boston: Northeastern University Press.

Spivak, Gayatri Chakravorty (1988): Can the Subaltern Speak?, Basingstoke: McMillan.

Spivak, Gayatri Chakravorty (1990): The Post-Colonial Critic. Interviews, Strategies, Dialogues, New York/London: Routledge.

Stein, Edith (1917): Zum Problem der Einfühlung, Halle: Buchdruckerei des Waisenhauses.

Stoler, Ann Laura (2002): Carnal Knowledge and Imperial Power. Race and the Intimate in Colonial Rule, Berkeley: University of California Press.

Strathern, Marilyn (1987): An Awkward Relationship. The Case of Feminism and Anthropology, in: Signs 12(2), 276–292.

Suerbaum, Magdalena (2022): Navigating Citizenship and Motherhood in and beyond Berlin, in: Citizenship Studies 26(2), 834–851.

Suerbaum, Magdalena (2023a): Embodying Legal Precarity. Living with Ongoing Short-Term Protection in Germany, in: International Migration 61(3), 25–38.

Suerbaum, Magdalena (2023b): In Search of Legal Stability. Predicaments of Asylum-Seeking Mothers in Berlin, in: Ethnic and Racial Studies 46(2), 254–274.

Turner, Bryan S. (2008[1984]): The Body & Society. Explorations in Social Theory, Los Angeles: Sage.

Turner, Victor W./Bruner, Edward (eds.) (1986): The Anthropology of Experience, Chicago: University of Illinois.

Winkel, Heidemarie (2021a): 'Die Freiheit, [...] zu irritieren und sich irritieren zu lassen'. Feministisches Denken, Re-Nationalisierung von Geschlecht und die koloniale Epistemik der Soziologie, in: Gregor Betz/Maya Halatcheva-Trapp/Reiner Keller (eds.), Wissenskulturen, Weinheim: Beltz Juventa, 180–195.

Winkel, Heidemarie (2021b): Multiple Gender Cultures. Gender as an Epistemic Test Case of Plural Modernities, in: Heidemarie Winkel/Angelika Poferl (eds.), Multiple Gender Cultures, Sociology and Plural Modernities. Re-reading Social Constructions of Gender across the Globe in a Decolonial Perspective, New York: Routledge, 225–264.

Winkel, Heidemarie (2022): Der Dualismus von Öffentlichkeit und Privatheit als koloniales Sinnschema. Eine postkolonialtheoretische Annäherung, in: Günter Burkart et al. (eds.), Privat – öffentlich – politisch: Gesellschaftstheorien in feministischer Perspektive. Gesellschaftstheorien und Gender, Wiesbaden: Springer: 459–488.

Young, Iris Marion (1990): Justice and the Politics of Difference, Princeton: Princeton University Press.

Young, Iris Marion (2005): On Female Body Experience. "Throwing Like a Girl" and Other Essays, Oxford: Oxford University Press.

Commentary: On the Translation of Literature and Experience

Reflections with Walter Benjamin

Annika Klanke

Is experience translatable? What are the limiting and enabling conditions for empathizing with the experiences of others – even across differences? Magdalena Suerbaum and Heidemarie Winkel examine these questions in relation to academic knowledge production, in which subjects with different positions interact with each other, for example in sociological research on migration and flight. The reflection centers Suerbaum's acquaintance with refugee mothers who built relationships with her through shared experiences of pregnancy and motherhood. But can these gendered experiences actually be shared? Are they translatable across power asymmetries related to legal status, nationality, racialization, class, and the position researcher and interviewee hold in knowledge processes (Suerbaum/Winkel 2024: 83)?

The focal point of Suerbaum and Winkel's paper is the observation that effects of power that structure research settings in sociology and anthropology make it necessary to critically review the *conceivability and translatability of experiences* that are shared between researcher and interviewee. The paper explains the epistemological challenges that arise not only from the notion of gender, but also from experience as a "foundational social-scientific concept" (ibid.: 85). Through the lens of postcolonial and feminist critique, the authors show that the concept of experience is closely tied to the Western European history of ideas, especially German Idealism, and that it served a specific function for the development of capitalism in 19th century. Their paper thus concretizes how the concept experience is always something to be explained, historicized, and interpreted, as Joan W. Scott has elaborated (Scott 1991: 797). Reflecting on the fact that the interpretation of gendered experiences always remains the privilege of researchers, Suerbaum and Winkel propose to understand this constellation as a "continuous request to be attentive to the various structures that informed the contact between Magdalena and the migrant women" (Suerbaum/Winkel 2024: 94). Thus, they conclude that the translation of gendered experiences must always be understood as "partial, power-induced, incomplete, and formed by structures of dominance and asymmetry" (ibid.: 95).

Reading their paper as a literary scholar, I started thinking about the act of *translation* itself. What *is* translation, what does it entail? Both in terms of knowledge processes and epistemology as well as regarding that particular mode of representing human experiences that is called literature. Thinking about this question, I turned to Walter Benjamin.

Benjamin writes about the pitfalls of translation in *Die Aufgabe des Übersetzers* (*The Translator's Task*, written in 1923 as a preface to his translation of the poetry collection *Tableaux Parisiens* by Charles Baudelaire) in which he starts his examination of the topic by asking what translation is ("translation is a mode"[1], Benjamin 1997: 152), stating that going back to the original is mandatory (ibid.), and reflecting on the success and failure of translations of literary and poetic works. For Benjamin, bad translations consist in the attempt to simply transfer the content or the message of a literary work. However, if the translator approaches his task by writing poetry him- or herself, the translation also misses the original (ibid.: 151–152).

Mirroring Suerbaum and Winkel's objection that translating experiences can only be "partial, power-induced, incomplete, and formed by structures of dominance and asymmetry" (Suerbaum/Winkel 2024: 95), Benjamin questions whether the meaning of works of poetry can *ever* be represented or captured in the form of translation.[2] For Benjamin, translation is a medium for dealing with the "foreignness of languages to each other"[3] (Benjamin 1997: 157). But he also points to other purposes of translation, and these reflections contain a kernel of utopianism.

Translations, Benjamin argues, can point to a place, a "domain", and in this domain "lies that which, in a translation [of a literary work], is more than a message" (ibid.: 158). This admittedly ambiguous phrase reveals a facet of Benjamin's magical and messianic understanding of language, which he unfolds in various essays.[4] The

1 "Übersetzung ist eine Form." (Benjamin 1972: 9) "Form" is a central, yet ambiguous term in literary studies; it means a "mode of representation", a historically formed, often conventionalized way of shaping language and structures of artworks and literary texts (lat. *forma* means "shape", "texture" or in German, *Gestalt*). A change of form affects content and meaning(s). Form and content cannot be divided neatly from each other, in the realm of art, in literature, and even science, there is no "pure" content without form.

2 "Die Frage nach der Übersetzbarkeit eines Werkes ist doppelsinnig: Sie kann bedeuten: ob es unter der Gesamtheit seiner Leser je seinen zulänglichen Übersetzer finden werde? oder, und eigentlicher: ob es seinem Wesen nach Übersetzung zulasse und demnach – der Bedeutung dieser Form gemäß – auch verlange." (Ibid.: 9–10)

3 "Damit ist allerdings zugestanden, daß eine Übersetzung nur eine vorläufige Art ist, sich mit der Fremdheit der Sprachen auseinanderzusetzen." (Ibid.: 14)

4 Benjamin's philosophy of language understands languages both in their historical dimension and oriented toward a future, toward a "messianic end of their history" (Benjamin 1997: 157; Benjamin 1972: 14). Through a "sacred growth of languages" (ibid.) languages move to-

intangible "more" where "languages are reconciled and fulfilled" is not even achieved by the original of a literary work (ibid.: 157–158). Translations, however, can point to this virtual, imaginary place where languages reconcile and fulfill each other.[5] As an abstract phenomenon, Benjamin continues, translations represent the hidden and only virtual relationship that lives between different languages:

> Thus translation ultimately has as its purpose the expression of the most intimate relationships among languages. Translation cannot possibly reveal or produce this hidden relationship; however, *translation can represent this relationship, insofar as it realizes it seminally or intensively*. [...] – This imagined, inner relationship among languages is, however, a relationship of special convergence. It consists in the fact that languages are not alien to each other, but a priori, and independently of all historical connections, related to each other in what they want to say.[6] (Benjamin 1997: 154–155, my emphasis)

Benjamin's utopianism lies in the idea of a hidden relationship between languages, which translations do not openly exhibit, but nevertheless *represent*. What Benjamin elaborates here is revealed in miniature when we consider the etymology of the word translation. Translation, in the literal sense, means "to bring across" or "to carry over" (*trans* translates as "across", *latio* derives from *latus*, the past participle of *ferre*, that is "to carry" or "to bring") – this implies that something is coming together, moving towards each other. *Übersetzung*, the German word, carries the idea of a river crossing.

How can we unlock this complex Benjaminian consideration? How can we *translate* Benjamin's thoughts on language, poetry, and translation to Suerbaum and Winkel's reflections about the translatability of experience? On the premise that research usually means that we (have to) *represent experiences*, since we have to publish,

---

wards this messianic end, at which "reconciliation" and "fulfillment" ("Versöhnungs- und Erfüllungsbereich der Sprachen", see next note) are possible.

5 "[D]as Original [wächst] in einen höheren und reineren Luftkreis der Sprache hinauf, in welchem es freilich nicht auf Dauer zu leben vermag, wie es ihn auch bei Weitem nicht in allen Teilen seiner Gestalt erreicht, auf den es aber dennoch, in einer wunderbar eindringlichen Weise wenigstens hindeutet auf den vorbestimmten, versagten Versöhnungs- und Erfüllungsbereich der Sprachen. Den erreicht es nicht mit Stumpf und Stil, aber in ihm steht dasjenige, was an einer Übersetzung mehr ist als Mitteilung." (Benjamin 1972: 14–15)

6 "So ist die Übersetzung zuletzt zweckmäßig für den Ausdruck des innersten Verhältnisses der Sprachen zueinander. Sie kann dieses verborgene Verhältnis selbst unmöglich offenbaren, unmöglich herstellen; aber darstellen, indem sie es keimhaft oder intensiv verwirklicht, kann sie es. [...] – Jenes gedachte, innerste Verhältnis der Sprachen ist aber das einer eigentümlichen Konvergenz. Es besteht darin, daß die Sprachen einander nicht fremd, sondern a priori und von allen historischen Beziehungen abgesehen einander in dem verwandt sind, was sie sagen wollen." (Ibid.: 12)

present, and teach our research, our findings, analyses, and interpretations, we can try to think of *research as translation*. Some (probably many) experiences need the work of the "researcher as translator" in order to be understood in the institutions – especially in academia with its specialized languages, terminologies, and conventions. And in fact, translation is the daily work of researchers – we "translate" when we teach, or when we present our findings to our colleagues, or when we tell friends, partners, or our children about our work.

Thinking further with Benjamin, we can understand our task as congruent with that of the translator. In other words, we can see ourselves as trying to represent a kernel of what Benjamin calls "the hidden relationship" not only between different languages, but also between our interview partners and us, and between their experiences and our own. This thought applies not only to sociological or anthropological research that requires the representation of the experiences of people who are experiencing the world as positioned subjects quite differently than the researcher. In the context of literary studies, it can mean representing (reading) experiences with literary texts, an experience that also often entails the experience of alterity.

It is in this sense that Benjamin's idea of the virtual "place" where languages strive towards each other in order to finally complement and reconcile each other may actually be a useful figure of thought for approaching the question of the translatability of experiences such as motherhood. Assuming that there is such a virtual place, we could imagine that different experiences and the categories structuring them can grow towards each other and become transparent with regard to their embeddedness in relations of power and domination. But even though this place stays an imaginary one, it is vital to work with it in order to make inter-subjective experiences intelligible to the different subjects involved.

The task of the "researcher-translator" would then be, continuing with Benjamin, Suerbaum, and Winkel's arguments, to understand "research as translation" as a means of dealing with difference, alterity, "foreignness" (see above: Benjamin views translation as a medium for the "foreignness of languages to each other"), but at the same time to trust that it is possible to find a connective in different experiences. Suerbaum and Winkel make wonderfully clear what this entails: It means not taking any concept, any aspect of positioning, orientation, and relation between the researcher and the interviewee as self-explanatory, ahistorical, or universal – and yet trusting that there is connectedness in experiences. Researchers can try to make this visible in the same careful and self-critical way that I have tried to unfold with Suerbaum's, Winkel's and Walter Benjamin's thoughts.

Bibliography

Benjamin, Walter (1972[1923]): Die Aufgabe des Übersetzers. Gesammelte Schriften, Frankfurt a.M.: Suhrkamp, 9–21.

Benjamin, Walter (1997): The Translator's Task, translated by Steven Rendall, in: TTR: Traduction, Terminologie, Rédaction (10)2, 151–165.

Scott, Joan W. (1991): The Evidence of Experience, in: Critical Inquiry (17)4, 773–797.

Suerbaum, Magdalena/Winkel, Heidemarie (2024): On the Translatability of Gendered Experiences. Socio-Historical, Feminist-Postcolonial, and Phenomenological Reflections, in: Vera Kallenberg/Tomke König/Walter Erhart (eds.): Geschlecht als Erfahrung. Theorien, Empirie, politische Praxis, Bielefeld: transcript, 81–102.

II. Körperlicher Leib – Bodies

Experiential Gender Research

The Body as a Source of Meaning and Change[1]

Tomke König

My interest in the question of how people experience their gender began with my empirical studies of families (König 2012). In the narratives of women and men who live together with children, I observed that gendered ways of being include definitions, roles, social categories, conventions, and feelings that are explicit, known, and thus easy to say, such as: *I'm a bad mother because I work a lot*. Obviously, this statement by a woman relates to a pattern that is constitutive of the binary gender order of bourgeois societies. Women are responsible for (the wellbeing of) their children and should therefore be at home. In such statements the social category of being a mother, the personal understanding of one's tasks as mother, and language are very closely connected (Scott 1991: 794). However, "the available social categories aren't sufficient" (ibid.: 795) to express the meaning of the experiences people have around work and family. There is often *something* intangible about one's gender in a specific situation. This intangible *something* became apparent in many of my interviews.[2] There are moments in the interviews when the narratives stop flowing. The interviewees lack words, start to stutter, or use figures of speech such as: *Coming home from work, which takes place far away from home, I feel like an empty shell.*[3] If I had signaled that the expression of unclear ideas, impulses, and thoughts that may seem crazy at first was welcome, many interviewees made use of this chance to find out what exactly it is that they felt or perceived and started to explore their meaning of social categories, gendered roles, and situations (König 2012; König/Wojahn 2016; König/Maihofer 2004). When the woman who feels *like an empty shell* starts to explore this

1 This text is based on an essay written together with Ulle Jäger (Jäger/König 2020). Parts of the text have been translated from German.

2 Schirmer (2010) introduces the concept of *something* as a tool for analyzing interviews in her micro-sociological study of drag-kinging practices and uses it to refer to "border areas of the (possible) real" (Schirmer 2010: 69, author's translation). There are moments in Schirmer's empirical material "in which apt designations are struggled for" (Schirmer 2010: 69, author's translation). Schirmer shows that the *something* can find its way into language and thus become real under certain circumstances.

3 On this example, see also König/Erhart 2023.

figure of speech, the meaning of reconciling work and family shifts. She is no longer *speaking about* being guilty towards her children. Instead, by *speaking from* the feeling "like an empty shell," she starts focusing on the strict separation of work and family, which is reinforced by commuting between two towns.[4] She returns home with the feeling of emptiness because her experiences at the workplace remain there. By expressing this, which occurred for the first time during the interview, the woman becomes aware of a new idea of how her life situation would have to change for it to be better. The solution would not be to stop working (and thus to be a good mother) but to mediate the private and the professional. Even if the form that this mediation could take is unclear, the process of explicating the bodily implied meaning of being a commuting mother (which goes beyond what the shared everyday meaning implies) – clearly leads her to relax. She senses that she has woven a thin bridge over a problem, even if the problem remains. The scope of this shift in meaning cannot be overstated. It is central to this woman's possibility of being a working mother in the world she belongs to. I follow Scott, who emphasizes that with new meanings of identity categories "the possibilities for thinking the self" change (Scott 2015: 795).

In the following, I argue that *the body has a special significance in this change*. Something new that is meaningful to people's gendered mode of existence often initially occurs with reference to bodily senses and our complex lived experiences. Crucially, it is impossible to apply the old patterns or schemata of the hegemonic gender order to these experiences of oneself, and one's body. People must go beyond the prevailing conventions of thought and language to elaborate and express the bodily implied meaning of their gender in a concrete situation. Reinterpretations are needed. Or, in the words of the American philosopher and psychotherapist Eugene T. Gendlin, to whom I refer in the following, one could say that *fresh* formulations are needed that advance what is to be expressed about one's own unique, new, different ongoing experiencing of gender (Gendlin 2004a).[5] I am interested in these bodily experiences,

---

4 Gendlin et al. (1968) use the term *speaking from* and emphasize the intricacy of language and body. See also Gendlin 2004c.

5 I see here a strong parallel to Roland Barthes' efforts to create a new form of writing that strives to abolish the "scientific gesture of writing about something" (Tholen 2008: 408, author's translation). Barthes, Tholen continues, "envisions [...] a writing in which the product is not separated from production." "Barthes does not philosophize with an objectifying claim, but he thinks and writes in an explicitly subjective attitude. And he does not do this in a manner of an oeuvre, but in awareness of the provisionality, the momentariness, and the fragmentariness; entirely in accordance with his idea of a subjectivity that expresses itself and makes itself heard in the awareness of being *an* I and not *the* subject: consequently not the subject of an ('arrogant, ideological') discourse, but an individual with his own, peculiar desire and the desire to want to live according to nuance." (Tholen 2008: 412, author's translation) In *Le Neutre* (2002), Barthes elaborates that for this kind of writing and living it is necessary to outplay, escape, or undo the paradigmatic binary oppositions that structure and produce meaning in bourgeois capitalist societies. Barthes wants to avoid the renewed

which are not yet categorized, and the processes of finding words for and thereby giving meaning to them, because on a general level they signal a change in the binary gender order as a paradigm.

Gendlin's philosophy of the implicit inspires the idea of Experiential Gender Research. Gendlin is not a gender researcher, nor is his work known to gender researchers, yet his approaches can serve to provide new impulses to the field of gender research. Following his philosophy of the implicit, it is possible to systematically refer to the body and lived experiences without falling back into essentialist notions of gender. Furthermore, with a focus on people's ongoing experiencing of their existence in the world, nuances and varieties of gendered being become visible and thus the transformation of the hegemonic gender order comes into view.

In the first section, I explain what I mean when I speak of the materiality of gender. I refer to Maihofer's (1995) concept of *gender as a mode of existence* and extend it with phenomenological assumptions about the material body (*Körper*) and the living body (*Leib*). In the second section, I then explain how the phenomenal quality of gender can be included in empirical research – without falling back into naturalizing or essentializing gender. At this point, Gendlin's philosophy of the implicit comes into play. What is special about Gendlin's approach is that he has not only sought answers to the question of how the new comes into the world, but has also developed methods that enable and support these processes of change. His work is characterized by a pendular movement between theory and practice. For Gendlin, philosophizing is connected to a certain form of practice. This harkens back to an ancient understanding of philosophy, which always included practices (Schoeller 2008: 387). For Gendlin, philosophy is a "phenomenological practice" (ibid.: 386), a particular form of dialogue that presupposes attentiveness – to oneself and to those with whom we dialogue. Moreover, it is a dialogue that acknowledges the creativity of language. In this dialogue, Gendlin changes the usual way of producing knowledge. He does not begin with what is already known to derive something new from it by logical combination; instead, he starts with that which is still unknown or unclear and which first shows itself bodily (like the empty shell), to let new insights come from it step by step (Deloch 2010; 2017). In the last section of this text, I explain how we can use Gendlin's method in gender research that aims to explore lived experiences that have not yet been categorized.

affirmation of the neutral, and thus does not define it, but sets out to find texts in which it takes place.

1. Gender as a Mode of Existence

When I say that the body has the potential to imply something about gendered ways of being in the world that is not yet represented by the existing symbolic order, I don't refer to a natural or ahistorical understanding of gender. By focusing on processes of experiencing one's gendered body, I take up Andrea Maihofer's concept of gender as a mode of existence (*Geschlecht als Existenzweise* 1995). This concept does not take gender to be a mode of essence or an expression of something internal; instead, gender is a mode of existence, and more exactly, a hegemonic mode of existence. It is hegemonic because individuals must orient themselves towards the dominant gender norms and subsequently comply with them to be an intelligible gender. They must embody a gender that precedes them. Gender, in this understanding, is thus a complex social practice. The social order is incorporated in this social practice, and subjects are disciplined and normalized (Demirović/Maihofer 2013: 11; Jäger/König/Maihofer 2013).[6] However, as individuals strive to fulfill hegemonic demands – and this is central – these demands assume "material reality" in the individuals. From this perspective, an individual's gender is not only constantly being reproduced, but also, over time, takes on a specific form. Gender has a reality for the individual; it *is* and is lived as a mode of thinking, feeling, and doing (Ahmed 2006; Maihofer 1995; Moi 2015).

In this understanding, gender is not purely discursive. It exhibits a phenomenal quality. The phenomenal quality or materiality of gender can be determined by the physically visible and palpable body, which has clear boundaries and with which we can actively reach out into the environment. The body is vulnerable and finite. And above all, it is embedded in the symbolic order – as Scott and others have pointed out with reference to gender. For example, when we see a person with a penis, we naturally assume that this person is a man. We do not read the penis as a sign of femininity or womanhood.

However, our bodies consist not only of a surface that we can touch, but also of an interior that we feel and sense. Phenomenological approaches distinguish bodily senses (tingling, throbbing, pulling, warmth, cold, pulsation, swelling, moisture, ...) from emotions and these in turn from affects. All three, however, are characterized by the fact that we cannot control them. We are affected by them, or they seize us. Thus, we cannot easily distance ourselves from our bodily affective stirrings or

6 Furthermore, gender is assumed to be constitutively interwoven with class, ethnicity, and sexuality in individuals. However, these dimensions do not only form a unit, but they also "each unfold specific dynamics, contradictions and lines of division: subaltern men can be racist, sexist oppressed women can belong to the ruling class" (Demirović/Maihofer 2013: 11, author's translation). Therefore, it is important to consider the constitutive connection *and* autonomy of gender, class, ethnicity, and sexuality in equal measure.

break through them. They are absolute, have a *subjective presence* (Lindemann 1993, author's translation), and are considered pre-reflexive in phenomenology. Bodily senses, emotions, and affects either appear or do not appear. And because they confront the individual with themselves, we are our lived body (*Leib*).

Though we understand this somatic or bodily affective dimension of gender as materiality, this does not entail the naturalization of gender. Everything that makes itself felt at the level of the body in the experiencing of the self is not understood as natural from an existentialist-phenomenological perspective, but as subjectively real and unquestionable (*unhintergehbar*). From this perspective the central question is not where a sensation or a feeling comes from (for example, is it an instinct or culturally conditioned), but how a bodily sense, which I cannot escape, is effective in a concrete situation (Jäger 2004: 212). We are interested in the function of sensations and feelings.

2. Processes of Explicating the Implicit

So far, research on gender has primarily examined the historicity of bodily experiences. The central assumption is that the body, feelings, emotions, and affects are embedded in the symbolic order of society and in relations of power and domination. For example, the vulnerability of bodies is distributed very unequally in accordance with social positions (Butler 2009).[7] The body is understood as a space or place "where a certain body knowledge becomes effective" (Jäger 2004: 212, author's translation). Thus, people experience their bodily selves according to the sexual body they have. Or, conversely, certain feelings and sensations signify the sexual body a person has (Jäger 2004: 146, author's translation). In phenomenological gender research, this close referential connection between material body (*Körper*) and lived and sensed body (*Leib*) is described as a social requirement. Furthermore, it is assumed that the gender order is so resistant to change primarily because it is materially anchored in bodies.

However, our feelings include not only the bodily stirrings that *fit* our gender, but also resentment of the gender order. "Discomfort with a given order," writes Jäger, "[expresses itself] first and foremost bodily" (Jäger 2004: 221, author's translation). As Robert Gugutzer emphasizes "the corporeality of social actors [...] is the essential source of social change, since being perceptibly affected by social circumstances is typically the trigger for becoming active in action and changing the circumstances" (Gugutzer 2014: 102, author's translation). Feminist scholars have often described

7 The assumption of the historicity and sociality of experience is closely linked to feminist, queer, and postcolonial phenomenology's critique of the assumption of a universal bodily subject (Ahmed 2006; Beauvoir 1949; Irigaray 1980; Young 1990).

how their anger about prevailing conditions and androcentric forms of knowledge triggered new models of thinking and a different understanding of science. Thus, unpleasant feelings do not necessarily lead people to conclude that they must adapt to the social order. According to Jäger, the body is "a place of possible deviations" (Jäger 2004: 222, author's translation). Moreover, dissatisfaction is not the only bodily condition that leads to criticism and change. As Roland Barthes suggests lust is also a "critical principle" (Barthes 1974: 78).

If we assume that both discomfort with the old and desire for the new are first felt physically, then the body seems to have a specific potential. Here lies the core of Gendlin's philosophy of the implicit: The body can sense something that is not yet represented by the existing symbolic order. Every self, Gendlin argues, has a palpable bodily sense of what is meaningful to it in a situation, in addition to already formulated cognitions. Gendlin insists that, while language is always already at work in any situation, experience, and thought, at the same time, the body is never absorbed into pre-existing linguistic concepts or categorically limited by linguistic possibilities. The body is part of the symbolic order, and it is more than this symbolic order (more than what is already conceptualized linguistically). "The body," Gendlin writes, "can always give more feedback to words than can ever be derived from concepts or forms or distinctions" (Gendlin 1993: 694). In living processes, there is always *something* that goes beyond pre-existing concepts and linguistic possibilities and can be perceived bodily.

> The implicit meaning does not exist before or without language. [...] the human body is never before language. But the implied meaning is not the result only of language. The relation of language to the body is more intricate than just with or without. Your body understands well the language and the phrases it rejects. But it can generate a bodily implying that goes beyond what the already-shared common meanings could imply. The body knows the language, and it always moves on freshly again, beyond the already existing meanings. (Gendlin 2004a: 132)

With reference to Gendlin, we do not understand the implicit meaning as pre- or extra-linguistic. Experiencing is not a purely internal process, but always an experiencing in interaction with the world. At the same time, situations can be bodily experienced as meaningful in a specific way. Body, language, and situation are one in experiential thinking. The body is situation. Schoeller (2008) describes this as follows:

> Instead of starting from the subject-object schema as the starting point of both theories of knowledge and objects, Gendlin sets 'interaction first' as the inescapable starting point (from which he develops subject and object). Instead

> of starting with sense data, Gendlin starts with the concept of situation, in which perception and perceived first form an interdependent 'body-environment'. Instead of starting from a concept of experience, he shifts attention to the 'function' of experience, like the pragmatist orientation of James and Peirce. Instead of assuming causality as the basic mode of change, he assumes the principle of 'occurring into implying'. (Schoeller 2008: 392, author's translation)[8]

Phenomenology assumes an immediate relationship between the body and its environment. The link between the body and the socially structured environment is "affectively tinted" (Lindemann 1993: 33, author's translation). We always react to demands and questions of the environment on the bodily affective level. Following Gendlin, however, the reverse case must also be included: A situation changes according to how it feels to us.

> The very word 'interaction' sounds as if first there are two, and only then is there an 'inter'. We seem to need two nouns first. [...] It is commonly said that each of our relationships brings out different traits in us, as if all possible traits were already in us, waiting only to be 'brought out.' But actually you affect me. And with me you are not just yourself as usual, either. You and I happening together makes us immediately different than we usually are. Just as my foot cannot be the walking kind of foot-pressure in water, we occur differently when we are environment of each other. How you are, when you affect me is already affected by me, and not by me as I usually am, but by me as I occur with you. We want to devise concepts to capture this exact aspect of 'interaction first': What each is within an interaction is already affected by the other. (Gendlin 1997: 30, cited after Schoeller 2011: 240)

This characterization of the relationship between body and environment is central to Gendlin's understanding of the body, which he primarily develops in *A Process Model* (Gendlin 1997). In this conception, the living body cannot be separated from its environment. Therefore, every change in the environment implies a change in the body and its condition and vice versa.

---

8 "Statt vom Subjekt-Objekt-Schema als Anfangspunkt sowohl der Erkenntnis- als auch der Gegenstandstheorie auszugehen, setzt Gendlin als unhintergehbaren Ausgangspunkt 'intercation first' (von wo aus er Subjekt und Objekt entwickelt). Statt mit Sinnesdaten zu beginnen, setzt Gendlin beim Begriff der Situation an, in der Wahrnehmung und Wahrgenommenes zunächst eine interdependente 'Körper-Umwelt' bilden. Statt von einem Konzept der Erfahrung auszugehen, verlegt er, ähnlich der pragmatistischen Ausrichtung von James und Peirce, die Aufmerksamkeit auf die 'Funktion' von Erfahrung. Statt Kausalität als Grundmodus der Veränderung anzunehmen, geht er von dem Prinzip 'occuring into implying' aus." (Schoeller 2008: 392)

> Your situation and you are not two things, as if the external things were a situation without you. Nor is your bodily sense separate from the situation and merely internal. It is certainly not just an emotional reaction to the danger. It is that, but it also includes more of the intricacy of your situation than you can see or think. Your bodily ... *is* your situation. It is not a perceived object before you or even behind you. The body-sense *is* the situation, inherently an interaction, not a mix of two things. (Gendlin 1992: 347, emphasis in original)[9]

By means of this understanding of the body as an interaction process, Gendlin transcends the binary opposition of the subjective and the objective.

> We could fashion a new sentence that is neither subjective, nor objective, nor both: The body *is* an interaction process with the environment, and therefore the body *is* its situations. The body isn't just a sealed thing here, with an external situation over there, which it merely interprets. Rather, even before we think and speak, the living body is already one interaction process with its situation. The situation is not out there, nor inside. The external 'things' and the subjective 'entities' are derived from one single life-interaction process (which they always bring along with them). (Gendlin 2004a, emphasis in original)

Because of this transcendence of a binary opposition of the subjective and the objective, we do not have to devalue bodily sensing as subjectivity, and we no longer have to contrast bodily sensing with the objective situation (Schoeller 2011).

Following Wittgenstein, who points out that the meaning of a word is its use in language, Gendlin emphasizes that language itself contains a creativity that is *more-than-logical*. Language is not only viewed in terms of its function of reference and representation. It has a potential for creativity. Whenever a term is applied in a concrete situation, the meaning of that term intersects with the situation and changes accordingly. In this conception, speaking is to be understood as a bodily process. Gendlin emphasizes the responsive use of language. That is, whether an expression is true or not is to be measured by the specific sensory reaction of the speaker to their own expression. The terminology or turn of phrase speakers use to express something affects not only whoever they are speaking to but also the speakers themselves. When one pays attention to implicit meanings, that is, to what exactly someone means by using a certain word, a metaphor, an image, a color, [...], "an almost inexhaustible bodily alphabet" (Schoeller 2011: 242, author's translation) appears.

9 Gendlin uses the dots ... to express that the bodily sense of something or a situation "refuses a conceptual generalization and yet flows into any expression as situational awareness" (Schoeller 2008: 388, author's translation).

> One senses 'quadratic empty boxes' that 'hurt.' 'Knots' that 'crowd,' 'thick walls' that separate the living from the dead; one feels 'unfriendliness,' the feeling of 'being unwanted,' 'inner insecurity,' but also energy, the 'good feeling' of 'not being alone'; one feels a specific 'connectedness'; one feels something 'cuttingly painful,' one feels something 'gray.' (Schoeller 2011: 242, author's translation)[10]

Gendlin locates this bodily situational sensation between the conscious and the unconscious. It "is the layer of the unconscious that is likely to surface next" (Gendlin 1998: 37). Since there was no term for this area "in-between," Gendlin introduced a new, idiosyncratic word for it: the *Felt Sense*. By means of this coinage he "seeks to fill a conceptual gap that circumscribes a situational 'knowing' that we cannot 'make', synthesize, or construct, but at most evolve"[11] (Schoeller 2008: 388). In processes of exploring the *Felt Sense*/the implicit meaning of an issue, the coherence of an expression is checked with reference to one's own experiencing. If there is a congruence of bodily experience and its expression, something is felt that Gendlin calls *Felt Shift*, a bodily *Yes, that's how it is!* that is also often connected with reactions visible from the outside, such as exhaling, relaxing, smiling, a letting go of the whole body.

Gendlin is not saying that the gut knows better. He argues against separating head and gut and focusses on the "intricacy" of linguistic categories and experienced meaning as a source (Geuter 2015). The goal is congruence, where a person can say, *this is how it is*. A feeling of coherence only arises when thoughts and body are congruent with each other. The central point is that, when this congruence is achieved, only the person themselves can feel and decide. "The body cannot be read like a language, and we cannot look up the meaning of bodily sensations in an encyclopedia." (Ibid.: 99, author's translation) But it is possible to accompany people (interviewees, clients) throughout the "process of exploration" (ibid., author's translation). Schoeller calls the back and forth between expression (language) and what is to be expressed (experience, feeling, *Felt Sense*) "phenomenological reflexivity" (Schoeller 2008: 386, author's translation). It is about a sensitivity to the reciprocal effects. The relationship between what I have to say and what I say is subtle but experiential. Finally, Gendlin presents the expression of lived experiences as an ongoing process. The explicated is not identical with the implicit. That which is bodily felt in the form of the *Felt Sense*,

10 "Man spürt 'quadratische leere Schachteln', die 'weh tun'. 'Knoten', die 'drängen', 'dicke Mauern', die Lebendiges von Totem trennen; man spürt 'Unfreundlichkeit', das Gefühl von 'Unerwünschtsein', 'innerliche Unsicherheit', aber auch Energie, das 'gute Gefühl', 'nicht alleine zu sein'; man spürt eine spezifische 'Verbundenheit'; man spürt etwas 'schneidend Schmerzhaftes', man spürt etwas 'Graues'." (Schoeller 2011: 242)

11 "Gendlins Wortprägung des 'felt sense' möchte eine begriffliche Lücke füllen, die ein situatives 'Wissen' umschreibt, das wir nicht 'machen', synthetisieren oder konstruieren können, sondern höchstens weiterentwickeln." (Schoeller 2008: 388)

and which one wants to say, is developed further by being expressed: It is carried forward. The experience guides the choice of words, but at that moment, the experience also changes.

In accordance with these theoretical considerations, Experiential Gender Research does not seek to bring to light what is hidden or buried. It is not a "discovery of truth." This kind of exploration does not investigate experience *per se* but the processes of expressing (e.g., finding words, movements, sounds, pictures for) the meaning of one's gendered mode of existence with reference to bodily experiences. This kind of explication of how people experience their gender in concrete situations leads to new experiences. Subjects transform and transcend themselves in these processes of explication. This "series of subjectivities" (Foucault 1996: 85) emerges through different experiences in each case and can therefore never be considered complete.[12] Experiential Gender Research supports these processes.

3. Doing Experiential Gender Research

If we understand the living body as an ongoing, unfinished process whose stubbornness possesses an emancipatory potential (Landweer/Marcinski 2016), we become increasingly aware of both the structural boundedness of gendered modes of existence and transformations of gender and gender relations. In this understanding of gender, how a person perceives and assumes the gender they have become and what it means for that person to be a particular gender in certain situations remain open questions. For example, women experience exposure to male violence as women, and this experience is reflected in their habitus. However, it is also very likely that this experience is not shared by all women and that it is experienced differently – depending on their social, sexual, and racialized position. This is where Experiential Gender Research comes in and asks: How do subjects experience (*Erleben*) the experience (*Erfahrung*) of fear – regardless of whether it is justified or not and whether discourses generate it.

General questions that Experiential Gender Research seeks to answer are: How do people experience their gendered mode of existence in any given societal context? What meaning does it have for somebody to be a certain gender in concrete situations? How is gender constituted in lived experiences and in its entanglement with

12 "An experience is something," Foucault says in an interview with Ducio Trombadori, "from which one emerges changed" (Foucault 1996: 24, author's translation). He understands the writing of his own books as an experience that has changed both him and what he thinks, as well as the readers of his books. "An experience is always a fiction, something self-fabricated that did not exist before and then suddenly does." (Foucault 1996: 30, author's translation) In that sense, an experience is neither true nor false.

other dimensions of existence (class, ethnicity, nationality, sexuality, health, age, religion)? Because subjects experience themselves as gendered through this bodily lived dimension, to what extent does this dimension present itself as a condition for transforming gender orders?

In the final section that follows, I address "the material" we need to answer these research questions. In literature, film, theater, music, dance, and art we find many examples of the articulation of bodily implied meanings.[13] They not only represent multiple bodily experiences but also produce them in processes of reading and reception. Aesthetic-literary and aesthetic-musical forms of experience allow barely spoken and articulated experiential dimensions of sexuality, desire, and corporeality to be experienced and made visible (Meizel 2020; Patch/König 2018; Roth 2016; Wolf 2018). The reality first produced by literary language and correspondingly aesthetic-sensual signs can be understood as material that helps to explicate the bodily implied meaning about one's self and one's desire that is not available in everyday language. At the same time, aesthetic experience has a transformative potential with respect to gender and sexuality, because it mobilizes the desire for a reality that must first be produced (Klein 2017; Tholen 2008; Wolf 2019). "Literature," writes Toni Tholen, "is the medium of a fundamental openness." It poses the questions of meaning and existence "in a non-generalized and i.e. undogmatic way" and answers these questions "tentatively, playfully, imaginatively, but also hesitantly, skeptically" (Tholen 2008: 395, author's translation).[14] Literature and art transcend and exceed the learned and available patterns of interpretation for classifying one's experienced gender. For example, contemporary literature since the late 20th century shows an increasing concentration on precisely those gendered modes of existence that have not yet been provided for, articulated, and made visible in the social gender order. These gendered modes of existence gain aesthetic form with the help of metaphors,

13 The following remarks on bodily experiences in literature and art are taken from the proposal of the Research Training Group *Gender as Experience. Constitution and Transformation of Social Ways of Existence*, which is financed by the German Research Foundation (DFG). The proposal was jointly written by Walter Erhart, Oliver Flügel-Martinsen, Valerie Kastrup, Tomke König, Petra Kolip, Diana Lengersdorf, Julia Roth, Rainer Schützeichel, Heidemarie Winkel, and Benedikt Wolf.

14 "Es sieht so aus, als ob die Literatur, gerade weil sie Fragen des Sinns, des Leben- und Existierenkönnens auf eine nicht verallgemeinerte und d. h. undogmatische Weise stellt und tentativ, spielerisch, phantasierend, aber auch zögernd und skeptisch beantwortet, gegenwärtig am ehesten die Aufmerksamkeit auch von Wissenschaftlern angrenzender Disziplinen auf sich zöge. Denn die Literaturwissenschaft ist das Medium einer grundsätzlichen Offenheit. In ihm bewahrt und realisiert sich immer wieder das Gelingen wie das Scheiternkönnen eines gelebten Lebens, und auch der Akt des Lesens und Schreibens ist in ihm stets der Kontingenz, der Endlichkeit und Vorläufigkeit verbunden und damit der Immanenz des Lebens selbst." (Tholen 2008: 395).

images, rhetorical figures, literary utopias, and dystopias, as well as experimental collages and riddles.[15]

Compared to the rich material of literature and art and the research that has been undertaken on the articulation of bodily experiences in literature, film, theater, music, dance, and art, social science is still at the very beginning. Though sociology (of the body) emphasizes the potentials of one's own and the examined body as a source of knowledge (Gugutzer 2017) and the biographical-narrative interview is considered particularly suitable for body-related questions (Abraham 2017b; Abraham/Müller 2010), it is still an open question whether and if so how we can gain access to the bodily experience of social actors (Klein 2017). In this context, Schoeller asks: "How is it possible to sensitively grasp entire situations and/or specific aspects of them? How are those woven sensibilities of unique complexity possible that world literature has lived by and given expression to over the centuries?" (Schoeller 2011: 235, author's translation)

While third parties can describe bodies based on observation, this is impossible for lived experiences and bodily senses. To learn something about the meaning that a situation or issue has for someone on the bodily level, we need descriptions from the people who are experiencing them.[16] In phenomenology, lived or bodily experiences are considered challenging to investigate empirically because they are prereflexive and systematically removed from consciousness. The problem is seen in the fact that the body "reaches into dimensions of life and experience that lie before language" (Abraham 2017a: 457, author's translation). Another facet is our inability to vocalize certain things about the body, which arises both from the fact that the body is all too familiar to be accessible, and because, from a "psychoanalytic perspective, the body is a phenomenon that has been and continues to be subject to massive processes of cultural splitting off, repression, and taboo" (Abraham 2017a: 458, author's translation). The researcher's task is to offer an interpretation that brings these hidden aspects to light. I followed this approach for a long time; however, I found it an increasingly unsatisfactory way of doing sociology, because the structure-bound elements of gendered modes of existence were usually foregrounded. I rarely discovered anything new using this approach.

In following Gendlin's approach, bodily experiences can be qualitatively determined. It is not easy or natural for most people to turn to the bodily implied meaning of an issue, mainly because they are alienated from their lived experiences due to hegemonic judgments and evaluations. However, Gendlin assumed that in principle everyone can turn to their bodily senses and that there are conditions that make referring to the implicit meaning of issues possible.

15 Naomi Alderman's *The Power* (2017), Kim de l'Horizon's *Blutbuch* (2022), Sasha Marianna Salzmann's *Außer Sich* (2017).

16 This is one reason why Gendlin calls his approach *first-person-science*.

> Here is an example from a familiar human process: Consider how you ordinarily speak. When you are ready to say *something*, you say it in a few sentences. But if others invite you further, or you think further alone, "*it*" can expand on and on. Then it (what you were ready to say) turns out to have had a great many strands and parts. Some of what comes surprises you. Did that all already exist in your *readiness* to speak? Surely not, and yet in some way it was there. The incomplete way it was there I call "*implicit*". (Gendlin 2012: 4, emphasis in original)

With *Focusing* (Gendlin 1978) and *Thinking at the Edge* (Gendlin 2004b), there are two systematic and learnable techniques for experience-based conversations whose elements can be transferred to conducting and analyzing qualitative interviews. These techniques allow the bodily implied meaning of an issue to be made explicit in a twofold sense. On the one hand, it becomes possible to explicitly name what researchers have so far only done intuitively in qualitative interviews when trying to follow and understand their interviewees. On the other hand, experiential interviewing offers concrete instructions to support an interviewee in grasping the implicit, and thus to broach the *something* that first and foremost makes itself felt bodily at the border between the conscious and the unconscious. To make words come, we must keep sensing what we have ready to say. The words are not yet there for what we want to say but we have them "in a bodily way. The readiness to speak is an implying. It implies something that comes next. If you give it permission, it will make actual sentences. Speaking is one way of '*explicating*'. Actual events can *explicate* the implicit" (Gendlin 2012: 4, emphasis in original).

The central task of researchers/interviewers is to open a space in which it is possible for the interviewees to explore themselves. The researchers accompany the interviewees in this exploration. They follow everything that is said empathically and acknowledge it unconditionally. The goal is to support the process of expressing the implicit in an open-ended way.

In an experience-based interview, metaphors and initial formulations are a starting point for further exploration. The focus is primarily on the new things that are significant for the interviewee around the respective topic. The interviewee is accompanied in formulating the topic and all that is connected to it for themselves in a fresh way, as it is currently relevant for them.

In her methodological notes "on bridging the hiatus" between the pre-linguistic and the linguistic, Abraham refers to the special significance of metaphors. She speaks of preverbal "forms of symbolization that are particularly suited to building bridges between the structures of meaning" (Abraham 2017a: 468, author's translation), which includes, in addition to metaphors, poetic speech, images, sounds, smells, and dreams. She notes that what she calls "research subjects" use these forms of symbolization to give expression to the realm between the conscious and the unconscious: "Research subjects often use forms of language and emotional as well as bodily modes of articulation that belong to the realm between the conscious and the unconscious, or between rationality and affectivity/consciousness, and thus provide significant points of contact for opening up latent layers of meaning." (Ibid.) At the same time, she points out that the researcher can make targeted offers to stimulate such expressions: "[I]n the research process, targeted offers can be made to stimulate or envision memories and narratives via preverbal perceptions and preverbal forms of expression" (ibid.). For Gendlin, what is revealed here is not only understood as memory. He understands the bodily sense as implicit meaning, through which the actualizing tendency of a self shows itself. If the implicit meaning is made explicit, something is "carried forward." In the form of a metaphorical description ("This is kind of like [...]") the language barrier is broken – something new is expressed. In this way, it is also possible to explore retrospectively how someone (an interviewee) feels concerning this situation, which ambivalences are perceptible, which impulses for change become noticeable, what prevents them from following these impulses, and what supports them in giving space to their developmental desires. Coherent meanings and impulses for change can be explored and explicated beyond the structure-bound order. The coherence of a bodily sense and an expression can only be checked and confirmed by the person who has made the respective expression. The interviewer's task is to ask whether what was said corresponds to the felt meaning of the interviewee's experience.

After conducting interviews, the central task of the researcher is to draw structural and general conclusions about the individual that has emerged in the interviews. Experiences are individual because we have them alone, but we can also only have them if they elude pure subjectivity and are linked to a "collective practice" (Michel Foucault). Researchers are therefore "tracing the movements of the 'something'" (Schirmer 2010: 70, author's translation) that has become visible. Guiding questions are: How does this *something* come to exist? Under what conditions will this *something* "take on the quality of the 'real' (and if so, for whom, in what way, with what stability)" (ibid., author's translation)? And finally, "under what conditions is it actually able to make a difference" (ibid.: 411)? Answering these questions, Experiential Gender Research aims to develop a precise vocabulary for what cannot be said, thought, and felt in the binary gender order so that it can be understood by those who do not have these experiences. In this way, the structures of the lived and embodied realities and experiences of modes of existence should become recognizable.

To conclude, I will summarize the central ideas of Experiential Gender Research. Experiential Gender Research wants to make visible the already lived but not yet explicated ways of being gendered in the world. It does not focus on the body to look for natural or buried aspects of gender. Instead, it aims to learn more about how people are experiencing their gendered modes of existence and how they develop new meanings for them with reference to bodily senses. There is *something* at "the threshold of awareness" (Rogers 1977) that can only be developed by the person themselves to give new meanings to their gendered being. These new meanings for one's gendered being do not already exist; they are not merely waiting to be decoded or interpreted. It is one of the distinctive features of Gendlin's thinking to point this out. This is the more-than-logical of which he speaks. In the interplay of the reference to *something* and the attempt to express it, the implicit but not yet nameable becomes explicit. The research is thus directed towards the implicit, the vague, the difficult to say.

In this way, the researcher's view is detached from the binary order. Instead of finding only narrowness or expanse in experiences of gender, for example, and then connoting this binary structure in turn as female or male, the gaze is directed towards the diversity of implied meanings of gender.[17] Echoing Roland Barthes, we could also say that with nuancing as an organizing principle, the binary paradigm has been outplayed, escaped, or even undone (Barthes 2002). Gendlin's theory and practice of the implicit provides a tool for thinking beyond the existing categories of gender, for thinking differently, and for feeling ourselves in our diversity. Which patterns will emerge remains to be seen. Ultimately, Experiential Gender Research aims to enable the description of the conditions under which schemes of distinction take on new meanings. Through this, we would gain access to the richness of nuances in our experiences that are easily overlooked by processes of abstraction. Through this, the diversity of the logics of self and world relations, as well as the aspects of gendered modes of existence that do not merge into the binary order – that resist it, expand it, and change it – become visible.

Bibliography

Abraham, Anke (2017a): Sprechen, in: Robert Gugutzer/Gabriele Klein/Michael Meuser (eds.), Handbuch Körpersoziologie, Wiesbaden: Springer VS, 457–486.

Abraham, Anke (2017b): Lebenslauf und Biographie, in: Robert Gugutzer/Gabriele Klein/Michael Meuser (eds.), Handbuch Körpersoziologie, Wiesbaden: Springer VS, 131–145.

Abraham, Anke/Müller, Beatrice (eds.) (2010): Körperhandeln und Körpererleben. Multidisziplinäre Perspektiven auf ein brisantes Feld, Bielefeld: transcript.

Ahmed, Sara (2006): Queer Phenomenology. Orientations, Objects, Others, Durham: Duke University Press.

17 Kinsey's (Kinsey et al. 1967) extensive study of sexuality in the United States in the 1950s provides a good example of what can become visible with a similarly broadened view. Against the background of a surprising range of sexual practices, preferences, and orientations, a categorization of the population into homosexuals and heterosexuals ends up making little sense.

Alderman, Naomi (2017): The Power, New York: Viking Press.

Barthes, Roland (1974): Die Lust am Text, Frankfurt a.M.: Suhrkamp.

Barthes, Roland (2002): Le Neutre. Notes de cours au Collège de France, 1977–1978, Paris: Éditions du Seuil.

Beauvoir, Simone de (1949): Le Deuxième Sexe. L'expérience vécue, Paris: Gaillimard.

Butler, Judith (2009): Die Macht der Geschlechternormen und die Grenzen des Menschlichen, Frankfurt a.M.: Suhrkamp.

De l'Horizon, Kim (2022): Blutbuch, Köln: DuMont.

Deloch, Heinke (2010): Das Nicht-Sagbare als Quelle der Kreativität. E.T. Gendlins Philosophie des Impliziten und die Methode Thinking at the Edge (›TAE‹), in: Stefan Tolksdorf/Holm Tetens (eds.): In Sprachspiele verstrickt. Oder: Wie man der Fliege den Ausweg zeigt. Verflechtungen von Wissen und Können, Berlin: de Gruyter, 259–284.

Deloch, Heinke (2017): Erlebensbezogen Denken, Coachen und Moderieren. Der Coachingansatz ECC – Erlebensbezogenes Concept Coaching, in: PERSON. Internationale Zeitschrift für Personzentrierte und Experientielle Psychotherapie und Beratung 21(2), 1–12.

Demirović, Alex/Maihofer, Andrea (2013): Vielfachkrise und die Krise der Geschlechterverhältnisse, in: Andreas Heilmann/Hildegard Maria Nickel (eds.): Krise, Kritik, Allianzen. Arbeits- und geschlechtersoziologische Perspektiven, Weinheim, Basel: Beltz, 30–48.

Foucault, Michel (1996): Der Mensch ist ein Erfahrungstier. Gespräch mit Ducio Trombadori, Frankfurt a.M.: Suhrkamp.

Gendlin, Eugen T./Beebe, John/Cassens, James/Klein, Marjorie/Oberlander, Mark (1968): Focusing Ability in Psychotherapy, Personality and Creativity, in: J.M. Shlien (ed.): Research in Psychotherapy 3, Washington, DC: APA, 217–241, http://previous.focusing.org/gendlin/docs/gol_2049.html

Gendlin, Eugene T. (1978): Focusing, New York: Bantam Books.

Gendlin, Eugene T. (1991): Thinking Beyond Patterns: Body, Language and Situations, in: Bernard den Ouden/ Marcia Moen (eds.): The Presence of Feeling in Thought, New York: Peter Lang, 25–151.

Gendlin, Eugene T. (1992): The Primacy of the Body, Not the Primacy of Perception, in: Men and World 25(3-4), 341–353.

Gendlin, Eugene T. (1993): Die umfassende Rolle des Körpergefühls im Denken und Sprechen, in: Deutsche Zeitschrift für Philosophie 41(4), 693–706.

Gendlin, Eugene T. (1997): A Process Model, http://www.focusing.org/gendlin/docs/gol_2161.html

Gendlin, Eugene T. (1998): Focusing-orientierte Psychotherapie. Ein Handbuch der erlebensbezogenen Methode, München: Pfeiffer. Original (1996), Focusing-Oriented Psychotherapy. A Manual of the Experiential Method, New York: The Guildford Press.

Gendlin, Eugene T. (2004a): The New Phenomenology of Carrying Forward, in: Continental Philosophy Review 37(1), 127–151, www.focusing.org/gendlin/docs/gol_2228.html

Gendlin, Eugene T. (2004b): Introduction to 'Thinking at the Edge', in: The Folio. A Journal for Focusing and Experiential Therapy 19(1), 1–8.

Gendlin, Eugene T. (2004c): The New Phenomenology of Carrying Forward, in: Continental Philosophy Review 37(1), 127–151, http://previous.focusing.org/gendlin/docs/gol_2228.html

Gendlin, Eugene T. (2012): Process Generates Structures. Structures Alone Don't Generate Process, in: The Folio. A Journal for Focusing and Experiential Therapy 23(1), 3–13, http://previous.focusing.org/folio/Vol23No12012/01_Gendlin_FocusingResearch.pdf

Geuter, Ulfried (2015): Körpererleben und Selbsterleben. Grundlagen der Körperpsychotherapie, in: Familiendynamik 2, 94–105.

Gugutzer, Robert (2014): Leibliche Praktiken der Geschlechterdifferenz. Eine neophänomenologische Kritik an der Körperpraxeologie in handlungstheoretischer Absicht, in: Cornelia Behnke/Diana Lengersdorf/Sylka Scholz (eds.): Wissen – Methode – Geschlecht: Erfassen des fraglos Gegebenen. Zum Werk Michael Meusers, Wiesbaden: Springer VS, 91–106.

Gugutzer, Robert (2017): Leib und Körper als Erkenntnissubjekte, in: Robert Gugutzer/Gabriele Klein/Michael Meuser (eds.): Handbuch Körpersoziologie, Band 2: Forschungsfelder und methodische Zugänge, 381–394.

Gugutzer, Robert/Klein, Gabriele/Meuser, Michael (eds.) (2017): Handbuch Körpersoziologie, Band 2: Forschungsfelder und methodische Zugänge, Wiesbaden: Springer VS.

Irigaray, Luce (1980): Speculum, Spiegel des anderen Geschlechts, Frankfurt a.M.: Suhrkamp.

Jäger, Ulle (2004): Der Körper, der Leib und die Soziologie. Entwurf einer Theorie der Inkorporierung, Königstein: Helmer.

Jäger, Ulle/König, Tomke/Maihofer, Andrea (2013): Pierre Bourdieu: Die Theorie männlicher Herrschaft als Schlussstein seiner Gesellschaftstheorie, in: Heike Kahlert/Christine Weinbach (eds.): Zeitgenössische Gesellschaftstheorien und Genderforschung. Einladung zum Dialog, Wiesbaden: Springer VS, 15–36.

Jäger, Ulle/König, Tomke (2020): Der Eigensinn des Leibes als Erkenntnisquelle: Soziale Ordnungen leiblich erkunden und verstehen, in: Beatrice Müller/Lea Spahn (eds.): Den LeibKörper erforschen. Phänomenologische, geschlechter- und bildungstheoretische Perspektiven auf die Verletzlichkeit des Seins, Bielefeld: transcript, 85–112.

Jäger, Ulle/Erhart, Walter (2023): Das Ich in der Geschlechterforschung. Zur Bedeutung von Erfahrung und Erleben für die Kritik der Geschlechterordnung. Soziologische und literaturwissenschaftliche Perspektiven, in: Internationales Archiv für Sozialgeschichte der deutschen Literatur 48(2), 356–378.

Kinsey, Alfred C./Pomeroy, Wardell B./Clyde, Martin (1967): Die Befragung, in: Alfred C. Kinsey/Wardell B. Pomeroy/Marin Clyde (eds.): Das sexuelle Verhalten des Mannes, Frankfurt: Fischer, 22–52.

Klein, Gabriele (2017): Tanz, in: Robert Gugutzer/Gabriele Klein/Michael Meuser (eds.): Handbuch Körpersoziologie, Band 2: Forschungsfelder und methodische Zugänge, 335–348.

König, Tomke/Maihofer, Andrea (2004): 'Es hat sich so ergeben'. Praktische Normen familialer Arbeitsteilung, in: Familiendynamik 29(3), 209–32.

König, Tomke (2012): Familie heißt Arbeit teilen. Transformationen der symbolischen Geschlechterordnung, Konstanz: UVK.

König, Tomke/Wojahn, Katharina (2016): Mutter sein: Über den Zusammenhang von regulativen Idealen – Begehren – Praxen, in: Eva Tolasch/Rhea Seehaus (eds.): Mutterschaften sichtbar machen. Sozial- und kulturwissenschaftliche Beiträge. Geschlechterforschung für die Praxis 4, Opladen: Barbara Budrich, 95–109.

Landweer, Hilge/Marcinski, Isabella (eds.) (2016): Dem Erleben auf der Spur: Feminismus und die Philosophie des Leibes, Bielefeld: transcript.

Lindemann, Gesa (1993): Das paradoxe Geschlecht. Transsexualität im Spannungsfeld von Körper, Leib und Gefühl, Wiesbaden: Springer VS.

Maihofer, Andrea (1995): Geschlecht als Existenzweise, Frankfurt a.M.: Ulrike Helmer.

Meizel, Katherine (2020): Multivocality, Oxford: Oxford University Press.

Moi, Toril (2015): Thinking Through Examples: What Ordinary Language Philosophy Can Do for Feminist Theory, in: New Literary History 46(2), 191–216.

Patch, Holly/König, Tomke (2018): Trans*Vocality: Lived Experience, Singing Bodies, and Joyful Politics, in: Freiburger Zeitschrift für Geschlechterstudien 24, 31–53.

Rogers, Karl (1977): Therapeut und Klient. Grundlagen der Gesprächspsychotherapie, 19. Auflage, Frankfurt a.M.: Fischer.

Roth, Julia (2016): Translocating the Caribbean, Positioning Im/Mobilities: The Sonic Politics of Las Krudas from Cuba, in: Maryemma Graham/Wilfried Raussert (eds): Mobile and Entangled Americas, Farnham: Ashgate, 103–123.

Salzmann, Sasha Marianna (2017): Außer Sich, Berlin: Suhrkamp.

Schirmer, Uta (2010): Geschlecht anders gestalten. Drag Kinging, geschlechtliche Selbstverhältnisse und Wirklichkeiten, Bielefeld: transcript.

Schoeller, Donata (2008): Nahes Denken, in: Deutsche Zeitschrift für Philosophie 56(3), 385–398, https://doi.org/10.1524/dzph.2008.56.3.385

Schoeller, Donata (2011): Der Blick von hier. Die Bedeutung der Erste-Person-Perspektive bei Hermann Schmitz und Eugene Gendlin, in: Deutsche Zeitschrift für Philosophie, Sonderband 29, 232–243, https://www.researchgate.net/publi

cation/285578173_Der_Blick_von_hier_Die_Bedeutung_der_Erste-Person-Perspektive_bei_Hermann_Schmitz_und_Eugene_Gendlin

Scott, Joan W. (1991): The Evidence of Experience, in: Critical Inquiry 7(4), 773–797.

Tholen, Toni (2008): Ästhetik der Existenz. Zur literarischen Ethik des späten Roland Barthes, in: Romanistische Zeitschrift für Literaturgeschichte 23(3-4), 393–412.

Wolf, Benedikt (2018): Penetrierte Männlichkeit. Sexualität und Poetik in deutschsprachigen Erzähltexten der literarischen Moderne (1905–1969), Köln: Böhlau Verlag.

Wolf, Benedikt (2019): Kritische Lektüren zu Sexualität und Literatur. Einleitung, in: Benedikt Wolf (ed.): SexLit. Neue Kritische Lektüren zu Sexualität und Literatur, Berlin: Querverlag, 10–34.

Young, Iris Marion (1990): Throwing Like a Girl and Other Essays in Feminist Phenomenology and Social Theory, Bloomington/Indianapolis: Indiana University Press.

Commentrary: Thoughts on the Interrelationship of Experiential Gender Research and Literature

Patricia Bollschweiler

Tomke König's paper *Experiential Gender Research. The Body as a Source of Meaning and Change* (2024) draws upon Eugene T. Gendlin's philosophy and theory of the implicit to address theoretical and practical research on gender. The guiding thesis is that the lived and sensed body has the potential to imply something that goes beyond the categorization of the binary symbolic gender order and its language. Building on Gendlin's concept of *Felt Sense*, the concern here is the implicit meaning of gendered ways of being. The goal of experiential gender research is to reveal these aspects of gendered ways of being and to accompany people through the process of expressing the implicit, and in this way generating new meanings of gender.

While it is possible to describe the bodies of third parties on the basis of good observation, the scientific description of bodily experience (of gender) requires scientists to gain access to a specific lived experience. A central concern of this research is therefore to open a space in which the research subject is able to explore themselves and explicate their novel insights. For this to be possible requires sensitivity and empathy on the part of the researcher as well as an openness towards a variety of meanings of gendered existence beyond binary categories and patterns.

At this point, we turn to Gendlin's remarks on the explication of the implicit, which he describes as a continuous process, noting that the continuation of the implicit in and through language is possible because it has always been "there" in an incomplete and implicit way.

This understanding of the implicit finding expression in language is reminiscent of Heinrich von Kleist's essay *Über die allmähliche Verfertigung der Gedanken beim Reden* of 1805/1806 (Kleist 2013: 319–324, 2011), in which he advises his friend Otto Rühle von Lilienstern to talk to someone whenever he wants to know something or has trouble making progress on a specific subject. According to Kleist, it is less a matter of holding a conversation or seeking answers to specific questions that one may have, but rather, in the first place, of the mere fact of talking, of giving an account and telling someone *(das Erzählen)*. As in the French saying "*l'appétit vient en mangeant*" ("the appetite comes at mealtime"), so "*l'idée vient en parlant*" ("ideas emerge in conversation") (Kleist 2011: 11, author's translation). Kleist says that he himself often has a "dim idea" (Kleist 2011: 12) of what he wants to say, which however, when it is expressed to another person, takes on a new urgency to be pursued to completion in thought, and thus to be spoken. The result, to Kleist's astonishment, is the completion of the incomplete or unsaid thought, which now finds form and materiality in language. Kleist thus understands speech as thinking aloud (Kleist 2011: 15). In this view, speech is not a "fetter" on the wheel of the spirit but "rather like a second wheel on the same axle, that runs in parallel" (Kleist 2011: 15). Yet this often does not appear to be the case in interviews on the experiencing of gender. In that situation, language does not seem capable of adequately expressing the *Felt Sense* of gender. In experiential interviews, we see again and again how difficult the relationship between bodily experience and the language available to us can be. Language can thus be a "fetter" after all, when it comes to the articulation of experience. One reason for this is potentially the idea that scientificity emerges by means of the exact and "objective" depiction of something (which people being interviewed in a scientific context are naturally also aware of, and which can affect how they articulate their experiences). But it is precisely this idea and the contrast between subjectivity and objectivity that an experiential sociology departs from. It is specifically *not* a matter of capturing and depicting experience in language as precisely as possible, but rather the process of verbalization itself, the bringing-to-language that goes hand in hand with self-exploration. The purpose is more to speak *from* experience than *about* experience, and thus to grant space to the experiential dimension. This includes the possibility that in speech, in this case in the interview, new meanings of experience arise. In scientific research generally and in the specific moment of research (e.g. in an interview), something happens with the people – with the experiences that they are attempting to verbalize, and at the same time, *by means of* the experience that they are having in this very moment of the interview.

In his essay, Kleist pursues a very similar idea. He is convinced that just because "an idea is *expressed* unclearly, it by no means follows that its *conception* has also been unclear" (Kleist 2011: 15, emphasis added); rather it may even be "that ideas which have been expressed most unclearly have, at the same time, been thought most clearly" (ibid.). An incomplete, imprecise linguistic form need by no means be an indication of an incomplete experience or idea, but rather bears witness to the process of verbalization, which often progresses in a chaotic, irrational, and intuitive way. Kleist also addresses the use of various rhetorical tricks that arise from this, lending him time to complete his thoughts. This reminds him of the makeshift use of metaphors when people try to grasp their lived experience in words – failing in the process. Kleist is astonishingly close to Gendlin's idea of the implicit when he observes: "For it is not *we* who know, but it is primarily a certain *state* within us that knows" (Kleist 2011: 16, emphasis added). The essay appears to almost anticipate Gendlin and some of the methods of sociological research presented here.

The thesis we can clearly identify in König's experiential sociological research, and which had already been formulated broadly by Kleist in the 19th century, states that it is possible to explicate implicit meanings of something by speaking from lived experiences. For speaking itself is also a kind of lived experience, particularly in an exposed speech situation such as an interview. Language is thus not merely a means of articulation of experience (one that is, in addition, often inadequate), it is itself an experience and constitutes a process that is always in a state of searching (for words, for oneself, for memories). This correlates with specific strategies of speaking (in the search for words), which also have an aesthetic character. Kleist calls this "tricks to lengthen my speech, to gain sufficient time to produce my idea in the workshop of reason" (Kleist 2011: 12). By combining "art" (the word rendered as "tricks" in this translation is the German "*Kunstgriffe*", which includes "*Kunst*" or art; compare the English "artifice") and handwork ("workshop", the German original here is "*Werkstatt*", here translated literally) in this way, he declares aesthetics, art, and language to be a matter of craftsmanship that ultimately produces a tangible product ("produces", which is even clearer in the German original, where it is "*zur Fabrikation*" – for the fabrication): an expression of thought whose specific form reflects precisely this aesthetic process of seeking, in this case, specifically, the gaining of time for the completion of thought. At the same time, an aesthetic of the unfinished, the fragmentary, even of speechlessness is invoked, whose right to exist Kleist not only grants in his essay, but which he also regularly practiced in his literary work (with, for instance, characters starting sentences and then breaking them off, not infrequently as a result of "speechlessness", or in Kleist's famously long and convoluted sentences – a persistent challenge for his readers).

This shows that the connection between art and science is far closer than it appears at first sight. Art, and especially literature, can articulate things that cannot yet be articulated in the everyday discourse of society and which have not yet been made objects and denoted by science. König discusses this in her essay: literature, film, theatre, music, dance, and art are considered as media that combine performative, visual body images with narrative structures that are coded for gender. They not only represent various bodily, emotional, and affective dimensions of experiences but also produce these in the process of reading and reception. The specific quality that art in all its forms possesses is its ability to allow us to experience and to render visible experiential dimensions of sexuality, desire, and bodily physicality that are otherwise extremely difficult to express and articulate. In this way, bodily knowledge can be expressed aesthetically in a variety of ways by means that are not yet available in everyday language.

A famous example of this is Virginia Woolf's 1928 novel *Orlando*,[1] in which the protagonist not only transcends the limits of time, allowing us to follow their biography over five centuries, but also changes sex in a fantastic transformation, turning from a man to a woman overnight. The reader follows Orlando on their journey to a new gender identity that reveals not only the constructedness of gender concepts but also gender's performativity. Yet, Orlando's transformation does not simply end in the adoption of a feminine role, but rather in a gradual dissolution of fixed identity concepts in favor of a queer, gender-fluid, and plural identity. The novel's achievement is to find language for experiences of queerness and sexual ambiguity that were unspeakable in the early 20th century, thereby making them perceptible for readers. Woolf achieves this, on the one hand, at the level of the plot, by describing Orlando's queer experiences, which encompass, for instance, cross-dressing and the adoption of various costumes, as well as queer practices of desire and sex. At the same time, the novel repeatedly attempts to give linguistic form to the openness of Orlando's gender identity and experiences, to make them graspable in language, e.g. "Whether, then, Orlando was most man or woman, it is difficult to say and cannot now be decided." (Woolf 2018: 174–175) The novel's central idea, which steadily rises in intensity, is that a determination of gender "truth", a fixing of Orlando's identity is neither possible nor advisable. That is because Orlando is not just one person, but a multiplicity of Orlandos, a diversification of an "eminently pluralistic identity" (Gymnich 2000: 307, author's translation), as the following passage shows:

> Orlando remained precisely as he had been. The change of sex, though it altered *their* future, did nothing whatever to alter *their* identity. *Their* faces remained, as *their* portraits prove, practically the same. His memory – but in future we must, for convention's sake, say "her" for "his", and "she" for "he" – her memory then, went back through all the events of her past life without encountering any obstacle. (Woolf 2018: 127, emphasis added)

Here, identity is considered to be radically independent of the body; it is constituted primarily by means of individual mental elements, memories, interactions, behavior, experiences. *One* body does not mean *one* identity. Burns calls it a "disidentification present in identity" (Burns 1994: 350). Towards the end of the novel, this pluralistic view of identity, which transcends the boundaries of gender, becomes stronger, finally dissolving the concept of an integrated, whole identity completely:

> For if there are (at a venture) seventy-six different times all ticking in the mind at once, how many different people are there not – Heaven help us – all having

1 For a detailed consideration of the novel with a focus on its queer and theory-formative potential, see Bollschweiler (2022).

> lodgment at one time or another in the human spirit? [...] [T]hese selves of which we are built up, one on top of another, as plates are piled on a waiter's hand, have attachments elsewhere, sympathies, little constitutions and rights of their own, call them what you will (and for many of these things there is no name) [...]. (Woolf 2018: 281)

The unnameability of specific inner and experiential aspects of identity construction is referred to explicitly in this passage ("and for many of these things there is no name") – and, remarkably, this unnameability is accepted as such. Instead of further trying to find an objective definition or name for who Orlando is, in what follows, there is an increasing focus on Orlando's own perspective and voice, which at times goes as far as to become an entirely subjective stream of consciousness:

> [F]or she was, to hear her talk, changing her selves as quickly as she drove – there was a new one at every corner – as happens when, for some accountable reason, the conscious self, which is the uppermost, and has the power to desire, wishes to be nothing but one self. This is what people call the true self, and it is, they say, compact of all the selves we have it in us to be; commanded and locked up by the Captain self, the Key self, which amalgamates and controls them all. (Woolf 2018: 282–283)

The novel thus essentially practices what Kleist and later König proclaim to be their research methods: approaching the individual experience of gendered existence by opening a space where it is possible to express the implicit meaning, to explicate it. And once more it is not about the precise modelling of reality or truth, "for this is one of the cases where the truth does not exist. Nothing exists. The whole thing is a miasma – a mirage." (Woolf 2018: 177) Rather, it is about the attempt to put something into words for which a specific expression has so far not existed.

In this, *Orlando* opens up the possibility of a discourse that exceeds the boundaries of sex, sexual identity, and gender – particularly binary gender categories and desire – in life and in language. If there is something like "truth", it is not equivalent to specificity or unambiguity, but is ambiguous and does not need naming/denotation to be legitimized – yet it can still be articulated. That is why there is no final resolution of who or what Orlando is – because there simply is no *one* truth. Language and the narrative act itself are constantly shown to be a system of organization and the production of meaning that also affects gender. Language appears to be an auxiliary construct that is not at all objective, but – like the gender it denotes – carries discursive imprints. It is insufficient to reflect the complexity of human reality, and especially gendered lived experience. This insufficiency particularly concerns gender understood as a mode of existence and experience, of being in the world, that can never be fully grasped by language but only approached, circled around.

Orlando not only challenges and criticizes the prevailing gender order and its cultural production, but also the insufficiency of linguistic construction that complies with this order. Yet the novel is able to endure these gender ambivalences and polyvalences, the un-definability of humans, experience, and phenomena, and is still able to create a fulfilled subject that "makes sense". Hence, there are structural similarities between the idea of *Orlando*, Kleist, and König's experiential gender research: all insist on the processuality of subjectivity, experience, and its articulation. Woolf, Kleist, König: the common denominator is: How can experience be articulated, how can it be brought to language?

If we recognize the structural parallels between experiential gender research and its methods, on the one hand, and aesthetic and narrative subject constitution, on the other, literature can appear as an inspiration or even as an experimental ground for theoretical thought, as a medium that participates in a variety of not only aesthetic, but also social, theoretical, academic, and political discourses. As Bradway argues, narrative can be understood "as an ecology of interdependent forms – aesthetic and nonaesthetic – in contiguous torsion with one another." (Bradway 2021: 712). As this commentary has shown, experiential gender research and literature are related not only in terms of narrative structures but also in how they give room to the articulation of human experience, without limiting or reducing it to strict linguistic forms.

Bibliography

Bollschweiler, Patricia (2022): "we have no choice left but confess – he was a woman". Queering and Theory-Building Potential in Virginia Woolf's *Orlando*, in: Testi e Linguaggi 16, 83–102.

Bradway, Tyler (2021): Queer Narrative Theory and the Relationality of Form, in: PMLA 136(5), 711–727.

Burns, Christy L. (1994): Re-Dressing Feminist Identities: Tensions between Essential and Constructed Selves in Virginia Woolf's *Orlando*, in: Twentieth Century Literature 40(3), 342–364.

Gymnich, Marion (2000): Entwürfe weiblicher Identität im englischen Frauenroman des 20. Jahrhunderts, Trier: WVT.

Kleist, Heinrich von (2011): On the Gradual Completion of Thoughts during Speech. With an Introduction by Erik Spiekermann. Notes and Translation by John S. Taylor. Amsterdam/Berlin/Stuttgart: endespiekermann.

Kleist, Heinrich von (2013): Über die allmähliche Verfertigung der Gedanken beim Reden, in: Helmut Sembdner (ed.): Heinrich von Kleist: Sämtliche Werke und Briefe. Zweibändige Ausgabe in einem Band, Zweiter Band, 3. Aufl. München: DTV, 319–324.

König, Tomke (2024): Experiential Gender Research. The Body as a Source of Meaning and Change, in: Vera Kallenberg/Tomke König/Walter Erhart (eds.): Geschlecht als Erfahrung. Theorien, Empirie, politische Praxis, Bielefeld: transcript, 111–129.

Woolf, Virginia (2018[1928]): Orlando. A Biography, Cambridge: Cambridge University Press.

Schmerzen
Überlegungen zu einer Sozialtheorie phänomenaler Erfahrungen

Rainer Schützeichel

Soziale Welten als Konstellationen von phänomenalen Erfahrungen und Schmerzen als phänomenal sich artikulierende Störungen von Handlungsabläufen – das sind in nuce die beiden miteinander verwobenen Fragen, um die es in den folgenden Ausführungen gehen soll. Sie setzen sich zum Ziel, erste Überlegungen zu einer ansonsten in der Soziologie nur wenig bearbeiteten Frage zu präsentieren: Wie lassen sich soziales Handeln und soziale Beziehungen als Konstellationen von phänomenalen Erfahrungen verstehen? Als phänomenale Erfahrungen können hier vorläufig solche Erfahrungen bestimmt werden, die sich in einem phänomenalen Erleben, also in einem Fühlen und Spüren, in leiblichen Regungen und Empfindungen realisieren, in solchen Phänomenen also, die uns nicht anzeigen, dass etwas ist, sondern wie etwas (für mich, für dich, für uns) ist. Die Spannweite solcher Erfahrungen reicht dabei von ausgeprägten emotionalen Episoden wie Furcht und Glück, Trauer und Stolz, über affektive Bezugnahmen wie Wohlgefühl und Behaglichkeit, Fremdheit und Angst, bis hin zu solchen Phänomenen, die man (in der Tradition des amerikanischen Pragmatismus) als *qualitative Erlebnisse* bezeichnen kann, als das, was Personen spüren und empfinden, wenn sie etwas wahrnehmen, denken oder erfahren. Die Frage ist also: Kann man sinnvoll von einer Sozialität von phänomenalen Erfahrungen sprechen in der Weise, dass sich soziale Welten in der Bezugnahme und Kommunikation von phänomenalen Erfahrungen realisieren? Da die Phänomenalität von Erfahrungen stets auf ihren Inkorporierungen und Artikulationen als leibliche Erfahrungen beruht und der Leib sich phänomenal artikuliert, könnte sich die Frage auch so formulieren lassen: Ist leiblich fundierte Sozialität möglich? Die Relevanz dieser Frage ist schon allein vor dem Hintergrund gegeben, dass in der Soziologie soziales Geschehen vornehmlich auf der Basis von Kognitionen oder von Interessen (und ihren sprachlichen Artikulationen) konzipiert wird.

Die folgenden Ausführungen verstehen sich somit zunächst als Beitrag zu einer Soziologie der Erfahrungen. Erfahrungen sind der Soziologie nicht unbekannt, schließlich versteht sie sich in der einen oder anderen Weise als eine Erfahrungswissenschaft, auch wenn die modernisierte und methodisch disziplinierte Selbstbeschreibung einer *empirischen* Wissenschaft den Erfahrungshintergrund dieser Wissenschaften unsichtbar werden lässt. In den folgenden Überlegungen geht es aber nicht um diese methodologische Dimension, sondern um Erfahrung auf der Gegenstandsseite, also um die sozialen Phänomene oder sozialen Welten als solche, die in welcher Weise auch immer erfahrungskonstitutiv und erfahrungskonstituierend sind. Die Problematik einer solchen Einordnung zeigt sich aber in einem weiteren Punkt: Erfahrung stellt hier keine rein epistemische Kategorie dar, sondern eine *phänomenale*. Nur dann ist etwas eine Erfahrung, wenn es mit einem phänomenalen Erleben verbunden ist.

Sodann befasst sich dieser Beitrag mit einer besonders salienten Erfahrung, nämlich akuten und chronischen körperlichen Schmerzen. Sein Ziel ist es, konzeptionelle Vorschläge zu unterbreiten, um Schmerzen als phänomenale oder qualitative Erfahrungsmodalitäten in den Konturen von sozialen Erfahrungsfeldern beschreibbar machen zu können: Wie werden Schmerzen als qualitative Erfahrungsmodalität in sozialen Erfahrungsfeldern als Erfahrungsgegenstand konstituiert? Die Soziologie ist in einem gewissen Sinne eine *schmerzlose* Wissenschaft. Es gibt zwar einige, meist im Bereich der Medizinsoziologie angesiedelte Analysen zu den kulturellen, sozialstrukturellen und geschlechtsspezifischen Bedingungen im Erleben von Schmerzen[1], aber die Frage, die hier im Vordergrund steht, ob und in welcher Weise Schmerzen als phänomenale Erfahrungen Gegenstandsbereiche und Erfahrungsräume in der sozialen Welt sind, wurde bisher noch nicht thematisiert. Ein Grund für diese Enthaltsamkeit könnte darin liegen, dass die Soziologie bisher in ihrem analytischen Begriffsrahmen nicht hinreichend ausgestattet ist, um Schmerzen als ein soziales Phänomen zu erfassen. Schmerzen werden mit dem Argument, dass ihre Phänomenalität doch allein in der inneren Wahrnehmung gegeben und allein in dieser erfahrbar sei, in eine rein subjektive Sphäre verbannt. Dass deine Schmerzen für mich nicht erfahrbar sind, ist sicherlich richtig, aber deine Schmerzen artikulieren sich, und ihre Artikulation kann Grund für eine Mannigfaltigkeit von korrespondierenden phänomenalen Erfahrungen auf meiner Seite sein. Schmerzen oder allgemein phänomenale Erfahrungen können, so die Überlegungen, Element eines Verweisungszusammenhangs sein, in denen intentionale Akte sich in ihrer Phänomenalität an anderen Akten und Akten Anderer orientieren. Die Beschreibung dieser Akte als intentionale macht aber wiederum auf einen weiteren großen Problemkreis aufmerksam. Sind phänomenale Erfahrungen intentionale Akte? In welchem Verhältnis stehen Phänomenalität und Intentionalität von Akten? Als *enaktivistisch* wird hier ein sozialtheoretisches Programm bezeichnet und in wenigen Skizzen vorgestellt, welches, aufbauend auf jüngeren

1 Bendelow 1993, 2000; Bendelow/Williams 1995a, 1995b, 1995c; Charmaz 1983; Wilkinson 2005; Williams/Bendelow 1998; Zajacova et al. 2021.

phänomenologischen und kognitionswissenschaftlichen Forschungen, den konstitutiven enaktivistischen Kontext von Intentionen betont und dabei deren Nicht-Repräsentationalität betont. Schmerzen und andere phänomenale Erfahrungen artikulieren somit also nicht innere Ereignisse, sondern Befindlichkeiten in dem enaktivistischen Handlungskontext, in dem sie sich vollziehen. Schmerzen können als phänomenal angezeigte Störungen in affordanten Kontexten begriffen werden. Und in sozialtheoretischer Hinsicht kann damit die von vielen theoretischen Ansätzen unhinterfragt geteilte Position korrigiert werden, soziale, intentionale Akte ausschließlich als repräsentationale Akte zu begreifen und damit die sich in enaktivistischen Handlungszusammenhängen realisierenden phänomenalen Erfahrungen als einer grundlegenden Ebene von sozialen Beziehungen zu übersehen.

Wieso also eine Soziologie phänomenaler Erfahrungen? Diese Frage verlangt zwei Antworten. Die Soziologie ist in ihren Forschungen und Theoriebildungen immer noch – wenn man diesen Ausdruck hier gestatten möchte – *kopflastig*, d.h. sie setzt in ihrem Gegenstandsbereich immer noch einen spezifischen Modus von Intentionalität, nämlich den einer begrifflich fundierten oder, wie manche auch sagen, einer repräsentationalen Intentionalität[2] voraus – das, was erfahren wird, ist begrifflich gegeben, und der common ground, der sich in sozialen Konfigurationen her- und einstellt, ist begrifflicher oder repräsentationaler Natur. Dies gilt selbst für solche Ansätze, die stärker als andere auf Leib setzen. Hiergegen wird mit Berufung auf Dilthey, insbesondere aber auf Dewey und neuere enaktivistische Theorien auf einen holistischen, nicht-repräsentationalen Weltzugang verwiesen. Jedoch bleibt auch in diesen die soziologische Perspektive und Dimension außen vor, die doch für die Konstitution solcher Erfahrungen nicht unerheblich sein dürfte, nämlich ihre Sozialität. Deshalb eine zweite sozial-externalistische Antwort: Phänomenale Erfahrungen sind eingebettet in (soziale) Affordanzen. Ihre Gegenständlichkeit für diejenigen, die sie erfahren, gewinnen sie in einer gewissen Weise erst in den Triangulationen mit den korrespondieren phänomenalen Erfahrungen Anderer.

2 Die Thematik der Repräsentationalität von intentionalen Akten steht in jüngerer Zeit im Fokus der Forschung. Bedauerlicherweise ist dieser Terminus im Laufe dieser Diskussionen sehr unscharf geworden. Man kann als Kernthese repräsentationalistischer Theorien die Auffassung identifizieren, dass intentionale Akte einen propositionalen Gehalt aufweisen, sich also ›begrifflich‹ auf etwas in der Welt beziehen, welches sich in Aussagen über etwas, was gedacht, gewünscht oder gemeint wird, formulieren lässt. Ein Einwand gegen solche Ansätze besteht darin, dass sie klassische (cartesianische) Subjekt-Objekt-Unterscheidungen voraussetzen. Demgegenüber stehen Auffassungen, dass zumindest manche intentionalen Bezugnahmen auf etwas in der Welt sich in der Welt mittels phänomenaler Erlebnisse präsentieren wie der stechende Zahnschmerz oder eine grelle Farbwahrnehmung oder ein erfrischendes Getränk, wobei diese Attribute dann auf die spezifische Phänomenalität der Erlebnisse verweisen (siehe im Hinblick auf Schmerzen die Untersuchung von O'Sullivan und Schroer [2012] und generell Ramsey [2007, 2017]).

1. Soziologie phänomenaler Erfahrungen

»Der Begriff der Erfahrung scheint mir – so paradox es klingt – zu den unaufgeklärtesten Begriffen zu gehören, die wir besitzen.« (Gadamer 1960: 329) Diese Behauptung von Gadamer gilt wohl nach wie vor. Sie gilt sicherlich für die Soziologie. Auch hier kann diesem Problem nicht abgeholfen werden, aber es sei auf einen wichtigen Aspekt verwiesen. Mit dem Aufkommen von Wissenschaften, die sich als empirische Wissenschaften verstehen, und einer korrespondierenden Semantik hat sich eine kognitivistische Verengung von Erfahrung durchgesetzt. Erfahrung wird auf ihre kognitiven Gehalte reduziert. Hiergegen kann ein umfassender Erfahrungsbegriff angesetzt werden, der Erfahrung als eine komplexe Einheit von kognitiven, volitiven und affektiven bzw. phänomenal spürbaren Dimensionen versteht. Ein solcher liegt beispielsweise schon der oftmals auf ihre Hermeneutik verkürzte Grundlegung der Geistes-, aber auch der Sozialwissenschaften von Dilthey zugrunde.

In dem Folgenden wird also in der Tradition von Dilthey oder dem amerikanischen Pragmatismus ein solch umfassender Erfahrungsbegriff vorausgesetzt. Dilthey geht von einer Einheit oder der Totalität des psychischen Lebens aus, von einer »Totalität der menschlichen Gemütskräfte« (Dilthey 1982: 76), in welcher Kognitionen, Affektionen und Volitionen untrennbar, wenn auch durchaus nicht widersprüchlich und inkohärent, miteinander verbunden sind. Die Reduktion von Erfahrungen auf ihre kognitiven Komponenten wird von ihm abgelehnt – eine Einsicht, die gerade in den sich an Dilthey orientierenden *Verstehenden Soziologien* nicht aufgenommen wurde. Auch das qualitative Erleben im Sinne von Peirce oder Dewey hat in der Soziologie kaum Anklang gefunden. Als qualitatives Erleben wird die grundlegende Dimension unserer Weltbezüge bezeichnet, die darauf verweist, dass die Dinge uns in unserer Erfahrung immer qualitativ, in einer phänomenal sich anzeigenden, in der Interaktion von Organismus und Umwelt und im Hinblick auf die Realisierung von Handlungen sich bestimmenden Art und Weise, gegeben sind. Im qualitativen Erfahren und Erleben – und jedes Denken, jedes Erkennen, jede intentionale Bezugnahme ist in dem Sinne in Qualitäten orientiert – erleben wir die Welt in qualitativen Bestimmtheiten und Bedeutsamkeiten.[3] Qualitative Erfahrungen in der Form von phänomenalen, spürbaren Erlebnissen stellen eine primordiale Art und Weise der Konstitution von etwas in der Welt dar. Auch ein zweiter Aspekt findet sich bei Dewey: Dinge bleiben als Dinge ohne Interaktion mit einem Organismus

3 »The world in which we immediately live, that in which we strive, succeed, and are defeated is preeminently a qualitative world. What we act for, suffer, and enjoy are things in their qualitative dimensions.« (Dewey 1930: 243) Der Ausdruck der *Bedeutsamkeit* ist den Arbeiten von Matthias Jung zur Anthropologie der Artikulation entliehen, die sich als eine Weiterentwicklung der pragmatistischen Positionen von Dewey versteht (jüngst Jung 2023).

qualitätslos.[4] Die erfahrenen Qualitäten der Dinge sind emergente Eigenschaften, resultierend aus den Interaktionen von Organismen in ihren Umwelten.

Wenn hier von phänomenalen Erfahrungen die Rede ist, so verortet sich dieser Beitrag in diesen Traditionen. Erfahrungen sind phänomenal gegeben. Aber wieso phänomenal? Mit diesem Ausdruck beziehen wir uns auf die gegenwärtigen Analysen zur *phenomenal intentionality* (Bourget/Mendelovici 2019; Kriegel 2013). In diesen wird mit dem Ausdruck phänomenal nicht, wie in der klassischen Phänomenologie, auf das verwiesen, was dem Bewusstsein intentional gegeben ist, sondern darauf, wie das ist, was dem Bewusstsein gegeben ist, oder in der berühmten Formulierung von Nagel (1974) »what it is like to be (x)«. Da diese Bedeutung von *phänomenal* sich in der gegenwärtigen Forschung weitgehend durchgesetzt hat, greifen auch wir sie auf, ohne aber damit auch schon deren mentalistische Grundprämissen übernehmen zu wollen.

Hier beginnt aber nun erst die Arbeit der Soziologie. Soziale Wirklichkeiten können, in aller Vorläufigkeit formuliert, als solche Wirklichkeiten verstanden werden, die auf einer Ko-Selektivität von intentionalen Akten beruhen. Soziale Objekte und soziale Phänomene werden dort und dadurch konstituiert, dass die Selektivität des einen Aktes sich auf die Selektivität der Akte von Anderen bezieht, meistens, aber nicht ausschließlich, in der Form einer Triangulation auf etwas Drittes.

2. Grundelemente einer enaktivistischen Soziologie

Es soll zunächst nochmals betont werden, dass Enaktivismus hier pars pro toto für eine Pluralität von Selbstbeschreibungen und Etikettierungen steht, die jüngere Forschungen in ihrer anti-cartesianischen Stoßrichtung von der Biologie über die Kognitionswissenschaften bis hin zu Philosophie, Psychologie und Linguistik prägen, deren Impetus sich aber bisher nur sehr verhalten in den Sozialwissenschaften fortsetzen konnte. In einer groben Weise formuliert, ordnen sich enaktivistische Theorien nicht-reduktionistischen Naturalisierungsprogrammen zu. Enaktivismus steht hier als Abbreviatur für die 4E-Cognition, der zufolge menschliche Kognitionen als »embodied, embedded, extended and enacted« zu verstehen sei (Gallagher 2017, 2023). Die enactedness, also das Primat des er-handelnden Umgangs mit Dingen und Sachverhalten in der Umwelt, kann aber mit einer gewissen Vorsicht als federführend betrachtet werden, verweist sie doch darauf, dass alle Interaktionen eines Organismus mit und in seiner Umwelt unter dem Primat eines praktischen tätigen Umgangs stehen, welcher den Organismus als *complete agent* (eben embodied und nicht als *Geist* oder nur als Gehirn) fordern, der in Vollzugswirklichkeiten

4 »[...] if were true that things as things, apart from interaction with an organism, are qualityless [...]« (Dewey 1930: 244).

eingebettet (embedded) ist und dessen Bezugnahmen auf etwas in der Welt externalistisch zu verstehen sind und mitunter auch die funktionale Integration von Dingen außerhalb seines Organismus (extended) voraussetzen.

Mit dem Ausdruck des *sense-making* wird darauf verwiesen, dass Organismen sich aktiv und agierend auf ihre Umwelten beziehen. Das Konzept des sense-making widerstreitet der Vorstellung, dass Organismen sich vornehmlich dadurch charakterisieren lassen, dass sie sich passiv auf Umweltreize beziehen und diese in der Form von Repräsentation für sich verarbeiten. Sense-making impliziert aber auch sense, also Bestimmtheiten und Qualitäten von etwas für etwas. Embodied cognition ist enaktivistischen Theorien zufolge nicht-repräsentationalistischer Natur. Der Organismus bezieht sich nicht in einer repräsentationalen, sondern in einer tätigen Weise auf seine Umwelten. Embodied cognition heißt auch nicht alleine, dass Kognitionen in irgendeiner Weise verkörpert sind, sondern auch, dass der Körper oder eben der Leib selbst in Gestalt der ihm eigenen Intentionalitätsformen über Kognitionen verfügen kann.

Als Affordanz – ebenfalls ein vielfach problematisierter Begriff – wird die Beziehung zwischen Eigenschaften oder Dispositionen von Organismen einerseits und den Eigenschaften und Mustern von Umweltgegebenheiten andererseits bezeichnet. Ursprünglich als eine Form von Handlungsaufforderung von situationalen Gegebenheiten verstanden, wird zunehmend der relationale Charakter von Affordanzen betont. Sie zeichnen sich dadurch aus, dass sie an das Erleben von qualitativen Erfahrungen gekoppelt sind – und umgekehrt. Oder wie dies Jung (2023: 69) mit Berufung auf Dewey formuliert: »Wir spüren Qualitäten nur deshalb, weil wir Lebewesen mit einer spezifischen Physiologie sind, deren Umweltinteraktionen sich gedeihlich oder bedrohlich gestalten können.«

3. Schmerzen – eine erste Annäherung

Schmerzen, so könnte man formulieren, bilden ein seltsames *Zwischenreich* zwischen Natur und Geist, Körper und Psyche, Empfindung und Gefühl, Intentionalität und Nicht-Intentionalität, Aktivität und Passivität. Die Herausforderungen beginnen schon bei der einfachen Frage: Sind Schmerzen körperliche Zustände oder sind sie Repräsentationen oder Erfahrungen von körperlichen Zuständen oder sind sie – und diese Position wird hier vertreten – Empfindungsmodalitäten, in denen körperliche Zustände leiblich verarbeitet werden? In einer bestimmten Lesart werden Schmerzen als körperliche Ereignisse betrachtet, also als Phänomene, die der natürlichen Welt angehören und demzufolge wie alle anderen Phänomene der natürlichen Welt auch nach ihren primären Eigenschaften objektiv beschreibbar sein müssten. Aber gleichzeitig gehen wir häufig davon aus, dass Schmerzen von anderen nicht erfahren werden können, sondern für andere intransparente oder private

Empfindungen darstellen, über die man zwar berichten kann, die aber anderen phänomenal nicht zugänglich sind. Damit ist eine ähnlich gelagerte Komplikation verbunden: Ich habe Schmerzen in meiner Hand. Wenn ich nun meine Hand in eine Kühlbox stecke, dann kann ich sagen, dass meine Hand in der Kühlbox ist, aber wohl kaum, dass damit auch meine Schmerzen in der Kühlbox sind. Wenn es sich bei Schmerzen also um *normale* körperliche Phänomene handelt, dann dürfte ihre räumlich-zeitliche Lokalisation nicht zu solchen Widersprüchen führen. In einer ähnlichen Weise lassen sie sich kaum einordnen in die Differenz, die mit dem Terminus der Intentionalität markiert wird: Handelt es sich bei Schmerzen um Empfindungen, die auf nichts verweisen, oder handelt es sich um intentionale Phänomene? Aber worauf verweisen sie? Auf eine Verletzung, eine Körperstelle, eine Handlung? Um welche Art oder Klasse von Phänomenen handelt es sich also bei Schmerzen? Handelt es sich überhaupt um eine einheitliche Objektklasse oder eine sogenannte *natural kind*, was man mit Corns (2020) durchaus bestreiten kann. Mit dem Ziel, Ansatzpunkte für eine soziologische Einordnung von Schmerzen zu finden, werden in den folgenden Abschnitten maßgebliche theoretische Positionen und Kontroversen rekonstruiert.

3.1 Kontroversen in der klassischen Phänomenologie

Im Dreieck zwischen Brentano, Stumpf und Husserl findet sich eine erste, bis heute bedeutsame Kontroverse über die Phänomenalität und Intentionalität des Schmerzes. Schmerzen stellen also so etwas wie einen Lackmustest für die Zuschreibung von Intentionalität dar. Für alle drei Phänomenologen war es zunächst unumstritten, dass Schmerzen eine spezifische Qualität zukommt: Sie sind unhintergehbar. Eine Person kann sich in ihren Schmerzen nicht irren. Wenn ich Zahnschmerzen oder Migräne habe, dann ist die Frage, ob ich mich darin irre, Zahnschmerzen oder Migräne zu empfinden, sinnlos. Die phänomenale Qualität dieser Akte oder Zustände kann also nicht bestritten werden. Umstritten ist aber, ob Schmerzen in gewisser Weise auch auf etwas referieren oder verweisen und damit als intentionale Akte begriffen werden können oder sogar wahrheitsfähig sind.

In aller Kürze formuliert, lassen sich die Positionen in der folgenden Weise skizzieren: Nach Stumpf (1907, 1917) sind Schmerzen Gefühlsempfindungen genannte vor-intentionale Akte oder Zustände, die als körperliche Phänomene eingeordnet werden müssen. Stumpf vertritt die Position, dass die Erfahrung oder Empfindung von Schmerzen sich einerseits erheblich von dem Wahrnehmen äußerer Dinge – dem Hören von Tönen oder dem Sehen von Farben – unterscheidet, dass aber andererseits auch gewisse Gemeinsamkeiten in der Aktkategorie bestehen. Auch Schmerzen sind Empfindungen, die aber im Gegensatz zu dem Empfinden von äußeren Dingen auf nichts referieren oder verweisen, sondern für sich selbst stehen, wohl aber dadurch erfahren werden können, dass sie eine besondere Affektivität zum Ausdruck bringen. Es handelt sich nicht um Affekte in Bezug auf Empfindungen, sondern um affektive Empfindungen oder, wie er es formuliert, um Gefühlsempfindungen (Stumpf 1907), also um Phänomene, in denen die Gefühls- und die Empfindungsdimension primordial sind. Wichtig ist nach Stumpf, dass Schmerzen als Gefühlsempfindungen keine intentionale Charakteristik aufweisen. Sie verweisen auf nichts, sondern sie sind Inkorporationen von Empfindungen und deshalb als körperliche Phänomene einzuordnen.

Brentano (1907) hält dem die klassische phänomenologische Position entgegen, dass Schmerzen wie Empfindungen überhaupt als intentionale und damit als geistige Phänomene begriffen werden müssen. Ihm zufolge sind Schmerzen gefühlsähnliche Zustände, die intentional auf den empfundenen Zustand bezogen sind, und zwar im Sinne von inneren Wahrnehmungen, die eben auf innere Zustände referieren. Schmerzen sind also nach Brentano Emotionen, die intentional auf Akte des Empfindens bezogen sind, die ihrerseits auf einen empfundenen Gehalt verweisen. Es handelt sich bei Schmerzen Brentano zufolge also eigentlich um mehrfach-intentionale Erfahrungen oder komplexe intentionale Phänomene. Brentano setzt sich von der Position von Stumpf in den folgenden Punkten ab (Serrano 2011; Geniusas 2013): 1. Schmerzen sind nicht wie bei Stumpf Empfindungen, sondern Affekte oder Emotionen (und verfügen damit über eine intentionale Grundcharakteristik); 2. Schmerzen sind nicht als körperliche, sondern als psychische Phänomene aufzufassen; 3. Schmerzen sind als Gefühle aufzufassen, die sich auf Empfindungen beziehen und nicht wie bei Stumpf als eine Einheit von Gefühl und Empfindung.

In seinem differenzierenden Rekurs auf Brentano geht Husserl davon aus, dass Schmerzempfindungen wie auch andere Empfindungen keine genuine Intentionalität aufweisen. In Anlehnung an Stumpf spricht Husserl (1913: 393–395) von Gefühlsempfindungen, einer Zwischenkategorie zwischen puren Empfindungen auf der einen und Gefühlen auf der anderen Seite. Empfindungen sind bar jeglicher Intentionalität, es handelt sich um physische Phänomene, Gefühle hingegen weisen eine intentionale Charakteristik auf. Ein Grund für die Trennung von Gefühlsempfindungen und damit auch Schmerzempfindungen von Gefühlen und damit Schmerzen sieht Husserl darin, dass die Ersteren gleichsam unabhängig von den auf sie gerichteten intentionalen Akten andauern können. »Die Lust- und Schmerzempfindungen können andauern, während die auf sie gebauten Aktcharaktere fortfallen.« (ebd.: 394) Schmerzempfindungen werden erst dadurch, dass sie Gegenstand von intentionalen Akten sind, in den Horizont der Intentionalität einbezogen. Sie müssen, da sie selbst keine Akte sind, erst in und durch Akte, wie Husserl betont, »interpretiert« werden. (ebd.: 395) Die Art der intentionalen Bezugnahme auf Schmerzempfindungen werden von Husserl als Leiden bezeichnet. Das Leiden an den Schmerzempfindungen bildet die Grundstruktur intentionaler Akte, ohne diese Akte kein Schmerz, aber ohne Schmerzempfindungen auch kein Grund des Leidens. Schmerz ist damit nach Husserl ein komplexes Erlebnis, sowohl ein einfaches Schmerzempfinden als auch ein intentionales Objekt von Leidensakten. Geniusas (2013, 2020: Kap. 2) hat die Position von Husserl, die in der Forschungsliteratur (Fisette 2009a, 2009b; Serrano 2011) eher als eine Fortsetzung von Stumpf eingeordnet wird, als Versuch einer Synthese von Stumpf und Brentano betrachtet, denn die Differenzen zu Stumpf sind nicht unerheblich – wie für Brentano, so sind auch für Husserl Schmerzen mentale oder geistige Phänomene, aber eben solche, die – wie für Stumpf – auf Intentionalität verzichten müssen. Es handelt sich um intentionslose Empfindungen.

Schmerzen stellen also die Taxonomien der frühen Phänomenologie vor besondere Herausforderungen. Wir finden hier die Oppositionen, die auch die späteren Debatten beherrschen: körperliche versus mentale Zustände, Gefühle versus Empfindungen, intentionale versus nichtintentionale Zustände. Man kann sich der Argumentation von Geniusas (2013: 17, 2020: Kap. 5 und 6) anschließen und die These wagen, dass erst mit den Überlegungen des späten Husserl und insbesondere mit denjenigen Merleau-Pontys (Leder 1984/85, 2016) in der Gestalt eines *living body* eine Position gefunden wurde, die in der Form einer leiblichen Intentionalität eine solche nicht mit zu starken repräsentationalistischen Vorannahmen ausstattet: Leibliche Intentionalität ist keine repräsentative, sie bezieht sich nicht repräsentativ auf etwas in der Welt, sondern enaktivistisch in Bewegungen und Verhaltenssequenzen, in leiblich-dinglichen Affordanzen. Schmerzen – so eine mögliche Folgerung – können dementsprechend durchaus als intentionale Phänomene betrachtet werden, nicht aber als solche, die sich repräsentativ auf etwas (körperliche oder empfundene Zustände) beziehen.

3.2 Gegenwärtige Kontroversen

Als Eliminativismus bezüglich Schmerzen wird nun eine Position bezeichnet, die davon ausgeht, dass die Schmerzerfahrungen von Personen zwar einen Erfahrungs-, aber keinen medizinischen oder wissenschaftlichen Wert haben und durch entsprechende theoretische Modelle ersetzt werden müssen. Schmerzen, so Rorty (1980: 22) »do not represent, they are not about anything«, und entsprechend können sie im Hinblick auf die Information über Erkrankungen oder Verletzungen übergangen werden. Eliminativistische Positionen konnten und können sich auf antirepräsentationale Ansätze berufen. Solche Ansätze streiten ab, dass Schmerzen als Wahrnehmungen oder als wahrnehmungsähnliche Empfindungen einzustufen sind, die über einen repräsentationalen Gehalt verfügen.

Eben dieses wird aber von Wahrnehmungstheorien behauptet (Armstrong 1962; Pitcher 1970). Schmerzen informieren uns diesem Ansatz zufolge über besondere Weltzustände, nämlich die Zustände unseres eigenen Körpers. Schmerzen sind innere Wahrnehmungen, die sich wahrnehmend auf Teile unseres Körpers insofern beziehen, als diese verletzt sind. Habe ich Schmerzen im Bein, so sind diese Schmerzen Wahrnehmungen einer Bein-Verletzung. Pitcher (1970) fügt dem hinzu, dass Schmerzen Wahrnehmungen von objektiven Sachverhalten, also in dem genannten Fall Wahrnehmungen der Verletzungen des Beins sind – eine Auffassung, die sicherlich dem Alltagsverständnis nahesteht. Das Hauptargument gegen eine Einstufung von Schmerzen als repräsentationale Phänomene wird darin gesehen, dass sich bei Schmerzen keine Differenz von Erscheinung und Realität antreffen lässt. Mein visueller Wahrnehmungsakt eines schwarzen, runden Objekts hat als repräsentationalen Gehalt, dass vor mir ein schwarzer Ball liegt, und dieser kann richtig sein oder falsch sein. Ich kann eine Wahrnehmung eines schwarzen, runden Objekts haben, ohne dass ein solches Objekt gegeben ist, so, wie es auch umgekehrt möglich ist, dass vor mir ein solches Objekt liegt, ohne dass ich es wahrnehme. In Bezug auf Wahrnehmungen lässt sich von einer sogenannten »appearance-reality-distinction« sprechen (Cutter 2017: 30–31). Den kritischen Einwand gegen die repräsentationale Auffassung von Schmerzen fasst Cutter mit den folgenden Worten zusammen: »It is not possible for there to be a feeling of pain in the absence of pain, or a pain in the absence of a feeling of pain. So pain seems to lack a characteristic mark of a representational state: the possibility of disassociation between representation and reality.« (ebd.: 30)

Diese Positionen sahen sich in den 1970er Jahren dem Druck durch die kognitivistische Wende ausgesetzt. In der medizinischen, biologischen und psychologischen Forschung erkannte man, dass Schmerzen komplexe Phänomene sind, die nicht mit anderen Empfindungen oder Wahrnehmungen vergleichbar sind und sich auch nicht auf einfache physiologische Mechanismen reduzieren lassen. Schmerzen werden nicht mehr als ein *raw feeling* betrachtet, sondern es werden die kognitiven Merkmale von Schmerzen verstärkt in den Vordergrund gerückt. In diesem Rahmen werden in den neurowissenschaftlichen Pionierarbeiten von Melzack und Wall (1965) Schmerzen kognitiv-evaluative Dimensionen zugesprochen, die in den einfachen physiologischen Theorien nicht vorgesehen waren. Schmerzen werden von nun an als komplexe Phänomene betrachtet, weil physiologisch und neurologisch kein eindeutiges körperliches Schmerz-System identifiziert werden konnte, sondern im Gegenteil Schmerz als ein umfassendes Muster begriffen werden musste, welches »sensation, affect, motivation, cognition and evaluation« (Corns 2018: 738) integriert.

Eine solche Beschreibung wurde in den letzten Jahren mit der Berücksichtigung solcher Phänomene wie der *pain asymbolia* konsolidiert. Personen mit einer solchen Diagnose haben Schmerzen, ohne dass diese als unangenehm oder gar schmerzhaft empfunden werden. Deshalb geht man davon aus, dass Schmerzen relativ komplexe Phänomene sind, in denen mehrere funktional spezialisierte Netzwerke verbunden sind: ein sensorisch-motorisches, welches für die Intensität, die körperliche Lokalisation und die motorischen Reaktionen zuständig ist, und ein solches für die affektive Bewertung. Diese treten in der Regel koordiniert auf, aber die affektiven Bewertungen und die mit diesen verbundenen Verhaltenstendenzen können auch fehlen (Bain 2013; Grahek 2007).

In der jüngeren Forschung gibt es eine weitere Dissonanz: Beziehen sich Schmerzen konstativ oder konativ auf etwas in der Welt? Welche *direction of fit* haben sie also? Erschöpfen sich Schmerzen darin, sich empfindend auf körperliche Verletzungen zu beziehen und somit solche Verletzungen anzuzeigen, oder haben sie nicht auch eine imperative Intention und damit eine motivationale Funktion? Während evaluative Ansätze Schmerzen in den intentionalen Gehalt von Schmerzen gegenüber rein repräsentationalistische Ansätzen die Dimension der Bewertung des intentionalen Objekts einbauen, gehen imperativistische Theorien einen Schritt weiter und behaupten, dass die Evaluation durch ein als negativ bewertetes Erleben konsequenterweise um eine Form von Aufforderung oder Befehl erweitert werden muss: Vermeide Handlungen! Schütze Deinen Körper!

Imperative Theorien gehen davon aus, dass der intentionale Gehalt von Schmerzen eine imperative oder motivationale Anweisung aufweist (Klein 2015). Der Gehalt, so könnte man formulieren, wechselt von einem faktischen Sachverhalt in der Welt hin zu einem solchen, der erst hergestellt werden muss. Schmerzen beziehen sich, so die These, in ihrem intentionalen Gehalt auf Akte, die sie lindern können, und auf Handlungen, die unterbleiben sollen. Wenn ich mir den Fuß verstauche, so beziehen sich die einstellenden Schmerzen darauf, Bewegungen zu unterlassen, die den Fuß weiter belasten. »Imperativism [...] claims that ordinary bodily pains are imperatives, akin to ordinary-language imperatives like ›Close the door!‹« (Klein 2017: 51) Schmerzen haben also demgemäß nicht eine *direction of fit*, sich konstativ auf etwas in der Welt zu beziehen, sondern dafür zu sorgen, dass sich Zustände in der Welt ändern oder Ereignisse vermieden werden, und zwar solche, die Schmerzen verursachen. Sie haben keine Wahrheits-, wohl aber eine Erfüllungsfunktion (Hamblin 1987).

Auch in der phänomenologischen Tradition wird eine in dem Sinne imperative Lösung des Problems der Intentionalität von Schmerzen vorgeschlagen. Schmerz, so Grüny (2004: 30), »besteht zuerst einmal in einer radikalen, wenn auch nur momenthaften Veränderung des Verhältnisses des Betroffenen zur Welt, die nicht Teil des alltäglichen Umgangs ist, sondern mit der nur nachträglich umgegangen werden kann.« Schmerzen indizieren einen Riss in unserem Weltverhältnis. Buytendijk (1948: 46) beschreibt die Erfahrungsdimension von Schmerzen mit dem Dual von rezeptiv und reaktiv: Der Schmerz stelle sich dar als »das Erleben der Störung eines körperlichen Zustandes, wobei das Subjekt nicht rezeptiv eingestellt ist, sondern getroffen wird und deshalb reagiert.«

Von adverbialen Theorien (Tye 2005, 2017) wird schließlich eine Prämisse in Frage gestellt, die sowohl von den vielen klassischen wie auch von neueren Forschungen geteilt wurde und wird, dass nämlich Schmerzen unterscheidbare mentale Zustände sind. Adverbiale Theorien behaupten hingegen nicht nur in

Bezug auf Schmerzen, sondern auch in Bezug auf mentale oder phänomenale Objekte generell, dass wir Aussagen über phänomenales Erleben nicht auf bestimmte Entitäten, sondern auf Arten und Weisen des Erfahrens oder der Wahrnehmung beziehen. Wenn ich sage *ich habe Kopfschmerzen*, dann verleitet die Grammatik einer solcher Aussage zu der Annahme, dass es Schmerzen als mentale oder körperliche Entitäten gibt. Demgegenüber behaupten adverbiale Theorien, dass der Schmerz der Modus ist, in dem sich die Erfahrung vollzieht: Ich nehme schmerzhaft wahr. Es handelt sich bei Schmerz- oder auch bei Wahrnehmungserlebnissen also nicht um die Wahrnehmung von inneren oder äußeren Objekten, die bestimmte Eigenschaften haben, die also beispielsweise – wie äußere Objekte – rund und blau sind oder – wie innere Objekte – Schmerzen, sondern um Tätigkeiten und leibliche Vollzüge, die sich in einer bestimmten Weise und in einem spezifischen Modus vollziehen.

3.3 Soziologische Einordnungen

Versuchen wir eine kurze soziologische Einordnung. Die vorangegangene und längst nicht erschöpfende Diskussion über die verschiedenen theoretischen Ansätze machen deutlich, dass gerade das Verhältnis von Phänomenalität und Intentionalität von Schmerzen umstritten ist. Handelt es sich um Vorgänge, die intentional auf etwas – konstativ oder konativ – Bezug nehmen, oder handelt es sich um Vorkommnisse, die sich in bestimmter Weise anfühlen? Nur bei einer oberflächlichen Betrachtungsweise kann die Aussage, dass Schmerzen schmerzen, als eine triviale begriffen werden, da in Schmerzen sensorische und affektive Dimensionen verschränkt sind. Sind Schmerzen Akte oder (im Sinne adverbialer Theorien) der Modus, in welchem sich Erfahrungen vollziehen? Man muss im Bereich der intentionalen Aktformen und ihren phänomenalen Dimensionen Differenzierung vornehmen.[5] Es lassen sich unterscheiden:

5 Von erheblicher Tragweite ist in diesem Zusammenhang die Frage, in welchem Verhältnis diese Aktformen dann zueinander und untereinander stehen. Dies gilt insbesondere für die Frage, inwieweit auf sprachliche Prädikations- oder Ausdrucksformen zurückgegriffen werden kann und ob das, was denn sprachlich aussagbar ist, sich in dem phänomenalen Erleben im Medium der anderen Aktformen verankert oder von diesem dissoziiert ist (siehe hierzu in Bezug auf Geschlecht und Erfahrung insbesondere den Aufsatz von Tomke König in diesem Band).

- Intentionale Akte (begrifflich-repräsentational[6] oder nicht-begrifflich) und ihre phänomenalen Dimensionen (Quale),
- Wahrnehmungen in ihrem phänomenalen Erleben,
- körperliche Empfindungen wie Hunger oder Durst, leibliche Regungen wie Spannungen oder leibliche Erfahrungen wie Schmerzen,
- imaginative Vorstellungen.

Während taktile Erfahrungen, propriozeptive und interoceptive Aufmerksamkeiten oder *body images* immer mitlaufen, weil ihre Aufgabe es eben ist, den Körper auf seine Verhaltens- und Handlungsaufgaben zu fokussieren, bilden Schmerzen eine der maßgeblichen Formen, in denen sich unsere leibliche Intentionalität ihrer selbst in einer phänomenalen Weise bewusst wird. Schmerzen machen den Körper auf sich selbst aufmerksam oder, eher noch, sie machen den Körper darauf aufmerksam, dass bestimmte affordante Gleichgewichte zwischen körperlichem Verhalten und den situativen Anforderungen und Aufforderungen gestört sind (Coninx 2000a, 2000b; Coninx/Stilwell 2021). Schmerzen induzieren Störungen des körperlichen Agierens – von daher die oben dargestellte imperative Intentionalität, die aber in dem Sinne keine mentale, sondern eine körperliche, sich in den leiblichen Regungen manifestierende ist – Schmerzen sind mit der Aufforderung verbunden, das Verhältnis der Passung zwischen Körper und affordanten Bewegungs- und Verhaltensabläufen neu zu justieren.

Um eine soziologische Einordnung der theoretischen Befunde vornehmen zu können, wird man aber eine Problematik an den Anfang stellen müssen: Aus welcher Perspektive wird Schmerz beschrieben? Es fällt auf, dass in der Regel eine Perspektive der 3. Person gewählt wird, selbst in den älteren phänomenologischen Ansätzen. Nicht die phänomenalen Schmerzerfahrungen in der Perspektive einer 1. Person stehen im Vordergrund, auch nicht die Erfahrungen in der Perspektive von Ko-Akteuren, sondern die begrifflichen Einordnungen aus der Perspektive einer 3. Person, einem Perspektivierungsmodus, der aber auch schon dann vorliegt, wenn eine Person gehalten ist, sich oder Zweite oder Dritte über ihre Schmerzen zu informieren. Das Sprechen über ihre oder seine Schmerzerfahrungen führt schon zu ihrer Vergegenständlichung. Auch die im vorangegangenen Abschnitt vorgenom-

---

6 Diese stehen im Zentrum der Diskussionen über eine *phenomenal intentionality* im Rahmen der Philosophy of Mind. In dieser Tradition werden – im Unterschied zu der klassischen Phänomenologie von Brentano und Husserl – intentionale Akte nicht von vornherein als bewusste betrachtet. Bewusstsein und Intentionalität werden also im Unterschied zur klassischen Phänomenologie auseinandergezogen und man versucht die entstehende Lücke dadurch zu schließen, dass man Intentionalität auf (bewusste) Phänomenalität zurückführt. Diese Diskussionen sind sicherlich für die Soziologie bedeutsam, zumal dann, wenn sie mit Intentionalität operiert, können hier aber nicht näher ausgeführt werden.

mene enaktivistische Einordnung von Schmerzen in Affordanzkontexte ist eine von außen vorgenommene.

Eine soziologische Einordnung von Schmerzen – und das gilt für phänomenale und intentionale Erfahrungen generell – hat diesen Umstand zu berücksichtigen. Soziale Wirklichkeit liegt stets nur in einer pluralisierten Form, in einer Verschränkung von Perspektiven unterschiedlicher Ordnungen vor. In sozialen Beziehungen oder, technisch gesprochen, in Selektionen, die sich an anderen Selektionen orientieren, liegen nun stets unterschiedliche Muster von Perspektivenverschränkungen vor, solche der 1., der 2. oder der 3. Person. Schmerzen sind also nicht nur in ihrer in der 1. Person gegebenen Phänomenalität ein Element der sozialen Wirklichkeit, sondern auch in jenen phänomenalen Formen, wie sie sich in der 2. und der 3. Person bilden.

4. Phänomenale Sozialität

Kommen wir nun nach diesen Vorklärungen zu der soziologisch wichtigen Problematik: In welcher Weise können phänomenale Erfahrungsdimensionen im Allgemeinen bzw. Schmerzen im Besonderen als ein soziales Phänomen und soziales Objekt betrachtet werden? In der Einleitung war die These formuliert worden, dass die analytischen Begriffsrahmen der Soziologie vornehmlich intentional-repräsentational und kaum *phänomenal* orientiert sind. Das heißt, dass die Sach-, die Sozial- und die Zeitdimensionen, in denen Dinge in sozialen Konfigurationen gegeben sind, in ihren qualitativen bzw. phänomenalen Aspekten nicht hinreichend berücksichtigt werden. Die Bedeutungen, die die Dinge, Ereignisse oder Akteure haben, sind qualitativ und phänomenal und nicht, wie häufig unterstellt, allein kognitiv erfahrbar. Das aber darf im Umkehrschluss nun aber nicht heißen, dass soziale Konfigurationen stets Wert auf die phänomenalen Aspekte des Erlebens und Handelns legen. Soziale Konfigurationen zeichnen sich dadurch aus, dass sie in ihren Regeln soziale Phänomene, also das, was für sie von Wert ist, konstituieren. Die Einheit dieser konstitutiven Regeln und der normativen Regeln, die aus ihnen erwachsen, wird hier als Kultur oder Regime von Erfahrungswelten bezeichnet. Sie regulieren, welche Erfahrungen in ihren intentionalen wie phänomenalen Dimensionen von Wert sind.

Schmerzen können, je nach Schmerzregime, Schmerzepisteme oder Schmerzkultur, zu einer Choreographie der Körper führen, zu einer interkorporealen sozialen Beziehung – die Hand der Mutter oder des Vaters, die das verletzte Kind tröstend streichelt, die tastenden Bewegungen der Ärztin, die eine schmerzende Körperstelle untersucht. Aber man muss auch diejenigen Körpertechniken berücksichtigen, die geeignet sind, Verletzungen und damit Schmerzen zuzufügen. Und es muss darauf hingewiesen werden, dass diese Choreographie der Körper oder der Körpertechniken sich häufig in einer rituellen, zumindest ritualisierten Form vollzieht, weil die Koordination von Verhaltensweisen in der Form von Ritualen die Möglichkeit schafft, die Aufmerksamkeit weg von den Koordinationsproblemen auf die Sachebene der koordinationstranszendenten Gegenstände wie beispielsweise Schmerzen zu lenken. Welche Körpertechniken aber auch immer, sie stellen eine interkorporale Sozialität her, aber eine solche, die gleichsam die phänomenalen Qualitäten und intentionalen Aufforderungen von Schmerzerfahrungen voraussetzt – nämlich diejenigen, dass Schmerzen *unpleasant* sind und deshalb mit der imperativen Intentionalität ausgestattet sind, solche affordanten personalen wie materialen Umwelten herzustellen, die dem verletzten Körper gemäß sind. Und als körperliche Gewalt gilt, wenn diese imperative Intentionalität von Schmerzen eben verletzt, negiert oder aufgehoben wird. Leibliche Regungen und Bewegungen koagieren miteinander, stehen in jeweils komplementären Aktionen zueinander. Auch diese weisen jeweils eine eigene Phänomenalität auf, sie werden als körperliche Regungen in einer gewissen Weise gespürt. Interkorporalität geht also immer mit einer gewissen Interphänomenalität einher, die dann, wenn diese phänomenalen Qualitäten sich emotionsgenerierenden intentionalen Akten verdanken, auch von einer gleichsinnigen wie gegenläufigen Interaffektivität begleitet sein können.

Solche interkorporal sich vollziehenden Beziehungen der Ko-Aktion oder der Ko-Konstitution lassen sich dann, wenn sie auf Schmerzen bezogen sind, als Schmerzregime bezeichnen. In einer grobkörnigen Weise kann man drei Schmerzregime unterscheiden:

- Kurative Schmerzregime nehmen die imperative Intentionalität von Schmerzen bejahend auf. Sie fordern zu kurativen Aktionen auf bzw. prohibitiv zu der gesellschaftlichen Einrichtung solcher affordanter, enaktiver Situationsgegebenheiten, die schmerz- bzw. verletzungsvorbeugend oder -verhindernd sind.[7]
- Evokative oder evozierende Schmerzregime sind solche, die Schmerzen hervorrufen, sei es durch Akte der Gewalt, sei es durch das Unterlassen der Einrichtung schmerzverhindernder affordanter Situationsarrangements. Sie reagieren ablehnend und verneinend auf die imperative Intentionalität von Schmerzen.
- Neutralisierende Schmerzregime sind solche, die der imperativen Intentionalität distanziert oder einklammernd gegenüberstehen und Schmerzen privatisieren, in dem Sinne also keine komplementären Akte vorsehen oder vollziehen.

---

7 Aufbauend auf den wegweisenden Ausführungen von De Vignement & Jacob (2012) lassen sich in kurativen Schmerzregimen phänomenale Konstellationen von Schmerzerfahrungen der 1. Person und sogenannten *vicarious sensorimotor pains* und *vicarious affective pains* in den auf diese bezugnehmenden Erfahrungen in der Perspektive 2. (nahestehender, sympathisierender und emphatischer) Personen unterscheiden.

Soziale Konfigurationen und Handlungsfelder weisen mitunter eine eindeutige Fokussierung auf eines dieser Schmerzregime auf, mitunter mischen sie diese. Welches Schmerzregime aber auch immer institutionalisiert wird, hängt davon ab, welche Schmerzkultur artikuliert wird. Der Ausdruck der Schmerzkultur bezieht sich auf die evaluativen Schemata der Bewertung, Rechtfertigung und Interpretation von Schmerzen. Im Gegensatz zu Schmerzregimen, die als Ordnungen der Ko-Selektivität gelten müssen, sind Schmerzkulturen als Ordnungen der Bewertung zu begreifen, die Einfluss auf die Legitimität von Schmerzregimen nehmen.

Die Möglichkeit, Schmerzen erfahren zu können, sind sicherlich biologisch verankert. Schmerzen selbst aber in ihren spezifischen Ausprägungen sind ein individuell-relationales Phänomen. Es sind individuelle Körper und Leiber, die in ihren Kontexten und Affordanzen Schmerzerfahrungen machen. Diese individuellen Körper und Leiber werden jedoch auf einer sozialen Ebene wiederum mit gewissen Anforderungen von Schmerzregimen und Schmerzkulturen konfrontiert, die sicherlich auch eine geschlechtliche Dimension in dem Sinne aufweisen, dass sie den jeweiligen geschlechtlich codierten und disziplinierten Körpern und Leibern spezifische Schmerzartikulationen und -bewertungen zumuten.

Schmerzen selbst wie die Zufügung oder Verhinderung von Schmerzen können in einer äußerst vielfältigen Weise normativ begründet und von entsprechenden Phantasien oder Imaginationen begleitet werden (Zborowski 1952). In einer groben Weise lassen sich Kulturen des Leidens, Kulturen der Rechtfertigung, Kulturen der Sublimierung und Kulturen der Pathologisierung unterscheiden:

- In Kulturen des Leidens werden Schmerzen als eine leidvolle Erfahrung bewertet, die ein entsprechendes Mitleiden zur Folge haben kann.
- In Kulturen der Rechtfertigung werden Schmerzen aufgrund ihrer phänomenalen Qualitäten als ein Mittel zur Herstellung von Fügsamkeit betrachtet und bewertet.
- In Kulturen der Sublimierung erhalten Schmerzen als zu genießende phänomenale Qualitäten eine wertschätzende Bewertung (beispielsweise in erotischen, aber auch in religiösen Handlungskonfigurationen).
- In Kulturen der Pathologisierung werden Schmerzen als pathologische Erscheinungen bewertet.

Nicht nur die interkorporalen und gleichsam enaktivistischen Beziehungen, in denen Schmerzen mit ihren leiblichen Regungen auf andere leibliche Regungen treffen, sondern auch in den sich zwischen Perspektiven 1. und 2. Ordnung vollziehenden kommunikativen Akten, in denen es um das Verstehen von mitgeteilten Informationen, Sachverhalten und Befindlichkeiten geht, werden von solchen Schmerzregimen und Schmerzkulturen geprägt. Dreßke (2022) zeigt in seiner Studie über die sozialen Konfigurationen des Kopfschmerzes, wie schon die Verständigung über

Kopfschmerzen und der kommunikative Modus, wie man zweiten oder dritten Personen Kopfschmerzen mitteilt, davon abhängt, in welchen normativen, konstativen und vor allem konativen Ordnungen man sich bewegt. Leonardi et al. (2004) verweisen darauf, dass sowohl neurowissenschaftliche Forschungen als auch medizinische Schmerztherapien die moralischen Implikationen der Schmerzkulturen zu berücksichtigen haben, in denen sich Patienten und ihre sozialen Netzwerke artikulieren.

Diese und andere schmerzkulturellen Bewertungsformen dienen nun auch denjenigen, die von Schmerzen betroffen sind, zur Interpretation und Bewertung ihrer eigenen Schmerzen. Schmerzen werden mit einem je individuellen Sinn ausgestattet und narrativiert, also in das Element einer spezifischen Existenzweise transformiert, möglicherweise mit Rückwirkungen darauf, wie der Schmerz selbst phänomenal empfunden wird, sicherlich aber mit Rückwirkungen auf das selbstbezügliche Coping von Schmerzen. Solche Selbstinterpretationen und -narrativierungen stehen in einer gewissen Abhängigkeit zu biographischen Situationen. Damit ist auch verbunden, dass die phänomenalen Schmerzempfindungen von anderen phänomenalen Empfindungen überlagert werden oder vielleicht sogar mit solchen fusionieren, nämlich solchen phänomenalen Empfindungen, die aus Gefühlen und Emotionen im Umgang mit Schmerzen resultieren. Aber nicht nur Schmerzdiskurse oder -kulturen machen sich auf der phänomenalen Ebene bemerkbar, sondern auch Schmerzregime, also die verschiedenen Formen der Ko-Aktion oder Ko-Konstitution von Schmerz. Es wird oft und mit guten Gründen behauptet, dass Schmerzerfahrungen isolieren. Sie können zu einem transienten Rückzug aus sozialen Beziehungen führen, möglicherweise aufgrund unangemessener affordanter Einbettungen, möglicherweise aber auch aufgrund von Schmerzregimen, die gerade in ihren körperlichen Ko-Aktionen solche Bewertungen und Erfahrungen herstellen.

Literaturverzeichnis

Armstrong, David M. (1962): Bodily Sensations, London: Routledge and Kegan Paul.

Bain, David (2013): What Makes Pains Unpleasant?, in: Philosophical Studies 166 (Suppl. 1), 569–589.

Bendelow, Gillian (1993): Pain Perceptions, Gender and Emotion, in: Sociology of Health and Illness 1583, 273–294.

Bendelow, Gillian (2000): Pain and Gender, Harlow: Prentice Hall.

Bendelow, Gillian/Williams, Simon (1995a): Pain and the Mind-Body-Dualism: A Sociological Approach, in: Body & Society 1(2), 83–103.

Bendelow, Gillian/Williams, Simon (1995b): Transcending the Dualisms: Towards a Sociology of Pain, in: Sociology of Health and Illness 17(2), 139–165.

Bendelow, Gillian/Williams, Simon (1995c): Sociological Approaches to Pain, in: Progress in Palliative Care 3, 169–174.

Bourget, David/Mendelovici, Angela (2019): Phenomenal Intentionality, in: The Stanford Encyclopedia of Philosophy (Fall 2019 Edition), https://plato.stanford.edu/archives/fall2019/entries/phenomenal-intentionality/

Brentano, Franz (1907): Untersuchungen zur Sinnespsychologie, Leipzig: Duncker & Humblot.

Buytendijk, Frederik Jacobus Johannes (1948): Über den Schmerz, Bern: Huber.

Charmaz, Kathy (1983): Loss of Self. A Fundamental Form of Suffering in the Cronically Ill, in: Sociology of Health and Illness 5(2), 168–195.

Coninx, Sabrina (2020a): Experiencing Pain, Berlin: De Gruyter.

Coninx, Sabrina (2020b): Pain Experiences and the Link to Action. Challenging Imperative Theories, in: Journal of Consciousness Studies 27(9-10), 104–126.

Coninx, Sabrina/Stilwell, Peter (2021): Pain and the Field of Affordances. An Enactive Approach to Acute and Chronic Pain, in: Synthese 199, 7835–7863.

Corns, Jennifer (2018): Recent Work on Pain, in: Analysis 78(4), 737–753.

Corns, Jennifer (2020): The Complex Reality of Pain, London: Routledge.

Cutter, Brian (2017): Pain and Representation, in: Jennifer Corns (Hg.), The Routledge Handbook of Pain, London: Routledge, 29–43.

Dewey, John (1930): Qualitative Thought, in: The Later Works, 1925–1953, Vol. 5, 1929–1930, Carbondale: Southern Illinois University Press 2008, 243–261.

Dilthey, Wilhelm (1997): Gesammelte Schriften, Bd. XIX: Grundlegung der Wissenschaft vom Menschen, der Gesellschaft und der Geschichte, Göttingen: Vandenhoeck & Ruprecht.

Dreßke, Stefan (2022): Empfindliche Körper. Kopfschmerzpraktiken zwischen Alltag und Medizin, Bielefeld: transcript.

Fisette, Denis (2009a): Love and Hate. Brentano and Stumpf on Emotions and Sense Feelings, in: Gestalt Theory 31(2), 175–190.

Fisette, Denis (2009b): Stumpf and Husserl on Phenomenology and Descriptive Psychology, in: Gestalt Theory 31(2), 175–190.

Gadamer, Hans-Georg (1960): Wahrheit und Methode, Tübingen: Mohr.

Gallagher, Shaun (2017): Enactivist Interventions, Oxford: Oxford University Press.

Gallagher, Shaun (2023): Embodied and Enactive Approaches to Cognition, Cambridge: Cambridge University Press.

Geniusas, Saulius (2013): The Origins of the Phenomenology of Pain: Brentano, Stumpf and Husserl, in: Continental Philosophy Review 47, 1–17.

Geniusas, Saulius (2020): The Phenomenology of Pain, Athens: Ohio University Press.

Grahek, Nikola (2007): Feeling Pain and Being in Pain, Cambridge, Mass.: MIT Press.

Grüny, Christian (2004): Zerstörte Erfahrung. Eine Phänomenologie des Schmerzes, Würzburg: Königshausen & Neumann.

Hamblin, Charles (1987): Imperatives, Oxford: Bleckwell.
Husserl, Edmund (1913): Logische Untersuchungen. Zweiter Band: Untersuchungen zur Phänomenologie und Theorie der Erkenntnis. 2. Aufl., Halle: Niemeyer.
Jung, Matthias (2023): Leben und Bedeutung, Berlin/New York: De Gruyter.
Klein, Colin (2015): What the Body Commands. The Imperative Theory of Pain, Cambridge, Mass.: MIT Press.
Klein, Colin (2017): Imperativism, in: Jennifer Corns (Hg.), The Routledge Handbook of Pain, London: Routledge, 51–59.
Kriegel, Uriah (Hg.) (2013): Phenomenal Intentionality, Oxford: Oxford University Press.
Leder, Drew (1984/85): Toward a Phenomenology of Pain, in: Review of Existential Psychology & Psychiatry 19(2-3), 255–266.
Leder, Drew (2016): The Experiential Paradoxes of Pain, in: Journal of Medicine and Philosophy 41(5), 444–460.
Leonardi, Matilde et al. (2004): Pain, Suffering and Some Ethical Issues in Neuroscience Research, in: J. Headache Pain 5, 162–164.
Melzack, Ronald/Wall, Patrick David (1965): Pain Mechanisms. A New Theory, in: Science 150, 971–970.
Nagel, Thomas (1974): What is it Like to Be a Bat?, in: The Philosophical Review 83(4), 435–450.
O'Sullivan, Brendan/Schroer, Robert (2012): Painful Reasons. Representationalism as a Theory of Pain, in: Philosophical Quarterly 62, 737–758.
Pitcher, George (1970): The Awfulness of Pain, in: Journal of Philosophy 67,481-491.
Ramsey, William (2007): Representation Reconsidered, Cambridge: Cambridge University Press.
Ramsey, William (2017): Must Cognition Be Representational?, in: Synthese 194(11), 4197–4214.
Rorty, Richard (1980): Philosophy and the Mirror of Nature, Oxford: Blackwell.
Serrano, Agustin de Haro (2011): Is Pain an Intentional Experience?, in: Ion Copoeru/Pavlos Kontos/Agustin de Haro Serrano (Hg.), The Horizons of Freedom, Bukarest: Zeta Books, 386–395.
Stumpf, Carl (1907): Über Gefühlsempfindungen, in: Zeitschrift für Psychologie und Physiologie der Sinnesorgane 44, 1–49.
Stumpf, Carl (1917): Apologie der Gefühlsempfindungen, in: Zeitschrift für Psychologie und Physiologie der Sinnesorgane 75, 330–350.
Tye, Michael (2005): Another Look at Representationalism about Pain, in: Murat Aydede (Hg.), Pain. New Essays on its Nature and the Methodology of the Study, Cambridge MA: MIT Press, 99–120.
Tye, Michael (2017): Are Pains Feelings?, in: The Monist 100, 478–484.
Wilkinson, Iain (2005): Suffering. A Sociological Introduction, Cambridge: Polity Press.

Williams, Simon/Bendelow, Gillian (1998): In Search of the »Missing Body«. Pain, Suffering and the (Post)Modern Condition, in: Graham Scambler/Paul Higgs (Hg.), Modernity, Medicine and Health: Medical Sociology Towards 2000, London: Routledge.

Zajacova, Anna/Grol-Prokopczyk, Hanna/Zimmer, Zachary (2021): Sociology of Chronic Pain, in: Journal of Health and Social Behavior 62(3), 302–317.

Zborowski, Mark (1952): Cultural Components in Response to Pain, in: Journal of Social Issues 8, 16–30.

Kommentar: Schmerz und Geschlecht

Walter Erhart

Schmerz scheint eine äußerst komplexe Angelegenheit zu sein, in erster Linie deshalb, weil der individuell erfahrene Schmerz niemals eindeutig zu bestimmen und zu beschreiben ist. Schmerzerfahrungen sind weder allein dem Körper zuzuschreiben noch einem bloßen Gefühl noch einer bestimmten Wahrnehmung. Der Schmerz verweist auf diese komplexe Erfahrung, weil er in einem präzisen Sinn zweideutig und stets auf zwei Bereiche eines Verhältnisses bezogen ist: auf die unmittelbare Erfahrung des Schmerzes einerseits, auf dessen *objektiv* lokalisierbaren Ort an oder in einem Körper andererseits. Schmerz betrifft somit zugleich unseren vergegenständlichten Körper und unseren erfahrbaren und spürbaren Leib, er vermittelt zugleich zwischen dem schmerzbehafteten Körper und einer mentalen Aktivität. Und dabei ist die semantische Zweideutigkeit der Schmerzerfahrung noch nicht einmal thematisiert, die sich auf einen körperlich lokalisierbaren Schmerz, aber auch auf ein ganzes Spektrum seelischer Schmerzen beziehen kann. Das Empfinden eines Schmerzes steht in einer stetigen, aber unklaren Verbindung mit einer durch den Begriff *Schmerz* ausgedrückten Allgemeinheit; es scheint sogar umstritten zu sein, ob sich dieses Empfinden selbst – der Schmerz an und für sich – intentional auf etwas richtet und eine Repräsentation von etwas darstellt oder aber einen körperlichen Zustand lediglich mental verarbeitet und demzufolge auf nichts verweist.

Der überaus konzise und reichhaltige Beitrag von Rainer Schützeichel (2024) rückt diese phänomenologischen Grundlagen der Schmerzerfahrung in den Blick. Komplexität und Unbestimmtheit kennzeichnen das Phänomen Schmerz demzufolge als einen zentralen Untersuchungsgegenstand für das Verhältnis zwischen Ich und Welt sowie für die Interaktion und die Kommunikation zwischen einem Subjekt und seiner Umwelt. Am Schmerz kristallisiert sich gewissermaßen das *In-der-Welt-Sein* des Menschen, vor allem deshalb, weil Schmerzerfahrungen in erster Linie ein gefährdetes und gebrochenes Verhältnis anzuzeigen scheinen: zum einen *Ungleichgewichte zwischen Körper und Welt*, die den Schmerz als *Störung* eines Selbst- und Weltverhältnisses markieren, zum anderen das Nicht-Verstehen des Anderen, dessen Schmerz nie nachgefühlt oder kognitiv begriffen werden kann und deshalb stets eine fundamentale Differenz zwischen den Individuen zum Ausdruck bringt.

Die geradezu epistemische Unbestimmtheit des Schmerzes, die involvierten Störungen des Selbst- und Weltverhältnisses sowie die eigentümliche Isoliertheit des Schmerzempfindenden verweisen allesamt auf den ambivalenten Stellenwert einer Erfahrbarkeit des Schmerzes, die zwischen unklarer Empfindung und benennbarer, jeweils zu lokalisierender Ursächlichkeit changiert. Dabei geht es nicht zuletzt um die Differenz zwischen Empfindungen und Erfahrungen einerseits, ihre Erfassung durch Sprache, Kommunikation und Begrifflichkeit andererseits. Sämtliche in dem Beitrag von Rainer Schützeichel genannten *phänomenalen Erfahrungen* und *verkörperten Erfahrungsmodalitäten* verweisen auf das Problem der Zugänglichkeit solcher Erfahrungen: Sind sie erst im Modus des Begreifens und der Versprachlichung erfahrbar und dadurch auch kommunizierbar? Oder ist die Schmerz-Erfahrung durch einen wahren Abgrund von ihrer stets nachträglichen kognitiven Erfassung und ihren sprachlichen Ausdrucksformen getrennt?

Der Beitrag lässt diese Fragen offen, weil sie phänomenologisch offenbar nicht zu entscheiden und nicht zu beantworten sind. Die Schmerz-Erfahrung selbst aber scheint geradezu prädestiniert für die grundlegende Frage, ob Erfahrungen überhaupt der sprachlichen Kommunizierbarkeit vorausgehen können, auf welche Weise bestimmte individuelle Erfahrungen zugleich Allgemeinheit gewinnen, erst dadurch auch als kollektive Erfahrung kommuniziert werden und soziale Wirksamkeit und Bedeutsamkeit entfalten können. Der Schmerz als Erfahrung scheint fast per se unsagbar und gerade deshalb angewiesen auf vermittelnde, das Phänomen und Problem der Sprache selbst adressierende, oftmals übertragbare und verschobene Ausdrucks- und Kommunikationsmöglichkeiten. Insbesondere Literaturwissenschaftler*innen haben sich auf diese Weise dem Phänomen des Schmerzes gewidmet: Schmerz sei geradezu ein »Grenzfall für Kommunikation und Darstellbarkeit«, seine Unbestimmtheit führe zwar regelmäßig zu einem »Scheitern an der Artikulation« (Hermann 2006: 11), dennoch bilde die ständige Notwendigkeit einer Übersetzung in Sprache und Kommunikation eines der wesentlichen Merkmale des Phänomens selbst.

Nicht von ungefähr hat Ludwig Wittgenstein den Schmerz deshalb als exemplarischen Fall für die grundsätzliche Schwierigkeit benannt, Sprache mit Welt zu verbinden: »Wie kann ich mit der Sprache noch zwischen die Schmerzäußerung und den Schmerz treten wollen?« (Wittgenstein 1971: 140) In einer Reihe tastender dialogischer Überlegungen markiert Wittgenstein in den *Philosophischen Untersuchungen* den Schmerz nicht allein als einen Fall der Nicht-Übertragbarkeit eigener Empfindungen in nicht vorhandene *Privatsprachen*, sondern auch als Ausdruck des Rätsels jeglicher Kommunikation über Erfahrungen: »Wenn man sich den Schmerz des Andern nach dem Vorbild des eigenen vorstellen muß, dann ist das keine so leichte Sache: da ich mir nach den Schmerzen, die ich *fühle*, Schmerzen vorstellen soll, die ich *nicht fühle*.« (Ebd.: 159–160)

Der Schmerz ist in dieser Perspektive eine Frage der Erkenntnis und der Sprache schlechthin, *keine so leichte Sache*, sondern ein phänomenologisches Problem der Erfahrbarkeit und Kommunizierbarkeit leiblichen Empfindens. Zugleich aber wird das Schmerzempfinden zu einem exemplarischen Phänomen der Ethik und der Sozialphilosophie. Der Schmerz des anderen ist nicht primär zugänglich, die Mitteilbarkeit von Schmerzerfahrungen jedoch ist fundamental für die Anerkennung und öffentliche Wahrnehmung zentraler sozialer und gesellschaftlicher Erfahrungen. Im Schmerz selbst zentrieren sich zuweilen erst die jeweils (mit-)teilbaren körperlichen Bedingungen und Folgen des natürlichen und gesellschaftlichen Lebens; erst die Verwandlung von je eigenen, individuellen Erfahrungen in kollektive, allgemein geteilte Erfahrungsmuster weist dem Schmerz mithin auch eine gesellschaftliche Bedeutung zu. Die Wahrnehmung des Schmerzes durch andere markiert in diesem Sinne ein wichtiges Indiz für die Gesellschaftlichkeit des Menschen, für die Soziabilität ebenso wie für seine Bedürftigkeit und die ihm mögliche Empathie. Die Kontextualisierung und Darstellung von Schmerz werden gerade deshalb zu einem Phänomen der Wahrnehmung im Wortsinn: Insbesondere seit dem 18. Jahrhundert thematisieren Ästhetik und Hermeneutik den Umgang mit Schmerz als eine Form der Ausdrucksfähigkeit des Lebens schlechthin. (Borgards 2007; Meyer 2011) Umgekehrt fördern gerade der Mangel an Zugänglichkeit und die Nicht-Sagbarkeit des Schmerzes die Anteilnahme des Anderen heraus: Schmerz in dieser Hinsicht fungiert immer auch als Prüfstein der Anerkennung eines Anderen, dessen Schmerz wahrgenommen wird und dadurch die affektive Stellungnahme und das imaginäre Miterleben des wahrnehmenden Anderen herausfordert.

Toril Moi hat darauf hingewiesen, dass der Philosoph Stanley Cavell mit ausdrücklichem Bezug auf Wittgensteins Analyse von Schmerzerfahrungen sowohl eine skeptische Erkenntnistheorie als auch eine Theorie ästhetisch-literarischer Erfahrungen entwickelt hat (Moi 2022). In der leiblichen Erscheinung des Anderen, im Schmerz und in der Anerkennung des Leidens anderer werden die phänomenologisch erfassten Erfahrungen politisch; in der ästhetischen Wahrnehmung gelingender und misslingender Anerkennungsprozesse – etwa im Theater und in der Tragödie – erproben wir die grundlegenden Erfahrungen der Anteilnahme und des gesellschaftlichen Miteinanders. Gerade das imaginäre Schauspiel von Leid und Missachtung macht uns zu Zuschauerinnen und Zuschauern dessen, was aufgrund mangelnder sprachlicher Mitteilungs- und Darstellungsformen oftmals verfehlt und verdrängt wird (Cavell 2002). Der Schmerz und die Äußerungen von Schmerzerfahrungen wiederum sind der Gradmesser für die Intensität und die Notwendigkeit fundamentaler Anerkennungsprozesse, die in einem von Toril Moi zitierten Satz von Stanley Cavell ihre Zuspitzung erfahren: »Der gekreuzigte menschliche Körper ist unser bestes Bild für die nicht-anerkannte menschliche Seele.« (Cavell 2006: 682)

In jedem erfahrenen Schmerz wiederum zeigt sich die Abhängigkeit des Selbst nicht nur vom Körper und einer mit ihm korrespondierenden Umwelt, sondern auch die primäre Verletzlichkeit und Verwundbarkeit einer singulären Existenz. Wir erkennen die Eingeschlossenheit unserer Erfahrungen, zugleich aber auch die eigene Bedürftigkeit, das Angewiesen-Sein auf Anteilnahme und Anerkennung. In diesem Sinn hat die Phänomenologie von »einer Erfahrung nicht nur des Schmerzes, sondern im Schmerz« gesprochen, von der Art und Weise, wie der Schmerz gerade dadurch »selbst welterschließende Kraft« (Grüny 2004: 19) besitzt. Dabei wird freilich nicht das Humanum selbst sichtbar, sondern – ganz im Gegenteil – eine die Menschen trennende »Humandifferenzierung« (Hirschauer 2017; Dizdar u.a. 2021): jene Unterschiede zwischen den Menschen, die den Schmerz immer auch entlang eines grundlegend anders gelagerten, insbesondere körperlich-leiblich geprägten *In-der-Welt-Seins* differenzieren. In der philosophisch-phänomenologischen Perspektive, wie sie der Beitrag von Rainer Schützeichel einnimmt, kommen die solcherart wirksamen Unterschiede – Kultur, Ethnie, Alter, Klasse, Geschlecht – kaum zur Sprache, trotz der deutlich soziologischen Hinweise auf unterschiedliche, historisch und gesellschaftlich-sozial differenzierte *Schmerzregime* und *Schmerzkulturen*.

Eine feministisch inspirierte Phänomenologie hat insbesondere die Leibgebundenheit geschlechtsspezifischer Erfahrungen hervorgehoben (Jäger 2004; Gahlings 2006; Stoller 2010). Im körperlichen Erleben von Geschlecht machen sich nicht nur die gesellschaftlichen Einschreibungen und die gelebten Existenzweisen[1] von Geschlecht unmittelbar bemerkbar, hier zeigen sich auch jene Widerstände, Unstimmigkeiten und noch kaum bewussten Erfahrungsgehalte, mit denen sich potentielle Transformationen der Geschlechterordnung ankündigen, zugleich auch in die Wege geleitet werden (König/Erhart 2023). Auch hier bilden Kommunizierbarkeit und Verallgemeinerbarkeit der individuellen, oftmals vorsprachlich gelagerten Erfahrungen ein zentrales Problem der durch sie vorbereiteten geschlechtergeschichtlichen Prozesse. Auf welche Weise lassen sich vor allem auch leiblich gebundene, geschlechtsspezifische Erfahrungen in kollektive Erfahrungen übersetzen? Schmerzerfahrungen sind nicht nur für solche Übersetzungsprozesse prädestiniert, sie gehören seit jeher zu jenen Erfahrungsbereichen, an denen sich auch die Unterschiede der Geschlechter und ihrer leiblich gebundenen Existenzweisen manifestieren (Herman/Meyer 2006). In der phänomenologischen Verallgemeinerung des wahrnehmenden Menschen und seiner Schmerzerfahrungen bleibt – ähnlich wie im Beitrag von Rainer Schützeichel – die konkrete Differenz der Geschlechter oftmals außer Acht. In essayistischen und literarischen Texten über den Schmerz hingegen lassen sich die geschlechtsspezifischen Konnotationen leibgebundener Schmerzen unschwer erkennen. Ernst Jüngers Essay *Über den Schmerz* (1934, hier zitiert in einer Ausgabe von 2015) beschreibt den Umgang mit Schmerz

1 Zum hier verwendeten Begriff der *Existenzweise* siehe Andrea Maihofer 1995.

als das hervorstechendste Merkmal einer neuen Epoche der Objektivierung und Versachlichung, die den »Leib« mehr als »Gegenstand« betrachtet und deshalb die mit ihm verbundenen Schmerzen verändert: eine »Verwandlung« und »Operation«, mit der »die Zone der Empfindsamkeit aus dem Leben herausgeschnitten wird […]« (Jünger 2015: 162). Als nur scheinbar sachliches, fast phänomenologisches Porträt einer neuen Zeit kommt gerade in Jüngers literarischer Sprache jener männliche Gestus zum Vorschein, der den neuen epochalen Umgang mit dem Schmerz charakterisieren soll: die »Disziplin« als »Form, durch die der Mensch die Berührung mit dem Schmerze aufrechterhält« und die sich durch die »Uniform« und ihren »Rüstungscharakter« auszeichnet, der »Anspruch, gegen den Angriff des Schmerzes in besonderer Weise gepanzert zu sein« (ebd.: 164–165).

Auf entgegengesetzte Weise markiert Ingeborg Bachmanns Roman *Malina* (1971, hier zitiert in einer Ausgabe von 1980) den Schmerz als Modell einer weiblichen Existenzerfahrung, die zum literarischen Projekt einer *Todesarten* genannten Sammlung von Erzähltexten erweitert wird und eine ebenso historische wie familiär-individuelle Leidens- und Schmerzgeschichte weiblicher Figuren im 20. Jahrhundert umfasst (Herman 2002: 216–248). Im Roman beschreibt eine Urszene den erinnerten Ausgangspunkt in der Geschichte der namenlosen Ich-Erzählerin. Das sechsjährige Mädchen begegnete auf dem Schulweg »zwei kleinen Buben«, von denen der ältere sie mit den Worten »Du, du da, komm her, ich geb dir etwas!« anlockte und ins Gesicht schlug: »Es war der erste Schlag in mein Gesicht und das erste Bewußtsein von der tiefen Befriedigung eines anderen, zu schlagen. Die erste Erkenntnis des Schmerzes.« (Bachmann 1980: 12) Der Roman erzählt von diesem frühen Moment an – »[…] zum erstenmal unter die Menschen gefallen, und manchmal weiß man also doch, wann es angefangen hat, wie und wo, und welche Tränen zu weinen gewesen wären […]« (ebd.) – die Verwandlung dieses Schmerzes in die Leidens- und Lebensgeschichte einer Figur, die nicht zuletzt von der Schwierigkeit und Unmöglichkeit handelt, für diese lebenslang anhaltende Erfahrung eine Sprache zu finden – gerade gegenüber den sprach- und redegewandten, vielleicht auch vom weiblichen erzählenden Ich abgespaltenen männlichen Romanfiguren Malina und Ivan. Der Übergang vom physischen *ersten* Schmerz einer Gewalttat, von einem darin deutlichen *Schmerzregime* der Kriegs- und Nachkriegszeit, zur psychisch-seelischen *Schmerzkultur* einer weiblichen Existenz vollzieht sich in diesem Roman auch im Rahmen einer nicht eigentlich aufgeklärten und transparent gewordenen Vater- und Tochter-Geschichte. Die Schmerzerfahrung reicht somit weit zurück: einerseits in eine nur angedeutete familiäre Gewaltbeziehung, andererseits – besonders in weiteren Texten von Bachmanns *Todesarten*-Zyklus – in die europäisch-kolonialistische und die nationalsozialistische Vergangenheit.

Die (Opfer-)Geschichte der Figur im Roman *Malina* äußert sich vornehmlich als eine leibliche, (alltags-)sprachlich kaum artikulierbare und lediglich in Phantasien umkreiste (Zwangs-)Erfahrung zwischengeschlechtlicher Beziehungen. Die Dominanz der männlich entworfenen Figuren verwandelt sich letztlich, gerade in ihrer doppelten, jeweils herrschsüchtigen und *heilenden* Ambivalenz und Abspaltung, in die physisch-psychische Obsession der weiblichen Figur, geradezu zwanghaft auf diese ihr überlegenen männlichen Ich-Figuren bezogen zu sein:

> Ich gehe ziellos durch die Stadt, denn beim Gehen wird es fühlbar, am deutlichsten fühle ich es, und mit einer Erschütterung, auf der Reichsbrücke [...], ich kann das nicht mehr abtun von mir, denn es ist, gegen alle Vernunft, mit meinem Körper geschehen, der sich nur noch bewegt in einem ständigen, sanften, schmerzlichen Gekreuzigtsein auf ihn. (Bachmann 1980: 178)

Das Bild nimmt die neutestamentliche (Opfer-)Geschichte Jesu Christi auf; gerade in ihrer geschlechtsspezifischen Umdeutung wird deutlich, wie sich der Weg von der *ersten Erkenntnis* des Schmerzes und eines *Schmerzregimes* zu einer lebensgeschichtlich und epochal vieldeutigen *Schmerzkultur* vollzieht. Der »Weg meiner Passionsgeschichte« (ebd.) endet im Roman *Malina* bei der bereits von Stanley Cavell markierten Kreuzigungsszene: dem religiösen extremen Zeichen einer im leiblichen Schmerz manifestierten Verweigerung jeglicher Anerkennung. Was *gegen alle Vernunft* mit dem Körper *geschieht*, ist eine Erfahrung, die im Schmerz zugleich den differenten, geschlechtlichen Leib ins Zentrum rückt und in seiner Erkenntnisfunktion benennt. Als das Nicht-Vernünftige, das Nicht-Sprachliche und das Ausgeschlossene reklamiert gerade der Körper eine Dimension der Erfahrung, die ebenso wie das Geschlecht die nicht durchschaute, selbstverständliche Macht der Ordnungen kenntlich macht. Im Schmerz scheinen sich die Erfahrungen mit Körper und Geschlecht nicht selten zu verbinden und zu verdichten; das Schmerzempfinden zwingt nicht nur dazu, dem Körper »zuzuhören« und sich ihm »in all seiner Un/Versehrtheit zuzuwenden« (Kourabas 2023: 5), der Schmerz kann und soll zugleich sichtbar machen, was zuvor abgespalten und insbesondere in sozialen Szenarien der Unterdrückung und des *Othering* mit Körpern geschehen ist. Eine soziologische Analyse der (Schmerz-)Erfahrung wie im Beitrag von Rainer Schützeichel scheint die Dimension von Geschlecht allerdings wieder unsichtbar zu machen. Die in Literatur und Kunst, in Bildern und Metaphern jeweils eröffnete »Erkenntnis des Schmerzes« (Bachmann 1980: 12) enthüllt dagegen Differenzierungen und Differenzen, die tief in die geschlechtlichen Existenzweisen hineinreichen. Diese sind oftmals binär organisiert, und es mag sowohl der fingierten imaginären Realität als auch der im Lektüreprozess stets möglichen und erprobten Verwandlung in andere Figuren zuzuschreiben sein, dass die alltagsweltliche Erfahrung, in geschlechtliche Binarität verstrickt zu sein, gerade in der identifikatorischen Aneignung fiktiver, männlicher und weiblicher Figuren überschritten und aufgebrochen werden kann (Felski 2019).

Inwieweit tiefgreifende, den Körper unmittelbar betreffende Erfahrungen – Traumata, Leid, Schmerz, Geschlecht – überhaupt geteilt und mitteilbar sind sowie kollektiv erinnert werden können, bleibt eine offene Frage. Es seien »Erfahrungen, die sich als glühende Lavamassen in den Leib ergießen und dort gerinnen«, so hat Reinhart Koselleck die eigenen Kriegs- und Gefangenschaftserfahrungen in einem jüngst veröffentlichten autobiographischen Text beschrieben (Koselleck 2023) – und dabei zugleich in Zweifel gezogen, ob solche Erfahrungen überhaupt zu Gegenständen kollektiver Erinnerung werden können.[2] Jegliche *geronnene Lava* aber erinnert an den Ursprung und die Art und Weise ihrer Entstehung. Wenn die Romanfigur in Ingeborg Bachmanns *Malina* im Schreiben und andere im Lesen das verhärtete Lava-Massiv geschlechtlicher (Macht-)Verhältnisse in der Bloßlegung von Erfahrung und Schmerz wieder verflüssigen, ist damit eine andere Macht und Erfahrung benannt: diejenige von Kunst und Literatur.

Literaturverzeichnis

Albrecht, Monika/Göttsche, Dirk (2002): Bachmann-Handbuch. Leben-Werk-Wirkung, Stuttgart/Weimar: Metzler,127-159.

Bachmann, Ingeborg (1980): Malina, Frankfurt a.M.: Suhrkamp.

Borgards, Roland (2007): Poetik des Schmerzes. Physiologie und Literatur von Brockes bis Büchner, München: Fink.

Cavell, Stanley (2002): The Avoidance of Love: A reading of King Lear, in: Stanley Cavell, Must We Mean What We Say? A Book of Essays, Cambridge: Cambridge University Press, 246–325. https://doi.org/10.1017/CBO9781316286616.014.

Cavell, Stanley (2006): Der Anspruch der Vernunft. Wittgenstein, Skeptizismus, Moral und Tragödie, Frankfurt a.M.: Suhrkamp.

Dizdar, Dilek/Hirschauer, Stefan/Paulmann, Johannes/Schabacher, Gabriele (2021): Humandifferenzierung. Disziplinäre Perspektiven und empirische Sondierungen, Weilerswist: Velbrück Wissenschaft.

Felski, Rita (2019): Identifying with Characters, in: Amanda Anderson/Rita Felski/Toril Moi (eds.): Character. Three Inquiries in Literary Studies, Chicago/London: University of Chicago Press, 77–126.

2 Zu einer sich jüngst daran anschließenden Kontroverse siehe die Beiträge von Norbert Frei: Historische Lava. Im Streit um das Holocaust-Denkmal vor 25 Jahren übernahm der Historiker Reinhart Koselleck die Rolle der Kassandra. Die Geschichte hat ihn widerlegt. In: Süddeutsche Zeitung v. 21.06.2023. Ulrike Jureit: Wie brennt seine alte Wunde. Hat Reinhart Koselleck sein Erfahrungswissen benutzt, um die Erfahrungsgeschichte zu sabotieren? Anmerkungen zu Norbert Frei. In: Frankfurter Allgemeine Zeitung v. 16.08.2023.

Gahlings, Ute (2006): Phänomenologie der weiblichen Leiberfahrungen, Freiburg/ München: Verlag Karl Alber.

Grüny, Christian (2004): Zerstörte Erfahrung. Eine Phänomenologie des Schmerzes, Würzburg: Königshausen & Neumann.

Hermann, Iris (2006): Schmerzarten. Prolegomena einer Ästhetik des Schmerzes in Literatur, Musik und Psychoanalyse, Heidelberg: Universitätsverlag Winter.

Hirschauer, Stefan (2017): Un/Doing Differences. Praktiken der Humandifferenzierung, Weilerswist: Velbrück Wissenschaft.

Jäger, Ulle (2004): Der Körper, der Leib und die Soziologie. Entwurf einer Theorie der Inkorporierung, Frankfurt a.M.: Ulrike Helmer.

König, Tomke/Erhart, Walter (2023): Das Ich in der Geschlechterforschung. Zur Bedeutung von Erfahrung und Erleben für die Kritik der Geschlechterordnung. Soziologische und literaturwissenschaftliche Perspektiven, in: Internationales Archiv für Sozialgeschichte der deutschen Literatur 48(2), 356–378.

Koselleck, Reinhart (2023): Geronnene Lava. Texte zu politischem Totenkult und Erinnerung, Berlin: Suhrkamp.

Kourabas, Veronika (2023): Schmerz-Körper. Zum Leben mit chronischer Krankheit im Spannungsfeld von Ohn/Macht, Un/Sichtbarkeit und Un/Versehrtheit, in: Zeitschrift für Disability Studies 2023(1). https://doi.org/10.15203/ZDS_2023_1.08.

Maihofer, Andrea (1995): Geschlecht als Existenzweise, Frankfurt a.M.: Ulrike Helmer.

Meyer, Anne-Rose (2011): Homo Dolorosus. Körper – Schmerz- Ästhetik, München: Fink.

Moi, Toril (2022): A Wittgenstein Phenomenology of Criticism, in: Robert Chodat/ John Gibson (Hg.): Wittgenstein & Literary Studies, New York: Cambridge University Press, 41–61.

Schützeichel, Rainer (2024): Schmerzen. Überlegungen zu einer Sozialtheorie phänomenaler Erfahrungen, in: Vera Kallenberg/Tomke König/Walter Erhart (Hg.): Geschlecht als Erfahrung. Theorien, Empirie, politische Praxis, Bielefeld: transcript, 139–158.

Stoller, Silvia (2010): Existenz – Differenz – Konstruktion. Phänomenologie der Geschlechtlichkeit bei Beauvoir, Irigaray und Butler, München: Wilhelm Fink.

Wittgenstein, Ludwig (1971): Philosophische Untersuchungen, Frankfurt a.M.: Suhrkamp.

Kritik der Körperpolitik

Erfahrung, Sprache und politische Emanzipation

Vanessa Lara Ullrich & Oliver Flügel-Martinsen

1. Einleitung

Der Körper ist zu einem zentralen Medium gegenwärtiger politischer Kämpfe avanciert. Antirassistische, migrantische und feministische Bewegungen artikulieren ihre Forderungen zunehmend in körperlichen Ausdrucksformen, vom Slogan *I can't breathe* über die kollektive Geste *Taking the knee* bis hin zu Körpern, die sich gegen die Bedrohung durch geschlechtsspezifische Gewalt und Femizide zur Wehr setzen.

Das ist erstaunlich, denn der Körper galt in der Geschichte des politischen Denkens über Jahrtausende als Problem. Für Platon waren Körper trügerisch, für Hobbes waren sie gefährlich. Sie dienten als Rechtfertigung für die Etablierung politischer Ordnung: Nur staatliche Gewalt könne unsere verletzlichen Körper davon abhalten, sich gegenseitig zu bedrohen.

Hobbes' düsteres Körperbild hängt inzwischen am rostigen Haken der Geschichte. Wenn anti-rassistische, migrantische und feministische Bewegungen an Körper appellieren, dann um die rationalistische Trennung von Körper und Geist in Frage zu stellen. Während der Rationalismus das Politische im universellen Raum der Vernunft und der Sprache körperloser, rechtstragender Bürger verortet, betonen diese Bewegungen den partikularen Raum der leiblichen Erfahrung, des Begehrens und der Emotionen (Young 1990) – und reagieren damit auf die Ausblendung des Körpers, der in Fabriken Stoffe zuschneidet, Böden wischt, Lebensmittel ausliefert oder Kund*innen an der Kasse mit einem Lächeln bedient. Indem sie den Körper ins Zentrum politischer Aktion stellen, machen jene Bewegungen ihn jedoch zugleich zur Quelle von Handlungsfähigkeit und Widerstandskraft, kurz: Der Körper wandelt sich vom Problem zur Lösung.

Doch nicht alle trauen dieser Körperpolitik. Kämpfe um unterdrückte Körper werden heute oft unter dem Schlagwort der »Identitätspolitik« kritisiert. In *Mistaken Identity* konstatiert Asad Haider (2018: 11), dass sich Identitätspolitik in den Dienst des Einzelnen stelle. Sie bewirke, so lautet der Vorwurf, keine wirkliche Veränderung, sondern sei in ihrem Fokus auf Anerkennung ein Zugeständnis an einen neoliberalen Kapitalismus. Das ist sicher nicht falsch.

An diese Kritik der Körperpolitik knüpft unsere Analyse[1] an. Unser Argument lautet: Die Akzentuierung vergessener Körper will zwar die Spaltung der kapitalistischen Gesellschaft (abstrakte versus konkrete Arbeit, Geist versus Körper, universell versus partikular) aufheben, verwandelt aber dabei den Körper selbst in eine Abstraktion. Damit führt die Körperpolitik die binäre Logik von *Körper-Geist* oder *Leib-Seele* durch die konzeptuelle Hintertür wieder ein und verhärtet sie. Sie überwindet die *Körper-Geist-Trennung* nur scheinbar und platziert letztlich den Körper an die Stelle, an der zuvor der Geist thronte – nur dass der Körper nun als unabhängige Einheit erdacht wird, so wie einst der Geist. Kurzum, der Körper wird als authentisch und unmittelbar idealisiert. Er kommuniziert vermeintlich ohne gesellschaftliche Sprache, nicht nur im Erfahrungsdiskurs politischer Kämpfe, sondern auch in der Wissenschaft und der zeitgenössischen Kunstwelt (Vishmidt 2020: 34).

Politische Kämpfe zehren jedoch sowohl von konkreten Körpererfahrungen der Unterdrückung, Ausbeutung oder Gewalt als auch von politischem Bewusstsein, Organisation und Sprache. Beides geht aber nicht notwendigerweise Hand in Hand. Ist die Nicht-Identität von körperlich-leiblicher Erfahrung und gesellschaftlicher Versprachlichung buchstäblich der Stachel im Fleisch politischer Kämpfe? Der Widerspruch besteht darin, dass die Erfahrung im liminalen Raum des Körpers selbst zunächst keine sprachliche Form hat, während emanzipatorische Kämpfe ihre politische Richtung wesentlich aus der Sprache und einem gemeinsamen Bewusstsein generieren. Geht aber nicht umgekehrt im Moment der Versprachlichung eine entscheidende Dimension der körperlichen Erfahrung verloren?

Die partikulare Erfahrung, so sah es Hegel, lässt sich nicht einfach in das universelle Medium der Sprache übersetzen: »weil das sinnliche Diese, das gemeint wird, der Sprache, die dem Bewusstsein, dem an sich Allgemeinen angehört, *unerreichbar* ist. Unter dem wirklichen Versuche, es zu sagen, würde es daher vermodern« (Hegel 1986: 91–92, Herv. i.O.). Anders ausgedrückt: Das universelle Boot der Sprache zerbirst am partikularen Felskörper. So befand Hegel, dass das, »was das Unaussprechliche genannt wird, nichts anderes ist als das Unwahre, Unvernünftige, bloß Gemeinte.« (Hegel 1986: 92) Glauben wir Hegel, gibt es keine sinnliche Erfahrung, die nicht schon gesellschaftlich und sprachlich vermittelt ist.

---

1 Der vorliegende Text geht auf einen Vortrag zurück, den wir während eines Workshops mit Joan W. Scott gehalten haben, der im Rahmen des Graduiertenkollegs *Geschlecht als Erfahrung. Konstitution und Transformation gesellschaftlicher Existenzweisen* stattfand. Wir möchten ihr und den Teilnehmer*innen des Workshops für hilfreiche Kommentare herzlich danken. Großen Dank für wertvolle Anregungen zur vorliegenden Aufsatzfassung schulden wir Samia Mohammed.

Die von Hegel zu Recht kritisierte *Körper-Geist-Trennung*, bekanntlich ein metaphysisches Ungetüm, dient uns hier lediglich als Ausgangspunkt, um Fragen zum Verhältnis von Sprache und körperlicher Erfahrung in politischen Kämpfen aufzuwerfen: Wann wird eine konkrete Körpererfahrung zu einer kollektiven Erfahrung und damit politisch? Inwieweit fällt der Körper nicht doch auf ein partikulares Problem der individuellen Anerkennung zurück? Und kann er dann überhaupt zur Veränderung des gesellschaftlichen Ganzen beitragen? Denn indem die leibliche Erfahrung wesentlich um das Partikulare kreist, droht sie ständig das Ganze aus dem Blick zu verlieren.

Unsere Analyse beginnt mit einer Skizze positiver Körperpolitik in aktuellen Kämpfen (2.) und kontrastiert diese mit negativen Konzeptionen des Körpers in der Geschichte des westlichen politischen Denkens (3.). Von dort aus bewegen wir uns weiter zur Politischen Theorie des 20. Jahrhunderts (4.), um die allmähliche Wandlung des Körpers vom Problem zur Lösung aufzuzeigen. Wir beginnen mit Hannah Arendts Konzept des Politischen als eines durch Sprache konstituierten öffentlichen Raums, gehen weiter zu Jacques Rancières jüngeren Überlegungen zur politischen Subjektivierung und schließen mit Judith Butlers Umarbeitung von Arendts Begriff der Öffentlichkeit als einer Sphäre, die durch und zwischen verletzlichen und zugleich widerständigen Körpern konstituiert wird. Demgegenüber zeigen wir mit den frühen leibphänomenologischen Arbeiten von Iris Marion Young und Sara Ahmed, wie Körper durch Herrschaft überformt und strukturell daran gehindert werden, widerständig zu werden (5.). Um den Mythos des revolutionären Körpers zu dekonstruieren, wenden wir uns schließlich Walter Benjamins Überlegungen zum *Körper-Geist-Problem* als Ausdruck des Warenfetischismus in der kapitalistischen Gesellschaft zu (6.). Benjamin nivelliert eine einseitige Suche nach Antworten im Körper, wie sie uns die heutige Körperpolitik suggeriert, und begreift diesen stattdessen als gesellschaftlich-historischen Warenkörper, der alles andere als unmittelbar revolutionär ist.

2. Positive Körperpolitik in heutigen Kämpfen

Heutige Kämpfe machen den Körper als Vehikel der politischen Auseinandersetzung sichtbar. *Taking the knee*, zum Beispiel, wurde zur zentralen körperlichen Geste antirassistischer Proteste, insbesondere nachdem der Polizist Derek Chauvin in Minneapolis im Mai 2020 neun Minuten lang auf dem Nacken von George Floyd kniete. *I can't breathe*, die letzten Worte von George Floyd, Eric Garner und unzähligen anderen Schwarzen Menschen, die durch Polizeigewalt starben, sind inzwischen ein Schlüsselslogan der *Black-Lives-Matter*-Bewegung. Die körperliche Erfahrung, nicht atmen zu können, verbindet *Black-Lives-Matter* auch mit den migrantischen Protesten gegen das Ertrinken von Geflüchteten an Europas Außengrenzen.

Die *Gilets Noirs* (*Schwarzwesten*), eine Bewegung von Sans-Papiers, die sich 2018 in Frankreich konstituierte, betont die körperliche Erfahrung in ihrem Protest gegen Europas Grenzregime. Der Name der Bewegung spielt auf die *Gilets Jaunes* (*Gelbwesten*) an, bezieht sich aber auch auf die körperliche Erfahrung der Wut, der *colère noire* (Butterly 2019). Mit der Besetzung des Air-France-Terminals am Flughafen Charles de Gaulle und der Büros des multinationalen Unternehmens *Elior* protestieren die *Gilets Noirs* gegen die Ausbeutung von Sans-Papiers in Reinigungs-, Bau-, Lebensmittel- und Cateringfirmen: »I'm here to tell you that for them we are commodities! If they give us documents they lose their business. [...] They must stop seeing black people as blackness, but see that they have become red.« (Les Gilets Noirs 2019), schreibt die Bewegung in ihrer Erklärung zur Flughafenbesetzung und artikuliert damit die Erfahrung, auf die *Blackness* ihrer Körper reduziert zu werden.

Auch die 2015 in Argentinien gegründete Bewegung *Ni Una Menos* (*Nicht eine weniger*) mobilisierte anfänglich über den von Femizid und geschlechtsspezifischer Gewalt bedrohten Körper, rückte diesen aber zunehmend in einen größeren Zusammenhang von Ausbeutung. Und so wandelte sich der Protest gegen patriarchale Gewalt allmählich in einen internationalen feministischen Streik gegen alle ausgebeutete Arbeit, bezahlt oder unbezahlt. Die Bewegung beschreibt den Körper als Kampffeld, als Ort der Ausbeutung und des Widerstands zugleich (Gago 2020: 87). Ihr Slogan »Begehren bewegt uns, alles zu verändern« erklärt einen körperlichen Impuls, das Begehren, kurzerhand zur handlungsleitenden politischen Kraft (ebd.: 3).

Von Schwarzen Körpern, die nicht atmen können, über migrantische Körper, die von Grenzen markiert werden, bis hin zu feminisierten Körpern, die nach radikaler Veränderung streben: Zeitgenössische Bewegungen appellieren an Körper und stützen ihren Protest gleichzeitig auf die Artikulation körperlicher Erfahrungen. Nun sind Körper als Protestmittel aber oft schon in Sprache eingelassen: Wir können körperliche Erfahrungen nur deshalb in Bewegungen aufgreifen, weil sie uns bereits in der Sprache, zum Beispiel in Form von Slogans, begegnen. Anders als die Körperpolitik meint, ist körperliche Erfahrung und Artikulation nicht authentisch, sondern immer schon interpretiert. Auch vermeintlich spontane körperliche Gesten wie *Taking the knee* sind durch gesellschaftliche Sprache vermittelt.

Doch körperliche Erfahrung lässt sich nicht »verlustfrei« versprachlichen. Wenn wir Worte für eine Erfahrung finden, verändern wir sie. Das ist dann aber eben nicht nur ein Problem, sondern verhindert möglicherweise, dass sich die politische Sprache verselbständigt und den Kontakt zu den leiblichen Erfahrungen der Subjekte verliert. Trotzdem, Debatten über die Versprachlichung von Erfahrungen können schnell zirkulär statt emanzipatorisch werden, wie Jules Joanne Gleeson und Elle O'Rourke am Beispiel von trans Personen argumentieren:

> We speak about our own experiences more often than we attempt to speak more comprehensively. [...] Critical vocabularies for grasping (and one day defeating) transphobia are invented, then reinvented anew. [...] A resulting terminological churn threatens to become an end-in-itself, rather than an emancipatory tool. (Gleeson/O'Rourke 2021: 2)

Und weiter:

> Yet here we find a double bind: in so far as the transgender woman is seen to be speaking of herself, she is taken to be trafficking in mere particularity. She appears as a marginal concern of no wider import, easily corralled. But in so far as she is taken to be speaking on a more general, more universal register, she effaces her very particularity. (Ebd.: 11)

Richtig daran ist, dass die partikulare Körpererfahrung dazu verdammt zu sein scheint, um sich selbst zu kreisen und die Transformation des Ganzen zu verfehlen. Wird sie jedoch in ein »universelles Register« überführt, verliert sie ihre Einzigartigkeit und droht, vom Ganzen wie ein Sandkorn verschluckt zu werden. Unklar bleibt, wie man von partikularen Körpern zum Ganzen gelangen kann, ohne dabei das Partikulare aufzugeben. Die Affirmation des Körpers als Quelle politischen Handelns löst diesen Widerspruch nur scheinbar auf. Interessanterweise steht dieser positiven politischen Wahrnehmung des Körpers geistesgeschichtlich eine lange Tradition negativer Körperpolitiken gegenüber, die den Körper nicht als befreiende Lösung, sondern als zu beherrschendes Problem begriffen.

3. Negative Körperpolitik in der Politischen Theorie

Natürlich ist es unmöglich, die lange Geschichte negativer Konzeptionen des Körpers im westlichen politischen Denken in wenigen Strichen zu skizzieren. Aber es lassen sich einige grundlegende und einflussreiche Elemente der Genealogie negativer Körper identifizieren. Seit der Antike haben Körper oftmals eine negative Rolle gespielt: Die Gefahr ihrer Verwundbarkeit bot Anlass für die Rechtfertigung politischer Ordnung. Die Vernachlässigung des Körpers geht zudem auf die einflussreiche, in Platons *Politeia* (1991) prominent etablierte Unterscheidung zwischen Idee, Eidos oder Noumenon einerseits und Phänomen andererseits zurück. Während die Vernunft, die Seele oder die Wahrheit mit der ewigen Sphäre des Noumenon in Verbindung gebracht werden, wird der Körper demgegenüber üblicherweise als ein flüchtiges, sogar trügerisches Phänomen aufgefasst. Das Gleiche gilt folglich auch für körperliche Erfahrungen: In der gesamten rationalistischen Tradition, von Platons antiker Ideenlehre bis zum modernen Rationalismus, werden diese Erfahrungen oft als trügerisch verstanden. Ein berühmtes Beispiel in der modernen Erkenntnistheorie sind Descartes' (1953a) Überlegungen zur Täuschung durch sinnliche Erfahrung, die den Ausgangspunkt seiner rationalistischen Konzeption bilden. Diese dreht sich um die Unterscheidung zwischen *res cogitans* und *res extensa* und greift die Hierarchie zwischen Körper und Seele, körperlicher Erfahrung und Verstand wieder auf. Sicherlich zeichnet die empiristische Tradition ein etwas anderes Bild, aber auch hier ist die politische Bedeutung der körperlichen Erfahrung kein großes Thema.

Auch die Aneignung des Erbes der Antike durch die christliche politische Theologie ist von diesen Überlegungen geprägt. In Augustinus' (1997) politischem Denken, das insbesondere für das christlich-abendländische Mittelalter prägend war, liefert die Verletzlichkeit, ja Sterblichkeit des menschlichen Körpers einen entscheidenden Legitimationsgrund für die Stabilisierung irdischer politischer Ordnungen. Zwar zeichnet die Theologie des Augustinus die Idee der Erlösung im Jenseits theologisch in besonderer Weise aus, aber auch unsere vergänglichen irdischen Körper sind aus Augustinus' Perspektive als Schöpfungen Gottes bewahrenswert, und durch ihre Verletzlichkeit sind wir angehalten, zu einem irdischen Frieden beizutragen – als so unvollkommen er sich auch, wie letztlich alles Irdische, erweisen mag. Darüber hinaus wird in der christlichen Aneignung der platonischen Vernachlässigung des Körpers das Verdikt, dass der Körper zum trügerischen Bereich der Phänomene gehört, durch den christlichen Begriff der Konkupiszenz, der sündhaften Begierde, noch verstärkt: Körperliche Erfahrungen können demnach nicht nur höchst trügerisch sein, sondern werden auch als Quelle sündigen Verhaltens wahrgenommen. Offensichtlich sind sowohl der Sündenbegriff als auch die Vernachlässigung der schimärischen und sogar gefährlichen Körpererfahrungen konstitutiv für die herrschende patriarchalische Tradition, da die männliche Perspektive in der Regel mit einem privilegierten Zugang zum Bereich der Vernunft in Verbindung gebracht wird, während die weibliche Perspektive auf emotionale, eher körperliche Erfahrungen beschränkt sein soll.

Die Verletzlichkeit und Sterblichkeit des menschlichen Körpers treten in Thomas Hobbes' (1998) neuzeitlichem politischem Denken besonders deutlich hervor: Der Unterwerfungsvertrag, als den sich Hobbes die Errichtung eines politischen Gemeinwesens vorstellt, gewinnt seine spezifische Rationalität im Wesentlichen erst im Lichte der Verletzlichkeit und Sterblichkeit des menschlichen Körpers. Weil wir als Menschen immer in unserem Überleben durch unsere Mitmenschen bedroht sind, ist es für uns rational, uns der zentralen Macht eines Leviathans zu unterwerfen, der uns Schutz bietet. Diesen Überlegungen folgend, wird der Körper zu einem wichtigen Ausgangspunkt, doch werden dadurch körperliche Erfahrungen selbst gleichsam von vornherein aus der Sphäre der Politik ausgeschlossen. Sie kommen nur als Bedrohungserfahrungen ins Spiel, die es zu vermeiden gilt. So gesehen bleiben so etwas wie kreative Dimensionen von Körpererfahrungen in politischen

Prozessen undenkbar. Selbst in der – von der Warte des Mainstreams politischen Denkens aus betrachtet – außergewöhnlichen Perspektive der Philosophie Spinozas (2006a und b), die die Bedeutung der Affekte hervorhebt (Deleuze 2006), finden wir keine wirklich ausgearbeitete Theorie der politischen Bedeutung von Körpererfahrungen.

Die Randstellung von Körpern in bestimmten Traditionen der Geschichte politischen Denkens geht aber nicht nur auf die Diagnose ihrer wechselseitigen Verletzlichkeit und Gewaltfähigkeit zurück. Der Körper verschwindet insbesondere in der Tradition der politischen Anthropologie seit Aristoteles' *Politik* (1995) auch deswegen, weil sich die politische Philosophie auf die kognitive, sprachlich vermittelte Dimension konzentriert. Aristoteles führt so etwa aus, dass das Besondere des menschlichen Wesens darin bestehe, Gründe nicht nur reflektieren, sondern sie mithilfe der Sprache auch austauschen zu können.

4. Körper und die öffentliche Versammlung

Auch wenn in der politischen Theorie des 20. Jahrhunderts, prominent etwa bei Hannah Arendt, die kreative Herstellung einer Sphäre zwischen Menschen und die subversive Kraft, die Menschen in dieser Sphäre entfalten können, zu einem wichtigen Thema werden, bleibt die Fixierung auf die sprachlich-kommunikativen Dimensionen und deren rationalistisches Verständnis bestehen. Anders als ein Großteil des westlichen politischen Denkens stellt Arendt (1969) tatsächlich die Sphäre zwischen den Menschen als eigentliche Sphäre des Politischen in den Mittelpunkt ihrer Überlegungen. In Abgrenzung zu der dominanten Traditionslinie des politischen Denkens, die das Politische aus der Natur des Menschen abzuleiten sucht, betont Arendt, dass Politik ihren Grund nicht im Menschen hat, sondern in dem, was zwischen Menschen geschehen kann. Damit betont sie die konstitutive Bedeutung einer Sphäre zwischen Menschen und formuliert eine politische Theorie, die durch die Betonung der konstitutiven Rolle gemeinsamen Handelns das Denken jener politischen Bewegungen zu inspirieren vermag, die auf eine Neugestaltung unserer Welt abzielen. Dieser Begriff des gemeinsamen Handelns, dessen prägende, ja revolutionäre Dimensionen Arendt sehr stark akzentuiert, bleibt jedoch im Wesentlichen ein Begriff der sprachlich-kommunikativen Vermittlung. Hannah Arendts politische Öffentlichkeit ist eine des gemeinsamen Handelns durch Sprache, während Körper nicht als gestaltendes Element erscheinen, ja sogar blass bleiben. Sie tauchen nur insofern auf, als dass ihnen Gewalt widerfahren kann und es Menschen mit Körpern sind, die die Öffentlichkeit zwischen Menschen herstellen.

Überraschenderweise ist dies auch bei einem der spannendsten theoretischen Angebote der Gegenwart für politische Emanzipationsbestrebungen der Fall. Jacques Rancières politische Philosophie (1995), die sich auf Kämpfe um die Aufteilung des Sinnlichen (*partage du sensible*) (2000) und damit auf sinnliche Erfahrungen konzentriert, bleibt erstaunlich zurückhaltend, ja schweigt über die spezifische Rolle, die körperliche Erfahrungen dabei spielen könnten. Einerseits bricht Rancière deutlich mit der rationalistischen Tradition einer politisch-philosophischen Fixierung auf Argumentation und Begründungen, indem er unsere politische Welt als eine Aufteilung des Sinnlichen beschreibt und damit eine Perspektive eröffnet, politische Emanzipationskämpfe als Auseinandersetzungen um eine Neuaufteilung des Sinnlichen zu verstehen. Andererseits bleibt aber die leibliche Seite dieses Vokabulars des Sinnlichen nahezu unsichtbar. Dies ist umso erstaunlicher, als sich hier leibliche Erfahrungen geradezu aufdrängen würden. Doch wenn Rancière von den Erfahrungen derjenigen spricht, die nicht oder nicht gleichberechtigt an einer gegebenen politischen und sozialen Ordnung teilhaben, geht es ihm um Erfahrungen wie die, eine Rede nur als Geräusch zu hören. Das ist zwar auch eine körperliche Erfahrung, aber doch eine, die wesentlich auf die Dimension sprachlicher Wahrnehmung konzentriert bleibt. Auch bei der Betrachtung politischer Emanzipationsstrategien, deren Erfolg nach seiner Überzeugung von einer gelungenen politischen Subjektivierung abhängt, die die Infragestellung einer gegebenen Aufteilung des Sinnlichen überhaupt erst möglich macht, erscheinen leibliche Erfahrungen allenfalls in einer eher marginalen Weise.

Bereits auf den ersten Blick schlägt Judith Butlers politische Philosophie einen anderen Weg ein. Zwar spielen auch in Butlers politischem Denken sprachlich-semantische Dimensionen eine wesentliche Rolle, etwa wenn Butler reflektiert, wie Subjektpositionen innerhalb einer diskursiven Ordnung generiert werden oder wenn es um die Frage geht, wie die Semantik dieser Ordnung aufgegeben werden kann. Butler denkt dabei aber niemals über die Körper hinweg. Ganz im Gegenteil rückt Butler die Versammlung von Körpern gleichberechtigt neben sprachlich-diskursive politische Artikulationen und hebt deren Bedeutung für politische Bewegungen hervor:

> One important argument that follows is that it matters that bodies assemble, and that the political meanings enacted by demonstrations are not only those that are enacted by discourse, whether written or vocalized. Embodied actions of various kinds signify in ways that are, strictly speaking, neither discursive nor prediscursive. In other words, forms of assembly already signify prior to, and apart from, any particular demands they make. [...] The gathering signifies in excess of what is said, and that mode of signification is a concerted bodily enactment, a plural form of performativity. (Butler 2015: 7–8)

Butlers Überlegungen zur Verletzlichkeit von Körpern sind hier von besonderem Gewicht, aber Butler setzt sie auf eine ganz andere Weise ein, als es in der herkömmlichen Lesart der Politischen Theorie der Fall ist. Während die körperliche Verletzlichkeit, wie wir oben bei Hobbes gesehen haben, in der Regel den Ausgangspunkt für die Legitimation der Etablierung politischer Ordnungen bildet und Körper ansonsten aus dem politischen Denken ausgeklammert werden, kommt bei Butler die Verletzlichkeit vielmehr in ihrem Protestpotenzial und den damit verbundenen kreativen Dimensionen in den Blick: Weil wir verletzliche Wesen sind, kann vom Gebrauch unserer verletzlichen Körper ein besonderes politisches Protestpotenzial ausgehen. Es ist nicht einfach die Versammlung beliebiger Körper, die eine politische Versammlung von Körpern ausmacht, sondern es ist eine Versammlung von Körpern, die zugleich widerstandsfähig und verletzlich sind, ja in deren Verletzlichkeit eine besondere Form von Widerstandspotenzial begründet ist. Zudem tragen Butlers Überlegungen zur unterschiedlichen Vulnerabilität und zum teils drastisch unterschiedlichen Maß, in dem verletzte oder getötete Körper im öffentlichen Raum betrauert werden, in ihre Überlegungen zum Körper deutliche Dimensionen einer kritischen politischen Philosophie ein (Butler 2009). Gleichzeitig bleiben aber die Körpererfahrungen selbst auch für Butler undurchsichtig.

Aufschlussreich ist hier Butlers frühere Diskussion über den Körper als Quelle des Widerstands, die Butler in enger Auseinandersetzung mit Foucault in *The Psychic Life of Power* (1997) führt. Dort unterscheidet Butler grundsätzlich drei mögliche Quellen des Widerstands, die alle letztlich unbefriedigend bleiben (Flügel-Martinsen 2013). Aus einer psychoanalytischen Perspektive käme die Psyche in Frage, was allerdings sofort die Frage aufwirft, ob die Psyche als eine Entität verstanden werden muss, die außerhalb der Transformationen sozialer und politischer Diskurse steht, was Butler an anderer Stelle in kritischer Auseinandersetzung mit Ernesto Laclau und Slavoj Žižek ebenfalls ablehnt (Butler/Laclau/Žižek 2000). Widerstand, so die zweite Variante, als so etwas wie einen Effekt in der Reproduktion diskursiver Macht zu verstehen, würde ihn von zufälligen Transformationen diskursiver Ordnungen abhängig machen und den sozialen und politischen Kämpfen die Richtung nehmen. Bleibt drittens der Körper. Und in der Tat lässt sich der Körper, so Butler im Anschluss an Foucault, als eine Instanz beschreiben, »which exceeds and confounds the injunctions of normalization« (Butler 1997: 94).

Daraus ergeben sich jedoch zwei systematische Probleme: erstens bleibt fraglich, ob der Körper und die Körpererfahrungen als Quellen des Widerstands verstanden werden können, oder ob sie nicht vielmehr historisch situiert begriffen werden müssen, so wie wir es zuvor in Bezug auf die Psyche gesehen haben, womit der Körper nicht die Antwort auf die Frage nach der Möglichkeit des Widerstands wäre, sondern eine andere Version dieser Frage. Das zweite Problem besteht darin, dass partikulare Körpererfahrungen eben nicht einfach zu kollektiven und damit politischen Erfahrungen werden können. Beiden Problemen widmen wir uns im Folgenden.

5. Widerständige Körper?

Leibphänomenologische Arbeiten zeigen uns, dass Körper nicht einfach widerständig werden, im Gegenteil: Herrschaftsverhältnisse schreiben Körper nicht nur aus der Sprache heraus, sie schreiben sich auch tief in Körper ein – ihnen wird es strukturell verunmöglicht zu sprechen, sich zu bewegen oder gar politisch zu versammeln.

Elaine Scarry (1987) etwa betont wie der Schmerz gefolterter Körper die Möglichkeit der Versprachlichung vernichtet: Der Körper schreit, windet sich, kann seinen Schmerz aber nicht in Sprache fassen. In der Tat herrscht aber nur in manchen Körpern Sprachlosigkeit, in anderen nicht. Wie Gayatri Spivak (1988) in ihrem Essay *Can the Subaltern Speak?* schreibt, können Subalterne, entgegen der gemeinen Vorstellung, ihren Unterdrückungserfahrungen nicht zwangsläufig Ausdruck verleihen. Sie wissen es nicht unbedingt besser. Damit dekonstruiert Spivak den Mythos einer unvermittelten subalternen Sprache. Denn sobald Subalterne sprechen haben ihre Worte bereits einen ideologischen Filter passiert. Erfahrungen beherrschter Körper, so scheint es, perlen an der hegemonialen Sprache ab. Sie bleiben ein unfassbarer Rest.

Auch Sara Ahmed (2014) verdeutlicht die Verwobenheit von Herrschaft, Sprache und körperlicher Erfahrung. So triefe rassistische Sprache von »klebrigen Zeichen«, die sich an flüchtende Körpern heften (ebd.: 46). Die Figur des »Terroristen« etwa klebe nur an bestimmten Körpern (»Muslime«, »Araber«) – und zwar bis mittels metonymischer Verschiebungen flüchtende Körper mit Terrorismus assoziiert und an der freien Bewegung gehindert werden (ebd.: 48, 76).

Ein weiteres leibphänomenologisches Beispiel für die herrschaftliche Überformung von Körpern ist die Konstruktion des weiblichen Körpers als verletzlich. Ihn soll die Erfahrung der Angst aus dem öffentlichen in den privaten Raum verbannen (Ahmed 2014: 70). In ihrem berühmten Essay *Throwing Like a Girl* zeigt Iris Marion Young (1980: 142) zum Beispiel, wie feminisierte Körper sich in der Öffentlichkeit verschließen, möglichst wenig Raum einnehmen, fast so, als wären sie von einer unsichtbaren Wand umgeben, während männliche Körper ihre Arme und Beine in den Raum strecken, oder, wie man heute sagen würde, *manspreaden*. Daraus folgt: Nicht alle können sich gleichermaßen in der Öffentlichkeit versammeln, ihren Forderungen Gehör verschaffen und politisch handlungsfähig werden.

Zweifellos ist es verlockend unterdrückte Körper als eine Ansammlung widerständiger Zellen zu imaginieren. Letztlich wirft dieser Ansatz jedoch mehr Fragen auf, als er beantwortet. Er setzt widerständige Körper voraus, anstatt sie zu erklären. Um den Mythos des revolutionären Körpers kritisch zu beleuchten, unternehmen wir einen letzten Abstecher in die Schriften Walter Benjamins.

6. Der Warenkörper

Auch Benjamin wusste um die Bedeutung der leiblichen Erfahrung als politische Kraft. Gegenüber einer vermeintlich rein objektiven Geschichtsphilosophie betonte er den *subjektiven Faktor* der Geschichte: Die Subjekte und ihre Erfahrungen. Sie gewannen bei Benjamin vor dem Hintergrund eines tief in die Krise geratenen Marxismus an Bedeutung. Ein Schachautomat, gespielt von einer Puppe, die immer gewinnt, eröffnet seinen Aufsatz *Über den Begriff der Geschichte*. Im Inneren des »Automaten« verbirgt sich ein »buckliger Zwerg«, der jeden Zug der Puppe lenkt: »Gewinnen soll immer die Puppe, die man ›historischen Materialismus‹ nennt.« (Benjamin 1980a: 693) Mit dieser »Apparatur« kritisiert Benjamin den dogmatischen Fortschrittsglauben der damaligen Sozialdemokratie und des Stalinismus – der Automat, der das handelnde Subjekt gefangen hält.

Benjamin hingegen will das Subjekt aus dem Automaten befreien, ohne aber dessen leibliche Erfahrung zur Grundlage revolutionärer Veränderung zu machen. Für ihn ist der Körper nicht a priori widerständig, sondern immer schon gesellschaftlich und historisch. Er kann daher kaum eine authentische Quelle von Erfahrung und Wahrheit sein. Er gibt uns keine Antworten.

Und nicht nur das: In der kapitalistischen Gesellschaft wird der menschliche Körper warenförmig. Zutiefst entfremdet geistert er durch Benjamins Essay über Kafka: »Denn so wie K. im Dorf am Schloßberg lebt der heutige Mensch in seinem Körper; er entgleitet ihm, ist ihm feindlich. Es kann geschehen, daß der Mensch eines Morgens erwacht, und er ist in ein Ungeziefer verwandelt. Die Fremde – seine Fremde – ist seiner Herr geworden.« (Benjamin 1991a: 424)

Schon diese Sätze zeigen, dass der Körper bei Benjamin nicht unvermittelt als Protestmittel taugt. Die Entfremdung des Körpers, hier folgt Benjamin Marx, wurzelt im Warenfetischismus der bürgerlichen Gesellschaft: Indem der kapitalistische Warentausch von konkreter menschlicher Arbeit abstrahiert, verdeckt er nicht nur den arbeitenden Körper, sondern entfremdet die Arbeiter*innen von den Produkten ihrer Arbeit. In dieser Welt wecken Waren und Schaufensterpuppen das Begehren der Menschen (Benjamin 1991b: 1243).

Benjamin wendet sich also einerseits gegen einen Marxismus, der das lebendige Subjekt unter seiner Fortschrittserzählung begräbt, andererseits erklärt er im Gegensatz zu vielen heutigen Kämpfen die sinnlich-körperliche Erfahrung nicht für emanzipatorisch. Im Gegenteil: Benjamin sieht darin den Grund für das Scheitern des Surrealismus, eine künstlerische Bewegung, die glaubte, das Revolutionäre gehe vom Sinnlichen, dem Skandalösen, dem Schock aus. Mit der ästhetischen Erfahrung ist aber noch nichts verändert, sie braucht die Politik. Die »methodische und disziplinäre Vorbereitung der Revolution«, so Benjamins Einwand, bedürfe eben auch des Bewusstseins, der Sprache und der Vernunft (Benjamin 1980b: 307). Sonst bestünde sie nur in der sinnlichen »rauschhafte(n) Komponente« der Revolte, nicht aber in der bewussten politischen Aktion der Revolution (ebd.).

Die *Körper-Geist-Trennung* kann also weder einseitig zugunsten des Körpers noch zugunsten des Geistes überwunden werden. Schlimmer noch: Ein Körper ohne Geist irrt kopflos in das »feuchte Hinterzimmer des Spiritismus« (Benjamin 1980b: 298). In *Theorien des deutschen Faschismus* schreibt Benjamin deshalb, es gelte, »alles Licht, das Sprache und Vernunft immer noch geben, auf jenes ›Urerlebnis‹ zu richten, aus dessen tauber Finsternis diese Mystik des Weltentods mit ihren tausend unansehnlichen Begriffsfüßchen hervorkrabbelt.« (Benjamin 1980c: 249) An anderer Stelle spricht er davon, »mit der geschliffnen Axt der Vernunft« jene »Gebiete urbar zu machen, auf denen bisher nur der Wahnsinn wuchert.« (Benjamin 1991b: 1010)

Kann, um auf die Ausgangsfrage zurückzukommen, die konkrete körperliche Erfahrung jemals zur Grundlage eines gesellschaftlichen Bewusstseins, eines Klassenbewusstseins, werden? Benjamins Antwort lautet: ja und nein. Bewusstwerdung braucht sinnliche Erfahrung, aber sie allein reicht nicht aus. Was ihr fehlt, ist die kritische Einsicht in die eigene Geschichte, in all die im Klassenkampf begrabenen Körper, Wünsche und Erfahrungen, in all das Scheitern und die Niederlagen, aus denen heutige Kämpfe ihre Kraft schöpfen können: »Streift denn nicht uns selber ein Hauch der Luft, die um die Früheren gewesen ist? Ist nicht in Stimmen, denen wir unser Ohr schenken, ein Echo von nun verstummten?« (Benjamin 1980a: 693) Das Bewusstsein ist also ein Bewusstsein der Geschichte dieser Kämpfe. Sie liegt aber nicht, wie die bürgerliche Geschichtsschreibung meint, versiegelt hinter uns, sondern muss in der Gegenwart immer wieder neu umkämpft werden – und zwar ohne dabei Geist und Körper zu spalten. Nur der am historischen Materialismus geschulte »Geschichtsschreiber« vermag es daher in den vergessenen Körpern, »im Vergangenen den Funken der Hoffnung anzufachen«, denn »auch die Toten werden vor dem Feind, wenn er siegt, nicht sicher sein. Und dieser Feind hat zu siegen nicht aufgehört.« (Ebd.: 694–695)

7. Schlussbemerkungen

Lange Zeit ein Problem für die politische Theorie, präsentiert sich der Körper heute oft als Lösung oder zumindest als zentrales politisches Medium. War er vormals ein Fremdkörper, den es zu beherrschen galt, so wird er heute zur Antwort auf die Frage, wie wir uns von Herrschaft befreien können.

Nun ist die positive Akzentuierung des Körpers in heutigen Bewegungen natürlich als Gegenbewegung zu seiner negativen Spielart in der Theoriegeschichte zu verstehen. Und dennoch: Die Suche und Sehnsucht nach einer Unmittelbarkeit im Körper, einer Quelle des Authentischen und des Widerstands in einer verdinglichten Welt, wirft neue Probleme auf. Eine solche politische Theorie des Körpers würde die Fehler der Metaphysik des Geistes nur unter veränderten Vorzeichen wiederholen: Nun erscheint der Körper umgekehrt als überzeitliche Kategorie, als gleichsam geschichtslos. Statt das *Körper-Geist-Problem* zu überwinden, wird der Geist lediglich entthront und durch den Körper ersetzt.

Doch Körper sind nicht einfach widerständig oder handlungsfähig, ihre partikularen Erfahrungen übersetzen sich nicht ohne Weiteres in kritisches Bewusstsein. Es bedarf einer vermittelnden Bewegung, damit bestimmte körperliche Erfahrungen überhaupt politisch lesbar werden. Nicht immer gibt es für sie eine Sprache, und selbst wenn es sie gäbe, wäre sie nur weißes Rauschen. Die Nicht-Identität von Sprache und Körper aufzulösen, indem man den Körper einseitig zur Quelle politischer Handlungsmacht verklärt, ist allenfalls eine Scheinlösung. Benjamins *Warenkörper* zeigt: Der Körper ist immer schon gesellschaftlich, ja er braucht Sprache und Bewusstsein, um sich zu emanzipieren.

Das Zusammenkommen von Körpern birgt ein emanzipatorisches Potenzial: Es kann Bewegung, Organisation und Austausch entstehen lassen, aus denen sich ein politisches Subjekt formen kann. Dies gilt umso mehr in einer postfordistischen Welt, in der die Trennung von Körpern in immer stärker parzellierte Subjekte – Bürger*in/Migrant*in, Fabrikarbeiter*in/Hausarbeiter*in, festangestellt/prekär, Globaler Süden/Globaler Norden – eine kollektive Organisierung, wie sie vielleicht organischer in der Fabrikhalle entstehen konnte, erheblich erschwert hat. Dennoch: Eine Versammlung verletzlicher Körper, wie sie Butler vorschwebt, muss nicht notwendigerweise emanzipatorische Ziele verfolgen. Die Konstitution eines politischen Subjekts, das in der Lage ist, das Ganze zu verändern, ist also keine Notwendigkeit der sich versammelnden Körper, sondern nur ein Potenzial. Aber das ist auch schon viel.

Literaturverzeichnis

Ahmed, Sara (2014): Cultural Politics of Emotion, Edinburgh: Edinburgh University Press.

Arendt, Hannah (1969): The Human Condition. Charles R. Walgreen Foundation Lectures, Chicago, Ill.: University of Chicago Press.

Aristoteles (1995): Politik, Philosophische Schriften 4, Hamburg: Meiner.

Augustinus (1997): Vom Gottesstaat, 2 Bände, München: dtv.

Benjamin, Walter (1980a): Über den Begriff der Geschichte. Gesammelte Schriften I.2, Frankfurt a.M.: Suhrkamp.

Benjamin, Walter (1980b): Der Sürrealismus. Gesammelte Schriften II.1, Frankfurt a.M.: Suhrkamp.

Benjamin, Walter (1980c): Theorien des deutschen Faschismus. Gesammelte Schriften III, Frankfurt a.M.: Suhrkamp.

Benjamin, Walter (1991a): Franz Kafka. Zur zehnten Wiederkehr seines Todestages. Gesammelte Schriften II, Frankfurt a.M.: Suhrkamp.

Benjamin, Walter (1991b): Das Passagenwerk. Gesammelte Schriften V.2, Frankfurt a.M.: Suhrkamp.

Butler, Judith (1997): The Psychic Life of Power Theories in Subjection, Stanford, Calif.: Stanford University Press.

Butler, Judith (2009): Frames of War. When is Life Grievable?, London/New York: Verso.

Butler, Judith (2015): Notes Toward a Performative Theory of Assembly. The Mary Flexner Lectures of Bryn Mawr College, Cambridge, Mass./London: Harvard University Press.

Butler, Judith/Laclau, Ernesto/Žižek, Slavoj (2000): Contingency, Hegemony, Universality: Contemporary Dialogues on the Left, London: Verso.

Butterly, Luke (2019): Gilets Noirs – the Undocumented Migrant Collective Taking Paris by Storm, in: OpenDemocracy, https://www.opendemocracy.net/en/can-europe-make-it/gilets-noirs-the-undocumented-migrant-collective-taking-paris-by-storm/

Deleuze, Gilles (2006): Spinoza. Philosophie pratique, Paris: Les Éditions de Minuit.

Descartes, René (1953a): Discours de la méthode, in: Ders., Oeuvres et Lettres, Paris: Gallimard, 121–179.

Descartes, René (1953b): Méditations, in: Ders., Oeuvres et Lettres, Paris: Gallimard, 253–334.

Flügel-Martinsen, Oliver (2013): Subjektivation: Zwischen Unterwerfung und Handlungsmacht, in: André Brodocz/Stefanie Hammer (Hg.), Variationen der Macht, Baden-Baden: Nomos, 95–109.

Gago, Verónica (2020): Feminist International: How to Change Everything, London: Verso Books.

Gleeson, Jules Joanne/O'Rourke, Elle/Rosenberg, Jordy (2021): Transgender Marxism, London: Pluto Press.

Haider, Asad (2018): Mistaken Identity Race and Class in the Age of Trump, London/Brooklyn, NY: Verso.

Hegel, Georg Wilhelm Friedrich (1986): Phänomenologie des Geistes, Werke 3, Frankfurt a.M.: Suhrkamp.

Hobbes, Thomas (1998): Leviathan, Oxford, NY: Oxford University Press.

Les Gilets Noirs (2019): We Are in the Airport in France. https://www.statewatch.org/news/2019/may/france-les-gilets-noirs-we-are-in-the-airport-in- france/

Platon (1991): Politeia. Sämtliche Werke V, Frankfurt a.M.: Insel.

Rancière, Jacques (1995): La mésentente. Politique et philosophie, Paris: Galilée.

Rancière, Jacques (2000): Le partage du sensible: esthétique et politique, Paris: La fabrique éditions.

Scarry, Elaine (1987): The Body in Pain the Making and Unmaking of the World, New York u.a.: Oxford University Press.

Spinoza, Baruch de (2006a): Ethik in geometrischer Methode dargestellt. Werke 1, Hamburg: Meiner.

Spinoza, Baruch de (2006b): Theologisch-politischer Traktat. Werke 2, Hamburg: Meiner.

Spivak, Gayatri Chakravorty (1988): Can the Subaltern Speak?, in: Cary Nelson/ Lawrence Grossberg (Hg.), Marxism and the Interpretation of Culture, Urbana, Ill.: University of Illinois Press, 271–313.

Vishmidt, Marina (2020): Bodies in Space: On the Ends of Vulnerability, in: Radical Philosophy 2(08), 33–46.

Young, Iris Marion (1980): Throwing Like a Girl: A Phenomenology of Feminine Body Comportment Motility and Spatiality, in: Human dies, 137–156.

Young, Iris Marion (1990): Justice and the Politics of Difference, Princeton, NJ.: Princeton University Press.

Kommentar: Vom Interpretieren zum Um-Üben

Emanzipatorische Körperpraxis

Florian Kappeler

Die politischen Theoretiker*innen (für lange Zeit weitgehend ohne *innen) haben den Körper nur verschieden *interpretiert*; es kömmt drauf an, ihn zu *verändern*. Diese These in Anlehnung an die 11. und letzte von Karl Marx' *Thesen über Feuerbach* (1845) mag, zumindest seitens eines Literaturwissenschaftlers, erstaunen: Ist nicht dessen Profession gerade die immer wieder neue Interpretation von Altbekanntem? Doch soll es einmal eine materialistische Literaturwissenschaft gegeben haben, und heute werden vermehrt Ansätze einer Erneuerung dieser materialistischen Tradition entwickelt (Kappeler/Widder 2023), etwa im Zeichen eines praxeologischen Materialismus (Schaub 2019; Amlinger 2021); und auch Marx' Materialismus in den Feuerbach-Thesen war ja ein praxeologischer. Lassen wir uns darum auf das Experiment ein, Vanessa Lara Ullrichs und Oliver Flügel-Martinsens (2024) Kritik des Status des Körpers in der politischen Theorie ausgehend von solch einem praxeologischen Materialismus zu diskutieren.

Der Mangel eines empiristischen Materialismus, den Marx Feuerbach unterstellt, besteht darin, dass er Gegenstände nur als Objekte auffasst, nicht jedoch als Produkte einer Tätigkeit. Die idealistische Philosophie richtet ihr Interesse hingegen nur auf gedankliche Tätigkeiten, nicht jedoch auf die praktische Produktion und Transformation der materiellen Realität. Dieser Gegensatz tritt uns bei Ullrich und Flügel-Martinsen wieder entgegen, wenn sie die Negation des Körpers in der Geschichte der politischen Philosophie einerseits und Ansätze einer gegenwärtigen positiven Körperpolitik andererseits skizzieren. Verbleibt diese, sofern sie den Körper nicht als gesellschaftlich hergestellt wie auch selbst Gesellschaft herstellend ansieht, auf dem Standpunkt Feuerbachs, so kann die Negation des Körpers dem Idealismus zugerechnet werden.

Das Anliegen der Autor*innen, diesen Gegensatz zu überwinden, ist zu begrüßen. Ich teile die Ansicht, dass eine Lösung weder darin liegen kann, ihn »einseitig zugunsten des Körpers noch zugunsten des Geistes« (Ullrich/Flügel-Martinsen 2024: 178) aufzulösen. Politische Emanzipation – und um diese geht es Ullrich und Flügel-Martinsen in erster Linie – bedarf der körperlichen Erfahrung, aber auch theoretischer Reflexion und nicht zuletzt der gemeinsamen politischen Organisierung. Damit stellt sich die Frage: »Wann wird eine körperliche Erfahrung zu einer kollektiven Erfahrung und damit politisch?« (ebd.: 169, 175).

Körperliche Erfahrungen als Ausgangspunkt kollektiver politischer Organisierung zu diskutieren, liegt umso näher, als mit (einem auf links gestrickten) Hegel angenommen werden muss, dass jede »sinnliche Erfahrung [...] gesellschaftlich vermittelt ist« (ebd.: 168). Innerhalb von Prozessen der Politisierung geht es dann nicht darum, die Erfahrung in ihrer vorgesellschaftlichen Reinheit zu artikulieren, sondern als bereits gesellschaftlich strukturierte (körperliche) Erfahrung in einen politischen Prozess zu überführen, oder mit Marx: Die Praxis zu verändern, welche die Erfahrung strukturiert. In diesem Zusammenhang würde ich den Autor*innen nicht darin zustimmen, dass »die leibliche Erfahrung wesentlich um das Partikulare kreist« und damit »droht [...] die Veränderung des Ganzen aus dem Blick zu verlieren« (ebd.: 169). Es geht weder um das Partikulare noch um das Ganze, sondern um das Spezifische, nämlich von Subjekten geteilte (körperliche) Erfahrungen, die immer schon gesellschaftlich strukturiert sind. Die Frage ist dann, wie diese gesellschaftlich strukturierte Erfahrung Teil eines praktischen Transformationsprozesses werden kann.

Einige heutige politische Kämpfe bleiben jedoch, statt spezifische Erfahrungen in einen solchen Prozess der Veränderung zu überführen, bei einer reinen »Artikulation körperlicher Erfahrungen« (ebd.: 170) stehen, wie die Autor*innen anhand einer Kritik von Tendenzen innerhalb der Trans*bewegung referieren. Wenn sie sich danach recht schnell der Rolle des Körpers in der Geschichte der Politischen Theorie zuwenden, fragt man sich ein wenig, ob die heutige Körperpolitik keine Geschichte hat; so könnte man beispielsweise an die Hungerstreiks der Suffragetten denken. Der Beitrag von Ullrich und Flügel-Martinsen widmet sich hingegen der bemerkenswerten Tatsache, dass der Körper anders als in der Geschichte der politischen Kämpfe in der politischen Theorie bis in die heutige Zeit allenfalls eine negative Rolle spielt. Die These ist, dass Körper von der Antike bis in die Neuzeit als verwundbare Entitäten aufgefasst wurden, und als solche zum »Anlass für die Rechtfertigung politischer Ordnung« (ebd.: 171) genommen wurden, so etwa bei Platon (als trügerische Körper), Augustinus (als sündige Körper) und Thomas Hobbes (als sterbliche Körper).

In der jüngeren politischen Theorie reihen die Autor*innen auch Hannah Arendt and Jacques Rancière in diese Tradition ein, da beide auf die sprachliche Dimension politischer Öffentlichkeit fokussiert blieben. Dagegen sehen sie bei Judith Butler, Sara Ahmed und Iris Marion Young Ansätze, den Körper positiv in die Theorie einzubeziehen. So ist bei Butler die Verletzbarkeit des Körpers im Unterschied zu einer Tradition, in der sie (von Platon bis Hobbes) die politische Herrschaftsordnung legitimiert, Ausgangspunkt einer öffentlichen Artikulation von Protest. Ahmed und Young zeigen hingegen Restriktionen einer solchen Artikulation im öffentlichen Raum auf, etwa durch Zugangsbeschränkungen zu diesem oder auch durch inkorporierte Herrschaftsverhältnisse. Ungeklärt bliebe dabei jedoch, so Ullrich und Flügel-Martinsen, warum Körper als widerständig begriffen werden können und wie körperliche Erfahrungen in eine emanzipatorische politische Organisierung Eingang finden.

In diesem Zusammenhang stellt sich die Frage, in welcher Beziehung die körperlichen Erfahrungen einerseits und der politische Emanzipationsprozess andererseits mit dem grundlegenden sozialen Reproduktionsprozess in Beziehung stehen. Der Körper kann als Scharnier von Gesellschaft und Natur gelten, so etwa in der industriellen Arbeit oder auch der Care-Arbeit. Dies ist von zentraler Bedeutung sowohl für eine mögliche Widerständigkeit, die im Zusammenhang mit Erfahrungen der Verletzbarkeit des Körpers (z.B. durch Arbeitsunfälle, Krankheiten oder Erschöpfung) aufkommt, als auch bezüglich der Frage, wie Körper und gesellschaftliche Ordnungen verschaltet sind und an welcher Stelle emanzipatorische Organisierungsprozesse insofern geeignet wären, diese Ordnungen praktisch zu verändern.

Ullrich und Flügel-Martinsen wenden sich an dieser Stelle jedoch mit Walter Benjamin dem Warenfetischismus und der Entfremdung des Körpers zu, um auf dessen Prägung durch Herrschaftsverhältnisse hinzuweisen. Nun mag der Fetischismus auch Effekt einer inkorporierten Praxis sein, welche den Körper an die herrschenden Verhältnisse bindet (etwa durch den alltäglichen Umgang mit Waren und Geld), auch wenn man darüber streiten könnte, ob diese mit Erfahrungen der Entfremdung im Arbeitsprozess gleichzusetzen ist. Wenn die Frage nach der Widerständigkeit von Körpern und deren politischer Rolle aufgeworfen wird, läge es aber näher, nach körperlichen Erfahrungen der Herrschaftsverhältnisse zu forschen, die zum Ausgangspunkt nicht der Anpassung, sondern der Emanzipation werden. Die Frage ist, wie solche gesellschaftlich strukturierten Erfahrungen in einen emanzipatorischen Politisierungsprozess überführt werden können.

Ich möchte im Folgenden einen Vorschlag skizzieren, der weniger das Problem in den Vordergrund stellt, dass körperliche Erfahrungen durch die herrschenden gesellschaftlichen Verhältnisse geformt sind, als vielmehr Ansätze zur Diskussion stellt, in dem gesellschaftlich strukturierte Körpererfahrungen zum Ausgangspunkt von Emanzipationsprozessen werden. Dabei beziehe ich mich auf Jacques Rancière, Laura Quintana und Eva von Redecker. Entsprechend stimme ich mit Ullrich und Flügel-Martinsen nicht überein, dass Rancière keinen wesentlichen Beitrag zur Rolle körperlicher Erfahrung für politische Emanzipation leistet. Ganz im Gegenteil denke ich, dass gerade Rancières Ansatz – zumal durch die Brille Quintanas gelesen – einen Ausgangspunkt bietet, um genauer zu fassen, wie körperliche Erfahrungen zum Ausgangspunkt politischer Emanzipation werden können.

In der Rezeption von Rancière spielt der Körper tatsächlich keine bedeutende Rolle, und ich teile Quintanas Verwunderung darüber, wenn sie in ihrem Buch *The Politics of Bodies* (2020) schreibt, dass dies »is rather strange, given that Rancière defines political activity as ›whatever shifts a *body* from the place assigned to it‹« (Quintana 2020: 13, Herv. i.O.). Demnach bestimmt Rancière (1995) in seiner hier zitierten Schrift *La Mésentente* (*Das Unvernehmen, Disagreement*) als Kern politischer Aktivität die Erfahrung einer Bewegung des Körpers im Raum, die ihn seinen von der herrschenden Ordnung vorgegebenen Platz im ganz wörtlichen Sinne überschreiten lässt. Dies antwortet genau auf die Fragestellung von Ullrich und Flügel-Martinsen, insofern damit einerseits der körperliche Zugang zum öffentlichen Raum zur Debatte steht, welche die Autor*innen mit Ahmed und Young skizzieren. Andererseits beschäftigt Rancière die Frage, wie körperliche Erfahrungen aus der Sprache *heraus*geschrieben werden – das ist Ullrich und Flügel-Martinsen zufolge die grundlegende Operation in der Geschichte der politischen Philosophie – und wie sie umgekehrt Teil einer politischen Artikulation werden können.

Die *erste* Antwort von Rancière and Quintana auf diese Frage lautet: durch die Stimme. Diese wird meiner Ansicht nach von Ullrich und Flügel-Martinsen etwas voreilig dem Bereich der Sprache zugeordnet, denn der Witz ist doch, dass die Stimme Teil des Körpers wie auch der Sprache ist und sich somit dazu eignet, die Differenz zwischen beidem zu überbrücken. So kann ein Schrei eine körperliche Verletzung artikulieren, etwa die Folter einer/eines Sklavin/-en, die Vergewaltigung einer Frau* oder die Zurichtung des Körpers einer/eines Arbeiterin/-s, und er kann, etwa in Demonstrationen und Aufständen, Ausgangspunkt einer kollektiven politischen Artikulation werden. Für die klassische politische Philosophie kann ein Schrei hingegen niemals Ausgangspunkt eines politischen Akts sein, ist doch die Stimme seit Aristoteles etwas, das Menschen mit Tieren gemeinsam haben und darum anders als die Sprache eben keine genuine Qualität des *zōon politikón*. Nicht nur für Rancière and Quintana, sondern auch für John Holloway (2002) ist aber exakt dies der Fall. Schreien, Weinen, Brüllen – und wir sollten das Singen und das Atmen (so die Parole *I can't breathe*) nicht vergessen – sind hier ein Ausgangspunkt politischer Artikulation: nicht mehr und nicht weniger. Sie fassen die körperliche Erfahrung von Herrschaft in all ihren Formen (Ausbeutung, Unterdrückung, Gewalt, Zwang etc.) zwar nicht unmittelbar in Worte, doch in Schreie.

Nun mag man einwenden, dass es von hier bis zu einer politischen Rede und/oder Aktion ein weiter Weg ist, und das ist korrekt; der Punkt bei Rancière ist jedoch, dass die Frage, wie dieser Weg zu gehen ist und wann ein Schrei als politisch gilt, selbst schon eine genuin politische Frage ist. Und: Der Schrei ist auf dem Weg zu einer politischen Artikulation körperlicher Erfahrungen bereits einen Schritt weiter als die schiere Verletzbarkeit von Körpern, die Ullrich und Flügel-Martinsen mit Butler als Ausgangspunkt politischen Protests diskutieren. Denn mit dem Schrei kann eine Verletzung artikuliert werden, ohne dass die körperliche Dimension der Erfahrung im vorgegebenen System der politischen Sprache verschwindet. Die Frage ist dann, ob und als was der Ausdruck körperlicher Erfahrungen Resonanz erlangt – wie in Gayatri Spivaks bekanntem Diktum, die Subalternen könnten nicht sprechen, welches (hoffentlich) nicht negieren wollte, dass Unterworfene sich artikulieren können, sondern unter welchen Bedingungen sie gehört werden.

Wie sich ein Subjekt artikulieren kann und zu einem gewissen Grad auch, inwieweit ein anderes befähigt ist, dessen Artikulation zu hören, hängt auch von erworbenen Fähigkeiten ab. Daraus ergibt sich eine *zweite* Antwort, die Rancière and Quintana auf die Frage geben, wie Körpererfahrungen politisch werden können: indem sie umfunktioniert oder, vielleicht präziser: umgeübt werden. Hierbei geht es nicht so sehr um eine lautliche Artikulation körperlicher Erfahrung, sondern um das, was Subjekte tun und wozu sie fähig sind: um körperliche Praktiken. »Emancipation does not entail change in terms of knowledge but in terms of the *position of bodies*«, so Rancière, denn »being a worker means being equipped with a certain body, defined by capacities and incapacities [...]. Emancipation is a rupture with that *corporeality*, for example, a dissociation between gaze and hands« (Rancière 2009: 575–576, hier zitiert in der englischen Übersetzung von Quintana 2020: 3–4).

Emanzipation beinhaltet demnach eine Veränderung der Fähigkeiten und Tätigkeiten des Körpers. Ein zentrales Beispiel bei Rancière ist die Trennung der Tätigkeit der Hände eines Arbeiters von der ästhetischen Aktivität seiner Augen, wie sie in einer Arbeiterzeitschrift vom Zimmermann Gabriel Gauny (1806–1889) beschrieben wurde. Dieser unterbricht seine Arbeit, nämlich Parkett zu verlegen, um den Blick aus dem Fenster in den Garten zu genießen. Rancière zufolge impliziert dies die Erfahrung einer Abkopplung des Körpers vom Raum und der Zeit der Arbeit, die als Ausgangspunkt einer Reorganisierung des Arbeiterkörpers verstanden werden kann. Emanzipation bedeutet dem folgend, die soziale Funktion des Körpers zu verlernen und »shaping for oneself a new body and a new sensorium« (Rancière 2008: 10).

Es ist nicht schwer, sich andere Beispiele vorzustellen, etwa eine Hausfrau, die ihren Körper von der monotonen Care-Arbeit abkoppelt, indem sie mit der Gattin des Nachbarn Sex hat und eine feministische Kampfsportgruppe bildet, oder eine*n prekarisierte*n Wissenschaftsarbeiter*in, die/der die Fixierung der Augen auf den Bildschirm und die Bücher unterbricht, um letztere zu Barrikaden umzufunktionieren mit dem Ziel von *Fridays for Leisure*. Dabei kann es – auch eingedenk der Kritik Michel Foucaults in *Der Wille zum Wissen* – nicht darum gehen, den Körper der Marginalisierten und Unterdrückten so, wie er ist, zu befreien, sondern ihn und seine Fähigkeiten (und Unfähigkeiten) zu verändern. Darin liegt eine Kritik an einer Politik des identitären Ausdrucks. Noch nicht geklärt ist damit allerdings, auf welche Weise die Veränderung des Körpers, wie sie Rancière and Quintana skizzieren, eine verstetigte kollektive Form annehmen kann. Es ist weniger so, dass – wie Ullrich und Flügel-Martinsen behaupten – der Körper bei Rancière blass bleibt, als dass nicht ganz deutlich wird, wie genau er eine kollektive politische Praxis zu begründen vermag, die in der Lage ist, die herrschenden Verhältnisse zu transformieren.

Um abschließend wenigstens eine Idee beizusteuern, wie dies aussehen könnte, möchte ich auf Eva von Redeckers Studie *Praxis und Revolution* (2018) verweisen. Redecker zufolge ergeben sich politische Veränderungen nicht so sehr aus neuen sprachlichen Symbolisierungen oder Deutungen, sondern aus dem praktischen Um-Üben und Umfunktionierungen verkörperter Fähigkeiten: »Praktiken sind konstitutiv darauf angewiesen, in implizitem Know-how verkörpert zu werden. Das lässt sich nicht einfach umdeuten – es muss umgeübt werden« (ebd.: 78). Neues entsteht dabei nicht durch eine voluntaristisch verstandene Autonomie der Akteur*innen und ein voraussetzungsloses Handeln, sondern durch die »Rekombination vertrauter Muster« (ebd.: 84) an der Schnittstelle von Praktiken und den sozialen Kontexten, an denen sich diese kreuzen.

Eine Art dieses Umfunktionierens, welche die gesellschaftliche Praxis grundlegend verändert, ist die Neuverankerung von Praktiken, die Redecker im Anschluss an Ann Swidler (2001) diskutiert: Diese geht davon aus, dass aus Praktiken persistente (politische) Handlungsmuster entstehen, wenn sie andere Praktiken organisieren und basale soziale Beziehungen koordinieren (»verankern«), weshalb sie solche Praktiken Ankerpraktiken nennt. So ist etwa der Übergang von interessengeleiteter zu diversitätsgeleiteter Geschlechterpolitik, wie Elizabeth A. Armstrong in ihrer Studie *Forging Gay Identities* (2002) ausführt, in der öffentlichen Praxis der Pride-Paraden verankert: Diese fördern den Wunsch nach einer Anerkennung partikularer Identitäten bereits durch ihre räumliche Struktur sowie die Notwendigkeit, sich als partikulare Gruppe zu definieren, um einen Platz auf der Parade zugestanden zu bekommen. Die Parade wird zur Ankerpraxis, welche körperliche Praktiken koordiniert, umfunktioniert und so eine Politik der Identität und Diversität (mit allen ihren positiven und problematischen Implikationen) organisiert.

Dies scheint mir nicht weit von Ullrichs und Flügel-Martinsens Fokus auf der öffentlichen Versammlung als zentrale politische Praxis am Ende ihres Beitrags entfernt zu sein (Ullrich/Flügel-Martinsen 2024: 179). Begonnen hatte dieser mit der Kritik, es werde in der politischen Theorie der Körper ausgeblendet, »der in Fabriken Stoffe zuschneidet, Maschinen bedient, Böden wischt, Lebensmittel ausliefert oder Kund*innen an der Kasse mit einem Lächeln bedient« (ebd.: 167). Mein Eindruck ist, dass dieser Aspekt inkorporierter Fähigkeiten des Körpers im weiteren Verlauf des Beitrags ein Stück weit verschwindet. Deshalb halte ich es für wichtig, Ansätze wie die von Rancière, Quintana und von Redecker ins Spiel zu bringen, welche das Um-Üben inkorporierter Fähigkeiten des Körpers mit einer möglichen politischen Veränderung sozialer Verhältnisse in Verbindung bringen. Dazu weiter zu forschen, würde sich lohnen. Denn es geht nicht darum, den Körper zu befreien und seine Praktiken, wie sie innerhalb von Herrschaftsverhältnissen ausgebildet wurden, gegen diese zu richten. Sondern Körper und ihre Erfahrungen müssen selbst verändert werden, um neue gesellschaftliche Möglichkeiten in die Welt zu setzen.

Und sie können es, weil wir seit Marx' *Thesen über Feuerbach* wissen, dass sie so sehr durch die soziale Praxis geformt sind wie diese selbst praktisch formen.

Literaturverzeichnis

Amlinger, Carolin (2021): Schreiben. Eine Soziologie literarischer Arbeit, Berlin: Suhrkamp.

Armstrong, Elizabeth A. (2002): Forging Gay Identities. Organizing Sexuality in San Francisco, 1950–1994, Chicago/London: University of Chicago Press.

Holloway, John (2002): Die Welt verändern, ohne die Macht zu übernehmen, Münster: Westfälisches Dampfboot.

Kappeler, Florian/Widder, Roman (Hg.) (2023): Umstülpen. Zur Praxis materialistischer Literaturinterpretation, Paderborn: Brill Fink.

Quintana, Laura (2020): The Politics of Bodies: Philosophical Emancipation with and beyond Rancière, Lanham: Rowman & Littlefield Publishers.

Rancière, Jacques (1995): Disagreement. Politics and Philosophy, Minneapolis: University of Minnesota Press.

Rancière, Jacques (2008): Aesthetic Separation, Aesthetic Community, in: Art & Research: A Journal of Ideas, Contexts and Methods 2, 1–15.

Rancière, Jacques (2009): Et tant pis pour les gens fatigués! Entretiens, Paris: Editions Amsterdam.

Redecker, Eva von (2018): Praxis und Revolution. Eine Sozialtheorie radikalen Wandels, Frankfurt a.M.: Campus.

Schaub, Christoph (2019): Proletarische Welten. Internationalistische Weltliteratur in der Weimarer Republik, Berlin/Boston: de Gruyter.

Swidler, Ann (2001): What anchors cultural practices, in: Theodore R. Schatzki/Karin Knorr-Cetina/Eike von Savigny (Hg.), The Practice Turn in Contemporary Theory, London/New York: Routledge, 83–101.

Ullrich, Vanessa/Flügel-Martinsen, Oliver (2024): Kritik der Körperpolitik. Erfahrung, Sprache und politische Emanzipation, in: Vera Kallenberg/Tomke König/Walter Erhart (Hg.): Geschlecht als Erfahrung. Theorien, Empirie, politische Praxis, Bielefeld: transcript, 167–181.

III. Lacunae: das Unausgesprochene und Unsprechbare (in) der Erfahrung

"Reading the Unspeakable"

Emotional Memory and Affective Relationality in Life-Writing Genres

Julia Roth

1. Slave Narratives

"Reader it is not to awaken sympathy for myself that I am telling you truthfully what I suffered. I do it to kindle a flame of compassion in your hearts for my sisters who are still in bondage." (Jacobs 1861: n.p.) When reading so-called slave narratives such as Harriet Jacobs' *Incidents in the Life of a Slave Girl. Written by Herself* (1861), readers get a feel for what it must have been like to be enslaved, and, what is more, what it must have been like to be an enslaved *woman*. At the height of the struggle over the abolition of slavery from the end of the 18th to the mid-19th century, the genre of *slave narratives* explicitly aimed at motivating readers' empathy and solidarity by recounting experiences of enslavement and often flight from the perspective of formerly enslaved and structurally silenced speakers. Jacob's preface to her life account provides a vivid example of how these texts insisted on the evidence of their authors' experience, since they had to *prove* the factuality of the proceedings recounted:

> READER, be assured this narrative is no fiction. I am aware that some of my adventures may seem incredible; but they are, nevertheless, strictly true. I have not exaggerated the wrongs inflicted by Slavery; on the contrary, my descriptions fall far short of the facts. [...] I was born and reared in Slavery; and I remained in a Slave State twenty-seven years. (Jacobs 1861: 6)

The insistence on experience was crucial for the texts' ability to grant their authors a voice in the discourse of the time. Jacobs was one of many authors who used their personal narratives to point out the structural injustice inflicted on enslaved workers, framing their individual experience of suffering as collective. Slave narratives were addressed to a predominantly White audience in order to mobilize these readers for the fight against slavery. Jacob's text was published under the pseudonym Linda Brent after the author had made it to the North of the United States and achieved freedom. The narrator – in autobiographical texts also termed *narrative I* – depicts her experience of enslavement, hiding, and escape and the abuse she received at the hands of her master, Mr. Flint. Like most slave narratives, her text documents her journey from bondage to freedom, as she recreated herself as a human and a woman, rejecting her status as *property* and taking her destiny into her own hands. The narrative opens in a typical manner with the words *I was born and reared into Slavery*. By highlighting the very different situation of enslaved Africans, accounts such as Jacobs' broke with the genre convention of autobiographies, which were usually written by White *men of letters* and opened by giving their protagonist's name and date of birth and their family pedigree before then telling their life story in a chronological and straightforward manner. Furthermore, in contrast to most male slave narratives, which generally followed a strictly chronological format and focused on the narrator's life, relating the story of his journey from slavery to freedom, Jacobs' narrative focuses on *incidents* in her life. The structure of Harriet Jacobs'/Linda Brent's account also deviates from that of the traditional – male – slave narrative: some chapters focus strictly on Harriet/Linda's story, others address social or political issues such as the church and slavery or the impact of the Fugitive Slave Law on runaways. Furthermore, the text is marked by references to the private sphere and the household and the particular experience of being obliged to also sexually *serve* her owner. Before trying to escape, Harriet/Linda has two children by Mr. Sands, another white man, a decision that she sees as the lesser of two evils. The text also graphically depicts the master's insecure wife, who blames Harriet/Linda for her husband's behavior, and this leads Harriet/Linda to reflect on the intricate relationships between Black and White women, White men and White women, and the White patriarchal system that enables White men to exercise complete control over their wives and female slaves. Finally, she frees herself from the control of Flint (who threatens to sell her children) and spends seven years hiding in her grandmother's attic to escape her master's insatiable lust. Eventually, in 1842, Harriet/Linda is smuggled aboard a ship headed for Philadelphia and is reunited with her daughter Ellen and, shortly afterwards, also with her son Ben.

Brent's/Jacobs' narrative sometimes resembles the melodramatic style of 19th century romantic novels, which proved useful for the aim of arousing empathy and solidarity and was a style of writing the intended audience of women readers were most probably familiar with.[1] If literary genres provide "culturally and historically conditioned techniques of emotionalization" that "generate different potentials of effect and thus have decisive impact on the text's reception" (Hof 2008: 22, author's

1 The structure of *Incidents*, for example, resembles that of Samuel Richardson's *Pamela; or, Virtue Rewarded*, an epistolary novel published in 1740 and based on a story about a servant who avoided seduction and was rewarded by marriage. It also bears some similarities to Charlotte Bronte's *Jane Eyre*, first published in 1847 under the pseudonym Currer Bell.

translation), Jacobs' choice proved effectual in the context of the time. Her narrative I specifically addresses White women to whose morality, empathy and, finally, solidarity she appeals:

> In view of these things, why are ye silent, ye free men and women of the north? Why do your tongues falter in maintenance of the right? Would that I had more ability! But my heart is so full, and my pen is so weak! There are noble men and women who plead for us, striving to help those who cannot help themselves. God bless them! God give them strength and courage to go on! God bless those, everywhere, who are laboring to advance the cause of humanity! (Jacobs 1861: 49)

As these lines indicate, slave narratives often evoked sentimental modes and appealed to the affective and empathic identification with the pain of Others. This was to become central to British and American notions of modernity and Enlightenment, a process in which the debates on the abolition of slavery were foundational. The strategy of claiming *womanhood*, which can also be observed in Jacobs' text, served two main aims: the recognition of their authors' (gendered) humanity and the mobilization of solidarity on the part of other (White) women. For the British case, Elahe Haschemi Yekani speaks of *affective relationality* in this context, and the empathy with the suffering of others as a means of *feeling modern*:

> The act of reading as empathetic identification with Others – accelerated by the technical revolutions and increased literacy at the time – becomes the principal means of emotional access to this middle-class identity. Modernity in this understanding is also a product of affective relationality. The eventual success of the abolitionist movement enabled the British to imagine themselves as exceptionally modern and progressive in their renunciation of slavery following the abolition of the slave trade in 1807 and the abolition of slavery in 1833. (Haschemi Yekani 2016: 117)

Key themes in *Incidents* include the economics of slavery; physical and emotional pain and suffering, community support and family loyalty; self-assertion; and writing as a means of freedom, self-expression, and resistance. Other themes include the moral conflict between slavery and Christianity, racism, motherhood, family loyalty, and abandonment. Also significant is the issue of literacy, which was often used as a metaphor for freedom, because slaves who learned to read and write were often the ones who ran away. For instance, the letters Linda writes while hiding in her grandmother's hut play an important part in her eventual escape:

> Since I have been at the North, it has been necessary for me to work diligently for my own support, and the education of my children. This has not left me much

> leisure to make up for the loss of early opportunities to improve myself; and it has compelled me to write these pages at irregular intervals, whenever I could snatch an hour from household duties. (Jacobs 1861: 6)

Because enslaved Africans had been structurally denied access to education and literacy, slave narratives usually include an *authorization* in the form of a preface by a White editor as well as extensive explanations of why and how the author learned to read and write. Moreover, many slave narratives are marked by the subtitle *Written by Herself* or *Written by Himself*, which highlights the texts' *authenticity* and authorizes the experiences narrated therein. Jacobs' text is introduced by author, abolitionist, and women's rights activist Lydia Maria Child, who also edited the text:

> I am well aware that many will accuse me of indecorum for presenting these pages to the public; for the experiences of this intelligent and much-injured woman belong to a class which some call delicate subjects, and others indelicate. This peculiar phase of Slavery has generally been kept veiled; but the public ought to be made acquainted with its monstrous features, and I willingly take the responsibility of presenting them with the veil withdrawn. I do this for the sake of my sisters in bondage, who are suffering wrongs so foul, that our ears are too delicate to listen to them. I do it with the hope of arousing conscientious and reflecting women at the North to a sense of their duty in the exertion of moral influence on the question of Slavery, on all possible occasions. I do it with the hope that every man who reads this narrative will swear solemnly before God that, so far as he has power to prevent it, no fugitive from Slavery shall ever be sent back to suffer in that loathsome den of corruption and cruelty. (Ibid.: 8)

In Harriet Jacob's particular case, the text also makes accessible the specific dimensions of experience many enslaved women shared in the form of sexual violence inflicted by their owners, or the denial of motherhood, as in this paragraph:

> When they told me my new-born babe was a girl, my heart was heavier than it had ever been before. Slavery is terrible for men; but it is far more terrible for women. Superadded to the burden common to all, they have wrongs, and sufferings, and mortifications peculiarly their own. (Ibid.: 119)

Although generally ignored by critics, who often dismissed Jacobs' *Incidents in the Life of a Slave Girl, Written by Herself* as a fictionalized account of slavery,[2] the work is heralded today as the first book-length narrative by a former enslaved woman that re-

2 *Incidents* was rediscovered in the 1970s and reprinted in 1973 and 1987 thanks to Jacobs' biographer Jean Fagan Yellin, who also brought *Incidents* to the attention of readers, scholars, and critics who dismissed the work as a fictional slave narrative.

veals the unique brutalities inflicted on enslaved women. The narrative is now also considered a central text in the history of (US) American autobiography, and African American autobiography, in particular, and as important testimony for studies on gender violence under slavery.

1.1 Colonial Gender Arrangements and Strategies of Affective Relationality

By claiming to also *be* a woman and referring to shared experiences such as motherhood or household duties, Jacobs claims a position that had structurally been denied to her as a Black and enslaved woman. The phrase *Am I Not a Woman and a Sister?* tellingly adorned the vignettes circulating at the time in abolitionist circles. Formerly enslaved abolitionist and women's right activist Sojourner Truth addressed this dimension in her famous speech *Ain't I a Woman?* (delivered in 1851 at the *Women's Convention* in Akron, Ohio), in which she claimed her membership of the category of woman, which was represented at the time by (predominantly White) early feminists, while referring to her very different gendered experience:

> Well, children, where there is so much racket there must be something out of kilter. I think that 'twixt the negroes of the South and the women at the North, all talking about rights, the white men will be in a fix pretty soon. But what's all this here talking about?
> That man over there says that women need to be helped into carriages, and lifted over ditches, and to have the best place everywhere. Nobody ever helps me into carriages, or over mud-puddles, or gives me any best place! And ain't I a woman? Look at me! Look at my arm! I have ploughed and planted, and gathered into barns, and no man could head me! And ain't I a woman? I could work as much and eat as much as a man – when I could get it – and bear the lash as well! And ain't I a woman? I have borne thirteen children, and seen most all sold off to slavery, and when I cried out with my mother's grief, none but Jesus heard me! And ain't I a woman? (Truth 1851: n.p.)

Directly addressing the listeners and pointing to her embodied presence – *look at me!* – Truth asks for attention, acknowledgement, and finally empathy for her experience as a Black (and formerly enslaved) woman who was never ascribed all the presumed physical and mental characteristics White women were presumed to *naturally* share, such as physical weakness and a lack of the strength needed to perform hard manual work. By asking her listeners to *look at her – look at my arm!* and recounting her experience of having been forced to perform hard physical labor – even harder than men – while also having to sell her children into slavery and being denied the position of motherhood White women were reduced to, she simultaneously questions both the institution of slavery and hegemonic stereotypes of those women whose experience was considered representative and was authorized as *fe-*

male. At the same time, she asks for empathy for the pain she has experienced. In her slave narrative, Harriet Jacobs had used a similar strategy, though more subtly. She first references the feeling – *sorrow, shame* – that memories of her experiences under slavery evoke in her. While doing so, she also describes the act of putting these experiences into words as painful – *it pains me to tell you of it* – thereby, on the one hand, pointing to the difficult act of recalling pain (and *writing it down*), while, on the other hand, also catering to the moral and cultural conventions of the time:

> And now, reader, I come to a period in my unhappy life, which I would gladly forget if I could. The remembrance fills me with sorrow and shame. It pains me to tell you of it; but I have promised to tell you the truth, and I will do it honestly, let it cost me what it may. I will not try to screen myself behind the plea of compulsion from a master; for it was not so. Neither can I plead ignorance or thoughtlessness. For years, my master had done his utmost to pollute my mind with foul images, and to destroy the pure principles inculcated by my grandmother, and the good mistress of my childhood. The influences of slavery had had the same effect on me that they had on other young girls; they had made me prematurely knowing, concerning the evil ways of the world. I know what I did, and I did it with deliberate calculation. (Jacobs 1861: 83–84)

Her narrative seeks to gain White women's empathy for the violence she has experienced by applying a sentimental mode. At the same time, she knows that claiming inclusion in the category of women, which was dominated by White women and deeply marked by concepts such as purity, chastity and domesticity, requires her to highlight her moral integrity – something that her status as *property* in a sexual sense threatened to undermine. The narrator is thus also careful to be not too explicit in the description of precarious situations, which she relates to the institution of slavery rather than to personal failure:

> But, O, ye happy women, whose purity has been sheltered from childhood, who have been free to choose the objects of your affection, whose homes are protected by law, do not judge the poor desolate slave girl too severely! If slavery had been abolished, I, also, could have married the man of my choice; I could have had a home shielded by the laws; and I should have been spared the painful task of confessing what I am now about to relate; but all my prospects had been blighted by slavery. (Ibid.)

As these lines indicate, in the particular setting of enslavement, gender positions were implicitly marked by categories of racialization and freedom/enslavement. Gabriele Dietze (2013) distinguishes at least four different gender positions for the US context, which she refers to as *racial quartet* (a pyramid descending as follows:

White man – White woman – Black man – Black woman).[3] Likewise, María Lugones insists on the observation that coloniality – as a structural dimension of power born of colonization – led not to the enforcement of gender positions on the colonized, but produced very particular gender positions and *gender* itself as a colonial category:

> Colonialism [...] imposed a new gender system that created very different arrangements for colonized males and females than for white bourgeois colonizers [...] and gender itself as a colonial concept and mode of organization of relations of production, [...] and ways of knowing. (Lugones 2007: 186)

The example of Harriet Jacobs' text can only show in a cursory manner how the "evidence of experience" (Scott 1991) was utilized in slave narratives to negotiate the affective relationality with a predominantly White audience whose empathy the text sought to evoke. Using the example of individual personal accounts of the violent experience of enslavement to criticize and work toward abolishing the larger structures, these texts usually also emphasize a collective claim:

> I do earnestly desire to arouse the women of the North to a realizing sense of the condition of two millions of women at the South, still in bondage, suffering what I suffered, and most of them far worse. I want to add my testimony to that of abler pens to convince the people of the Free States what Slavery really is. Only by experience can anyone realize how deep, and dark, and foul is that pit of abominations. May the blessing of God rest on this imperfect effort on behalf of my persecuted people! (Jacobs 1861: 6)

Such framings also indicate, however, that *slave narratives* were restricted by the hegemonic moral framework in which the authors and narrators had to operate, strategically balancing and negotiating between all sides in pursuit of a clear political goal. This included ascribing to their intended White female audience a higher moral standard (and not accusing them of hypocrisy).

2. "Neo-Slave Narratives": Imagining "Inner Lives" and "Emotional Memories"

Before I started reading slave narratives, a book that made the experience of slavery accessible to me as a reader was *Beloved* by Toni Morrison (1987). Morrison – author, editor, theoretician, and the first African American woman to be awarded

3 One could, of course, also add Native American and other positions.

the Nobel Prize in Literature – famously described the slave narrative as crucial element (and origin) of African American literary history: "In this country the print origins of black literature (as distinguished from the oral origins) were slave narratives. These book-length narratives (autobiographies, recollections, memoirs), of which well over a hundred were published, are familiar texts to historians and students of black history." (Morrison 1995: 85)

Her novel *Beloved* is often categorized as a *neo-slave narrative*, a genre which refers to the increasing number of texts emerging since the 1980s and 1990s that depict the experience of slavery but are written by contemporary authors who have not directly or personally experienced slavery. The novel is based on a real event Morrison came across in a newspaper clipping about an enslaved woman named Margaret Garner who ran away and, in 1856, killed her two-year-old daughter while facing her captors who wanted to return her to slavery.

As a literary scholar, I was interested in looking at how the text provides the possibility of access to affective relationality, acknowledgement of (the pain of) Others and thus, specific literary/aesthetic experiences. I asked why the novel had had such an impact on me. Why (and how) did the text make accessible to me what the experience of being enslaved (and of being an enslaved woman) and thus the workings of the institution of slavery must have been like? What is the experience literature can give us access to (and how does it do so)? And how does this relate to (and differ from) what we take as *factual* accounts?

The text circles around the protagonist, Sethe, a formerly enslaved and abused woman who escapes slavery with her three children while pregnant with her fourth child. When, years later, her former owner comes to get her – his property – back, Sethe kills her baby daughter rather than having her experience life under slavery. The text examines the destructive legacy of slavery and chronicles Sethe's life from her pre-Civil War days as a slave in Kentucky to her time in Cincinnati, Ohio, in 1873. Although Sethe lives there as a free woman, she is held prisoner by memories of the trauma of her life as a slave. After Sethe returns from prison, the baby's ghost returns and haunts Sethe and her house, forcing her to face her traumatic past.

Beloved begins in Cincinnati, Ohio, in 1873, at 124 Bluestone Road *(124)*, where Sethe has been living with her now eighteen-year-old daughter, Denver. Sethe's mother-in-law, Baby Suggs, had also lived with them until her death in 1865, before Sethe's two sons, Howard and Buglar, ran away. Sethe believes they fled because of the presence of a ghost that has haunted their house for years. Denver, however, likes the ghost, which everyone believes to be the spirit of her dead sister. On the day the novel begins, Paul D, whom Sethe has not seen since they worked together on Mr. Garner's Sweet Home plantation in Kentucky around twenty years earlier, stops by Sethe's house. His presence resurrects Sethe's memories of her traumatic past. From this point on, the story unfolds on two temporal planes: The present in Cincinnati and a series of events that took place around twenty years earlier, mostly in Kentucky. The past is accessed and described through the fragmented flashbacks of the major characters. As a consequence, readers read these flashbacks several times, partly from various perspectives, with each successive version of an event adding some more information to the previous ones. In this way, the text unravels how Sethe ran away from the farm *Sweet Home* after the overseer and some other men had violated and abused her while pregnant. Beforehand, she had sent her children away to her mother-in-law, Baby Suggs in Ohio, which was an ostensibly free state. After crossing the Ohio river, Sethe gives birth to her daughter Denver with the help of a white girl.

Paul D's arrival initiates the series of events taking place in the present timeframe. This incident is reflected in Sethe's inner thoughts, including references to her physical reactions such as memories, which have the physical effect of *making her head hurt*:

> IT WAS TIME to lay it all down. Before Paul D came and sat on her porch steps, words whispered in the keeping room had kept her going. Helped her endure the chastising ghost; refurbished the baby faces of Howard and Buglar and kept them whole in the world because in her dreams she saw only their parts in trees; and kept her husband shadowy but there – somewhere. Now Halle's face between the butter press and the churn swelled larger and larger, crowding her eyes and making her head hurt. She wished for Baby Suggs, fingers molding her nape, reshaping it [...]. (Morrison 1987: 86)

Prior to moving in, Paul D chases the ghost away. On their way home from a carnival, Sethe and Paul D encounter a strange young woman sleeping near the steps of *124*. Most of the characters believe that the woman – who calls herself Beloved – is the embodied spirit of Sethe's dead daughter. Sethe's daughter Denver develops an obsessive attachment to Beloved, and Beloved's attachment to Sethe is also overly intense, while Paul D and Beloved hate each other, and Beloved moves Paul D around the house and seduces him against his will. Meanwhile, Sethe's relationship with Beloved grows more and more obsessive. Sethe is keen on satisfying Beloved's increasingly abusive demands and making her understand why she murdered her. After Paul D learns about Sethe's infanticide, he moves out, and Denver also leaves the house, receiving help from her former teacher.

The novel concludes when a group of women from the local community come to the house *124* to exorcize the ghost that has been haunting it and Beloved disappears. Paul D returns to the house to find Sethe lying in the bed where Baby Suggs had died, distraught by Beloved's sudden disappearance.

The plot of *Beloved* follows a loose structure, meandering through forty years with flashbacks and stories about the past told by various characters, from Sethe's birth in 1835 to the conclusion of the novel in 1875. The novel is, in essence, written in fragments, pieces shattered and left for the reader to put together. The juxtaposition of past and present serves to reinforce the idea that the past is alive in the current day. It forces readers to think about both contexts and consider the value and impact of each event, as figuratively embodied by the baby ghost. Morrison uses both verse and stream of consciousness to capture the characters' feelings. Her use of objective correlativism includes Biblical allusions and symbolism. The text is notable for the radical way it gives voice to numerous perspectives by constantly shifting the narrative focus between the different characters. In each chapter, the point of view of the text shifts. The anonymous narrator is omniscient, accessing the interior thoughts and experiences of many characters, and reporting them in the third person, making the reader follow their psychological trajectories and identify with their affective processes. In an interesting example, we perceive Beloved's happiness through the eyes of her sister Denver and her physical and emotional responses to their bond: "She had felt warm satisfaction radiating from Beloved's skin when she listened to her mother talk about the old days. But gaiety she had never seen." (Morrison 1987: 74)

> Luckily for Denver, looking was food enough to last. But to be looked at in turn was beyond appetite; it was breaking through her own skin to a place where hunger hadn't been discovered. [...] Denver's skin dissolved under that gaze and became soft and bright like the lisle dress that had its arm around her mother's waist. She floated near but outside her own body, feeling vague and intense at the same time. (Ibid.: 118)

The novel's climax and key scene – the moment when the plantation overseer, Schoolteacher, comes with his *four horsemen* to bring Sethe and her children back to *Sweet Home* and Sethe kills her daughter – is focalized through Schoolteacher's eyes, forcing readers to observe the scene from this perspective:

> Right off it was clear, to schoolteacher especially, that there was nothing there to claim. The three (now four-because she'd had the one coming when she cut) pickaninnies they had hoped were alive and well enough to take back to Kentucky, take back and raise properly to do the work Sweet Home desperately needed, were not. Two were lying open-eyed in sawdust; a third pumped blood down the dress of the main one – the woman schoolteacher bragged about, the one he said made fine ink, damn good soup, pressed his collars the way he liked besides having at least ten breeding years left. But now she'd gone wild, due to the mishandling of the nephew who'd overbeat her and made her cut and run. (Ibid.: 149)

Creating an effect of alienation, this passage makes the readers confront the (gendered) violence and cruelties of slavery through the eyes and inner thoughts of the perpetrator. Another chapter is told from baby ghost Beloved's perspective in the style of an inner monologue, also differing formally from the other voices in the text. This part is marked by blank spaces and includes sections in which Beloved reflects on the *unspeakability* of certain memories – *how can I say things that are picture*, a process we as readers follow in the form of the fragmented text:

> I AM BELOVED and she is mine. I see her take flowers away from leaves she puts them in a round basket the leaves are not for her she fills the basket she opens the grass I would help her but the clouds are in the way how can I say things that are pictures I am not separate from her there is no place where I stop her face is my own and I want to be there in the place where her face is and to be looking at it too a hot thing. (Ibid.: 210)

Symbolism is also omnipresent in *Beloved*. The baby ghost represents the trauma of the past haunting both the house and Sethe. Sethe's back is marked by a maze of scars Paul D calls a *chokecherry tree*. The scars stem from a whipping schoolteacher performed upon her back. The tree, which is ever-present but can never be seen, is symbolic of the traumatic burden Sethe is carrying, which was caused by people who denied her humanity. Significantly, Sethe cannot feel anything where the scar is: "As she raised up from the heat she felt Paul D behind her and his hands under her breasts. She straightened up and knew, but could not feel, that his cheek was pressing into the branches of her chokecherry tree". (Morrison 1987: 17) And Paul D locks away the traumatic memories that make him question his *manhood* in the *tin tobacco box* of his heart, since, like the other man on the plantation, he was not able to protect women like Sethe from being violated and abused. Readers are invited to affectively relate also to the effects of enslavement on Black enslaved men:

> Now, plagued by the contents of his tobacco tin, he wondered how much difference there really was between before schoolteacher and after. Garner called and announced them men – but only on Sweet Home, and by his leave. Was he naming what he saw or creating what he did not? That was the wonder of Sixo, and even Halle; it was always clear to Paul D that those two were men whether Garner said so or not. It troubled him that, concerning his own manhood, he could not satisfy himself on that point. (Ibid.: 220)

The narrative ends with the women of the village chasing the baby ghost away and Sethe lying down on Baby Suggs bed, ready to die. The narrative voice reflects on how the community forgets about the mean baby ghost, agreeing that this story is not meant to be told and remembered:

> It was not a story to pass on.
> So they forgot her. Like an unpleasant dream during a troubling sleep. Occasionally, however, the rustle of a skirt hushes when they wake, and the knuckles brushing a cheek in sleep seem to belong to the sleeper. Sometimes the photograph of a close friend or relative – looked at too long – shifts, and something more familiar than the dear face itself moves there. They can touch it if they like, but don't, because they know things will never be the same if they do.
> This is not a story to pass on. (Ibid.: 275)

This story that is not meant to be passed on stands for the unspeakability of the shared memory of a traumatic past that can hardly be put into words, a process that we as readers are confronted with through the narrative structure and strategies of the text. While she considered slave narratives to be the roots of African American literature, Morrison also referred to the "quiet avoidance of emotional display" in these texts due to the particular context and the restrictions their authors were subjected to: "there was no mention of their interior life" (ibid.: 91). She made it her task to represent these disremembered inner lives in literature.

Morrison further emphasized that African American voices had little narrative authority – and the necessity of White editors to confirm their accounts demonstrate this dilemma. She underscored that "[a] literate slave was supposed to be a contradiction in terms" and asks us to "remember that the climate in which they wrote reflected not only the Age of Enlightenment but its twin, born at the same time, the Age of Scientific Racism" (ibid.: 89), and thus, "American slaves' autobiographical narratives were frequently scorned as 'biased', 'inflammatory', and 'improbable'" (Morrison 1995: 87). As a consequence, as Morrison puts it, "historically, we were seldom invited to participate in the discourse even when we were its topic" (ibid.: 91). She therefore aims at including in her texts the inner voices and psychological complexity, the experience of pain, etc. that the authors of slave narratives necessarily had to reduce, disguise, or leave out altogether.

The context in which Morrison made these literary and theoretical interventions was marked by the poststructuralist deconstruction of authority at the very moment when, following the struggles during the social and civil rights movements of the 1960s and 1970s, numerous speakers from minority positions had for the first time gained a voice that was perceived by wider audiences in the US context, and which sparked the *canon debate* over which texts should count as representative and teachable. Susan Lanser addresses the dilemma emerging in this situation for marginalized speakers and emphasizes how much narrative authority is linked to power by underlining that "previously suppressed communities [...] might be less enthusiastic than hegemonic writers about dispensing with narrative authority [...] [and they] understandably seek to create an authoritative voice, not to undermine an already existing one." (Lanser 1992: 126)[4] At this point, the reference to experience as a source of authorization becomes relevant as a claim against poststructuralist arbitrariness. However, while in the context of abolitionism, slave narratives were authorized by claiming their authors'/narrators' experiences as *evidence* from which authority could be drawn, neo-slave narratives such as Morrison's *Beloved* fall back on more openly literary and aesthetic means. Morrison has continuously emphasized that in her texts she sought to fill in the blanks left by slave narratives by imaginatively creating literary spaces for the inner lives and *emotional memories* of the formerly enslaved:

> For me – a writer in the last quarter of the twentieth century, not much more than a hundred years after Emancipation, a writer who is black and a woman – the exercise is very different. My job becomes how to rip that veil drawn over 'proceedings too terrible to relate'. [...] [T]hese 'memories within' are the subsoil of my work. But memories and recollections won't give me total access to the unwritten interior life of people. Only the act of the imagination can help me. (Morrison 1987: 91–92)

Morrison thus consciously blurs the line between "self-recollection (memoir) and fiction" (Morrison 1995: 85), but also makes use of what she calls the similarities of both forms. This distinguishes her texts from autobiographies while simultaneously applying particular autobiographical strategies in order to gain access to the interior lives of her protagonists. She refers to the "imaginative act" as that which marks her texts as fiction and which she achieves by relying on images – "picture[s] and the feeling that accompanies this picture" (ibid.: 92) – that she combines with collective recollections of the past. She sees writing as attached to "emotional memory" and poetically compares writers to the water of a river that in her words "remembers" the paths it has run through and the route to its place of origin: "It is emotional memory – what the nerves and the skin remember as well as how it appeared. And a rush of imagination is our 'flooding.'" (Ibid.: 99) Morrison's texts seek to make these emotional memories accessible through their poetic and spoken quality as well as via an honesty regarding the non-transmittable dimensions involved in this process.

Considered as an exemplary case of what has come to be known as a *neo-slave narrative*, Morrison's *Beloved* indicates that such texts, written by authors who did not directly experience slavery, often shift the focus to the inner life and mental and emotional complexity related to this experience. Morrison's text aims to simultaneously provide access to this traumatic and violent experience through multifocal narrative positionings while also pointing to the limits of this endeavor and the impossibility of *speaking the unspeakable*. It is precisely this impossibility of gaining ac-

4 See also Barbara Christian (1987: 51–63).

cess, of putting into words and narratives what has happened and what it felt like, that makes her texts *authentic*, if one will. For, as readers, we are constantly asked to reflect on and (re)consider our own position towards the differently positioned characters and between the proceedings and the text. By accompanying the characters through the process of *going back and working through* we are given an opportunity to accompany them for a while on the path of pain and trauma and, finally, the possibility of healing – which we can also only (aesthetically/imaginatively) participate in when confronting this past and all the positions and experiences involved therein. This effect is heightened by troubling scenes such as the one in which Sethe kills her daughter to save her from slavery, which is perceived from the perspective of the plantation's overseer who had come to catch her and bring her back, or the passages narrated by the baby ghost. In this way, like those of the slave narratives a century before her, Morrison's narrative voices contribute to the negotiation of positionality and potential affective relationality between readers and text, since readers are forced to shift perspective and perceive the events through numerous, very different eyes and emotions.

Stylistically, the depiction of experience and emotions is expressed in starkly physical images – the chokeberry tree on Sethe's back and Paul D's *tobacco tin* heart being merely the most powerful. In a way, the body – and bodily, physical experiences and perceptions – is thus also depicted in its function as an archive, in line with Morrison's claim that her work is comparable to a form of *literary archeology*. Morrison's multi-vocal, multi-genre, partly fragmented, and contradictory text simultaneously addresses and performs the notion of experiences, identities, and memories as necessarily fragmented and full of voids. The text reflects the impossibility of recounting the past and the limits of language by including poetic, stream-of-consciousness, and oral elements.

Morrison positions herself also in a long tradition of feminist writing and scholarship on autobiographical forms/life writing and gender. Being grounded far more in aesthetics than tied to notions of resemblance and facticity, her texts furthermore integrate literary accounts and constructions of self-writing at a new literary level, thus constructing a different form of authority.

3. Wounded Territories: Experiencing Auto/Body/Geographies in the *Borderlands*

There are, undoubtedly, numerous different forms of accessing *emotional memories* by way of the literary imagination. A further text that does this in a remarkable way – particularly in terms of how this act of remembrance is performed in and through the text – is *Borderlands/La Frontera: The New Mestiza* by Chicana[5] author Gloria Anzaldúa (1987). Published around the same time as Morrison's *Beloved*, Anzaldúa's text seeks to explore the experience of living at/as the border. In this text, the border is – *literally* – evoked as the concrete material, spatial, and geopolitical border between Mexico and the US, and, simultaneously, as the physical border experience lived by those who are produced by this violent space, particularly women, LGBTQ individuals, and immigrants. This dual meaning is expressed right at the beginning of the text – following a poetic introductory paragraph in English, Spanish, and Nahuatl, which also includes references to Yoruba and other languages. In the first paragraph of the main body of the text, the border is imagined as an *open wound*, evoking the bodily experience of violence, pain and physical harm/suffering:

> The U.S.-Mexican border es *una herida abierta* where the Third World grates against the first and bleeds. And before a scab forms it hemorrhages again, the lifeblood of two worlds merging to form a third country – a border culture. Borders are set up to define the places that are safe and unsafe, to distinguish *us* from *them*. [...] *Los atravesados* live here: the squint-eyed, the perverse, the queer, the troublesome, the mongrel, the mulato, the half-breed, the half dead; in short, those who cross over, pass over, or go through the confines of the 'normal.' Gringos in the U.S. Southwest consider the inhabitants of the borderlands transgressors, aliens – whether they possess documents or not, whether they're Chicanos, Indians or Blacks. Do not enter, trespassers will be raped, maimed, strangled, gassed, shot. (Anzaldúa 1987: 25)

The text depicts this border space as produced by the *emotional residue* of this *unnatural* border which is inhibited by *the prohibited*, the undocumented, invisible, etc.: "A border is a dividing line, a narrow strip along a steep edge. A borderland is a vague and undetermined place created by the emotional residue of an unnatural boundary. It is in a constant state of transition. The prohibited are its inhabitants." (Ibid.: 3)

The duality of body/border as experienced simultaneously by the inhabitants of the *borderlands* is expressed throughout the text in different forms and voices that shift constantly, turning the text itself into a body/auto/geography (a mapping of

5 The term *Chicana/Chicano* generally refers to people of Mexican descent born in the USA. The term came into popular use by Mexican Americans as a symbol of pride during the Chicano Movement of the 1960s and was later adopted by Chicana feminists. Due to the Mexican-American war of 1846–48, in which Mexico lost much of its northern territories to the United States, Chicana/os represent a large percentage of the population in the states of California, Texas, Arizona, New Mexico, Nevada, and Colorado. Most of them are thus not immigrants, but people who have lived there for a long time but whose territory was annexed to the US, though the term now also includes Mexicans who migrated to the US later.

the self and the body). The text is written in parts like a memoir or historical account, partly like an autobiographical account; it contains references to myth, poetry, and popular song. The narrative voice(s) combine(s) and switch(es) between English, Spanish, Spanglish/Chican@ English, and Nahuatl, and borrows from additional languages. In this way, the text intertwines various layers of the history of this border space, imitating and performing the way its inhabitants speak, think and, probably perceive and feel this border experience:

> *La mojada, la mujer indocumentada*, is doubly threatened in this country. Not only does she have to contend with sexual violence, but like all women, she is prey to a sense of physical helplessness. As a refugee, she leaves the familiar and safe homeground to venture into the unknown and possibly dangerous terrain.
> This is her home
> this thin edge of
> barbwire. (Anzaldúa 1987: 34–35)

The formatting of the text that descends in a cascade reflects the fragmentation expressed in the metaphorical words that depict life in the *borderland* in terms of the barb wire that typically crowns border fences and walls and is meant to cause pain and keep people from crossing.

Later in the book, Anzaldúa's narrative voice introduces the concept of *Nepantla*, which stands for in-between spaces and experiences, for border places, border thinking, and border art. Again, Anzaldúa's narrator makes reference to the physically painful *scraps* this in-betweenness brings about:[6]

> Nepantla [is] the Nahuatl [Aztec] word for the space between two bodies of water, the space between two words. It is a limited space, a space where you are not this or that but where you are changing. [...] Nepantla is a way of reading the world. You see behind the veil and you see these scraps. Also it is a way of creating knowledge and writing a philosophy. (Ibid.: 237)

In the last part of the book, she imagines the *mestiza*, the woman belonging to various cultures and identities whose experience is marked by constant in-betweenness, or *nepantilism*. Rather than marking this position as the hegemonic discourse of the time mostly did – as *mixed, impure, problematic*, and *full of deficits* – Anzaldúa's narrative voice describes it as empowering and a model – the new *mestiza* – for overcoming persistent myths of purity, linearity, and coherence:

6 *Nepantla: Views from the South* also was the title of a journal published by Duke University Press from 2000 to 2003 and indebted to Anzaldúa's (Border) thinking.

> In a constant state of mental nepantilism, an Aztec word meaning torn between ways, la mestiza is a product of the transfer of the cultural and spiritual values of one group to another. Being tricultural, monolingual, bilingual, or multilingual, speaking a patois, and in a state of perpetual transition, the mestiza faces the dilemma of the mixed breed: which collectivity does the daughter of a darkskinned mother listen to? (Ibid.: 100)

Some parts are referenced in a direct voice, by an I who identifies as *mestiza* and whose thoughts are reflected in the style of an inner monologue:

> Because I, a mestiza,
> continually walk out of one culture
> and into another,
> because I am in all cultures at the same time,
> *alma entre dos mundos, tres, cuatro,*
> *me zumba la cabeza con lo contradictorio.*
> *Estoy norteada por todas las voces que me hablan*
> *simultáneamente.* (Anzaldúa 1987: 99)

The text here again performs what it expresses, evoking a particular reading experience. By switching from English to Spanish, it invites – and/or obliges – the reader to do so, too, thus experiencing the way the *mestiza I* performs its thought. The words are poetic, referring to the experience of living and constantly negotiating among different cultures and forms and manners of belonging, a *soul between two, three, four worlds* [*alma entre dos mundos, tres, cuatro*]. She describes her perception in vivid terms: *my head is buzzing with contradiction* [*me zumba la cabeza con lo contradictorio*]. She thus feels *surrounded by all the voices that speak to me simultaneously* [*Estoy norteada por todas las voces que me hablan simultáneamente*] and makes the readers (aesthetically) join her in this experience (regardless of whether they understand all the languages included in the text or not). Their effect results more from the tone, rhythm, and poetic-aesthetic appeal than from the content or the direct meaning of the words.

Finally, Anzaldúa's voice reflects on what a *mestiza* consciousness means with regard to knowledge and epistemology, and a new writing of history – of which the text itself already provides an example:

> *En unas pocas centurias*, the future will belong to the *mestiza*. Because the future depends on the breaking down of paradigms, it depends on the straddling of two or more cultures. By creating a new mythos – that is, a change in the way we perceive reality, the ways we see ourselves, and the ways we behave – *la mestiza* creates a new consciousness. (Ibid.: 102)

At the end of the text, the narrative voice emphasizes a long Chicana/Chicano tradition of a close relationship to the land they worked and planted and the circular notion of *growth, decay, birth* present in many indigenous communities. Moreover, she evokes a close link between the feminine body and the territory identified as *la tierra madre* [mother earth], a common trope in Latin American and Chicana feminisms:

Yes, the Chicano and Chicana have always taken care of growing things and the land. [...] They [the watermelon seeds] survive and grow, give fruit hundreds of times the size of the seed. We water them and hoe them. We harvest them. The vines dry, rot, are plowed under. Growth, death, decay, birth. The soil prepared again and again, impregnated, worked on. A constant changing of forms, renacimiento de la tierra madre.

This land *was* Mexican *once*
Was Indian always
and *is*.
And *will be again*.
(Anzaldúa 1987: 113, emphasis added by the author)

The final lines express the simultaneity of different temporal and spatial layers that mark the Mexican-US *borderlands*, claiming the continuity of its *Indian* [Native American] heritage, which impacts on its past and present and will endure in the future – a *mestiza* future. Considering the context in which the text (like Morrison's *Beloved*) was first published – a time of so-called *culture wars* and *canon debate* in the US in which conservative voices starkly opposed the inclusion of hitherto marginalized voices into the national imaginary and school and college curricula – *Borderlands/La Frontera* represents a crucial intervention. Affective relationality with the readers is evoked through irritation (as in the use of marginalized languages and their empowerment) as well as through non-discursive elements such as the unusual text organization/layout (which also symbolizes *going against the grain*). Again, the way these last lines are formatted reflects their content and intended effect, adding to the text's implicit questioning of conventional genre and narrative conventions. Through its openness and combinatory characteristics, the text can be read simultaneously as a life narrative, a historical account, poetry, and/or (queer and intersectional) theorizing and as a sort of *queering* of normativities *(avant la lettre)*.

4. Outlook: Reading for the Literary

My cursory look at three exemplary texts could naturally only give a small impression of the ways in which gendered experience can be represented in (life-writing) literature, and how exemplary texts negotiate distinct affective relationalities – including the one between gender and genre and between experience and its (necessary) mediation/representation.[7] As demonstrated, the choice of genre has a decisive impact on strategies of emotionalization, self-authorization, and (claims for readings of) affective relationality.

My examples demonstrate various ways in which life-writing literature can provide a space for addressing *unspeakable things*/experiences such as sexual violence, enslavement, or living in border zones. They do so by adopting different strategies of claiming the authority and evidence of experiences – strategies that are not those of Western male individualism. Following Joan W. Scott, the experiences that these texts seek to make accessible and negotiate affectively can be said to represent claims for knowledge that are *unassailable*, "at once always already an interpretation and something that needs to be interpreted [...] always contested, and always therefore political." (Scott 1992: 37) In all three cases, the narrative is linked to/marked by concrete *embodiments* of what is experienced and what readers are invited to empathically join in with (including the experience of unspeakability). Such embodiments range from sentimental appeals to the feelings, morality, and solidarity of White women by referencing the (presumably shared) experience of (denied) motherhood and sexual abuse, to concrete scars resulting from abuse and sexual violence as in the case of *chokeberry tree* on Sethe's back. Further embodiments are metaphors that equate the body to the territory like those of the *barbwire* in Anzaldúa's *Borderlands/La Frontera*, the border as an *open wound* that produces scars, but also the *madre tierra* that heals the wounds and reproduces the productive soil.

The texts discussed thus seek to provide access to experiences that could not be expressed in the past and cannot yet be expressed in the present/future. All three texts open up space for manifold readings and potential affective identifications: compassion and sensitivity for injustice in the case of Harriet Jacobs, whose text can also be read as a crucial expansion of the genre of autobiography in the US context by including the experiences of (formerly) enslaved women, or as a historical account.[8]

---

7 On Gender and Genre, see also Braxton 1990, Benstock 1988, Brodzki/Schenck 1988, Hof/Rohr 2008, Kley 2001, Lanser1992, Smith 1987, Smith/Watson 2010, Smith/Schaffer 2004.

8 Which, at the time of the novel's publication formed part of the *canon debate* in the US over which texts, authors, positions, and perspectives should be representative and included in school and university curricula. Currently, Morrison's texts are once again being questioned by representatives of the right-wing conservative spectrum, who have managed to ban some of her books in individual states.

Conversely, *Beloved* seeks to create the aesthetic experience of the psychological impact of enslavement on all those who lived it, including the white overseer through whose eyes readers are forced to observe the novel's central scene. The text represents the unspeakable *as* unspeakable and does not try to dissolve or explain the voids, wounds, traumas, and speechlessness caused by the experiences that resonate in it. This is probably one of the reasons why *Beloved* counts as one of the most impressive representatives of the so-called *neo-slave narrative*, which seeks to make accessible precisely those layers of an individual and collective/cultural trauma that cannot be found or accessed in the same way via historical sources. Emerging at the height of the poststructuralist questioning of old connections and authorities, the text further blurs the line between the *factual* and the *fictional*. Finally, Anzaldúa's *Borderlands/La Frontera* seeks to draw readers into the experience of the border and the *mestiza*. The text refuses readings limited to one language or genre, combining numerous voices and historical layers, while maintaining a high level of poetic appeal. In this way, the text insists on and makes a claim for the multiplicity of histories, voices, and experiences that, only if listened to together – like the combination of languages in the *mestiza*'s head – point towards the future. All texts thus add to the visibility of heretofore marginalized dimensions of hegemonic experiences and forms of life and history writing, which have recently again been increasingly contested by forces opposing plurality. The texts invite, encourage, and to a certain extent force us to always (also) read for *the literal* which marks *all* accounts of experience as part of "complex and contradictory processes" of social reality (Scott 1992: 34).

Bibliography

Anzaldúa, Gloria (1987): Borderlands/La Frontera: The New Mestiza, San Francisco: Aunt Lute Books.

Benstock, Shari (1988): The Private Self: Theory and Practice of Women's Autobiographical Writings, Chapel Hill, N.C./London: The University of North Carolina Press.

Braxton, Joanne M. (1990): Black Women Writing Autobiography: A Tradition Within a Tradition, Philadelphia: Temple University Press.

Brodzki, Bella/Schenck, Celeste (1988): Life/Lines: Theorizing Women's Autobiography, Ithaca, New York: Cornell University Press.

Butler, Judith (2001): Giving an Account of Oneself, in: Diacritics 31(4), 22–40.

Christian, Barbara (1987): The Race for Theory, in: Cultural Critique 6, 51–63.

Dietze, Gabriele (2013): Weiße Frauen in Bewegung. Genealogien und Konkurrenzen von Race- und Genderpolitiken, Bielefeld: transcript.

Fischer-Lichte, Erika/Pflug, Isabel (2000): Inszenierung von Autorität, Tübingen: A. Francke Verlag.

Haschemi Yekani, Elahe (2016): Feeling Modern: Narratives of Slavery as Entangled Literary History, in: Hans G. Kippenberg/Birgit Mersmann (eds.), The Humanities between Global Integration and Cultural Diversity, Berlin/Boston: De Gruyter, 117–134.

Hof, Renate (1995): Die Grammatik der Geschlechter: Gender als Analysekategorie der Literaturwissenschaft, Frankfurt a.M.: Campus Verlag.

Hof, Renate (2008): Einleitung: Genre und Gender als Ordnungsmuster und Wahrnehmungsmodelle, in: Renate Hof/Susanne Rohr (eds.), Inszenierte Erfahrung: Gender und Genre in Tagebuch, Autobiographie, Essay, Tübingen: Stauffenburg, 7–24.

Hof, Renate/Rohr, Susanne (eds.) (2008): Inszenierte Erfahrung: Gender und Genre in Tagebuch, Autobiographie, Essay, Tübingen: Stauffenburg.

Jacobs, Harriet (1861): Incidents in the Life of a Slave Girl, Written by Herself, Boston, Mass. (Quoted from the Project Gutenberg online version: https://www.gutenberg.org/ebooks/11030

Junker, Carsten/Roth, Julia (2010): Weiß sehen. Dekoloniale Blickwechsel mit Zora Neale Hurston und Toni Morrison, Sulzbach am Taunus: Ulrike Helmer Verlag.

Kley, Antje (2001): Das erlesene Selbst in der autobiographischen Schrift, Tübingen: Gunter Narr.

Lanser, Susan Sniader (ed.) (1992): Fictions of Authority. Women Writers and Narrative Voice, Ithaca, NY/London: Cornell University Press.

Lugones, María (2007): Heterosexualism and the Colonial / Modern Gender System. Hypatia. A Journal of Feminist Philosophy, 22(1), 186–209.

McClintock, Anne (1994): Imperial Leather: Race, Gender, and Sexuality in the Colonial Contest, New York: Routledge.

Moi, Toril (1985): Sexual/Textual Politics: Feminist Literary Theory, London: Methuen.

Moi, Toril (2022): A Wittgensteinian Phenomenology of Criticism, in: Robert Chodat/John Gibson (eds.), Wittgenstein & Literary Studies, Cambridge: Cambridge University Press, 41–61.

Morrison, Toni (1989): Unspeakable Things Unspoken: The Afro-American Presence in American Literature, in: Michigan Quarterly Review 28(1), 1–34.

Morrison, Toni (1992): Playing in the Dark: Whiteness and the literary Imagination, Cambridge, Mass.: Harvard University Press.

Morrison, Toni (1993[1987]): Beloved, New York: Alfred A. Knopf.

Morrison, Toni (1994): Rootedness: The Ancestor as Foundation, in: Mari Evans (ed.), Black Women Writers, Garden City, NY: Anchor, 339–345.

Morrison, Toni (1995): The Site of Memory, in: William Zinsser (ed.), Inventing the Truth: The Art and Craft of Memoir, 2nd ed., Boston, Mass./New York: Houghton Mifflin, 83–102.

Olney, James (1980): Autobiography: Essays Theoretical and Critical, Princeton, New Jersey: Princeton University Press.

Roth, Julia (2013): A legible face auf Facebook?: Politiken von Gender und De/Kolonialität im Netz, in: Gabriele Jähnert/Karin Aleksander/Marianne Kriszio (eds.), Kollektivität nach der Subjektkritik. Geschlechtertheoretische Positionen, Bielefeld: transcript, 335–355.

Roth, Julia (2014): No ›Master's Tools‹: Testimonio and Slave Narrative, in: Julia Roth, Occidental Readings, Decolonial Practices: A Selection on Gender, Genre and Coloniality in the Americas, Trier: WVT/Bilingual Press, 199–202.

Scott, Joan W. (1991): The Evidence of Experience, in: Critical Inquiry, 17(4), 773–797.

Scott, Joan W. (1992): "Experience", in: Judith Butler/Joan W. Scott (eds.), Feminists Theorize the Political, New York: Routledge, 22–40.

Smith, Sidonie (1987): A Poetics of Women's Autobiography: Marginality and the Fictions of Self-Representation, Bloomington, Ind.: Indiana University Press.

Smith, Sidonie/Schaffer, Kay (2004): Human Rights and Narrated Lives: The Ethics of Recognition, Basingstoke: Palgrave Macmillan.

Smith, Sidonie/Watson, Julia (2010): Narrative Lives, Minneapolis, Minn.: University of Minnesota Press.

Truth, Sojourner (1851): https://www.nps.gov/articles/sojourner-truth.htm

"Where † wrote"
Utopian Literary Experience in Constantine P. Cavafy's *The Afternoon Sun*

Benedikt Wolf

In her influential 1991 essay, Joan W. Scott dismantles the apparent *Evidence of Experience*.[1] Experience, she argues, is not to be seen as a substance on which historians can base their arguments; instead, we should ask how experience is constituted by the historical process. In her reflections on the methodological consequences of this change of perspective, Scott points to differences between the way the disciplines of history and literature deal with experience. She refers to Gayatri Chakravorty Spivak, who ascribes the assigning of subject positions to history and the deconstruction of that assigning to literature. For Scott, this leads to the question of whether historians are equally capable of doing the work of deconstruction (Scott 1991: 790–791). She suggests that historians should adopt methods of reading common to literary scholarship. That is, a reading that does "not assume a direct correspondence between words and things, nor confine itself to single meanings, nor aim for the resolution of contradiction. [...] [I]t would grant to 'the literary' an integral, even irreducible, status of its own" (ibid.: 793–794).

In this essay, I will follow Scott's path, while also deviating from it. I will argue that the objects scholars of literature encounter are different from historians' objects insofar as they produce a different kind of experience. While experience in Scott's sense is constituted in an interplay of material conditions, practices, and dis-

1 I wish to express my gratitude to Manfred Herzer for pointing me towards the German translations of Constantine Cavafy's *The Afternoon Sun* and to Joan Scott and the participants of the workshop *Experience as Object of Research, Category of Analysis, and Epistemological Basis of Critique and Political Practice* at Bielefeld University, organized by Vera Kallenberg, for discussing an earlier version of this paper with me. I am particularly grateful to Maria Oikonomou for critically reading my paper.

courses,[2] the experience literary texts produce is a specific kind of experience. It is qualitatively different from other kinds of experience. It is unique in that the experience that the text produces transcends the conditions under which the text is produced. In the case that I will study here, Constantine P. Cavafy's poem *The Afternoon Sun* (1919), not only have scholars of literature and translators not deconstructed the subject positions that the poem displays, they have gone so far as to construct gendered subject positions in places where the text remains silent, in its gaps. Literary experience is not only, as Scott argues, contingent upon discourse, it is also, as I argue, contingent upon the limits of discourse. Literature systematically produces gaps, or *Leerstellen* (Iser 1971); it systematically produces a form of experience that relies on that which is not said. In *The Afternoon Sun*, it becomes apparent that this kind of experience is both negative and utopian, as I will argue. I will start by introducing Cavafy's poem and characterizing its central gap (1.) This is followed by a discussion of three possible ways to address this gap (2.) Finally, I propose a fourth response and outline its utopian potential (3.).

1. A Touch across Multiple Layers of Time

On the last pages of André Aciman's 2019 novel *Find Me*, Elio and Oliver – characters that readers may be familiar with from the author's best-selling novel *Call Me by Your Name* (2007) – finally arrive together at a place of memories and fantasies: Alexandria in Northern Egypt. They had a passionate affair in Elio's teenage years but later lost contact – even if the novel suggests that through all these years, both have been silently communicating their desire towards the other. Now they are together again, two bisexual men forming a gay couple. "Why Alexandria?" Oliver asks, and Elio, the chapter's first-person narrator, thinks to himself "of the Greeks, of Alexander and his lover Hephaestion, of the Library, and Hypatia, and ultimately of the modern Greek poet Cavafy" (Aciman 2020: 249–250). This chain of associations starts in a conventionally gay manner, evoking Greek love, but then turns to one of the few known woman philosophers of Greek and Roman antiquity and arrives, again reaffirming a gay canon, at Constantine P. Cavafy, the great early 20th century Greek poet, who wrote about the Greek world and Greek love. A few pages later, Elio and Oliver visit the Cavafy Museum, located in the poet's former apartment:

2 In some instances, Scott's essay tends to attribute a primary status to discourse, as in the following, for example: "we need to attend to the historical processes that, through discourse, position subjects and produce their experiences" (Scott 1991: 779); "Subjects are constituted discursively and experience is a linguistic event (it doesn't happen outside established meanings)" (ibid.: 793).

> Cavafy's apartment, which was now a makeshift museum, felt drab and desultory despite the open windows. The neighborhood itself was drab. There was scant light as we entered and, with the exception of scattered sounds rising from the street, the dead silence in the home sat heavily on the spare, old furniture that had most likely been picked up from some abandoned storage house. Yet the apartment reminded me of one of my favorite poems by the poet, about a band of afternoon sunlight falling across a bed in which the poet, in younger days, used to sleep with his lover. Now, as the poet revisits the premises years later, all the furniture is gone, the bed is gone, and the apartment has been turned into a business office. But that ray of sunlight that was once spread over the bed has not left him and stays forever in his memory. His lover had said he'd be back within a week; but he never returned. I felt the poet's sorrow. One seldom recovers. (Ibid.: 258)

The poem Elio is talking about here bears the title *The Afternoon Sun*.[3] As I will argue, Elio's account of the poem is biased: it is a gay reading, even a homosexualization. In Elio's description of the poem, the sunlight pierces through time and connects the past moment, when the poet and his lover separated, to the present moment, when "the poet revisits the premises". This piercing through is extended into Elio's present situation: again, sunlight pierces through time and connects the poet's moment to Elio's moment. This ray of light is, for Elio, a gay "touch across time" (Dinshaw 1999: 1–54).

But Elio is not fully aware of what he is actually experiencing here. In his view, Cavafy and his lover touch him, and this touch mirrors the way that his and Oliver's past affair touches their present love. However, in the context of the novel, with its changing first-person narrators and complex constellation of several erotic homo- and heterosexual relationships, Elio's Cavafy moment is opened up toward a not-only-gay experience. Love, loss, and memory are topics central to all the characters and relationships in *Find Me*. *All* these constellations converge in the ray of light. The name Hypatia that penetrates Elio's chain of associations accounts for this convergence. Elio's conventionally gay interpretation seems to require a correction. The nature of this correction is hinted at by the mention of an intellectual woman, Hypatia. In this essay, I propose a reading of *The Afternoon Sun* that addresses this need for correction. Thus, my reading diverges not only from Elio's but from the generally accepted reading in Cavafy scholarship and translations.

Cavafy (1863–1933) wrote *The Afternoon Sun* in 1918 (Daskalopoulos/Stasinopoulou 2002: 91). The poem was published in 1919 in the Athenian literary journal *Vomos* and in the Alexandrian literary journal *Grammata* (Daskalopoulos 2003: 69). It consists of

3 Aciman comes back to Cavafy's *The Afternoon Sun* in a beautiful essay about Alexandria as a "provisional" city (Aciman 2022: 70).

six sections comprising between one and eight lines each. As in many of Cavafy's poems, a few rhymes and assonances are scattered throughout the poem in a manner that makes it easy to overlook them.[4] The poem's metrics is equally typical for Cavafy: the lines are of varying length, the last even-numbered syllable is always stressed, and there is a tendency to stress even-numbered rather than odd-numbered syllables.[5] This technique allows Cavafy to let his poems take on a conversational manner whilst simultaneously slightly distancing this conversational tone from everyday speech and pushing it, just a little bit, in the direction of a higher tone. This is the entire poem as translated by Edmund Keeley and Philip Sherrad:

The Afternoon Sun

This room, how well I know it.
Now they're renting it, and the one next to it,
as offices. The whole house has become
an office building for agents, merchants, companies.

This room, how familiar it is.

Here, near the door, was the couch,
a Turkish carpet in front of it.
Close by, the shelf with two yellow vases.
On the right – no, opposite – a wardrobe with a mirror.
In the middle the table where he wrote,
and the three big wicker chairs.
Beside the window was the bed
where we made love so many times.

They must still be around somewhere, those old things.

Beside the window was the bed;
the afternoon sun fell across half of it.

. . . One afternoon at four o'clock we separated
for a week only. . . And then –
that week became forever.
(Cavafy 1992: 96)

4 The rhymes are registered in G. P. Savvidis' edition (Cavafy 2000: 2, 102).

5 See the succinct characterization of Cavafy's metrics in Papazoglou (2012: 63–69).

In *The Afternoon Sun*, a subject speaks from within the situation it is speaking about. As Mario Vitti stresses, this poem has a mimetic (or dramatic; Doty 2010: 148) structure: It belongs to those Cavafian poems that

> follow psychic movements in a manner that presupposes parallel acting in a concrete space. [...] In the poem *[The] Afternoon Sun* [...] the speaker[6] pronounces an interior monologue that follows the flow of his reactions, as he moves through an empty room scrutinizing it, where he years earlier used to meet with a young man and now remembers the positions of the furniture, giving at last, spontaneously it seems, the information that they separated at four p.m. (Vitti 2003: 332)[7]

There is just one thing in Vitti's precise description that is not accurate: Vitti refers to the speaker's past lover as "a young man", *ena neo*. In the original text, there is no linguistic specification of the speaker's and the lover's gender, as Keeley and Sherrad point out (Cavafy 1992: 242): there are no adjective endings or pronouns that could clarify their gender. The speaker and the lover appear exclusively in verb endings (which are not gendered in Greek): while there is one first-person singular ending referring to the speaker – *xero* ("I know"), the speaker and the lover are twice included in the first-person plural – *agapithikame* ("we made love") and *eichame choristhei* ("we separated"); once the lover is referred to in a third person ending – *egrafe* (Cavafy 2000: 2, 13). This last verb form is translated as "he wrote" by Keeley and Sherrad. As is the case for all the English and German[8] translations that I am aware of, the verb's subject is explicated as "he". However, in Greek (like in Latin, *scribebat*, or Italian, *scriveva*), the explication of the subject is not mandatory, as it is, for example, in English or German, where *wrote* or *schrieb* require the addition of at least one word to form a sentence. Cavafy's use of language corresponds with the poem's mimetic structure. In a narrative poem or a poem that communicates with an intratextual addressee, it might be natural, even necessary, to provide information about the subject: *where my lover wrote* (*my lover* would be gendered in Greek). In an interior monologue, there is no need to explicate information that is part of the speaker's implicit knowledge; to do so would make the monologue sound odd and artificial.

---

6 Vitti uses the generic masculine form *o omilon* and corresponding pronouns.

7 "Αρκετά ποιήματα [...] αναπτύσσονται ακολουθώντας ψυχικές διακυμάνσεις με τρόπους που προϋποθέτουν μια παράλληλη δράση και μάλιστα σε ένα χώρο συγκεκριμένο. [...] Στο ποίημα 'Ηλιος του απογεύματος' [sic] [...] ο ομιλών προφέρει έναν εσωτερικό μονόλογο που ακολουθεί τη ροή των αντιδράσεών του, καθώς μετακινείται περιεργαζόμενος ένα δωμάτιο αδειανό, όπου συναντιόταν χρόνια πριν με ένα νέο και τώρα θυμάται τη θέση των επίπλων αφήνοντας τελευταία, τάχα αυθόρμητα, την πληροφορία ότι χωρίστηκαν στις τέσσερεις το απόγευμα" (author's translation).

8 I will discuss the one exception to this below.

In this conversational poem, gender is casually passed over. Not specifying the gender creates a semantic gap that can be addressed in several ways: It can be filled by assuming that: the lover is female (2.1); the lover is male (2.2); or the lover's gender is fluid or irrelevant (2.3). I will discuss these possibilities in the following. I will add one more possibility, which is of a different kind: It does not fill the gap but accentuates and outlines its negativity. From the perspective of this reading (3.), the lover's gender is not indicated, yet is functional in the literary experience the poem produces and relevant for its utopian character.

2. Where She/He/They Wrote

2.1 Where She Wrote

One could read *egrafe* as *she wrote*, which is what an early German translation does. Karl Dieterich (1896–1935), a professor of Byzantine and Modern Greek Studies, included *The Afternoon Sun* in his 1928 anthology of Modern Greek poetry.[9] In this version, the translation of Cavafy's *to trapezi opou egrafe* is "der Tisch, woran sie schrieb" (Cavafy in Dieterich 1928: 70), meaning, "the table where she wrote". This translation feminizes the love object. In the context of an implicit understanding of the poet as male[10] and poetry as the subjective expression of the poet[11] this amounts to a heterosexualization of the poem.

Dieterich's translation of *The Afternoon Sun* must be characterized as a violent distortion of the original. He eliminates the original structure of the sections; he silently leaves out one line (v. 14); and he censors the line that speaks about sex (v. 13), replacing it with a line of dashes. With heterosexualization comes a suppression of the reference to a sexual act. Of course, this is not a desexualization of the poem. Rather, it is a sexualization on conventional terms, a sexualization that depends on the taboo to explicitly thematize sex. The question that remains is why the verse that conjectures that "those old things" (the furniture) are still around is also omitted. Maybe this intervention is based on the desire to banish witnesses that could possi-

9 On Karl Dieterich and his 1928 anthology, see Mitsou (2010). Dieterich had already published a translation of this poem in 1921 together with two more of Cavafy's poems. In this version, Dieterich omits a few lines, including the one that contains *egrafe* (Kavaphis 1921).

10 Dieterich's anthology includes one section *Frauenlyrik* (*Women's Poetry*) (Dieterich 1928: 97–105), which exclusively comprises poems by women authors. Those are the only poems by women in the book.

11 "Cavafy has transferred his own sensitive constitution to his poetry" ("Kavaphis hat seine eigene sensible Anlage auf seine Dichtung übertragen") (Dieterich 1928: XIV, author's translation).

bly reveal what happened in the censored line.[12] The translation aims to relocate sex exclusively in the reader's fantasy.

Dieterich's translation heterosexualizes the original constellation and changes the mode of speaking about sex from the original conversational statement to suggestive allusion. It seems the translator felt the need to make something disappear from the poem that he viewed as an obstacle to introducing Cavafy to his contemporary German audience (Biza 2017: 478). I will come back to this implicit acknowledgement of an obstacle and argue that it contains a kernel of truth.

2.2 Where He Wrote

One can easily dismiss Dieterich's translation: the poem is obviously a homosexual one, it does not make sense to translate *egrafe* as *she wrote*. There are good arguments for this reading. I will discuss some of these in the following, but first I want to briefly address a bad argument. For many years, critics and scholars have argued that it is clear from Cavafy's biography that his erotic poems must be read as homosexual. Against the backdrop of a conventional understanding of lyric poetry as subjective expression, it seemed clear to readers, critics, and scholars that a homosexual author would write homosexual poetry. This kind of reading does exactly what Scott criticizes: it falls back on the evidence of experience and assigns subject positions accordingly. But why assume that the empirical author and the speaker should be identified? Furthermore, why should a homosexual author not be able to express heterosexual desire in a poem (and vice versa)?[13]

One can nevertheless read Cavafy's erotic poetry, as Dimitris Papanikolaou proposes, as a sophisticated project of "homobiographics". Cavafy's fame had steadily grown in the Greek-speaking world since his introduction to the mainland Greek public in 1903 by Grigorios Xenopoulos (1903). His fame reached the colonial metropolis London when E. M. Forster published an essay on Cavafy's poetry (with translations by Georgios Valasopoulos) in *The Athenæum* in 1919 (Forster/Valassopoulos 1919). One year before, Alexandros Senkopoulos, a close friend of Cavafy's, had delivered a *Lecture on the Poetic Works of C.P. Cavafy* in a scholarly club in Alexandria. Within Cavafy scholarship, there is agreement that the lecture had been written by the poet himself. It consisted of readings of a few poems as well as thoughts on the role of lust and desire in Cavafy's poetry (Senkopoulos 1963). As Cavafy's biographer Robert Liddell states,

12 For an explication of the significance of the third party in Cavafy's erotic poems, see Pieris (2001).

13 For criticism of such readings, see Alexiou (1983: 58).

> this lecture was a singularly daring gesture, and a frank declaration of Cavafy's hedonism: there could no longer be any doubt about the poet's identification with his work, or that the poems analysed [in the lecture – B.W.] were autobiographical – and most people must have known that they were homosexual. (Liddell 1974: 168)

Cavafy had always been very guarded about publishing his poems. They circulated in pamphlets of a few pages printed for private distribution among his network of friends, and a few were published in journals. "From the 1910s onwards", Papanikolaou writes, "Cavafy would start writing and, in circumspect ways, publishing poems that treated homosexuality in realistic and more outspoken terms." (Papanikolaou 2013: 270) His contemporaries had to guess Cavafy's sexual orientation from fragments of knowledge assembled from poems, the Senkopoulos lecture, and, most probably, gossip. Nevertheless, his homosexuality was an open secret; his closet was, as any gay closet is in one way or another, a glass closet (Sedgwick 1990: 79–80).

Papanikolaou criticizes biographistic attempts at reading Cavafy's work as a "lifelong project of confession" and emphasizes that the poems reconfigure the trope of confession common to sexological and popular discourse of his time in a way that "confirm[s] but also subvert[s]", and thus "undermin[es] the expectation for autobiographical material". Cavafy's "homobiographics" do not, like autobiographics, represent an individual's life, instead, they "represent" the "lives" of "those who are made like [him]" (Papanikolaou 2013: 273–274), Papanikolaou argues, recurring to a formulation Cavafy uses in an unpublished note (1905) and an unpublished poem (1908) (ibid.: 268–269). Papanikolaou's reading of Cavafy's erotic poems is in line with Scott's understanding of experience. It is interested in Cavafy's project of homosexual subjectivation, that is, in the question of how literature shapes subjectivity and experience. Papanikolaou understands Cavafy's erotic poetry as a "modern technology of the self" in the sense of the late Foucault (ibid.: 276).[14]

However, in this paper, I am interested in what kind of experience is produced in literature on a textual level. Therefore, I move away from the discussion of Cavafy's poetry in biographical and historical contexts and turn to the way homosexual content is addressed in the texts themselves. There are a few late poems that explicitly address male homosexual content. In *In the Tavernas* (1926), a speaker whose gender is not expressed directly makes it clear that their former male lover is now together with another man: "Tamides left me; / he went off with the Prefect's son" (Cavafy 1992: 141). In *Two Young Men, 23 to 24 Years Old* (1927), the homosocial constellation is already apparent from the title onwards and is later affirmed by the grammatical gender used in the poem itself: "expecting him [*ton perimene*]" – "alone [*monachos*] like

14 Papanikolaou has elaborated his approach to the *homosexual Cavafy* in his monograph Papanikolaou (2014).

that for so many hours" (ibid.: 147; Cavafy 2000: 2, 64). *Lovely White Flowers* (1929) very plainly speaks of "his [male] friend [*o filos tou*]" (Cavafy 1992: 166, 2000: 2, 83). There is even an open remark about male prostitution in *Days of 1909, '10, and '11* (1928): "he'd sell his body [*to soma tou*] for a dollar or two" (Cavafy 1992: 161, 2000: 2, 78).

But what Michael Haag writes is true for many of Cavafy's erotic poems: "it was possible not to think of them as homosexual or even as self-revealing. This was because the personal pronoun is not mandatory in Greek and was often omitted by him, so that the sex of the loved one could remain ambiguous" (Haag 2004: 67). From the unpublished note of 1905 mentioned above, it is clear that this was a conscious strategy in a closeted situation: "Wretched social laws – a result of neither health measures nor any logical judgement – have diminished my work. They have hindered my means of expression; they have prevented me from bringing enlightenment and emotion to those who are made like me." Cavafy goes on to compare English and French grammar and decides that being able to write in French would have given him more freedom of speech: "possibly in that language [French – B.W.] – as a result of the convenience offered by the pronouns, that tell and hide – I would have been able to express myself more freely." (Cavafy, quoted after Papanikolaou 2005: 235–236)[15]

There are erotic poems by Cavafy in which words "tell and hide". It is obvious how they hide: by not explicating the grammatical subject. But how are they able to tell at the same time? The poems use different strategies to secure a homosexual understanding. There is a group of formulaic expressions that indicate homosexuality. These expressions use the "wretched social laws" directed against homosexuality to refer to it; they recur to the law (*nomos*) and call lust and related terms "illicit [*anomi*]" (Cavafy 1992: 67, 2000: 1, 88), "forbidden [*eknomi*]" (Cavafy 1992: 70, 2000: 1, 90), or "illicit [*paranomin*]" (Cavafy 1992: 81, 2000: 1, 89); they recur to morals calling lust "daring" (Cavafy 1992: 93), "tainted [*stigmatismeni*]" and "shameful"; or even turn to medical discourse with the use of "unhealthy" (ibid.: 1992: 123; Cavafy 2000: 2, 40). The most developed of these formulations is the one in *Days of 1896* (1927):

> His erotic tendency,
> condemned and strictly forbidden
> (but innate for all that) [...].
> (Cavafy 1992: 146)

This formulation clearly echoes early 20th century discourses about homosexuality, connecting references to the law and to nature as opposed to nurture, thus addressing the double bind inherent to modern homosexuality (it is both innate and for-

15 Cavafy is probably thinking of the possessive adjective *sa/son* that is indifferent toward the gender of the possessor (Papanikolaou 2005: 236).

bidden). Furthermore, there are certain codes the poems use to suggest a homosexual reading: references to contemporary discourses of aestheticism and decadence (Papanikolau 2013: 271–272; Jeffreys 2015: 160–161). As an example of these kinds of references, Papanikolaou cites the poem *Passing Through* (1917), where eroticism is connected to concepts such as "sensual pleasure [*idoni*]", "art [*techni*]", the "sensualist" (*aisthitiko*), and even "the exalted [*Ypsilo*] / World of Poetry" (Cavafy 1992: 70, 2000: 1, 90).

In *The Afternoon Sun*, however, there is no qualification of desire and the sexual act; there are no aestheticist or decadent codes.[16] Cavafy's strategies of making discreet words tell are significantly *absent* from this poem.

2.3 Where They Wrote

Should we state that the lover's gender is fluid? This would only add one more possible means of filling of the gap, it would be – as for *she wrote* and *he wrote* – an overly easy solution for a more complex problem. To state that the lover's gender is female, male, or fluid amounts to evading the poem's demand.

Should we state that gender is irrelevant in *The Afternoon Sun*? To do so would mean losing everything that makes this poem interesting and beautiful. It would make a tension that is fundamental to the fascination produced by the poem disappear. The poem's language does make a statement about gender. It *does* something: it does *not tell*.

3. Where † Wrote

I am proposing to stop filling the semantic gap implied by *egrafe* and to read this word instead as the linguistic manifestation of a semantic gap that cannot be filled. Instead of translating *egrafe* as *she wrote, he wrote* or *they wrote,* one should put a † between *where* and *wrote,* a translational *crux.* I am introducing this term from editorial philology to emphasize the textual (not contextual) gap at the center of the

16 One might read the imagined interior in the third section – the "couch", the "Turkish carpet", the "shelf with two yellow vases", the "mirror", and the "wicker chairs" – as vaguely reminiscent of aestheticist poetry (I am grateful to Florian Kappeler for pointing me to this possible reading). However, in comparison with, say, Napoleon Lapathiotis' (1888–1944) aestheticist poem *And I Was Drinking From Your Lips...* with its attention to the description of a room's interior (Lapathiotis 2001: 102) – a poem that caused a scandal in Greece in 1910 (Trivizas 2000: 68; Lypourli 2001: 10) – , the tone of Cavafy's description is much cooler, and the furniture is even called "these old things [*ta kaimena*]" in the following section.

poem.[17] In classical editorial philology, the † marks a location in the text that is *incurably corrupt*. The manuscriptual tradition has failed to preserve the text at this location. It is clearly damaged or illegible, one cannot make sense of it. The defect cannot be remedied by comparing the different manuscripts or by guessing. There is no alternative but for the philologist to place a † in the text. In *The Afternoon Sun*, the impossibility of representing the original occurs at the level of translation: *where † wrote*. In insisting on the negativity of the gap signaled by *egrafe* that manifests itself in a translational crux, I suggest a reading that diverges from the normal reading practice as conceptualized in the phenomenological theory of literary reception. As I will argue, Cavafy's poem demands from its readers a reading that does *not*, as in Wolfgang Iser's account of reading (Iser 1971: 10–14),[18] fill the gaps that the text produces. Rather, this poem points its readers' attention to the gap itself, to the breaks in the textual material *that is there*, thus pointing to that *which is not there* (but could be there). Let us take a closer look at the †.

The Afternoon Sun is an instance of Cavafy's art of incantation: "erotic ghosts return to haunt the poet", as Jeffreys puts it (2015: 161). This poem achieves its mimetic power by making use of deictic elements. The deictic function of language was conceptualized by Karl Bühler. Whereas concepts such as *room* or *sun* refer to meanings that are shared among speakers of a language and are secured by context, deictic elements fundamentally depend on the speaker's situation. *I*, *here*, or *now* can make sense only in relation to the speaker, who functions as their origin, or *origo* (Bühler 1990: 91–166). At the beginning of *The Afternoon Sun*, the speaker, the origo of the deictic elements, is located in space and time via elements of local, temporal, and personal deixis: via the demonstrative pronoun (local deixis), and the first person ending (personal and temporal deixis): "*This [afti]* room, how well *I know [xero]* it", that is: the present room here and now, where I am. The fifth line repeats this wording and introduces the dimension of memory: "This room, how familiar it is." The poem's third section, which is the longest, then meticulously relates the speaker to the spatial surroundings. The single elements are related spatially to each other via a web of interdependent prepositions: "near the door", "in front of it", "[c]lose by", "[o]n the right – no, opposite", "[i]n the middle", "[b]eside the window". This web of spatial relations is rooted in the origo via the deixis in the section's opening line: "Here *[edo]*". Thus, linguistic deixis functions as a means to establish the poem's speaker as the

---

17 By insisting on the analysis of this textual gap in the context of the poem alone, I turn against a powerful tradition in Cavafy scholarship that claims that Cavafy's poems can only be understood in the context of his oeuvre as a whole (Tsalapatis 2013: 99). Such an approach is fundamental to Papanikolaou's project, too, (Papanikolaou 2013: 270, 2014: 20–21).

18 Even if the title suggests a focus on *Prose Fiction* (Iser 1971), Iser's explanation of the gap makes statements about "the literary text" in general (ibid., 6 et passim).

"*zero point* of all [...] orientations" (Husserl 1989: 167, emphasis in original), that is, as a lived body, a *Leib* in the phenomenological sense. As Maurice Merleau-Ponty explains, "The word 'here' applied to my body does not refer to a determinate position in relation to other positions or to external co-ordinates, but the laying down of the first co-ordinates, the anchoring of the active body in an object, the situation of the body in face of its tasks." (Merleau-Ponty 2005: 115) On the textual level, the ego is constituted as a lived body by way of deictic elements, it installs itself as the origo of spatial orientation.

The same section, however, introduces a new kind of deixis, one that is determined by memory. The local and temporal deixis of closeness, the *here and now*, is now coupled with a temporal deixis of distance, the *then*: "Here, near the door *was [itan]* the couch". In the following sections, local deixis is replaced by temporal deixis of distance, especially in the narrative last section. This interplay between deixis of spatial closeness and deixis of temporal distance has the effect of intensely concretizing absence. It is *here and now* that the speaker experiences that something is *no longer there*. The poem is about a concrete lack. Something is missing right here and right now.

The location of the gap (†) created by the absence of grammatical gender that the poem constructs so naturally and casually is not meaningless. On the contrary, the † is located at the poem's very center. It forms the center of the complex of concrete lack that the poem speaks of on the thematic level. The † is at the center of both the imaginary space and the spatial extension of the poem itself. On the thematic level, the action that is denoted by *egrafe* is performed at the center of the imaginary space: it is the *middle* of the room, *where † wrote*. The word *egrafe* is, at the same time, located in the middle of the physical space that the poem forms, appearing in the tenth of 19 lines, with nine lines before it and nine lines after it. In its middle line, *The Afternoon Sun* lets the imaginary space it constructs and the textual space it forms converge; at this location, imaginary space and spatial extension of the text become identical.[19] The gap in the self-aware middle line is certainly not irrelevant. It is a central and intensely gendered gap. The poem that constructs a concrete lack addresses a concrete lack of gender at its center.

In *The Afternoon Sun*, lack materializes itself in a concrete word. While *egrafe* marks a semantic gap, it is, as this gap's material carrier, something tangible, concrete linguistic material. The poetic function of language that is systematically mobilized in poetry emphasizes this material character by "promoting," in Roman Jakobson's words, "the palpability of signs" (Jakobson 1981: 25). *Egrafe* appears in a verse that, without any exception (as in other verses of the poem), lets unstressed

19 Cavafy's younger contemporary Kostas Karyotakis (1896–1928) makes use of a similar technique in his *Posthumous Fame* (1927), where the tenth line states that "after us" will remain "only ten verses" (Karyotakis 2001: 61; author's translation).

and stressed syllables alternate, thus "project[ing] the principle of equivalence" (here: the pattern xx́) "from the axis of selection into the axis of combination" (ibid.: 27): *Sti mesi to trapezi opou egrafe*. In addition, in *opou egrafe*, two vowels touch each other in the word boundary without an elision: a hiatus, which is usually avoided in Greek poetry. This hiatus focusses attention on the word's vocalic beginning and thus to *egrafe* as palpable linguistic material.

The insight in the importance of concretely materialized lack in *The Afternoon Sun* produces an altered view of the gravitational relations in the poem, which is usually said to be focused on the bed (Alexiou 1983: 59; Doty 2010: 149). Dieterich misses the point once more when he censors line 13 ("where we made love so many times"). The poem's explosive potential does not lie in its most explicit line, but at its center, where it is most silent, in line nine. The poem is not scandalous in talking about sex, it is scandalous in talking about an erotic affair with someone who writes.[20] Dieterich certainly misses this point, but so do, to some extent, the mainstream homosexual readings. They must be criticized as homosexualizations. Neither the heterosexualizing nor the homosexualizing readings are able to see this point: that the two lovers in *The Afternoon Sun* are equals. They are neither differentiated by gender (the heterosexual model), nor by class or age (as in contemporary homosexual models[21]), nor by the differentiation that many of Cavafy's poems establish by the gaze: between the one who looks and the one who is looked at.[22] The two persons of *The Afternoon Sun* are exclusively and equally characterized as *lovers* (*agapithikame*) and as *people who write*; one of the lovers "wrote" (*egrafe*), the other is disclosed as a writer by the performative testimony of the poem itself.

It is the poem's structural mediateness (two layers of time connected by an act of memory) that brings about effects of immediateness. Temporal distance is fundamental in making the ray of sunlight do its work: making an absence present. On the thematic level, the sun shines from the past. But its touch across time also reaches

20 "This person of the poem must have used to write – and was, that is, a student. Maybe, maybe a writer. For it does not say the table where the person ate, it says *the table where the person wrote*." ("Τό πρόσωπο αὐτό τοῦ ποιήματος πρέπει νά ἔγραφε – ἦταν δηλαδή σπουδαστής. Ἴσως, ἴσως συγγραφέας. Γιατί δέν λέει τό τραπέζι πού ἔτρωγε, λέει *τό τραπέζι πού ἔγραφε*" (Iosifidis 1981: 72; emphasis in original, author's translation). By using the neuter *to prosopo* (the person), Iosifidis does not specify the lover's gender; the nouns *spoudastis* (student) and *syngrafeas* (writer) might be interpreted as generic masculine use.

21 Our contemporary understanding of homosexuality with its notion of egalitarian relationships is very young. Following Michael Navratil and Florian Remele, it only developed in the 1960s and is only common in certain parts of the world (Navratil/Remele 2021: 13–14). Even if Navratil's and Remele's claim might have to be slightly relativized (Bochow 2022), in Cavafy's Egyptian context male homosexual relationships were certainly in line with the Mediterranean model of homosexuality (Dall'Orto 1990).

22 For example, in *At the Café Door* (Cavafy 1992: 55), *Gray* (ibid.: 75) or *Picture of a 23-Year-Old, Painted by His Friend of the Same Age, an Amateur* (ibid.: 154).

into the future. It touches us, the readers – it touches me. This touch is a very concrete one. As I have shown, this poem refers to itself as a physical body with spatial extension by pointing to its center. As a textual work of art, it demands reading, it is intentional. "When I read", Toril Moi writes,

> the text is not outside me in the same way as a tree is outside me. On the contrary: the act of reading implicates me in the text from the start. If language is public and shared, as Wittgenstein thought, then there is no way for me to get outside the text's language, for it's also the medium of my own existence. Because we are already in its world, we never see the text as a totality from afar. Rather than considering the work as an inert object, criticism understood as acknowledgment treats it as action and expression, as a claim to which the critic responds. (Moi 2022: 51)

When Moi talks about the text implicating its reader, demanding acknowledgement, this must be concretized in view of *The Afternoon Sun*. As in the psychoanalytic setting, acknowledgment is not to be confused with empathy. My reading has so far shown that that which demands acknowledgement from the readers is something *negative*, a gap.[23] By placing the *table where † wrote* in the center of the imaginary space and in the center of its own body, this poem says: *look, there, in line ten, is my negative center*. This implicit *look!* that the poem formulates relates its spatial extension to the space that it and I, its reader, share. It points to the fact that it and its reader relate to each other in a concrete dynamic *situation*.[24] The poem's body implicates the reader's lived body. It points to my lived body, here and now, as I sit at a desk at Berlin State Library, in April 2023, in *this room*. The poem's intentionality addresses

23 See Christian Kläui's discussion of Ludwig Wittgenstein, Axel Honneth, and Stanley Cavel's respective concepts of empathy and acknowledgment in a clinical psychoanalytic perspective (Kläui 2015: 66–73), where he concludes: "It is not enough to react with acknowledgment to a certain statement by someone else. When it comes to psychoanalytic work, something demands acknowledgment that manifests itself in a fundamental *negativity*: It is about an *'un-': acknowledging the un-conscious, the un-known, the not-understood*. We cannot content ourselves with acknowledging our fellow human being in their statement, rather we must create a space to give validity to that which is unconsciously communicated in their statements." ("Es genügt nicht, auf eine bestimmte Aussage eines anderen anerkennend zu reagieren. Sei dies nun akzeptierend, zurückweisend, schadenfreudig, neutral oder wie auch immer. Wo es um das psychoanalytische Arbeiten geht, will etwas anerkannt sein, was sich in einer grundlegenden *Negativität* manifestiert: Es geht um ein 'Un-': *Um das Anerkennen des Un-Bewussten, des Un-Bekannten, des Un-Verstandenen*. Wir können uns nicht begnügen, unsern Mitmenschen in seiner Aussage zu anerkennen, sondern wir müssen einen Raum schaffen, um dem Geltung zu geben, was sich unbewusst in seinen Aussagen mitteilt" (ibid.: 72; emphasis in original, author's translation).

24 I am referring less to the neophenomenological concept of situation (Gugutzer 2017) than to Eugene Gendlin's dynamic conceptualization of situation (Gendlin 1991: 87–106).

its future readers and establishes a deictic relation between its material body and the reader's lived body: The sun shines not only from the past; it also shines from the future. When Elio's reading extends the ray of light from the imaginary past the poem constructs into his present, he sends a glimpse of his gay 21st century present – the poem's future – into its gap.

But as I argued at the beginning of this essay, Elio's reading is a constraining one. If the poem's central gendered gap is one that is capable of being illuminated by the future, this is because of its negative character. *As a crux*, it bears a utopian potential. The poem's afternoon sun can be identified as Ernst Bloch's *Vor-Schein*, anticipatory illumination. In Bloch's view, the (literary) work of art has "[p]recious words" at its disposal, which are able to "compel [übertreiben] what is so strikingly signified by them beyond its given position" (Bloch 1988: 145, 1973: 246). This exaggeration is capable of producing "an anticipatory illumination of reality [Vor-Schein von Wirklichem] circulating and signifying in the active present (BewegtVorhandenen)" (Bloch 1988: 146, 1973: 247). We should read *egrafe* as such a *precious word* that produces a *Vor-Schein von Wirklichem*. *Egrafe* is *telling* insofar as it exaggerates something that is implicit in the *Bewegt-Vorhandene*. *Egrafe* is sonically and visually concrete material that makes it possible for me to experience with my senses the reflection of utopian *Vor-Schein* upon this precious word-body.

The gendered materialized gap in the poem's center opens up possibilities. Both Elio's and Dieterich's readings close this utopian gap. It is possible and perhaps *natural* – or *evident* in the sense criticized by Scott – to understand the speaker and the lover – two people who write and love – as male. However, the text itself does not state this, it markedly rejects giving information at this point. Thus, it is open to the possibility of imagining a woman who writes and loves in the poem's *room*. It is possible to let Virginia Woolf send a ray of light from the future year 1928 into the poem's gap – as Elio does from a fictive 21st century –, it is possible to imagine in the poem's central gap a "woman" that has "money and a room of her own" (Woolf 1935: 6), an intellectual woman who writes and loves. I am not sure if such an independent intellectual woman could be found in Cavafy's Alexandria.[25] Germs of future developments were certainly perceptible. Cavafy knew married intellectual women who wrote. He was, for example, friends with the writer Pinelopi Delta (1874–1941), a member of the rich Alexandrian Benaki family, who was married to the entrepreneur Stefanos Delta (Liddell 1974: 66, 156).[26] I am not arguing that we should fill the gap

25 For an overview of social change in Egypt in the 19th century, including a few remarks about gender, see Baer (1969: 210–29, especially 210, 228).

26 See also Titika Dimitroulia and Alexander Kazamias's analysis of the three Egyptian-Greek translators, Eleni Goussiou, Eleni Argydou, and Emilia Frangia, in which they claim that there was "an early feminist current in Egypt's Greek community" in the second half of the 19th century (Dimitroulia/Kazamias 2019: 151).

created by *egrafe* by referring to such biographies – Bloch and Theodor W. Adorno argue that to "cast into a picture" a utopian state necessarily means to "diffuse[...]" utopian tension (Bloch/Adorno 1988: 11). But this *precious word* – precious in its failure to cater to readers' desire to know the lover's gender – does, through its position in the poem, have the potential to exaggerate progressive tendencies in its contemporary society in a utopian direction: that people can love and write regardless of their class and gender. The implicit conditions of producing this poem – to have a room of one's own and money to support oneself – come into view, only to be transcended in a utopian manner.

This is, I think, why Hypatia comes to Elio's mind while he dwells in gay Alexandria. And this is, I think, where the kernel of truth of Dieterich's otherwise heteronormative translation lies: In his 1928 translation, he feminizes the person, but does not let her love. In his 1921 translation, he lets the lover love – but not write: He omits the central line (Kavaphis 1921). To Dieterich, the poem seems acceptable when the lover *either* writes *or* makes love with the speaker. On the one hand, the reason for this is probably, as Maria Biza argues, the wish to conform to the "moral concepts" and "conventions of his time" (Biza 2017: 478).[27] On the other hand, however, the contradictory relationship of his two translations points *ex negativo* to the utopian possibility that a woman would have a room to love and write. Seen from this perspective, one must admit that Dieterich gets the point quite well. (And by the way: nothing can stop us from a lesbian reading of Dieterich's translations: *his* texts are open to *this* possibility.) In the constellation of Dieterich's two translations and in Elio's association of the name Hypatia, reflections of the *Vor-Schein* that the poem's gap succeeds in producing are perceptible.

The Afternoon Sun's *promesse de bonheur* is yet to be fulfilled. We still live in a society that is characterized by massive class and gender differences. The utopian literary experience that this poem produces is one that can and must be made by us. If we become involved in reading this poem, if we acknowledge its claim and answer its demand, it involves our lived body in its utopian anticipation. The literary experience Cavafy's *The Afternoon Sun* involves us in is not historical in the sense of past things, but historical in its relation to human history, to humanity's future: it transcends the poem's historical location – and ours, the readers'. Its "claim on me" (Moi 2022: 50), its utopian demand in the here and now, *became forever*.

27 "Wertvorstellungen bzw. Konventionen seiner Zeit", author's translation.

Bibliography

Aciman, André (2020): Find Me, London: Faber & Faber.

Aciman, André (2022): Cavafy's Bed, in: André Aciman, Homo Irrealis. Essays, London: Faber, 63–74.

Alexiou, Margaret (1983): Eroticism and Poetry, in: Journal of the Hellenic Diaspora 10, 45–65.

Baer, Gabriel (1969): Studies in the Social History of Modern Egypt, Publications of the Center for Middle Eastern Studies (4), Chicago/London: The University of Chicago Press.

Biza, Maria (2017): Deutsch-griechischer Lyriktransfer im 20. Jahrhundert. K. Kavafis, G. Seferis und J. Ritsos in deutschen Übersetzungen, Bearbeitungen und Anthologien. PhD dissertation, Munich, https://edoc.ub.uni-muenchen.de/20772/1/Biza_Maria.pdf

Bloch, Ernst (1973): Das Prinzip Hoffnung, Band 1, Frankfurt a.M.: Suhrkamp.

Bloch, Ernst (1988): The Artistic Illusion as the Visible Anticipatory Illumination, in: The Utopian Function of Art and Literature. Selected Essays, Cambridge, Mass./London: MIT Press, 141–155.

Bloch, Ernst/Adorno, Theodor W. (1988): Something's Missing: A Discussion between Ernst Bloch and Theodor W. Adorno on the Contradictions of Utopian Longing, in: Ernst Bloch, The Utopian function of Art and Literature. Selected Essays, Cambridge, Mass./London: The MIT Press, 1–17.

Bochow, Michael (2022): Eine Erfindung des späten 20. Jahrhunderts. Rezension zu 'Unerlaubte Gleichheit. Homosexualität und mann-männliches Begehren in Kulturgeschichte und Kulturvergleich' von Michael Navratil und Florian Remele, in: Soziopolis, https://www.soziopolis.de/eine-erfindung-des-spaeten-20-jahrhunderts.html

Bühler, Karl (1990): Theory of Language. The Representational Function of Language, Foundations of Semiotics (25), Amsterdam/Philadelphia: John Benjamins Publishing Company.

Cavafy, Constantine P. (1992): Collected Poems. Revised Edition, Princeton: Princeton University Press.

Cavafy, Constantine P. (2000): Τα ποιήματα [The Poems], Athens: Ikaros.

Dall'Orto, Giovanni (1990): Mediterranean Homosexuality, in: Wayne R. Dynes (ed.), Encyclopedia of Homosexuality, New York: Garland, 796–798.

Daskalopoulos, Dimitris (2003): Βιβλιογραφία Κ. Π. Καβάφη (1886–2000) [Bibliography of C.P. Cavafy 1886–2000], Thessaloniki: Kentro Ellinikis Glossas.

Daskalopoulos, Dimitris/Stasinopoulou, Maria (2002): Ο *βίος και το έργο* του Κ. Π. Καβάφη [The *Life* and *Works* of C.P. Cavafy], Athens: Metaichmio.

Dieterich, Karl (ed.) (1928): Neugriechische Lyriker, Leipzig: H. Haessel.

Dimitroulia, Titika/Kazamias, Alexander (2019): Gender and Diaspora in Late Ottoman Egypt: The Case of Greek Women Translators, in: Marilyn Booth (ed.), Migrating Texts. Circulating Translations Around the Ottoman Mediterranean, Edinburgh: Edinburgh University Press, 151–192.

Dinshaw, Carolyn (1999): Getting Medieval. Sexualities and Communities, Pre- and Postmodern, Durham/London: Duke University Press.

Doty, Mark (2010): Cavafy's Rooms, in: Panagiotis Roilos (ed.), Imagination and Logos. Essays on C.P. Cavafy, Cambridge, Mass./London: Harvard University Press, 143–151.

Forster, E.M./Valassopoulos, George (1919): The Poetry of C.P. Cavafy, in: The Athenæum 4643, 247–248.

Gendlin, Eugene T. (1991): Thinking Beyond Patterns: Body, Language, and Situations, in: Bernard den Ouden/Marcia Moen (eds.), The Presence of Feeling in Thought (Revisioning Philosophy 7), New York: Peter Lang, 21–151.

Gugutzer, Robert (2017): Leib und Situation. Zum Theorie- und Forschungsprogramm der Neophänomenologischen Soziologie, in: Zeitschrift für Soziologie 46, 147–166.

Haag, Michael (2004): Alexandria. City of Memory, New Haven/London: Yale University Press.

Husserl, Edmund (1989): Ideas Pertaining to a Pure Phenomenology and to a Phenomenological Philosophy. Second Book: Studies in the Phenomenology of Constitution, Dordrecht/Boston/London: Kluwer Academic Publishers.

Iosifidis, Vasilis (1981): Σκέψεις καί σημειώσεις γιά τρία ποιήματα τοῦ Καβάφη [Thoughts and Notes on Three Poems by Cavafy], in: Οδός Πανός 1, 72–73.

Iser, Wolfgang (1971): Indeterminacy and the Reader's Response in Prose Fiction, in: Hillis J. Miller (ed.), Aspects of Narrative. Selected Papers from the English Institute, New York/London: Columbia University Press, 1–45.

Jakobson, Roman (1981): Linguistics and Poetics, in: Roman Jakobson, Selected Writings III. Poetry of Grammar and Grammar of Poetry, The Hague/Paris/New York: Mouton Publishers, 18–51.

Jeffreys, Peter (2015): Reframing Decadence. C.P. Cavafy's Imaginary Portraits, Ithaca: Cornell University Press.

Karyotakis, K. G. (2001): Ποιήματα καὶ πεζὰ [Poems and Prose], Νέα Ἑλληνική Βιβλιοθήκη 21, Athens: Vivliopoleion tis "Estias".

Kavaphis (1921): Drei Gedichte von Kavaphis, in: Das literarische Echo 24, 146–147.

Kläui, Christian (2015): Psychoanalytisches Arbeiten. Für eine Theorie der Praxis, Bern: Hogrefe.

Lapathiotis, Napoleon (2001): Ποιήματα [Poems], Thessaloniki: Zitros.

Liddell, Robert (1974): Cavafy. A Critical Biography, London: Duckworth.

Lypourli, Marina (2001): Ναπολέοντας Λαπαθιώτης. Η ζωή και το έργο του [Napoleontas Lapathiotis. His Life and Work], in: Lapathiotis 2001, 6–22.

Merleau-Ponty, Maurice (2005): Phenomenology of Perception, London/New York: Routledge.

Mitsou, Marilisa (2010): Griechenfreundschaft gegen Philhellenismus? Karl Dieterichs Lyrik-Anthologie als erste Kanonbildung, in: Chryssoula Kambas/Marilisa Mitsou (eds.), Hellas verstehen. Deutsch-griechischer Kulturtransfer im 20. Jahrhundert, Köln/Weimar/Wien: Böhlau, 243–268.

Moi, Toril (2022): A Wittgensteinian Phenomenology of Criticism, in: Robert Chodat/John Gibson (eds.), Wittgenstein and Literary Studies, Cambridge: Cambridge University Press, 41–61.

Navratil, Michael/Remele, Florian (2021): Unerlaubte Gleichheit. Ansätze einer komparativen Geschichtsschreibung mann-männlichen Begehrens, in: Michael Navratil/Florian Remele (eds.), Unerlaubte Gleichheit. Homosexualität und mann-männliches Begehren in Kulturgeschichte und Kulturvergleich, Bielefeld: transcript, 9–41.

Papanikolaou, Dimitris (2005): 'Words that tell and hide': Revisiting C.P. Cavafy's Closets, in: Journal of Modern Greek Studies 23, 235–260.

Papanikolaou, Dimitris (2013): Days of Those Made Like Me: Retrospective Pleasure, Sexual Knowledge, and C.P. Cavafy's Homobiographics, in: Byzantine and Modern Greek Studies 37, 261–277.

Papanikolaou, Dimitris (2014): "Σαν κ' εμένα καμωμένοι". Ο ομοφυλόφιλος Καβάφης και η ποιητική της σεξουαλικότητας ["Made Like Me". The Homosexual Cavafy and the Poetics of Sexuality], Athens: Ekdoseis Pataki.

Papazoglou, Christos (2012): Μετρικὴ καὶ ἀφήγηση. Γιὰ μιὰ συστηματικὴ μετρικὴ καὶ ρυθμικὴ ἀνάλυση τῶν καβαφικῶν ποιημάτων [Metrics and Narration. Towards a Systematic Metrical and Rhythmical Analysis of the Cavafian Poems], Athens: Morfotiko Idryma Ethnikis Trapezis.

Pieris, Michalis (2001): Έρως και εξουσία: όψεις της ποιητικής του Καβάφη [Eros and Power: Aspects of Cavafy's Poetics], in: Μνήμη Γ.Π. Σαββίδη. Θέματα νεοελληνικής φιλολογίας. Γραμματολογικά, εκδοτικά, κριτικά. Πρακτικά η' επιστημονικής συνάντησης, Athens: Ermis, 278–292.

Scott, Joan W. (1991): The Evidence of Experience, in: Critical Inquiry 17, 773–797.

Sedgwick, Eve Kosofsky (1990): Epistemology of the Closet, Berkeley/Los Angeles: University of California Press.

Senkopoulos, Alexandros (1963): Διάλεξις περὶ τοῦ ποιητικοῦ ἔργου τοῦ Κ. Π. Καβάφη [Lecture on the Poetic Works of C.P. Cavafy], in: Ἐπιθεώρηση Τέχνης 108, 614–621.

Trivizas, Sotiris (2000): Στοιχεῖα ἐργοβιογραφίας [Dates of Life and Work], in: Ναπολέων Λαπαθιώτης. Μιὰ παρουσίαση, Athens: Gavriilidis, 61–81.

Tsalapatis, Thomas (2013): Ο Καβάφης και οι σκιές. Η ρευστότητα της ιστορίας και η ρευστότητα των νοημάτων [Cavafy and the Shadows. The Fluidity of History and the Fluidity of Meaning], in: Kostas Voulgaris (ed.): Κ. Π. Καβάφης. Κλασικός και μοντέρνος. Ελληνικός και παγκόσμιος, Athens: [.poema.] ekdoseis, 99–102.

Vitti, Mario (2003): Ιστορία της Νεοελληνικής Λογοτεχνίας [History of Modern Greek Literature], Athens: Odysseas.

Woolf, Virginia (1935): A Room of One's Own, London: The Hogarth Press.

Xenopoulos, Grigorios (1903): Ένας ποιητής [A Poet], in: Παναθήναια 76, 97–102.

Commentary: Converting Silences into Possibilities
Applying Lessons from Literary Studies to Ethnographic Knowledge Production

Inka Stock

1. Introduction

Departing from Scott's (1991) famous argument about the understanding of experience as discourse, Benedikt Wolf's essay *"Where † wrote." Utopian Literary Experience in Constantine P. Cavafy's "The Afternoon Sun"* (2024) shows how literature can be understood as a tool that transcends discourse – precisely because it has the ability to free both the reader's and the author's imaginations from conventional understandings of subject positions and sanctioned depictions of reality. Wolf argues that:

> the objects scholars of literature encounter are different from historians' objects in so far as they produce a different kind of experience. While experience in Scott's sense is constituted in an interplay of material conditions, practices and discourse, the experience literary texts produce is a specific kind of experience. It is qualitatively different from other kinds of experience. It is unique in that the experience that the text transcends the conditions under which the text is produced. (Ibid.: 215)

Wolf exemplifies this by drawing attention to literature's ability to construct subject positions in places where the text remains silent: in its gaps of meaning. He claims that "literary experience is not only contingent upon discourse, it is also contingent upon the limits of discourse" (ibid.: 216). In his analysis of Constantine P. Cavafy's poem *The Afternoon Sun*, Wolf shows how the deliberate omission of clear definitions or denominations by the writer can push the reader to formulate new questions about a topic or to seek answers to questions that could not be answered satisfactorily before. He demonstrates this by analyzing Cavafy's use of personal pronouns and articles in Greek to create omissions rather than ambiguities. Cavafy is able to use this literary tool to create new possibilities of interpretation of gendered forms of being.

The example shows how literature can systematically produce a form of experience that relies on what is not said. This kind of experience is both negative and utopian, in that it opens up imaginaries for different experiences than the ones that are socially sanctioned as desirable, normal, translatable, or understandable.

In what follows, I wish to take Wolf's insights from literary studies as a starting point for showing how these principles of understanding experience could be fruitfully applied to the generation of new epistemologies in ethnographic writing. To develop my argument, I will first say something about ethnography as a literary genre and then briefly describe two ways in which we could use Wolf's ideas when portraying the unspeakable of research participants' worlds of experience, of the bodily experience of researchers, and the translation of this into tacit knowledge for the reader.

2. Can Ethnography be a Literary Genre?

In the 1990s and early 2000s, a number of texts were produced discussing the "crisis of ethnographic representation" (Berg/Fuchs 2016) in which authors dissected ethnography as a literary genre (Clifford et al. 2009). The discussion centered on the status of ethnographic texts and how far they represented reality or some version of the authors' or research participants' experiences.

Up to the 1980s, ethnographic writing was mostly viewed as an effort to describe cultures as accurately as possible in order to preserve them, memorize them, and to make them knowable to those not familiar with them. Here, ethnographic writing was akin to recording, transcribing, photographing, or filming. However, since modern technologies can perform such tasks far better than human writers, the central knowledge-generating task of ethnographic writing has now shifted. Today, there is a general consensus that ethnographic writing is mostly about solving problems of verbalization, i.e., putting into words that which is not language (Hirschauer 2006). In this sense, ethnographic writing has a strong literary dimension to it, because such writing requires a particular narrative style. Notwithstanding, there is also a consensus in the academic community that rather than being literature *per se*, ethnographic descriptions are better described as a complex cultural technique in sociology and anthropology which aims to verbalize the social (Maanen 1988; Wulff 2016; Hirschauer 2006).

Despite the emergence of stimulating new ways of thinking and writing ethnography in recent years, several authors have criticized the limited impact that innovative and often experimental approaches and styles of writing have had on mainstream ethnographic writing to date (Wiles 2020; Fassin 2014). In fact, the writing style of many contemporary ethnographies does not substantially differ from that discussed and critiqued by Maanen (1988) almost forty years ago. Even more surprisingly, there is still little or no general discussion within the discipline of how to write and how to evaluate the quality of ethnographic texts (Wiles 2020). It is in this sense that I find Wolf's text stimulating, as it opens up a discussion of what we can learn from experience in literary studies for writing about experience in ethnographic texts.

3. The Writing Process as a Tool to Make Visible what Cannot (yet) be Said

Wolfs' discussion of Cavafy's poem draws attention to the fact that writing is best seen as a creative process that has the power to create new and specific experiences in the readers of literary texts. I would argue that it could equally serve as a methodological tool for social scientists who are producing ethnographic texts. In other words, I suggest that ethnographers could engage in a creative process of writing by deliberately producing lacunae in texts when they are yet unable to name objects, processes, or feelings. This process may actually point the writer to the places where new framings or perspectives are required or more thinking needs to be done. This way of writing may actually assist in the production of knowledge that goes beyond readily available frames of meaning.

I assume that this could be particularly relevant in ethnographic research, which often relies heavily on observation and the bodily experience of the unfamiliar. This is because ethnographic researchers frequently find that they stand alone with these experiences, at a loss for words, and only equipped with the means of everyday language. While they do interact with other people, including research participants, as well as organizations, they cannot usually fall back on ready-made datasets, such as interviews or statistics – as most of their knowledge is based on observation, casual talk, and activities undertaken together. Nor can they talk to like-minded equals, as they are often in the position of a stranger among like-minded others. When they start writing down what they have seen, they usually rely only on themselves, their experiences, and their recollections of these experiences. At the same time, and unlike writers of fiction, ethnographers depend on others for everything they write (Wiles 2020). Kristin Ghodese rightly points out that: "Where novelists imagine, ethnographers must observe". (2016: 38) Often, doing activities together in the fieldwork situation creates tacit knowledge of things that are there, but are not put into words (Polanyi 2009). They are felt, but rarely expressed verbally, neither by research participants nor by the ethnographers themselves.

Hence, for the ethnographer, observation is connected to sensation and memory. In this sense, the process of writing ethnography is a tool for scholars to remember and recognize bodily sensations and feelings that are experienced both subjectively and intersubjectively in the field and elsewhere. Through the writing process, conceptualizations emerge and knowledge can start flourishing. The writing process then becomes a methodological tool that serves to convert fieldwork experiences into data during the process of writing (Hirschauer 2006).

As Wolf shows in his discussion of Cavafy's poem, this conversion of actual experience and our memories of it into theoretical concepts can be achieved by using literary writing techniques such as the creation of an atmosphere of possibility, or of uncertainty, that invites the writer to remember feelings, experiences, and sensations which are yet to be put into words. Just as this may impact the readers of literary texts, it can equally push social scientists to formulate new research questions or reframe old ones. As sociologists and anthropologists, we may want to learn from literary studies here, by focusing in our writing less on the most accurate descriptions of what has been said and done in the field, and instead starting to document silence, the unspeakable, the pre-linguistic, and the indescribable aspects of daily life we encounter routinely during fieldwork (Hirschauer 2006).

When integrating these aspects of our own embodied and intersubjective fieldwork experiences into our writing process through the use of literary tools that symbolize gaps of meaning, we can attempt – as Wolf suggests – to reframe our research experience as something that is not contingent upon the conditions in which it was produced. In Wolf's understanding, gaps of meaning open up the utopian possibility of creating new experiences in the reader's mind. In contrast to Wolf's understanding, however, I argue here that we can also use gaps of meaning in ethnographic writing to make the ethnographer-author remember field experiences in a new light and to feel lived experiences all over again – but from a different semantic perspective.

When we use ethnographic descriptions in this way, we create potential for theoretical innovations, because "language then becomes the central instrument for data production, and concept formation becomes the center of empiricism, since from the very beginning, it is in line with the whole struggle for verbalization with which description is dealing" (Hirschauer: 439).

It is true that Wolf does not suggest that "not saying something" is the same as "not being able to say something yet". The crucial point in his interpretation of Cavafy's poem lies in his utopian ideal, which resists the filling of gaps of meaning out of principle. It is here that ethnographic writing may never be able to do justice to the literary genre or reproduce its particular advantage in the quest for knowledge, because in contrast to literature, ethnography's crucial task remains to verbalize the social. Hence, for ethnographers, writing by using omissions and gaps may actually only work successfully in knowledge production if it advances some form of thinking about what has been actually experienced in the field but cannot (yet) be said.

4. Decolonializing Knowledge

Wolf's text shows how Cavafy creates gaps of meaning in his poem to avoid confirming and reproducing discourse that explains the world of gender relations and situates the reader in it. Through the omission of personal pronouns and articles, he deliberately disrupts gendered discourse to make visible to the reader where conventional gender structure is unable to explain the world around us. Instead, the gaps of meaning open up possibilities for the reader to interpret the situation in completely new and unexpected ways.

I would argue that this writing strategy could also be used as a way of decolonizing knowledge production on gender relations – an endeavor that ethnographers in cultural and social studies have a special responsibility for, given the history of the discipline (Gutiérrez Rodriguez et al. 2016). Writing strategies that refrain from definition make it harder for the reader's mind to build on available discursive patterns to explain the unknown, unseen, or unheard of, instead triggering searches for new verbalizations and imaginations that are created through the writing process. This, however, takes time.

By refusing to frame phenomena with the vocabulary available to us, by deliberately making definitions ambiguous, or by resisting the urge to define altogether, we are simultaneously accepting that we as ethnographic authors do not possess authority over the naming and reframing of social observations. We need to listen to those we do research with in order to give them room to make their voices and languages heard. It may well be that research participants are equally unable to verbalize their tacit knowledge yet and need simply to be listened to carefully in order to find adequate ways to experiment with forms of expression that can carry their message across to those they want to hear. This attentiveness to the times and rhythms in intersubjective knowledge production is important, because – as Knorr-Cetina and Harre (1981), Spivak (1988), and others have pointed out so convincingly – the problem in knowledge production processes is mostly due to not letting others speak rather than to misunderstanding what they have to say. By accepting the ambiguous or unspeakable in our preliminary attempts to define the yet-to-be-named in writing, we recognize that the process of naming and verbalizing in ethnographic research is always a struggle for recognition, for mutual understanding and the negotiating of power imbalances between researcher and researched.

Using gaps of meaning to describe what is not said could make us more aware of the experiences we can share and those for which we have no words (yet). It may also well be that the strategy of deliberately creating gaps of meaning in writing is a privilege not everyone is entitled or able to do – just as naming and framing is a privilege not open to everyone. While recognizing these difficulties in ethnographic writing, creating gaps of meaning could well be a strategy that recognizes the inequalities and power differentials that structure our world. Ethnographic writing, then, could become sensitive to how, when, and by whom experiences can be expressed, remembered, and reproduced – particularly those for which we have no words because they imply a form of social suffering that is felt by others – but not ourselves.

Bibliography

Berg, Eberhard/Fuchs, Martin (eds.) (2016): Kultur, soziale Praxis, Text. Die Krise der ethnographischen Repräsentation, 4th ed., Frankfurt a.M.: Suhrkamp.

Clifford, James/Marcus, George E./Fortuny, Kim (eds.) (2009): Writing Culture. The Poetics and Politics of Ethnography; a School of American Research Advanced Seminar. 25th ed., Berkeley/Los Angeles/London: University of California Press.

Fassin, Didier (2014): True Life, Real Lives: Revisiting the Boundaries Between Ethnography and Fiction, in: American Ethnologist 41(1), 40–55, https://doi.org/10.1111/amet.12059.

Ghodsee, Kristen (2016): From Notes to Narrative: Writing Ethnographies that Everyone can read, Chicago: University of Chicago Press.

Gutiérrez Rodriguez, Encarnación/Boatcă, Manuela/Costa, Sérgio (eds.) (2016): Decolonizing European Sociology. Transdisciplinary Approaches, London/New York: Routledge Taylor & Francis.

Hirschauer, Stefan (2006): Putting Things into Words. Ethnographic Description and the Silence of the Social, in: Human Studies 29(4), 413–441, http://www.jstor.org/stable/27642766.

Knorr-Cetina, Karin/Harré, Rom (1981): The Manufacture of Knowledge. An Essay on the Constructivist and Contextual Nature of Science, Oxford u.a.: Pergamon Press.

Maanen, John van (1988): Tales of the Field. On Writing Ethnography, Chicago: University of Chicago Press.

Polanyi, Carl (2009): The Tacit Dimension, Chicago: Chicago University Press.

Scott, Joan W. (1991): The Evidence of Experience, in: Critical Inquiry 17(4), 773–797, http://www.jstor.org/stable/1343743

Wiles, Ellen (2020): Three Branches of Literary Anthropology: Sources, Styles, Subject Matter, in: Ethnography 21(2), 280–295, https://doi.org/10.1177/1466138118762958.

Wolf, Benedict (2024): "Where † wrote". Utopian Literary Experience in Constantine P. Cavafy's *The Afternoon Sun*, in: Vera Kallenberg/Tomke König/Walter Erhart (eds.): Geschlecht als Erfahrung. Theorien, Empirie, politische Praxis, Bielefeld: transcript, 215–234.

Wulff, Helena (ed.) (2016): The Anthropologist as Writer. Genres and Contexts in the Twenty-First Century, New York/Oxford: Berghahn.

Women's History als Echo gebrochener jüdischer Erfahrung des 20. Jahrhunderts

Gerda Lerners *The Female Experience* (1977)

Vera Kallenberg

> What would happen if one woman told
> the truth about her life?
> The world would split open.
> *Muriel Rukeyser (1968)*

»The first things I can think of are the breaks, the fissures. I've had too many-destruction, loss, then new beginnings« (Lerner 2003: 7) lautet der erste Satz von Gerda Lerners Teilautobiographie *Fireweed. A Political Autobiography* (2003). Ähnlich wie andere europäisch-jüdische Emigrés wie etwa George Mosse summiert das autobiographische Ich ihr Leben als Erfahrung von Brüchen (Mosse 2000). Der Titel *Fireweed* bildet das Leitmotiv für Lerners Teilautobiografie, das sich metaphorisch auf den Zweiten Weltkrieg, den Holocaust und seine Folgen wie auch das allen widrigen Umständen trotzende Feuerkraut beziehen lässt. Die verschiedenen Motti, die dem ersten Kapitel vorangestellt sind, benennen »World War II«, »disturbed ground«, »fire-blackened land« und »burned surface«. Lerners übrige autobiographische Texte enthalten ebenfalls zahlreiche Metaphern von Zerstörung, Auslöschung und Verlust jüdischer Geschichte und Existenz (Lerner 1994: 18–21, 1997). Die Rede ist von »ashes of destruction« (Lerner 1978: 119) oder »wounds that can never heal« (Lerner 1997: 49).

Als 1920 in Wien geborene aschkenasische Jüdin, linke Aktivistin, feministische Schriftstellerin und US-amerikanische Geschichtsprofessorin, der 1939 die Flucht aus dem von den Nazis besetzten Europa in die Vereinigten Staaten gelang, verbindet Gerda Lerner europäische und US-amerikanische Erfahrungs- und Denkräume, alte und neue Linke, Politik und Kunst, Aktivismus und Wissenschaft. Aus dem akkulturierten jüdischen Bürgertum stammend gehörte Lerner zu den linken jüdischen Geflüchteten und kommunistischen Linken (Lamberti 2016), die während der *Second Red Scare* ein zweites Mal verfolgt wurden und sich früh in der Schwarzen

Bürgerrechtsbewegung engagierten. Seit den 1960er Jahren widmete sich Lerner der Konzeptualisierung und Etablierung der *Women's History* als akademischem Forschungsfeld. Ihre Arbeiten zur US-amerikanischen Frauengeschichte und zur Geschichte Schwarzer Frauen, ihre theoretischen Aufsätze sowie ihr Engagement für Frauen[1] in der Geschichtswissenschaft und für die Institutionalisierung der *Women's History* machten sie zu einer äußerst einflussreichen Historikerin (Bock 2014; Cott 2015; Gangoli 2017; Gordon/Kessler-Harris 2013; Jones 2018; MacLean 2014). Ihre Arbeiten wie *The Creation of Patriarchy* (1986) erreichten ein internationales (non-akademisches) feministisches Publikum. Charakteristisch für Lerner war ihr Selbstverständnis als feministische Wissenschaftlerin (Lerner 1979: xxxii), in der Forschung, Lehre, Wissenschaftspolitik und Traditionsbildung untrennbar miteinander verwoben waren. Für sie waren Staatsbürgerin- und Wissenschaftlerin-Sein so untrennbar miteinander verbunden wie Theorie und Praxis, Erfahrung und Denken (Lerner 1997, 2006, 2009).

Seit Simone de Beauvoir in *Le deuxième sexe* (1949) den Begriff der »expérience vécue« (»gelebte Erfahrung«) eingeführt hat, ist Erfahrung eine Schlüsselkategorie in der feministischen Erkenntnistheorie wie auch in der feministischen Historiographie (z.B. Grant 2015; Smith/Watson 1998; Opitz 2018: 12, 20–23). Der folgende Beitrag geht dieser Schlüsselkategorie anhand von Gerda Lerners *The Female Experience. An American Documentary* (1977) sowie archivalischer Quellen aus Gerda Lerners Nachlass (siehe Quellenverzeichnis) nach. Anknüpfend an Hannah Arendt gehe ich davon aus, dass alles Denken erfahrungsgebunden ist: Denken resultiert aus Erfahrung so wie der Gegenstand, über den man denkt, Erfahrung ist (Arendt 1964; Althaus 2000). Meine eigenen Suchbewegungen zum Erfahrungsbegriff verbinden verschiedene Überlegungen zur Erfahrung:

1. Um ahistorischen und essentialistischen Formen der Begriffsverwendung in der historischen Forschung entgegenzuarbeiten, hat Joan W. Scott hervorgehoben, poststrukturalistische Ansätze für die Geschlechtergeschichte adaptierend, Erfahrung sei interpretatives Wissen mit einem konstruktiven, prozessualen Charakter (Scott 1991: 777). Erfahrung, so betonte sie, sei das Ergebnis ständiger Interpretation und gleichzeitig stets auslegungsbedürftig (ebd.: 797). Die Subjekte *haben* keine Erfahrung, sondern werden durch sie konstituiert (ebd.: 782). Erfahrung kann damit nicht kausal vorausgesetzt werden, sondern ist das Forschungsobjekt und der Gegenstand dessen, was erklärt werden soll (ebd.: 780). In ähnlicher Weise hat Ute

1 Viele in diesem Text verwendeten Pluralformen sind Quellenbegriffe, die die binären Denkweisen über Geschlecht und Sexualität reflektieren, die bis vor kurzem im globalen Norden üblich waren. Da ich es für ungenau und anachronistisch halte, den Autorinnen Vorstellungen von Geschlecht, Geschlechtsidentitäten und Sexualitäten zuzuschreiben, die sie selbst nicht hatten, benutze ich für die ausgehenden 1970er Jahre keine aktuell üblichen Formen geschlechterinkludierender Sprache.

Gerhard Erfahrung als Form und Konstruktion sowie Aneignung von Wirklichkeit akzentuiert, als »einen ständig fortschreitenden Prozess der Gestaltung und Interpretation dessen, was wir wahrnehmen, fühlen, wissen« (Gerhard 2001: 90–92).

2. Erfahrung durchläuft einen Prozess der Überlieferung, etwa durch das Archiv, das eine entscheidende Rolle bei der Vermittlung der zur Analyse überlieferten Fragmente spielt. Gerda Lerner begann bereits in den späten 1970er Jahren mit der Übergabe ihres Vorlasses an die Schlesinger Library. In ihren letzten Lebensjahren betätigte sie sich als feministische Archiv-Aktivistin, indem sie ihre Sammlung selbst ordnete und kommentierte. Sie mag zu jenen Menschen gehört haben, die ab einem gewissen Punkt, in den Worten des amerikanischen Kulturhistorikers Carl Pletsch, »in Erwartung ihrer Biographen leb(t)en« (Pletsch 1987: 415). So schreibt sie auch nach ihrem Tod auf subtile Weise an Texten über sie mit, die auf ihren Archivalien basieren.

3. In der Tradition der älteren Kritischen Theorie im weiteren Sinne, einschließlich Walter Benjamins, zielt mein Gebrauch von Erfahrung auf seine konkrete Historisierung und Kontextualisierung. Zu diesem Zweck analysiere ich, wie Erfahrung in ihre spezifischen Konstellationen eingebettet ist, d.h. ich begreife Erfahrung als »eingebettet in die Geschichtlichkeit von Wissen und sozialen Kontexten und notwendig offen für neue Interpretationen und Kritik« (Gerhard 2001: 90–92). »Warum soll ich Ihnen verheimlichen, dass ich die Wurzel meiner Theorie der Erfahrung in einer Erinnerung aus der Kindheit finde,« heißt es in einem berühmten Brief Benjamins an den sich im New Yorker Exil aufhaltenden Theodor W. Adorno aus dem Jahr 1940. Und weiter:

> Meine Eltern machten an den Orten, wo wir auf Sommerwohnung waren, wie natürlich mit uns Spaziergänge. Wir Geschwister waren zu zweit oder zu dritt. Der, an den ich hier denke, ist mein Bruder. Wenn wir von Freudenstadt, von Wengen oder von Schreiberhau aus irgendeines der obligatorischen Ausflugsziele besucht hatten, so pflegte mein Bruder zu sagen: ›Da wären wir nun gewesen.‹ Das hat sich mir unvergesslich eingeprägt. (Adorno/Benjamin 2020: 445)

Die aufblitzende Erinnerung ist eine Rückbesinnung auf Erlebnisse, die sich in Benjamins bürgerlicher Kindheit in ähnlicher Weise wiederholten. Die Feststellung seines Bruders: »Da wären wir nun gewesen« enthält eine örtliche, zeitliche und habitualisierte Dimension des Erlebnisses, die im Benennen als abgeschlossen vergegenwärtigt wird. Das Erlebnis, Benjamins Gegenbegriff zu Erfahrung (Weber 2000: 230–259), prägt sich durch die Wiederholung und seine sprachliche Fixierung ein und verdichtet sich rückblickend zur Erfahrung. Für Benjamins Verständnis von individueller wie kollektiver Erfahrung als Artikulationsbegriff sind damit Nachträglichkeit und Häufung, aber auch unbewusste Abläufe konstitutiv:

> In der Tat ist die Erfahrung eine Sache der Tradition, im kollektiven wie im privaten Leben. Sie bildet sich weniger aus einzelnen in der Erinnerung streng fixierten Gegebenheiten denn aus gehäuften, oft nicht bewussten Daten, die im Gedächtnis zusammenfließen. (Benjamin 1991: 610)

Dabei ist der konkrete historische Erfahrungsraum zerbrochen: Benjamin verfasste den Brief am 7. Mai 1940 in Paris, drei Tage vor Beginn der Westoffensive, in der die Nazis Frankreich eroberten. Die Welt, die in Benjamins Erinnerungsfragment auftaucht, existiert nicht mehr, sie ist Die Welt von gestern (Zweig 1952[1942]). Benjamins Bruder war seit 1936 als kommunistischer Widerstandskämpfer im Gefängnis. Er wird im Jahr 1942 im Konzentrationslager Mauthausen ermordet werden (Kraushaar 1988: 239), Benjamin selbst wird im September 1940 auf der Flucht vor den Nazis den Tod finden. Die historische Konstellation, in der der jüdische Exilant Benjamin seine Kindheitserinnerung aufzeichnet und an Adorno schickt, erinnert an Benjamins These VI zum Begriff der Geschichte. Benjamin hat sie nur wenige Monate zuvor, im Winter 1939/40, im französischen Internierungslager Vernuche aufgezeichnet. Sie lautet: »Die Vergangenheit historisch zu artikulieren [...] bedeutet, sich einer Erinnerung zu bemächtigen, wie sie in einem Augenblick der Gefahr aufblitzt« (Benjamin 2010: 18).

4. Die Erfahrung des Bruchs, der Höhepunkt der Fragilität jüdischer Existenz in modernen diasporischen Konstellationen, markiert ein zentrales Merkmal jüdischer Erfahrung im Europa des 20. Jahrhunderts (Diner 2011; Knellesen/Pankonin 2019: 291–302). Dies gilt umso mehr für Gerda Lerner, die mehrere einschneidende Brüche in den Mittelpunkt ihrer autobiografischen Schriften stellte: zunächst Flucht, Zwangsmigration, Exil und Neuanfang im Zusammenhang mit dem Nationalsozialismus als Jüdin. Dann kamen Repression, Retraumatisierung und ein weiterer Neuanfang als (Ex-)Kommunistin während der *Zweiten Roten Angst*. Und schließlich der Verlust ihres Mannes durch Krebs, der frühere Bruch- und Verlusterfahrungen aktivierte.

Im Folgenden analysiere ich Erfahrung auf zwei Ebenen, in dem ich zum einen das Konzept der *Female Experience*, das Lerner gegen Ende der 1970er Jahre entwickelte, analysiere und zum anderen den Verflechtungen von Lerners biographischem Erfahrungsraum mit ihrem historiographischen und feministischen Denken nachgehe.

1. The Female Experience. An American Documentary

Eine frühe Auseinandersetzung Lerners mit dem Erfahrungsbegriff findet sich in Lerners Anthologie *The Female Experience. An American Documentary* (1977). Das Buch war eine der ersten historischen Quellensammlungen, die sich – vorwiegend mit euro-amerikanischen weißen – Frauen zwischen 1637 und 1975 beschäftigte, wobei der Schwerpunkt auf dem 19. Jahrhundert lag. Erstmals veröffentlicht wurde der Band 1977 bei Bobbs-Merrill (*The American Heritage Series*), später bei Oxford-University Press (1992). Von historischen Monographien wie *Women and Equality* von William Chafe, ebenfalls 1977 erschienen, dem vielfach aufgelegten *Century of Struggle* von Eleonor Flexner (1977[1959]) oder *The Fight for Woman Suffrage* von Anne F. und Andrew M. Scott (1975) unterschied sich *The Female Experience* durch seine dezidiert politisch-feministische Agenda, sein breiteres Themenspektrum und seine mehrdeutige Textsorte, die zwischen einer populärwissenschaftlichen und handbuchartigen Quellenedition, einer historisch-narrativen Kollektivbiografie und einem feministischen Pamphlet oszilliert. Im Kontext von Lerners Werk ist *The Female Experience* chronologisch zwischen ihrer rassismus- und klassenbewussten Quellen-Anthologie über die Geschichte Schwarzer Frauen in den Vereinigten Staaten, in der sie die Unterschiede zwischen Frauen als theoretisches Problem behandelte (Kallenberg 2022a, 2022b, 2024), und ihrem autobiografischen Werk *A Death of One's Own* (1978) angesiedelt. Die Veröffentlichung von *The Female Experience* wurde zunächst zugunsten von Lerners *Black Women in White America* (1972) zurückgestellt, dann wegen der Krankheit und des Todes ihres Mannes Carl Lerner, der im August 1973 an einem Gehirntumor starb, erneut verschoben. In *A Death of One's Own*, an dem sie ab Mitte der 1970er Jahre arbeitete, verarbeitet sie die Erfahrung seiner Pflege und Krankheit sowie ihre Konfrontation mit dem Tod im Kontext von NS und Holocaust. Zugleich trägt das Buch feministische Züge, indem es das Ringen um einen möglichst selbstbestimmten *eigenen* Tod thematisiert. Der Band enthält ein breites Spektrum von Texten, die Lerner aus gedruckten und ungedruckten Quellensammlungen, Archivquellen, privaten Nachlässen und Oral-History-Interviews zusammenstellte. Neben Auszügen aus biografischen Quellen und Ego-Dokumenten wie Tagebüchern, Briefen, Memoiren/Autobiografien enthält der Band politische Texte, Zeitungsberichte, institutionelle Dokumente, Epitaphien, Ratgeberliteratur, literarische Texte und Gedichte. Lerner hebt hervor, dass die Erfahrungen von Millionen von Frauen nicht nur zu vielfältig und unterschiedlich sind, um in einem einzigen Band erfasst zu werden (Lerner 1977: xx), sondern dass Archive konstituieren, welche und wessen Erfahrungen dokumentiert werden. Aufgrund ihrer Biais seien Informationen über weiße Frauen aus der Mittelschicht sowie über Frauen, die Teil der Frauenbildungs- oder Wahlrechtsbewegung waren, leicht zu finden. Im Gegensatz dazu sei es schwierig, Quellen über »indianische Frauen oder Chicana-Frauen« aufzuspüren. Wie in *Black Women in White America* sind die Quellenauszüge montageartig in drei Hauptabschnitten angeordnet, denen ein einleitender sozialgeschichtlicher Kommentar vorangestellt ist. Die historische Narration – vom Persönlichen zum Institutionellen, vom Selbst und der Familie zur Öffentlichkeit, zur Gesellschaft und zum politischen Bewusstsein – entspricht dem Motto des Feminismus der zweiten Welle (*Das Private ist politisch.*) auf einer materialistischen Grundlage (*Das Sein bestimmt das Bewusstsein.*). Um zu verdeutlichen, wie sich historische Erfahrungen von Frauen von denen der Männer unterschieden, werden im ersten Teil die Lebensphasen von Frauen und die Wendepunkte individueller Lebensverläufe von der Kindheit bis zum Tod chronologisch dargestellt (ebd.: xxiii). Vorgestellt werden mögliche Unterschiede zwischen Männern und Frauen in Bezug auf Sozialisation, Geschlechterrollen, Handlungsfelder und Lebensrhythmen. Teil zwei konzentriert sich auf die Erfahrungen von Frauen in männlich definierten Institutionen (Arbeit, Schule, Gewerkschaft, Staat). Der dritte Teil zeichnet die Entwicklung des *feministischen Bewusstseins* in seinen verschiedenen Stadien nach: von der Ablehnung traditioneller Geschlechterrollen über die Bildung einer Gemeinschaft (*sisterhood*) und die Suche nach neuen Strukturen bis hin zu einer feministischen Weltanschauung (*ideology*). Der Aufbau und die Auswahl der Themen und Konzepte reflektieren Lerners Forschungsinteressen in der US-amerikanischen Sozial- und Frauengeschichte des 19. und frühen 20. Jahrhunderts, besonders Feminismus und Abolitionismus, ihre politische Sozialisation in der *Alten Linken* und die feministischen Debatten der 1970er Jahre. Ihr politischer Erfahrungsraum im linken Feminismus wird beispielsweise im Unterkapitel *Just a Housewife* deutlich, in dem sie die feministische Debatte der 1970er Jahre über Hausarbeit mit der vorangegangenen Debatte des marxistischen Feminismus der *Alten Linken* in Verbindung bringt. In Anlehnung an das Buch *In Woman's Defense* (1940) der Kommunistin Mary Inman kritisiert sie radikalfeministische Diskurse, die gesellschaftliche Strukturen auf die Familie als Institution oder die Unterdrückung durch den Mann reduzieren. Themen, Akteure und Ansätze aus dem Feminismus der zweiten Welle bilden den dritten Abschnitt, in dem es unter anderem um das Recht auf den eigenen Körper, den Schutz vor Vergewaltigung und sexueller Ausbeutung und die Freiheit zur sexuellen Selbstbestimmung geht. Darüber hinaus lassen die Titel einiger Kapitel Parallelen zu Lerners eigener Erfahrung erkennen, wie etwa das Unterkapitel *An Emancipated Marriage* über das Abolitionistenpaar Marius und Emily Robinson aus dem 19. Jahrhundert. Dies ist eine anachronistische Überschrift, für die Lerners eigene Ehe und ihr gemeinsames politisches Engagement mit ihrem Mann Carl als Vorbild gedient haben könnte. Bereits in ihren vorakademischen Arbeiten ab den 1940er Jahren war sich Lerner der Bedeutung von Race, Klasse und Geschlecht für den Zugang zu Ressourcen und gesellschaftlicher Teilhabe bewusst (Horowitz 2006: 204). Dieses Bewusstsein resultierte aus der politischen Praxis der *Alten Linken*, deren Akteure sich gleichermaßen in der *Frauenfrage*, in Arbeits- und Gewerkschaftskämpfen und in der Schwarzen Bürgerrechtsbewegung engagieren konnten (ebd.: 207–208). Seit den 1950er Jahren beschäftigte sich Lerner mit den Biografien der Grimké-Schwestern, Ikonen des Abolitionismus und Suffragismus. Sarah und Angelina Grimké, die aus einer *Sklavenhalterfamilie* in South Carolina stammten, waren die einzigen weißen Frauen aus dem Süden, die zu Beginn des 19. Jahrhunderts in den Norden zogen, um sich dem Abolitionismus und der Frauenwahlrechtsbewegung anzuschließen.

Lerners antirassistischer Aktivismus entspricht der Haltung von Angelina Grimké gegenüber der Allianz von *African Americans* und (weißen) Frauen (Lerner 2004: 263). So wie die Grimkés die Abschaffung der Sklaverei mit den Frauenrechten verknüpften, war es für Lerner eine Selbstverständlichkeit, solidarisch mit der Schwarzen Bürgerrechtsbewegung zu kämpfen (Kallenberg 2023, 2024).

2. Zur (Re-)Konstruktion weiblicher Erfahrung

Der Arbeitstitel von *The Female Experience* lautete *Women in the Making of the American Nation* und beruhte auf der konventionellen Periodisierung der US-Geschichte. Als Lerner das Projekt Mitte der 1970er Jahre wieder aufnahm, hatte sie jedoch nach eigenen Angaben eine Schreibblockade, die sie auf die konventionelle Periodisierung zurückführte, durch die Frauen übersehen wurden (Lerner 1991: xxxvif).

> The solution came, as so often happens, in a flash of insight – I found a new title long before I knew how well it fit my content. The title, ›The Female Experience‹, gave me the clue for reorganizing my research. I gave up the old chapter organization and arranged the material according to female life stages (Childhood, Youth, Marriage, The Single State etc.) and to stages of growth of feminist consciousness. (Ebd.: xxxviif)

Lerners Reflexion über ihre Erfahrungen als Pflegende bildete einen weiteren Impuls für ihre Reorganisation der »documentary social history of women« (Briefe von Gerda Lerner an Carl Degler, 27.12.1974 und 28.03.1975, in: MC 498 Box 21#9 The Female Experience 1976–1977). An den befreundeten Historiker Carl Degler schrieb sie:

> [But] Carl's condition is such that I have to practically run a private hospital at home and the multiple responsibilities this creates are difficult to imagine when one does not live through the experience. [.] It's best I don't get started on this. Except that it has helped me gain an invaluable insight into some of the *real* reasons which delayed the entry of women as a group into the world outside of the home. Care of the sick and infirm within the family puts enormous demands on the caretaker and at a time such care could not be otherwise provided a woman simply could not be ›freed.‹ One has to have a vision or experience of alternative solutions before one can struggle toward them. (Lerner an Carl Degler vom 13.02.1973, in: MC 498 Box 21#9 The Female Experience 1976–1977)

Lerner stellt die enorme Belastung durch die Betreuungsarbeit in der Familie als eine charakteristische historische Erfahrung von Frauen dar. Die Sorgearbeit deutet sie als Hindernis für ihre Emanzipation. Es binde Frauen an den Haushalt, wenn es keine alternativen Betreuungsstrukturen gebe, die es ihnen ermöglichen, für gleiche Rechte, bezahlte Arbeit, Bildung usw. zu kämpfen. In der Einleitung definiert Lerner weibliche Erfahrung als »all that is human«:

> [women] share [...] the world equally with men. Equally in the sense that half, at least, of all world's experience has been theirs, half of the world's work and much of its products. In one sense, then, to document the experience of women would mean documenting all of history: they have always been of it, in it, and making it. (Lerner 1977: xix)

Sie fährt fort:

> The challenges of present-day American women are grounded in past experience, in the buried and neglected female past. Women have always made history as much as men have, not ›contributed‹ to it, only they did not know what they had made nor did they have the tools for interpreting their own experience. What is new at this time is that women are now fully claiming their past and shaping the tools by which to interpret it.« (Ebd.: xxxiv)

Für Lerner sind Gegenwart und Vergangenheit, Erfahrung und Geschichte, Geschichte und Interpretation unmittelbar miteinander verwoben, wobei Erfahrung und Geschichte annähernd austauschbar erscheinen. Anders als in ihren früheren Arbeiten, in denen sie die Ausblendung von Intersektionalität von bürgerlich-liberalen wie linksradikalen Vertreterinnen der Frauenbewegung kritisiert hatte, fokussiert Lerner hier nicht Unterschiede zwischen Frauen. Bereits 1963 hatte sie Betty Friedan für ihre einseitige Fokussierung auf die Belange von (weißen) gebildeten Frauen der Mittelschicht kritisiert. Sie kritisierte auch die *neuen* radikalen Feministinnen, die in den späten 1960er Jahren aufkamen, scharf dafür, dass sie die Unterschiede zwischen den Frauen vernachlässigten und die Konzepte der Klassenunterdrückung und der männlichen Vorherrschaft zu sehr vereinfachten (Lerner 1970: 27). In *The Female Experience* sucht Lerner nach gemeinsamen Erfahrungen von Frauen, ein Vergleich zwischen weiblichen und männlichen Erfahrungen ist hier implizit. Ihr Verweis auf die »varied experiences« (Lerner 1977: xxf) von Frauen – z.B. in Bezug auf Klasse, Race und unterschiedliche Kontexte wie Migration und Frontier – erinnert an Gayle Rubins berühmte und seinerzeit viel zitierte Definition »on the oppression of women in their endless variety and monotonous similarity, across cultures and throughout history« (Rubin 1975: 160). Lerner sieht solche gemeinsamen historischen Erfahrungen von Frauen in ihrem historischen Ausschluss von Bildung und den Folgen, die dies für ihre Subordination hatte, sowie ihren Aktivitäten der Gemeinschaftsbildung. Als eine weibliche Erfahrung, die historisch von einer Mehrheit von Frauen geteilt wurde (das heißt, fertilen Frauen im entsprechenden Alter, die Geschlechtsverkehr mit Männern praktizierten oder praktizieren mussten), identifiziert Lerner einen Zusammenhang zwischen (Hetero-)Sexualität und Schwangerschaft sowie zwischen Schwangerschaft und Tod, sei es während der Schwangerschaft, einem Schwangerschaftsabbruch, bei oder nach der Geburt (Lerner 1977: 149). Schließlich postuliert Lerner als genuin weibliche Erfahrung die Kontrolle der weiblichen Sexualität und des weiblichen Körpers als Instrument männlicher Machtausübung (ebd.: 423). Insgesamt ist für Lerner die Kategorie der *Female Experience* der Schlüssel zur Frauengeschichte, da sie den Anteil der Frauen an der Geschichte sichtbar mache und somit die Dokumentation der *ganzen Geschichte* ermögliche.

3. Frauengeschichte schaffen

Lerners *Women's History* jener Jahre möchte, wie es in der Einleitung heißt, die Geschichte der Frauen revidieren, die bisher durch einen doppelten Filterungsprozess verzerrt und entfremdet wurde (Lerner 1977: xix). Die Geschichte wurde von Männern geschrieben und basiert auf einer androzentrischen Wahrnehmung der Welt. Die Leitfrage der Frauengeschichte lautet: »What would history be like if it were seen through the eyes of women and ordered by values they define?« (Ebd.) Dabei kann *Women's History* nicht additiv der herkömmlichen Geschichtsschreibung hinzugefügt werden. Denn Frauen sind keine Minderheit, sondern in allen US-amerikanischen Gesellschaftsschichten vertreten. Die Vergangenheit der Frauen kann nur durch die Verwendung eigener Konzepte und durch die Verwendung von Primärquellen, die eine weibliche Perspektive haben, erschlossen werden. Daher stellt sich auch die Frage der Periodisierung: Bis dato hat die Geschichtswissenschaft nur denjenigen Aktivitäten historische Relevanz zuerkannt, an denen Männer beteiligt waren, und hat die Geschichte anhand der Geschichte von Männern organisiert und konzeptualisiert. Die historische Periodisierung basiert auf der Geschichte der Ausdehnung männlicher (bürgerlicher) Freiheiten (ebd.: xxiii). Als Alternative zur traditionellen Chronologie soll daher die Entstehung eines *feministischen Bewusstseins* als Ordnungsstruktur genutzt werden. Darunter versteht Lerner einen Prozess, in dem sich Frauen von der von Männern definierten und dominierten Welt, in der sie leben, emanzipieren. Dieser Emanzipationsprozess folgt einem dreistufigen Modell. Er beginnt erstens mit dem Entstehen eines Bewusstseins, dass etwas falsch ist. Das bestehende Wissen über die Welt, das sich in Kunst, Literatur, Philosophie und Religion widerspiegelt, erscheint zunehmend als falsch. Damit ist der Keim für ein feministisches Selbst-Bewusstsein gelegt. Darauf folgt zweitens die Infragestellung der Traditionen in allen gesellschaftlichen Bereichen sowie der Wunsch, sich mit anderen Frauen zusammenzuschließen und nach Möglichkeiten kollektiven Handelns zu suchen. Aus dieser Kollektivität entsteht, drittens, ein feministisches Bewusstsein, verstanden als ein Gedankengebäude, das patriarchale Normen und Vorstellungen durch feministische zu ersetzen sucht (ebd.). Das Ziel besteht neben der Etablierung von Frauenrechten, von Gleichheit und Gerechtigkeit, darin, Autonomie zu erlangen. Autonomie bedeutet, dass Frauen sich selbst und die Werte, nach denen sie leben wollen, definieren können und beginnen, ihre Umwelt durch institutionelle Arrangements nach ihren Bedürfnissen zu gestalten. *Doing Women's History* heißt, die eigene Vergangenheit zu nutzen, um die Zukunft zu gestalten. Dabei wird die *agency* von Frauen hervorgehoben, die an ihrer eigenen Unterordnung beteiligt waren und sind, indem sie die Ideologie und die Normen, die sie unterdrückten, verinnerlichten und an ihre Kinder weitergaben (ebd.: xxv). Frauen werden nicht als passive Opfer, sondern als Akteurinnen begriffen, die sich auf ihre eigene Weise aktiv mit der Welt auseinandersetzen. Ebenso wie Erfahrung als handlungsorientiert zu verstehen ist, ist Lerners Definition von *Women's History* als Geschichte ihres fortwährenden Funktionierens zu ihren eigenen Bedingungen in einer von Männern definierten Welt als eine feministische Neufassung von Marx' Achtzehntem Brumaire zu interpretieren: »Die Menschen machen ihre eigene Geschichte, aber sie machen sie nicht aus freien Stücken unter selbstgewählten, sondern unter unmittelbar vorhandenen, gegebenen und überlieferten Umständen.« (Marx 1852: 115) Lerner, die den Achtzehnten Brumaire zum ersten Mal las, als sie vierzehn Jahre alt war, interpretierte diese Lektüreerfahrung rückblickend als den Ausgangspunkt für ihr Interesse an der Sozialgeschichte (Lerner 2009: 105). Während Lerners Betonung von Periodisierungsfragen in der Frauengeschichte ihre Zusammenarbeit mit ihrer Freundin und Renaissance-Historikerin Joan Kelly-Gadol dokumentiert, mit der Lerner 1972 gemeinsam den ersten Masterstudiengang für Frauengeschichte am Sarah Lawrence College in Bronxville, New York ins Leben rief, liest sich ihre Herleitung der feministischen Bewusstseinsbildung wie ein Echo der Interpretation ihres eigenen Lebens. In ihren autobiografischen Reflexionen über die Aufsatzsammlung *The Majority Finds It's Past. Placing Women in History* (1979) schreibt sie:

> Here [in America – V.K.] I married, raised two children, and earned my living at every variety of women's jobs. And I always was a writer. It was as good an education as any for becoming a specialist in the history of women. I worked with women at the workplace and in the community and helped to organize them; I shared the experience of most ordinary women as an unskilled and later semi-skilled worker, as a housewife, a mother, a child-bearer, community activist. In all these roles and occupations I met an active and dynamic group of women, who worked quietly and without public recognition, usually without pay and frequently without an awareness of the significance of the work they were doing. (Lerner 1979: xix)

Wie das Zitat zeigt, ist die Entstehung einer Frauengeschichte, die auf ihrer eigenen Lebenserfahrung beruht, ein zentraler Bestandteil von Lerners Selbsterzählung, wie auch in einem Interview ein Jahr später deutlich wird:

> [...] you see, I had been involved in organizing women for 25 years before that, so to me, acting with other women was nothing new. [...] I went to a girl's school in Vienna, so this Underground work was with women, [...] all the work I did in this country, and I did some trade organizing was all with women, women's occupations and then from the time that I became a housewife and a mother I did housewife organizing and I did organizing of women in the community – every level of it – political and women's issues and anything like that. So I knew about women. Working together and what they could do. No professor needed to tell me that. [...] you see, what I did as a historian was simply to bring the questions I had experienced into historical scholarship and say ›this is what we are likely to find that women did.‹ (Transcript Interview Columbia University 1980: 17–18, in: MC 769 8.12 Oral history interview Columbia University 1980–1981)

Das Zitat zeigt erstens, wie Lerner das Zusammentreffen und die kollektive Arbeit mit Frauen auf der Grundlage gemeinsamer Erfahrungen als Konstante in ihrem Leben konstruierte: über alle Brüche und erzwungenen Neuanfänge hinweg. Sie entdeckte die Frauengeschichte auf die gleiche Weise, wie sie den Prozess der feministischen Bewusstseinsbildung entdeckte: durch einen Anachronismus. Es ist Lerners eigene biographische Selbsterzählung, die den Resonanzraum für ihre dokumentarische Geschichte der historischen Erfahrung von Frauen bildet. So wie sie *weibliche Erfahrung* aus ihrem eigenen Lebensweg rekonstruiert, so hallt ihre Biografie in ihrem feministischen Geschichtsdenken als »Fantasie-Echo« (Scott 2001: 287) nach. Es waren vor allem kommunistische und linke Kontexte, in denen Lerner in der ersten Hälfte ihres Lebens mit Frauen arbeitete. Vor dem Hintergrund von Lerners traumatischen Repressionserfahrungen aus der Zeit der *Zweiten Roten Angst* und des Antikommunismus im Amerika in der Zeit des *Kalten Krieges* könnte die Rahmung all ihrer sozialen und politischen Aktivitäten als Frauenengagement auch als Strategie interpretiert werden, sich vor den befürchteten Konsequenzen eines allzu linken Outings zu schützen.

4. Rezeption: feministische Echos

In der Öffentlichkeit und der Frauenforschung erhielt *The Female Experience* überwältigend positive, teilweise enthusiastische Kritiken. Über 40 Rezensionen erschienen in der Tagespresse, in Magazinen und wissenschaftlichen Zeitschriften, von *National Business Woman* bis zur *New York Times* (in: MC 498 Box 21#10 The Female Experience 1977–1978). Rezensionen aus der Geschichtswissenschaft blieben jedoch rar. Eine der wenigen geschichtswissenschaftlichen Besprechungen widmete sich Lerners Auslassung der Religion als Praxisfeld (Judith Kegan Gardiner, Choice July, August 1977, in: MC 498 Box 21#10 The Female Experience 1977–1978). Die Rezensionen lobten einhellig den Aufbau und die Struktur des Quellenbandes, seine Kritik an der androzentrischen Periodisierung, das Prinzip der feministischen Bewusstseinsbildung und die Suche nach Autonomie als Organisationsprinzip (MC 498 Box 21#9,10 The Female Experience 1976–1977; 1977–1978). Die Rezensentinnen lobten u.a. die Repräsentation *gewöhnlicher* Frauen anstelle einer *Women's History*, die sich auf berühmte und bekannte Frauen konzentrierte. Sie hoben seine Nützlichkeit als Lehrbuch aufgrund der historischen und konzeptionellen Einordnung und der Vielfalt des Spektrums an Akteurinnen und Quellenmaterial hervor (Sally G. Allen, Teaching History, Herbst 1977, in MC 498 Box 21#10 The Female Experience 1977–1978). Mehrere Kritikerinnen rezensierten *The Female Experience* als Fortsetzung von Lerners Documentary History *Black Women in White America* (Jane Lilienfeld, Worcester Telegram, 02.08.1977; Rochell Gatlin, San Francisco Bay Guardian, 03.03.1977; Adrienne Rich, NYT, in: MC 498 Box 21#10 The Female Experience 1977–1978). Denn:

> Black studies and women's studies discover and analyze those whose lives do not result in or have the shape of what are traditionally seen as public actions worth of note. (Jane Lilienfeld, Worcester Telegram, 02.08.1977, in: MC 498 Box 21#10 The Female Experience 1977–1978)

Im *San Francisco Bay Guardian* lobte Rochelle Gatlin die Bemühungen beider Bände, einen neuen Rahmen für die Konzeption der Frauengeschichte zu finden. Sie betonte, dass Lerner die Klassenunterschiede und Konflikte zwischen Frauen nie verharmlost habe (Rochelle Gatlin, San Francisco Bay Guardian; 03.10.1977, in: ebd.). In einem Brief an Lerner, die sich damals bereits als *postmarxistisch* bezeichnete (Brief von Gerda Lerner an Virginia Brodine, 06.02.1977, in: MC 769 Box 13#4 1958–1999), schrieb die sozialistische feministische Historikerin Joan Kelly-Gadol:

> Most of all, it's the organization – of course – that gets me: from personal family experience to consciousness including ideology. It's RIGHT; though your Marxism is showing. Also, the dialectical conception of oppression and action. (Joan Kelly and Gerda Lerner, 31.10.1977, in: MC 498 Box 21#9 The Female Experience 1976–1977)

Adrienne Rich sah in ihrer Rezension in der *New York Times Black Women in White America* nicht nur als eine »unverzichtbare Ergänzung« zu *The Female Experience*. Vielmehr bezeichnete sie die Aufteilung in zwei Bände darüber hinaus als sinnbildlich für die zeitgenössischen USA und spielte damit auf die Nachwirkungen der Segregation und die Folgen der Trennung von weißen und Schwarzen Frauen aufgrund des Fortbestehens weißer Vorherrschaft an:

> Obviously […], she [Lerner – V.K.] intends that the two books shall be read together. Part of me wishes that these two books, which comprise a major historical resource, would have come into being as one. But it is emblematic of the present that two separate books exist. (Adrienne Rich, The New York Times Book Review/March 20, 1977: 5–6, in: MC 498 Box 21#10 The Female Experience 1977–1978)

Denn Lerners Verfeinerung der Analyse der Geschlechterverhältnisse ging auf ihre Beschäftigung mit Anti-Schwarzem-Rassismus zurück. Bereits seit den 1940er Jahren arbeitete sie politisch mit Schwarzen Frauen zusammen: Während ihrer Zeit in Hollywood war Lerner Mitbegründerin des Los Angeleser Zweigs des *Congress of American Women (CAW)*[2] (Weigand 2001). Sowohl auf nationaler wie auch auf lokaler Ebene führten Mitglieder der *CAW*-Führung den *National Congress of Negro Women* an (ebd.). Während ihrer Mitarbeit in der *CAW* verbündete sich Lerner politisch mit Schwarzen Aktivistinnen, die ihre weißen Genossinnen mit ihren rassistischen Vorurteilen konfrontierten (Swerdlow 1995: 296–312). In den 1950er Jahren arbeitete Lerner mit Schwarzen Frauen in den Kämpfen für *integriertes Wohnen* und *integrierte Bildung* in New York City zusammen. Sie gehörte zum Team des Dokumentarfilms *Prayer Pilgrimage for Freedom*, den sie 1957/58 zusammen mit ihrem Mann im Auftrag der *National Association for the Advancement of Colored People (NAACP)* drehte. Lerner schrieb auch das Drehbuch für den Spielfilm ihres Mannes *Black Like Me* (1964) (Lerner 1962/1963; Lichtblau 2004: 150–159). Darüber hinaus hob Adrienne Rich hervor, wie Lerner in *The Female Experience* auf der dokumentarischen Form von *Black Women in White America* aufbaute und gleichzeitig ihre Vision der Geschichte erweiterte. Dies würde frühere Interpretationskonzepte von Radikalismus, Puritanismus und sexueller Befreiung in Frage stellen, denn:

> We are reminded that for all 19th- and many 20th-century women, sexuality, childbirth and death were intimately connected; that the right to her body has always been the radical political issue for women, since male domination has been founded on male control of female sexuality and reproduction, on institutionalized male ownership of women and children. (Adrienne Rich, The

---

2 Der *Congress of American Women* war eine amerikanische Frauenrechtsorganisation sich als progressiv verstehender Frauen, gegründet am Internationalen Frauentag (8. März 1946) in New York im Anschluss an eine feministische Konferenz in Paris im Jahr 1945. Er hatte seinen Ursprung in der kommunistischen Frauenbewegung, war aber keineswegs auf kommunistische Frauen beschränkt, geschweige denn auf Mitglieder der Kommunistischen Partei.

> New York Times Book Review/March 20, 1977: 5–6, in: MC 498 Box 21#10 The Female Experience 1977–1978)

In ihrem ikonischen Artikel *Compulsory Heterosexuality and Lesbian Existence* kritisierte Rich (1980) später, dass *The Female Experience* lediglich Auszüge aus zwei lesbisch/feministischen Positionspapieren der zeitgenössischen Bewegung enthalte und keine weitere Dokumentation lesbischer Existenz – eine Kritik, die Lerner akzeptierte und auf die sie in der zweiten Auflage von 1991 antwortete, dass sie der lesbischen Geschichte ein ganzes Kapitel widmen würde, wenn sie das Buch neu konzipieren würde (Lerner 1991: xxxix).[3]

Eine der größten öffentlichen Fürsprecherinnen von *The Female Experience* war die Dichterin, Dramatikerin und Drehbuchautorin Eve Merriam, mit der Lerner bereits in den 1950er Jahren zusammengearbeitet hatte, unter anderem bei der Inszenierung des Off-Broadway-Musicals *Singing of Women*. Merriam war Gastgeberin der Bookreleaseparty für *The Female Experience* mit etwa 40 geladenen Gästen aus dem intellektuellen feministischen Milieu von Verlagsmitarbeiterinnen, Künstlerinnen, Schriftstellerinnen und Wissenschaftlerinnen.[4] Darüber hinaus schrieb sie eine begeisterte Rezension für das *Ms Magazine* (Eve Merriam, Ms Magazine 41 1977, in: MC 498 Box 21#9 The Female Experience 1976–1977). Merriam bewertete Lerners Buch nicht als wissenschaftliches Werk, sondern als Produkt der Frauenbewegung und damit als Ergebnis kollektiver politischer Erfahrung. Dabei lobte sie Lerners künstlerische Tätigkeit als »novelist, film writer and poet« als einen Erfahrungsraum, der sie auf dieses Projekt vorbereitete und dem Buch eine filmische Qualität verlieh:

> Her ›American Documentary‹, as it is subtitled, has the pace and power of a film cutting back and flashing forward; the film editor is all-important in selecting and organizing what the camera eye reveals. (Entwurf, Eve Merriam, 1977, in: MC 498 Box 21#9 The Female Experience 1976–1977)

Die Popularität von Lerners *The Female Experience* spricht für den Wunsch verschiedener Spektren der (überwiegend weißen, bürgerlichen) feministischen Bewegung nach einer »Fantasy of Feminist History« (Scott 2001), die in Lerners dokumentarischer Geschichte einen Resonanzraum fand. Hier verstehe ich Fantasie in Anlehnung an Scotts Konzept des »Fantasy-Echos« als »one's imagination purposively to achieve a coherent aim, that of writing oneself or one's group into

3 Rich begrüßte jedoch, dass Lerner im Vorwort beschrieb, wie der Vorwurf sexueller Devianz dazu benutzt wurde, Frauen zu isolieren und ihren Widerstand zu bremsen (Rich 1980: 633).

4 Darunter Richard Howard, Joan Kelly-Gadol, Renate Bridenthal, Blanche Cook, Katya Delakova, Ann Lane, Florence Howe, Elizabeth Minnich, Jane Cooper und Hilda Meltzer, in: MC 498 Box 21#9,10 The Female Experience 1976–1977; 1977–1978.

history« (ebd.: 287). Die feministische Zeitung *New Directions for Women* vertrat dieses identitäre Ziel in unmissverständlicher Form:[5]

> Lerner's *The Female Experience* can't be topped for sheer reading pleasure. [...] Simple as it may seem the effect of this ordering is startling. In any given chapter, we can find both colonial women and our contemporaries discussing the same topic. The result is a feeling of total bonding, a bridge that spans the years and links us irrevocably with our sisters from the past. [...] This a book you will want to savor, read out loud, share with a friend. (New Directions for Women (1977), in: MC 498 Box 21#10 The Female Experience 1977–1978)

Selbst akademische Intellektuelle wie die Politikwissenschaftlerin Jane Dahlberg, eine der ersten Professorinnen am *City College New York*, schrieb an Lerner, sie habe *The Female Experience* von Anfang bis Ende gelesen und lobte die »exciting experience« (Jane S. Dahlberg an Gerda Lerner, 27.03.1977, in: MC 498 Box 21#10 The Female Experience 1977–1978). Darüber hinaus schätzten die Rezensentinnen die in dem Buch enthaltenen Dokumente, die sie als ungefiltert und authentisch ansahen und in denen berührende Momente und »real feelings« hervorgehoben wurden, besonders im Fall der Briefe und Autobiographien (Concern, Januar 1978, in: MC 498 Box 21#10 The Female Experience 1977–1978). »The documents are brilliant«, heißt es in einer Rezension. »Most of all, they are very, very real.« (Ebd.) Der weite Resonanzraum von *The Female Experience* ermöglichte gleich mehrere Fantasie-Echos: Intellektuelle, die dem sozialistischen Feminismus nahestanden, fanden wertvolles Material für die Geschichte des sozialistischen und feministischen Denkens, Frauenforscherinnen, die dem radikalen Feminismus zugeneigt waren, fanden die Entstehung einer *weiblichen Kultur*, und ein breiteres Zielpublikum von *Women's Libbers* fand historische Identifikationsfiguren, die in Kämpfe wie die der Gegenwart verstrickt waren.

The Female Experience ist aber auch ein Beispiel dafür, wie wenig Verbindungen die US-amerikanische *Women's History* zu diesem Zeitpunkt zu den im Entstehen begriffenen Forschungsfeldern zur Geschichte der Chicana, indigener Frauen und

5 Die als gemeinnützige Gesellschaft organisierte feministische Zeitung *New Directions for Women (NDFW)* wurde 1971 nach einer gleichnamigen Konferenz gegründet, die von einer Koalition mehrerer Frauenrechtsgruppen aus New Jersey, darunter auch der *National Organization of Women*, gesponsert wurde. Der Erlös der Konferenz wurde für die Herausgabe einer Zeitung verwendet, die die dreihundert Frauen, die an der Konferenz teilgenommen hatten, miteinander in Kontakt halten und andere Feministinnen im Bundesstaat erreichen sollte. Paula Kassell wurde zur Redakteurin ernannt und brachte die Zeitung von ihrem Haus in Dover, New Jersey, aus mit der Unterstützung von Freiwilligen heraus, https://files.shsmo.org/manuscripts/columbia/C4031.pdf?_gl=1*rtvdws*_ga*NjU5MDA2MTMzLjE2OTk0OTU3ODI.*_ga_5NX7BTMQ2H*MTY5OTQ5NTc4Mi4xLjAuMTY5OTQ5NTc4Mi4wLjAuMA

asiatischer Frauen in den USA hatte. Es fehlten indigene Frauen als Akteurinnen, wie eine Leserin in einem Brief an Lerner anmerkte und die euro-amerikanische genozidale Massengewalt an der indigenen Bevölkerung bildet eine Leerstelle im Buch, die von niemandem moniert wurde (z.B. Stannard 1992; Woolford/Benvenuto/Hinton 2014; Ostler 2019). Zwar rückt der Band eher die harten Lebensbedingungen von Siedler- und Frontierfrauen in den Vordergrund, der Kommentar bricht jedoch an keiner Stelle mit der Perspektive der Frauen und Männer an der Frontier, wenn es um »Indian attacks« (Lerner 1977: 77) oder »Indian warfare« (ebd.: 149) geht. Parallel dazu fehlt jeglicher Bezug auf Jüdischsein, Antisemitismus, Shoah-Überlebende und Flüchtlinge aus Europa, die in die Vereinigten Staaten migrierten, d.h. Lerners eigene jüdische Erfahrung. Diese Lücke lässt sich als Hinweis auf Lerners eigene Traumata lesen wie auch die Nicht-Bearbeitung dieses Themenkomplexes in ihrem überwiegend säkularen jüdisch-feministischen Umfeld Mitte der 1970er Jahre. Diese Nicht-Auseinandersetzung kann auch als Hinweis darauf interpretiert werden, dass säkulare Jüdinnen vor der Etablierung der US-amerikanischen jüdischen Frauengeschichte ab den 1990er Jahren kaum als Jüdinnen repräsentiert wurden (Baskin 1991; Winer et al. 2021). Zwar sind drei Quellenausschnitte zu jüdischen Frauen aus Osteuropa in *The Female Experience* enthalten; Lerner stellt die Akteurinnen jedoch ausschließlich als Immigrantinnen und organisierte Arbeiterinnen vor; eine autobiografische Quelle, die sich explizit mit einer jüdisch-orthodoxen Eheanbahnung befasst, wird als »traditional sex role indoctrination of immigrant girls« (Lerner 1977: 53) etikettiert; auch die feministische New Yorker Dichterin und Aktivistin Muriel Rukeyser, deren Gedicht den Band beschließt, wird nicht als Jüdin vorgestellt. Private Korrespondenz, einzelne Gedichte und ihre *Memoir* zum Tod ihres Mannes deuten darauf hin, dass Lerner in den 1970er Jahren die Themen Antisemitismus und Holocaust bearbeitete, allerdings in nicht-akademischen Texten und literarischen Formen. *A Death of One's Own* thematisiert in Rückblenden den Verlust ihrer Verwandten im Kontext ihrer nationalsozialistischen Verfolgung; also eine Annäherung an eine Auseinandersetzung mit der Shoah. Ich interpretiere dieses Buch als Traumakunst, die einen geschützten Raum schafft, in dem die Erinnerung an die traumatische Erfahrung stattfinden kann, wenn auch auf indirekte Weise (Laub/Podell 1995: 75). In der Öffentlichkeit und in der Wissenschaft wurde Lerner zwar als österreichische Emigrantin, aber nicht als Jüdin wahrgenommen. Lerners autobiographischen Selbstdeutungen aus den 1990er Jahren zufolge rang sie mit ihrem Selbstverhältnis als jüdischer Frau, da sie die aus ihrer Sicht falschen Alternativen jüdischer Identität (Assimilation, Akkulturation oder Separation) ablehnte (Lerner 1997: 3–17). So entwickelte Lerner auch keine Haltung zum Zionismus, die sie hätte öffentlich vertreten wollen, weshalb sie es vermied, als Jüdin in Erscheinung zu treten. Auf die Frage in einem Interview aus dem Jahr 2002, wie wichtig ihr jüdischer Hintergrund für ihre Arbeit sei, da sie aus einer *assimilierten Familie* stamme, antwortete Lerner:

> Well, you see, we could be assimilated, but as far as the Nazis were concerned, they made no difference, and a Jew is a Jew, and a Jew became a, as they used to call it, vermin, from one day to the next. And to me, that's the crucial experience of my life; that you are who you are, you think you have a personality, you have a status, you have an identity, and if somebody redefines you, you are a total non-entity without rights, without anyone to turn to, and that's what happened. And I think that has been the dominant inside that I came out of in the Nazi experience [...].[6]

Lerner verweist auf das Judenbild des nationalsozialistischen Antisemitismus, aus der es ideologisch und buchstäblich kein Entrinnen gab (»a Jew is a Jew«). Indem sie den Prozess der Entwertung beschreibt, an deren Ende die Juden zu einem »a non-entity without rights«, buchstäblich zu Ungeziefer werden, evoziert sie die Genese des NS-Antisemitismus: von der Rücknahme der Emanzipation bis zur Vernichtung. Das nationalsozialistische Etikett des Ungeziefers symbolisiert und konkretisiert die Wende zum eliminatorischen Antisemitismus. Rückblickend interpretiert Lerner die Behandlung als »totales Nichtwesen ohne Rechte« als die entscheidende Erfahrung ihres Lebens. Durch die Figur der fortwährenden kollektiven Erfahrung von Frauen und der Zerstörung und Unsichtbarmachung ihrer Geschichte durch *das Patriarchat*, die ihre biografische Entsprechung in der Zerstörung ihrer eigenen jüdischen Geschichte durch die Nazis hat, lieferte Lerner eine kohärente Erzählung zu ihrer eigenen, vielfach gebrochenen Lebensgeschichte. Lerners *Women's History*, so meine These, bot ein Kohärenzversprechen, einen Ersatz für die zerbrochene europäisch-jüdische und US-amerikanische Erfahrung der *Alten Linken*. Dies entsprach dem Wunsch großer Teile des US-Feminismus in den 1970er Jahren nach einer vollständigen, authentischen Geschichte als Frauen als Grundlage für kollektives Handeln und Gemeinschaft; ein Bestreben, das bell hooks und andere Schwarze Feministinnen bald als Wunschdenken oder romantische Träumerei kritisieren werden (hooks 1984: 44).

5. Jüdische Erfahrung chiffrieren

Wenn jüdische Erfahrung auch auf den ersten Blick zu fehlen scheint, verfolge ich die These, dass Lerner ihr eigenes Selbst in der Figur von Muriel Rukeyser (1913–1980) verschlüsselte. Rukeyser war eine amerikanisch-jüdische New Yorker Dichterin, die von aschkenasischen Juden der *zweiten Generation* deutscher und rumänischer Herkunft abstammte (Kaufman 1999: 48–49; Wolofsky 2010: 199–226).

6 Interview (eigene Transkription – V.K.), Wisconsin Public Radio, University of the Air, GL re: Fireweed: A Political Autobiography, 2002. Schlesinger Library.T-493.0040 https://nrs.harvard.edu/urn-3:RAD.SCHL:39436157

Wie bei Rukeyser lässt sich bei Lerner in den 1970er Jahren auch eine Parallele zur Figur des *nicht-jüdischen Juden* im Sinne Isaac Deutschers erkennen (Deutscher 1968). Deutscher benutzte diesen Begriff, um die großen säkularen jüdischen Revolutionäre der europäischen Moderne (Marx, Heine, Luxemburg) zu beschreiben. Ihr Leben, ausgerichtet auf soziale Gerechtigkeit und soziales Handeln, brachte er mit der jüdischen Tradition in Zusammenhang, die sie hinter sich gelassen zu haben glaubten (Enzo 2016). Sie stehen für eine säkularisierte Version des Begriffs *tikkun olam*, das heißt die Aufgabe, die zerbrochene Welt zu reparieren. Rukeysers Gedicht *The Six Canons* (1968), mit dem Lerner die Anthologie beschließt, lässt sich als solcher Wunsch nach Wiederherstellung deuten:

The Six Canons
(After Binyon)

Seize structure.
Correspond with the real.
Fuse spirit and matter.
Know your own secrets.
Announce your soul in discovery.
Go toward the essence, the impulse of creation,
where power comes in music from the sex,
where power comes in music from the spirit,
where sex and spirit are one self
passing among
and acting on all things
        and their relationships,
        moving the constellations of all things.
Muriel Rukeyser (Rukeyser, zit. bei Lerner 1977: 494)

Lerners eigene Interpretation, die dem Gedicht vorausgeht, reflektiert diese Aussicht auf die Wiederherstellung einer Einheit, Vollständigkeit und Heilung. »A new definition of humanity«, schreibt sie, »heals the ancient split imposed on women by patriarchy.« (Lerner 1977: 494) Was wie Kitsch anmutet, erinnert an das ikonische Rukeyser-Zitat, das unzählige feministische Schriften der zweiten Welle beeinflusst hat (Porritt 1999: 163): »What would happen if one woman told the truth about her life? The world would split open.« (Rukeyser 1968) Das Zitat ist die letzte Zeile ihres Gedichts, das nach der deutschen Bildhauerin Käthe Kollwitz benannt ist, die ihre Kunst als politisch und erfahrungsorientiert verstand und möglicherweise als ein Alter Ego für Rukeyser fungierte. Wie *The Six Canons* stammt es aus *The Speed of Darkness* und bezieht sich auf den Zweiten Weltkrieg (ebd.). Der Anfang und das Ende lauten:

> Held between wars
> my lifetime
> among wars, the big hands of the world of death
> my lifetime
> listens to yours.
> [...]
> A woman seeing
> the violent, inexorable
> movement of nakedness
> and the confession of No
> the confession of great weakness, war,
> all streaming to one son killed, Peter;
> even the son left living; repeated,
> the father, the mother; the grandson
> another Peter killed in another war; firestorm;
> dark, light, as two hands,
> this pole and that pole as the gates.
>
> What would happen if one woman told the truth about her life?
> The world would split open.
> (Rukeyser 1968)

Es sieht so aus, als nutze Lerner das Sprechen mit und durch Rukeyser, um komplexe Wahrheitsschichten zu entfalten (Fitch 2021). In ähnlicher Weise offenbart das lyrische Ich in Rukeysers Gedicht etwas über das Leben des lyrischen Ichs, indem es auf/mit/durch das Leben von Käthe Kollwitz schaut (ebd.). Lerners Rückgriff auf Rukeysers Gedicht illustriert, dass Frauen historisch daran gehindert wurden, die Wahrheit über ihr Leben zu berichten. Die *Women's History*, die gelebte Leben von Frauen zentriert, eröffnet eine neue Welt, indem sie die frühere Konstruktion – eine von und für Männer geschriebene Welt – transformiert. Doch anders als in Rukeysers Gedicht, das eine ungelöste Frage aufwirft – was bedeutet es (oder würde es bedeuten), wenn sich die Welt aufspaltet –, vereindeutigt Lerner die Frage zur Aussage. Die Formulierung gleitet in Kitsch ab, weil der Bruch durch die Erlösungsfantasie (»healing«) zugekleistert wird.

6. Fazit

Die ausgehenden 1970er Jahre werden kultur- und gesellschaftsgeschichtlich als eine Zeit der Brüche und Verschiebungen charakterisiert (Reckwitz 2017; Bösch 2019), gerade das Jahr 1977 (Sarasin 2021). Es gilt als das Geburtsjahr der Identitätspolitik (Combahee River Collective 1977), die sich in den folgenden Jahrzehnten zur bestimmenden Form der Politik in den Vereinigten Staaten entwickelte (Martschukat 2018). Der Erfolg von Lerners *The Female Experience* dokumentiert die Hochphase des dezidiert linken Teils der (mehrheitlich weißen) *Women's History* in den USA an der Schnittstelle von politischem Engagement, Kunst und Wissenschaft. Seine Popularität könnte darauf beruht haben, dass viele Leserinnen jene Aspekte des Bandes ignorierten, die einer simplifizierten Helden- und Identitätsgeschichte entgegenarbeiteten. So wandte sich Lerners Ansatz gegen die Annahme, dass Frauen ausschließlich passive Opfer von Männern oder gesellschaftlichen Verhältnissen seien, wie es in den 1970er und 1980er Jahren im feministischen Mainstream oftmals postuliert wurde. Damit nahm sie die im deutschen Kontext *Mittäterschaftsdebatte* (Thürmer-Rohr 1983) genannte feministische Diskussion der 1980er Jahre vorweg.

Lerners Feminismus oszillierte 1977 zwischen materialistischem (post-)marxistischem Feminismus, intersektionalem Feminismus avant la lettre und radikalem Feminismus, machte sie jedoch aufgrund dieses Oszillierens anschlussfähig für jede dieser feministischen Strömungen. Dabei startete Lerner nicht mit einem Versuch, die Erfahrung von Frauen als Ganzes abbilden zu wollen und verfeinerte dieses Vorhaben später, wie in der herkömmlichen Erzählung über die Geschichte des Feminismus der 1970er Jahre inzwischen üblich. Vielmehr erfolgte die Beschäftigung mit Rassismus, Abolitionismus und der Geschichte Schwarzer Frauen parallel. Ihre persönliche Erfahrung von Unterschieden zwischen Frauen im *CAW* intensivierte Lerners Suche nach gemeinsamen geteilten Erfahrungen. Ferner erweist sich Lerners Interpretation ihrer Pflegeerfahrung ihres krebskranken Mannes, die sie als eine weibliche Erfahrung per se erlebte, als Schlüssel zu ihrem konzeptionellen Ansatz. Ihre Reflexionen führten sie zu der Kategorie *Female Experience*, die als Organisationskategorie einen neuen Blickwinkel auf das Material eröffnete. Als Begriffsarsenal gehörten weibliche Erfahrung, *Women's History*, feministisches Bewusstsein und Autonomie für Lerner zusammen. Es ging ihr um die Bewegung vom Selbst zum Kollektiv. Der Einsatz des Erfahrungsbegriffs zielte auf kollektives Handeln und gemeinsame Erfahrungen mit dem Ziel der gesellschaftlichen Veränderung: »I very much believe in social change through collective action and experience« (Brief von Gerda Lerner an Virginia Brodine vom 06.02.1977, in: MC 769 Box 13#4 1958–1999), heißt es in einem Brief an ihre Freundin Virginia Brodine. Teile der feministischen Rezeption betrachteten das Buch als ein Produkt der Frauenbewegung und damit als Ergebnis gemeinsamer politischer Erfahrungen.

Gleichzeitig dokumentiert *The Female Experience* die Wissensvermeidung, die in die feministische Wissensproduktion zu historischer weiblicher Erfahrung der ausgehenden 1970er Jahre eingeschrieben war. Lerners Nichtbearbeitung der genozidalen Gewalt an der indigenen Bevölkerung Amerikas fand ihre Entsprechung in der Nichtbearbeitung jüdischer Erfahrung. Die nicht bearbeiteten Themen wie Religion, Jüdischsein, die Shoah und ihre Folgen, Antisemitismus in den USA, die Massengewalt gegen die indigene Bevölkerung Amerikas und der Anteil von euro-amerikanischen Frauen daran, können pars pro toto für die Leerstellen der zeitgenössischen (linken) feministischen Bewegungen wie ihr wissenschaftliches Pendant interpretiert werden. Lerners Quellenanthologie US-amerikanischer Geschichte liegt jedoch ein zusätzlicher europäisch-jüdischer Subtext zugrunde. Ihr universalistisch-humanistischer US-*Women's History* Ansatz, als *long history* konzipiert, basiert auf der spezifischen transnationalen, europäisch-jüdischen Migrationserfahrung des 20. Jahrhunderts, als deren zentrale Erfahrung – mit Diner, Arendt und Benjamin sprechend – der Bruch erscheint.

Im Übrigen gibt es ein Bindeglied zwischen Lerner und Benjamin, mit dem ich schließen möchte: die antifaschistische jüdische Widerstandskämpferin Lisa Fittko, eine Cousine von Ilona Kronstein, Gerda Lerners Mutter. Lisa (1909–2005), zehn Jahre älter als Gerda und aufgewachsen in Budapest, Wien und Berlin, war während des Zweiten Weltkriegs Mitglied des antifaschistischen Widerstands und half Flüchtlingen bei der Flucht aus der besetzten Zone in Südfrankreich nach Spanien (Fittko 1985). Sie führte Benjamin 1940 über die Pyrenäen (ebd.: 112–125). Fittko begegnete Lerners Mutter, der Malerin Ilona Kronstein, während der Besatzung im Lager Gurs wieder, wo beide zur gleichen Zeit wie Hannah Arendt und Benjamins Schwester Dora, die Malerinnen Lou Albert-Lasard und Charlotte Salomon und die Frau Leon Feuchtwangers, Herta Liebknecht, inhaftiert waren (Lerner 2003: 175). Lerner und Fittko lernten sich im hohen Alter in den Vereinigten Staaten kennen und tauschten sich über ihre Erfahrungen während des NS und des Zweiten Weltkrieges und ihre Schlussfolgerungen für die Gegenwart aus (MC 769 Box 18#10 Lisa Fittko 1984–2005). Denn im Sinne Benjamins kann eine zerbrochene Erfahrung weder zusammengefügt noch ignoriert werden. Das Einzige, was man tun kann, ist, sie zu artikulieren und sich mit ihr auseinanderzusetzen.

Quellen- und Literaturverzeichnis

Archivalische Quellen

Arthur and Elizabeth Schlesinger Library on the History of Women in America, Radcliffe Institute for Advanced Study, Harvard University

Gerda Lerner Papers, 1955–1995 (75-37–96-M8; T-238).

Gerda Lerner Papers, 1924–2006 (MC 498; T-492).

Gerda Lerner Additional Papers, 1916–2013 (MC 769).

Lerner, Gerda (undated,1950s), Start a Stone. Novel Manuscript.

Lerner, Gerda (1957/58) Prayer Pilmgrimage for Freedom. Screenplay.

Lerner, Gerda (1962/63) Black Like Me. Screenplay.

Gedruckte Quellen

Adorno, Theodor W./Benjamin, Walter (2020): Briefe und Briefwechsel. Band 1: Briefwechsel 1928–1940, Frankfurt a.M.: Suhrkamp.

Benjamin, Walter (1991): Gesammelte Schriften I, Frankfurt a.M.: Suhrkamp.

Benjamin, Walter (2010[1940]): Über den Begriff der Geschichte, in: Gérard Raulet (Hg.), Walter Benjamin. Werke und Nachlaß, Band 19: Über den Begriff der Geschichte, Frankfurt a.M.: Suhrkamp, 82–106.

Chafe, William (1977): Women and Equality. Changing Patterns in American Culture, Oxford: Oxford University Press.

Combahee River Collective (1982[1977]): A Black Feminist Statement, in: Gloria T. Hull/Patricia Bell-Scott/Barbara Smith (Hg.), But Some of Us are Brave. Black Women's Studies, Old Westbury: The Feminist Press, 13–22.

Fittko, Lisa (1985): Mein Weg über die Pyrenäen. Erinnerungen 1940/41, München: dtv.

Eleonor Flexner (1977): Century of Struggle. The Women's Rights Movement in the United States, Cambridge, Mass.: Harvard University Press.

Lerner, Gerda (1967): The Grimké Sisters from South Carolina. Rebels Against Slavery, Boston, Mass.: Houghton Mifflin.

Lerner, Gerda (1969): New Approaches to the Study of Women in American History, in: Journal of Social History 3(1), 53–62.

Lerner, Gerda (1970): The Feminists. A Second Look, in: Columbia University Forum. A Quarterly Journal of Fact and Opinion 13(3), 24–30.

Lerner, Gerda (Hg.) (1972): Black Women in White America. A Documentary History, New York: Pantheon Books.

Lerner, Gerda (1977): The Female Experience. An American Documentary, Indianapolis, Ind.: Bobbs-Merrill Educational Publishing.

Lerner, Gerda (1978): A Death of One's Own. New York: Simon and Schuster; Deutsche Ausgabe (1979): Ein eigener Tod. Der Schlüssel zum Leben, Düsseldorf: Böhme und Erb.

Lerner, Gerda (1979): The Majority Finds it's Past. Placing Women in History, New York: Oxford University Press; Deutsche Ausgabe (1995): Frauen finden ihre Vergangenheit. Grundlagen der Frauengeschichte, Frankfurt a.M./New York: Campus.

Lerner, Gerda (1986): The Creation of Patriarchy, in: Women and History 1, New York: Oxford University Press.

Lerner, Gerda (1991): Die Entstehung des Patriarchats, Frankfurt a.M./New York: Campus.

Lerner, Gerda (1994): In the Footsteps of the Cathars, in: The Progressive 58, 18–21, https://login.proxy.lib.duke.edu/login?url=https://www.proquest.com/magazines/footsteps-cathars/docview/231937388/se-2

Lerner, Gerda (1997): Why History Matters. Life and Thought, New York: Oxford University Press; Deutsche Ausgabe (2002): Zukunft braucht Vergangenheit. Warum Geschichte uns angeht, Königstein/Taunus: Ulrike Helmer.
Lerner, Gerda (2003): Fireweed. A Political Autobiography, Philadelphia, Penn.: Temple University Press; Deutsche Ausgabe (2009): Feuerkraut. Eine politische Autobiografie, Wien: Czernin.
Lerner, Gerda (2006): A Life of Learning. Charles Homer Haskins Lecture 2005, in: ACLS Occasional Paper No. 60.
Lerner, Gerda (2009): Living with History. Making Social Change, Chapel Hill, N.C.: The University of North Carolina Press.
Marx, Karl/Engels, Friedrich (1852): Der achtzehnte Brumaire des Louis Bonaparte, Berlin/DDR: Dietz Verlag, 115–123.
Mosse, George L. (2000): Confronting History. A Memoir, Madison, Wisc.: University of Wisconsin Press.
Rukeyser, Muriel (1968): Käthe Kollwitz, in: Muriel Rukeyser. A Living Archive, https://murielrukeyser.emuenglish.org/2018/12/07/kathe-kollwitz/
Scott, Anne F./Scott, Andrew M. (1975): One-Half of the People. The Fight for Woman's Suffrage, New York u.a.: J.B. Lippincott Company.
Zweig, Stephan (1952[1942]): Die Welt von Gestern. Erinnerungen eines Europäers, Frankfurt a.M.: S. Fischer.

Filmverzeichnis

Black Like Me (1964) (USA, R: Carl Lerner)
Prayer Pilmgrimage for Freedom (A Time for Freedom) (1958) (USA, R: Carl and Gerda Lerner)

Literaturverzeichnis

Althaus, Claudia (2000): Erfahrung denken. Hannah Arendts Weg von der Zeitgeschichte zur politischen Theorie, Göttingen: Vandenhoeck & Ruprecht.
Antler, Joyce (2019): Doppelte Ausgrenzung. Gerda Lerner und die Neue Frauenbewegung, in: Jüdische Geschichte und Kultur 3, 38–41.
Arendt, Hannah (1976[1964]): Was bleibt? Es bleibt die Muttersprache. Ein Gespräch mit Günter Gaus, in: Adelbert Reif (Hg.), Gespräche mit Hannah Arendt, München: Piper, 9–35.
Baskin, Judith R. (Hg.) (1991), Jewish Women in Historical Perspective, Detroit, Mich.: Wayne State University Press.
Beauvoir, Simone de (1949): Le Deuxième Sexe, Paris: Gallimard.
Bock, Gisela (2014): Zukunft braucht Vergangenheit. Women's History zwischen Amerika und Europa: Nachruf auf Gerda Lerner, in: Gisela Bock (Hg.), Ge-

schlechtergeschichten der Neuzeit. Ideen, Politik, Praxis, Göttingen: Vandenhoeck & Ruprecht, 359–377.

Bösch, Frank (2019): Zeitenwende 1979, München: C.H. Beck.

Cott, Nancy (Hg.) (2015): Feminist Reflections: Gerda Lerner, in: Frontiers. A Journal of Women Studies 36(1), 1–32.

Deutscher, Isaac (1968[1958]): The Non-Jewish Jew, in: Isaac Deutscher (Hg.), The Non-Jewish Jew and Other Essays, New York: Oxford University Press, 25–41.

Diner, Dan (2011): Einführung, in: Dan Diner (Hg.), Enzyklopädie jüdischer Geschichte und Kultur. 7 Bde., hier Bd. 1, Stuttgart: J.B. Metzler, VII-XIX.

Fitch, Joely Byron (2021): The Marks of Her Knowing. On Muriel Rukeyser's »Käthe Kollwitz«, in: Muriel Rukeyser. A Living Archive, https://murielrukeyser.emuenglish.org/2021/06/01/joely-byron-fitch-the-marks-of-her-knowing-on-muriel-rukeysers-kathe-kollwitz/

Gangoli, Geetanjali (2017): Understanding Patriarchy, Past and Present. Critical Reflections on Gerda Lerner (1987), in: Journal of Gender-Based Violence 1(1), 127–134.

Gerhard, Ute (2001): Kommentar zu Joan W. Scott ›Phantasie und Erfahrung‹, in: Feministische Studien 9(2), 89–94.

Gordon, Linda/Kerber, Linda/Kessler-Harris, Alice (2013): Gerda Lerner (1920–2013). Pioneering Historian and Feminist, in: Clio. Women, Gender, History 38, 254–263.

Grant, Judith (2015[1993]): Fundamental Feminism. Contesting the Core Concepts of Feminist Theory, 2. Ausg.: Fundamental Feminism. Radical Feminist Theory for the Future, New York/London: Routledge.

Herzog, Anne F./Kaufman, Janet E. (Hg.) (1999): How Shall We Tell Each Other of the Poet? The Life and Writing of Muriel Rukeyser, New York: St. Martin's Press.

hooks, bell (1984): Feminist Theory from Margin to Center, Boston, Mass.: South End Press.

Jones, Jaqueline (2018): Living the Examined Life in the Antebellum North, and in the Post-World War II, United. The Grimké Sisters from South Carolina: Pioneers for Women's Rights and Abolition, by Gerda Lerner, in: The American Historical Review 123(5), 1547–1559.

Kallenberg, Vera (2022a): Intersektionale Genealogien von Intersektionalität. Europäisch-jüdische Erfahrung, African American Women's History und Gerda Lerners Black Women in White America (1972), in: Freiburger Zeitschrift für Geschlechterstudien 28, 55–72.

Kallenberg, Vera (2022b): Neu gelesen: Gerda Lerner, Black Women in White America, New York: Pantheon Books, 1972, in: WerkstattGeschichte 86, 151–155.

Kallenberg, Vera (2023): Der Pionierin Pionnierinnen. Gerda Lerner's The Grimke Sisters from South Carolina. Pioneers for Women's Rights and Abolition (1967), in: Aschkenas 33(2), 313–327.

Kallenberg, Vera (2024): American Feminist Thought, European-Jewish Experience, and Black Women's History. The Story of Gerda Lerner's Black Women in White America (1972), in: Jahrbuch des Dubnow-Instituts 20, (im Erscheinen).

Kaufman, Janet E. (1999): But not the Study. Writing as a Jew, in: Anne F. Herzog/Janet E. Kaufman (Hg.), How Shall We Teach Each Other of the Poet?: The Life and Writing of Muriel Rukeyser, New York: St. Martin's Press, 45–61.

Knellessen, Dagi/Pankonin, Felix (2019): Jüdische Lebenswege im 20. Jahrhundert – Neue Perspektiven der Biografieforschung. Einführung, in: Jahrbuch des Dubnow-Instituts 16 (2017), 291–302.

Kraushaar, Wolfgang (1988): Auschwitz ante Walter Benjamins Vernunftkritik als eine Subtheorie der Erfahrung, in: Dan Diner (Hg.), Zivilisationsbruch. Denken nach Auschwitz, Frankfurt a.M.: Fischer-Taschenbuch, 201–241.

Lamberti, Marjorie (2016): Blazing New Paths in Historiography. ›Refugee Effect‹ and American Experience in the Professional Trajectory of Gerda Lerner, in: A.W. Daum/Hartmut Lehmann/J.J. Sheehan (Hg.), Second Generation. Émigrés from Nazi Germany as Historians, New York: Berghahn Books, 244–260.

Laub, Dori/Podell, Daniel (1995): Art and Trauma, in: International Journal of Psychoanalysis 76(5), 991–1005.

Lichtblau, Albert (2004): Fighting Racism/Gegen den Rassismus. Gerda & Carl Lerner's Film ›Black Like Me‹, in: Eleonore Lappin (Hg.), Jews and Film/Juden und Film. Wien/Prag/Hollywood, 150–159.

MacLean, Nancy (2014): Women's History for the Future. Gerda Lerner's Last Agenda-Setting, in: Journal of Women's History 26(1), 37–43.

Martschukat, Jürgen (2018): Hegemoniale Identitätspolitik als »entscheidende Politikform« in den USA. Eine Geschichte der Gegenwart, in: bpb. Bundeszentrale für politische Bildung, https://www.bpb.de/shop/zeitschriften/apuz/275882/hegemoniale-identitaetspolitik-als-entscheidende-politikform-in-den-usa/

Ostler, Jeffrey (2019): Surviving Genocide. Native Nations and the United States from the American Revolution to Bleeding Kansas, New Haven, Conn./London: Yale University Press.

Pletsch, Carl (1987): On the Autobiographical Life of Nietzsche, in: Moraitis, George/Pollock, George H. (Hg.), Psychoanalytic Studies of Biography, Madison: International Universities Press, 405–434.

Porritt, Ruth (1999): ›Unforgetting Eyes‹. Rukeyser Portraying Kollwitz's Truth, in: Anne F. Herzog/Janet E. Kaufman (Hg.), How Shall We Tell Each Other of the Poet? The Life and Writing of Muriel Rukeyser, New York: St. Martin's Press, 163–183.

Reckwitz, Andreas (2017): Die Gesellschaft der Singularitäten. Zum Strukturwandel der Moderne, Berlin: Suhrkamp.

Rich, Adrienne (1980): Compulsory Heterosexuality and Lesbian Existence, in: Signs 5(4), 631–660.

Rubin, Gayle (1975): The Traffic in Woman. Notes on the »Political Economy« of Sex, in: Raynan R. Reiter (Hg.), Toward an Anthropology of Women, New York/London: Monthly Review Press, 157–210.

Sarasin, Philipp (2021): 1977. Eine kurze Geschichte der Gegenwart, Berlin: Suhrkamp.

Scott, Joan W. (1991): The Evidence of Experience, in: Critical Inquiry 17(4), 773–97.

Scott, Joan W. (2001): Phantasie und Erfahrung, in: Feministische Studien 19(2), 74–88.

Stannard, David E. (1992): American Holocaust. Columbus and the Conquest of the New World, New York u.a.: Oxford University Press.

Swerdlow, Amy (1995): The Congress of American Women. Left-Feminist Peace Politics in the Cold War, in: Linda Kerber et al. (Hg.), U.S. History as Women's History. New Feminist Essays, Chapel Hill, N.C.: The University of North Carolina Press, 296–312.

Thürmer-Rohr, Christina (1983): Aus der Täuschung in die Ent-täuschung – zur Mittäterschaft von Frauen, in: Beiträge zur feministischen Theorie und Praxis 8(6), 11–25.

Weber, Thomas (2000): Erfahrung, in: Michael Opitz/Erdmut Wizisla (Hg.), Benjamins Begriffe, 2 Bde. hier Bd. 1, Frankfurt a.M.: Suhrkamp, 230–259.

Weigand, Kate (2001): Red Feminism. American Communism and the Making of Women's Liberation, Baltimore, Maryl.: John Hopkins University Press.

Winer, Rebecca Lynn et al. (2021): Jewish Women's History from Antiquity to the Present, Detroit, Mich.: Wayne State University Press, https://muse.jhu.edu/book/85099

Wolofsky, Shira (2010): What Do Jews Stand For? Muriel Rukeyser's Ethics of Identity, in: Nashim: A Journal of Jewish Women's Studies & Gender Issues 19, 199–226, https://doi.org/10.2979/nas.2010.-.19.199

Woolford, Andrew/Benvenuto, Jeff/Hinton, Alexander Laban (2014): Colonial Genocide in Indigenous North America, Durham: Duke University Press.

Kommentar: Lektüreerfahrung rückblickend
Über Fantasie, Verwobenes und die Freiheit des Nichtthematisierens

Diana Lengersdorf

Auch wenn Vera Kallenberg ihren Aufsatz *»Women's History« als Echo gebrochener jüdischer Erfahrung des 20. Jahrhunderts* (2024) mit einer spürbar erschöpften Aussage Gerda Lerners zu erlebten Brüchen und Fissuren beginnt, bleibe ich nach der Lektüre mit dem Eindruck von Verbindung, von Fantasie, von Beherztheit zurück. Dieser Eindruck verstärkte sich noch, als ich – und an dieser Stelle wird deutlich, dass ich bisher keinen Kontakt zu Gerda Lerner hatte – einen neugierigen Blick in die Fotogalerie des Internets warf und mir dort eine oft lächelnde, herzliche Person (mit wirklich tollen Schals) entgegenschaute. Spätestens jetzt war ich von dieser für mich Ambivalenzen-versprühenden Person fasziniert. Wenngleich ich auch etwas eingeschüchtert wurde, von all den großen Namen, die Kallenberg um Lerner gruppierte (Simone de Beauvoir, Hannah Arendt, Walter Benjamin, Theodor W. Adorno, um nur einige zu nennen).

An dieser Stelle bringe ich nun eine weitere Person ins Spiel und er/öffne damit zugleich die Perspektive meines Kommentars: Donna Haraways Vorschlag der Fadenspiele (»string figures«). Anders als Lerner ist mir Haraway vertraut. Ich habe viele ihrer Texte gelesen, habe diese auch oft gemeinsam mit Kolleg*innen diskutiert – auch mit Vera Kallenberg. Haraway ist von mir zitiert worden und hat mich so schon mit faszinierenden Personen zusammengebracht. Was Haraway an dieser Stelle aber auch besonders interessant macht: Sie hat Lerner gelesen.[1] Mit Haraway an meiner Seite werde ich nun auf Lerner zugehen. Vera Kallenberg habe ich nicht vergessen und werde ihr gleich wieder begegnen.

Fadenspiele – mit Donna Haraway auf Gerda Lerner zugehen: In ihrem Buch *Staying with the Trouble. Making Kin in the Chtuluscene* (2016) führt Haraway unmittelbar im Ein-

1 Haraway greift auf Lerner zurück, um 1989 in ihrem Vortrag, der dann ein Essay wurde, *Ecce Homo, Ain't (Ar'n't) I a Woman, and Inappropriate/d Others: The Human in a Post-Humanist Landscape* über Sojourner Truth zu erzählen.

stieg in ihr Verständnis des Fadenspiels ein – ein Spiel, das auf den Grundschulhöfen meiner Kindheit allgegenwärtig war:

> Fadenspiele sind wie Geschichten. Sie schlagen Muster vor und vollziehen sie, damit sie von denen, die das Spiel spielen, irgendwie bewohnt werden können. Dieses Spiel findet auf einer verletzlichen und verwundeten Erde statt. Meine Erzählungen sind artenübergreifende Geschichten, in denen es um die Rückgewinnung als Teil einer komplexen Geschichte geht, Geschichte(n) voller Sterben und Leben, voller Enden, sogar Genozide, und Anfänge. Angesichts des unablässigen, historisch spezifischen, mehrwertproduzierenden Leidens in Art-Genossen-Verknotungen bin ich nicht an Aussöhnung oder Restaurierung interessiert, aber ich fühle mich zutiefst den bescheideneren Möglichkeiten einer teilweisen Erholung und dem gemeinsamen Weitermachen verpflichtet. Das kann man unruhig bleiben nennen. (Haraway 2018: 20)[2]

Auf ihre unermüdliche Art den Ort zwischen Freude und Schmerz, Vergnügen und Kummer zu besetzen, bringt Haraway einen Vorschlag für Geschichte(n) (»stories«, »histories«) ein, der auf einem Kinderspiel beruht: Einen meist bunten, zu einem Kreis verknoteten Faden, um zwei Hände gespannt, der dann von einem zweiten Paar Hände dergestalt aufgenommen wird, dass ein Muster entsteht. Dieses gemeinsame Aufspannen, Weiterspinnen und auch Fallenlassen des Fadenkreises bringt immer wieder neue Muster hervor: weitergegebene, erinnerte, tradierte Muster, aber auch neu ersponnene, missglückte, ver-rückte Muster. Der Möglichkeitsraum spannt sich also immer zwischen dem vorhandenen Muster und dem neuentstehenden Muster auf. Zugleich – und dies erscheint mir vor dem Hintergrund Gerda Lerners Wirken mindestens ebenso wichtig – ist dieser Raum der Muster nicht beliebig, sondern wird durch die spielenden Menschen, Hände, Fäden etc. (»participants«) limitiert. Dies lese ich bei Haraway in ihrer Metapher des Bewohnt-Werdens (»inhabits«) heraus: Das Spiel ermöglicht es durch die Muster (»patterns«) diese zu bewohnen. Grundsätzlich ist die Anzahl der Muster unendlich, aber nicht jedes Muster kann von unendlich vielen Spielenden bewohnt werden. Nicht alle Hände sind fähig, nicht jeder Faden kann gleichermaßen gespannt werden, nicht jedes Muster lässt sich wieder ohne weiteres lösen. Haraway

2 »String figures are like stories; they propose and enact patterns for participants to inhabit, somehow, on a vulnerable and wounded earth. My multispecies storytelling is about recuperation in complex histories that are as full of dying as living, as full of endings, even genocides, as beginnings. In the face of unrelenting historically specific surplus suffering in companion species knottings, I am not interested in reconciliation or restoration, but I am deeply committed to the more modest possibilities of partial recuperation and getting on together. Call that staying with the trouble.« (Haraway 2016: 10)

macht sehr deutlich, dass diese Muster auch leidvolle, schreckliche Verknotungen (»knottings«) sein können. Fadenspiele sind komplexe Geschichten (»complex histories«). Haraway spricht sich nun dafür aus, bei dieser Komplexität und auch Ambivalenz zu bleiben, sich nicht (fokussierend) abzuwenden, sondern gemeinsam Weiter(zu)machen und sich der Rückgewinnung (»recuperation«[3]) des Fadenspiels/der komplexen Geschichten zuzuwenden: Ihr geht es darum, gemeinsam an komplexen Mustern zu weben.

Gemeinsam mit Vera Kallenberg weitermachen – Muster Gerda Lerners: Bei der Entwicklung ihrer zentralen Publikation *The Female Experience. An American Documentary* (1977) wird Lerner, wie Kallenberg beschreibt, von einer Schreibblockade geplagt. Der Schreibprozess stockt. Der Faden zum Text verknotet sich. Lerner gewinnt den Prozess erst wieder zurück, als sie das bisher übliche Muster der »konventionellen Periodisierung« fallen lässt, »durch die Frauen übersehen wurden« (Kallenberg 2024: 247) und ein grundlegend neues Muster spannt, das Erfahrungen von Frauen fokussiert. In ihrer Untersuchung lassen sich nun aus der Vielfalt von Erfahrungen, wie Kallenberg darlegt, gemeinsame historische Erfahrungen rekonstruieren. Erfahrungen, »die historisch von einer Mehrheit von Frauen geteilt wurde« (ebd.: 248). Um dieser historischen Erfahrung analytisch nahe zu kommen, wendet sich Lerner Primärquellen zu, »die eine weibliche Perspektive haben« (ebd.: 249). Lerner verbindet in ihrem Buch ein »breites Spektrum« an Quellen und ordnet die Quellenbezüge »montageartig« (ebd.: 245) an. Damit verbindet Lerner zugleich fantasievoll auch verschiedene Räume der Wissensproduktion und eröffnet in diesem Verbundenen neue Möglichkeiten der Erkenntnis – Haraway würde vielleicht den Begriff der *feminist speculative fabulations* wählen. Kallenberg macht für uns sichtbar, dass Lerner dabei auch von einer Skepsis gegenüber archivierten Quellen angetrieben wird. Ihr war die machtvolle Praxis des Archivs bewusst, welche Ein-/Ausschlüsse diese hervorbringen, denn nicht jede Erfahrung erscheint den Archiven gleich lohnend, um dokumentiert und archiviert zu werden.

Um sich der gemeinsamen historischen Erfahrung zu nähern, setzt Lerner zugleich auf »das Zusammentreffen und die kollektive Arbeit mit Frauen« (ebd.: 251). Auf diese Weise verwebt Lerner ihre eigene biographische Erfahrung mit der kollektiv geteilten historischen Erfahrung: Auch ihre Erfahrung ist eine weibliche Erfahrung. Dies wird von Kallenberg als eine Partialisierung der eigenen Erfahrung

---

3 Wie sich auch in dem hier vorliegenden übersetzen Zitat zeigt, ist der englische Begriff der *recuperation* zwar auch als Erholung übersetzbar, aber er hat ebenso eine starke technische Konnotation, der mit Rückgewinnung (z.B. Ernergierückgewinnung) übersetzbar ist, aber auch Wiedereroberung wäre denkbar, wie an anderer Stelle nahegelegt wird (»And these contingencies include abundant histories of conquest, resistance, recuperation, and resurgence«, Haraway 2016: 15). Interessant erscheint mir, dass Haraway hier nicht den Begriff der *recreation* oder der *relaxiation* wählt.

erzählt. Lerner geht es nicht darum, die eigene Erfahrung zu universalisieren, sondern aktiv gemeinsam Weiterzumachen und neue weibliche Erfahrung hervorzubringen. In einem engen und weiten Sinne zugleich ein »Doing Women's History« zu praktizieren: »die eigene Vergangenheit zu nutzen, um die Zukunft zu gestalten« (ebd.: 250), wie Kallenberg durchaus emphatisch formuliert. Kallenberg beschreibt beeindruckend, wie Lerners politisches Engagement in der US-amerikanischen Bürgerrechtsbewegung untrennbar mit ihren wissenschaftlichen Aktivitäten verwoben ist. Diese Verwobenheit ist anstrengend, denn nicht immer geht wissenschaftliche Praxis mit politischem Aktivismus gut Hand in Hand, nicht immer sind komplexe wissenschaftliche Wissensbestände mit politisch zugespitzten Interessenartikulationen gut vereinbar, nicht immer ist eine Offenheit allen Forschungsgegenständen gegenüber mit der Formierung eines politischen Blocks zusammenzuführen. In Kallenbergs Ausführungen lese ich hier Lerners Partner, Freund und Ehemann, Carl, als ein zentrales ermöglichendes Moment, all diese Anstrengungen auszuhalten und weiter zu machen. Carl verstehe ich dabei nicht als den *Mann an ihrer Seite*, sondern Carl eröffnet gemeinsames Tun, Diskussion, Reflektion. Carl bewohnt mit Gerda Lerner ein Fadenspiel, welches Gerda auch nach seiner schweren Krebserkrankung und seinem Tod in einer Publikation weiterspielt. In dieses Fadenspiel webt Lerner schließlich auch den »Verlust ihrer Verwandten im Kontext ihrer nationalsozialistischen Verfolgung« (ebd.: 256) ein. Kallenberg interpretiert das Buch als »Traumakunst, die einen geschützten Raum schafft, in dem die Erinnerung an die traumatischen Erfahrungen stattfinden kann« (ebd.: 256). Lerner wählt für diese Annäherung keine wissenschaftlich-akademische Textform und wählt indirekte Wege, wie Kallenberg vorschlägt u.a. über den Rückgriff auf ein Gedicht. Kallenberg arbeitet heraus, dass sich hier der »Wunsch nach Wiederherstellung« andeutet, als »Aufgabe, die zerbrochene Welt zu reparieren«, wie sich in dem Gedicht finden lässt (ebd.: 258). Auch wenn Kallenberg eine gewisse Skepsis an diesem Wunsch auf Erlösung/Heilung festhält, macht sie gemeinsam mit Lerner weiter und bietet die These an, dass Lerners *Women's History* ein »Kohärenzversprechen [bot], das einen Ersatz für die zerbrochene europäisch-jüdische und US-amerikanische Erfahrung der *Alten Linken* darstellte« (ebd.: 257). Haraway teilt Kallenbergs Skepsis an Wiederherstellung und Heilung und spricht sich hingegen – wie bereits ausgeführt – für die »bescheideneren Möglichkeiten einer teilweisen Erholung und dem gemeinsamen Weitermachen« (Haraway 2016: 20) aus.

Literaturverzeichnis

Haraway, Donna (1989): Ecce Homo, Ain't (Ar'n't) I a Woman, and Inappropriate/d Others. The Human in a Posthumanist Landscape, in: The Haraway Reader, 1st edition, New York/London: Routledge, 47–61.

Haraway, Donna (2016): Staying with the trouble. Making Kin in the Chuthuluscene, Durham: Duke University Press; Deutsche Ausgabe (2018): Unruhig bleiben. Die Verwandtschaft der Arten im Chthuluscene, Frankfurt a.M./New York: Campus Verlag.

Kallenberg, Vera (2024): *Women's History* als Echo gebrochener jüdischer Erfahrung des 20. Jahrhunderts. Gerda Lerners The Female Experience (1977), in: Vera Kallenberg/Tomke König/Walter Erhart (Hg.): Geschlecht als Erfahrung. Theorien, Empirie, politische Praxis, Bielefeld: transcript, 241–266.

Lerner, Gerda (1977): The Female Experience. An American Documentary, Indianapolis, Ind.: Bobbs-Merrill Educational Publishing.

Anhang

Autor*innenverzeichnis

Bollschweiler, Patricia ist wissenschaftliche Mitarbeiterin im Fach Germanistik an der Fakultät für Linguistik und Literaturwissenschaft der Universität Bielefeld und assoziiertes Mitglied im Graduiertenkolleg *Geschlecht als Erfahrung. Konstitution und Transformation gesellschaftlicher Existenzweisen*. Sie hat Germanistik, Anglistik und Literaturwissenschaft an der Universität Bielefeld und der Universität Antwerpen studiert. Derzeit promoviert sie zu queeren Narrationen in epochenübergreifender Perspektive.

Erhart, Walter ist seit 2007 Professor für germanistische Literaturwissenschaft an der Universität Bielefeld. 1997–2007 war er Professor für Deutsche Literaturwissenschaft und Literaturtheorie an der Universität Greifswald. Promoviert hat er an der Universität Tübingen, habilitiert 1996 in Göttingen. Seine Forschungsschwerpunkte sind: Deutsche Literatur vom 18. bis zum 21. Jahrhundert, Literaturtheorie, Wissenschaftsgeschichte, Reiseliteratur, Gender Studies. Er ist PI im Graduiertenkolleg *Geschlecht als Erfahrung. Konstitution und Transformation gesellschaftlicher Existenzweisen*. Buchpublikationen u.a.: *Familienmänner. Über den modernen Ursprung literarischer Männlichkeit* (2001); *Wolfgang Koeppen. Das Scheitern moderner Literatur* (2012); *Neil Young* (2015); *Sich Selbst Vergleichen. Zur Relationalität autobiographischen Schreibens vom 12. Jahrhundert bis zur Gegenwart* (2020).

Flügel-Martinsen, Oliver ist Professor für Politische Theorie und Ideengeschichte an der Fakultät für Soziologie der Universität Bielefeld. Studium der Politikwissenschaft, Philosophie und Soziologie; MA-Abschlüsse in Politikwissenschaft (2001) und Philosophie (2005), jeweils an der TU Darmstadt, Promotion (2006) und Habilitation (2008) an der Leibniz Universität Hannover. Er ist PI im Graduiertenkolleg *Geschlecht als Erfahrung. Konstitution und Transformation gesellschaftlicher Existenzweisen*. Jüngere monographische Buchveröffentlichungen: *Radikale Demokratietheorien zur Einführung* (2020); *Kritik der Gegenwart. Politische Theorie als kritische Zeitdiagnose* (2021).

Kallenberg, Vera wurde an der EHESS Paris und der TU Darmstadt in Geschichtswissenschaft promoviert und forscht in historischer Perspektive am Knotenpunkt von European Studies, North American Studies, Jewish Studies und Gender Studies. Sie ist Wissenschaftliche Mitarbeiterin am Interdisziplinären Zentrum für Geschlechterforschung (IZG) der Universität Bielefeld und habilitiert im Arbeitsbereich Zeitgeschichte. Am Graduiertenkolleg *Geschlecht als Erfahrung. Konstitution und Transformation gesellschaftlicher Existenzweisen* ist sie als Postdoktorandin mit ihrem Habilitationsprojekt zu Leben und Werk der feministischen jüdischen Historikerin Gerda Lerners (1920–2013) beteiligt.

Kappeler, Florian hat sich 2022 an der Universität Potsdam habilitiert mit *Die deutsche Literatur der Haitianischen Revolution* (2023) und ist derzeit wissenschaftlicher Mitarbeiter an der Universität Wuppertal. Er war Stipendiat des DFG-Graduiertenkollegs *Geschlecht als Wissenskategorie* an der Humboldt-Universität zu Berlin, wurde dort 2011 promoviert (*Situiertes Geschlecht*, 2012) und arbeitete danach am Zentrum Geschichte des Wissens (ETH & Universität Zürich) sowie in der Nachwuchsforschungsgruppe *Multiple Modernen* und im Rahmen einer *Eigenen Stelle* (DFG) an der Universität Göttingen. Derzeit forscht er u.a. zu sorgender Vaterschaft.

Klanke, Annika ist wissenschaftliche Mitarbeiterin am Interdisziplinären Zentrum für Geschlechterforschung (IZG) der Universität Bielefeld und promoviert im Graduiertenkolleg *Geschlecht als Erfahrung. Konstitution und Transformation gesellschaftlicher Existenzweisen.* In diesem Rahmen arbeitet sie derzeit an einer Promotion zur Ästhetisierung und Funktionalisierung von Erfahrung im feministischen Essay der Gegenwart. Sie unterrichtet an der Fakultät für Linguistik und Literaturwissenschaft, ebenfalls an der Universität Bielefeld. Annika Klanke hat an den Universitäten Bremen und Wien Germanistik und Musikwissenschaften studiert (Bachelor). Ihr literaturwissenschaftliches Masterstudium hat sie an der Humboldt-Universität Berlin abgeschlossen.

König, Tomke ist seit 2012 Professorin für Geschlechtersoziologie an der Fakultät für Soziologie und hat die Leitung des Interdisziplinären Zentrums für Geschlechterforschung (IZG) an der Universität Bielefeld inne. Sie ist Sprecherin des Graduiertenkollegs *Geschlecht als Erfahrung. Konstitution und Transformation gesellschaftlicher Existenzweisen.* Tomke König hat an der Goethe Universität Frankfurt Kulturanthropologie und Europäische Ethnologie studiert und dort in Soziologie promoviert. Ihre Habilitation zum Thema *Familie heißt Arbeit teilen. Transformationen der symbolischen Geschlechterordnung* hat sie an der Historisch-Philosophischen Fakultät der Universität Basel abgeschlossen.

Lengersdorf, Diana ist Professorin für Geschlechtersoziologie an der Fakultät für Soziologie der Universität Bielefeld. Zuvor hatte Diana Lengersdorf von 2013–2017 die Juniorprofessur *Geschlecht, Technik und Organisation* an der Universität zu Köln inne und erhielt 2017 den Leo-Spitzer-Nachwuchspreis der Universität zu Köln für herausragende wissenschaftliche Leistungen. Die Forschungsschwerpunkte von Diana Lengersdorf liegen in der Männlichkeitenforschung, den STS sowie im Forschungsfeld der Gender-Care-Relations. Sie ist PI im Graduiertenkolleg *Geschlecht als Erfahrung. Konstitution und Transformation gesellschaftlicher Existenzweisen.* In Kürze erscheint ihr zusammen mit Toni Tholen herausgegebener Sammelband *Männlichkeiten und Naturverhältnisse* (2024).

Maihofer, Andrea war von 2001–2020 Professorin für Geschlechterforschung und Leiterin des Zentrums Gender Studies an der Universität Basel. Von 2002 bis 2020 leitete sie das Basler Gender Graduiertenkolleg. Daneben war sie von 2004–2017 Leiterin des SUK-Kooperationsprojektes Gender Studies Schweiz. Von 2010–2018 war sie Präsidentin der Schweizerischen Gesellschaft für Geschlechterforschung (SGGF) und von 2018–2020 leitete sie den swissuniversities Think Tank *Gender und Diversity*. Ihre Forschungsschwerpunkte liegen in kritischer Gesellschaftstheorie, Geschlechtertheorie und -forschung. In 1995 hat sie mit *Geschlecht als Existenzweise* einen neuen theoretischen Ansatz in die deutschsprachige Geschlechterforschung eingebracht. Sie ist Mercator Fellow Graduiertenkolleg *Geschlecht als Erfahrung. Konstitution und Transformation gesellschaftlicher Existenzweisen.*

Moi, Toril is James B. Duke Professor of Literature and Romance Studies and Professor of English, Philosophy and Theater Studies at Duke University. She works in the field of literature and philosophy, and on feminist theory. Among her books are *Simone de Beauvoir: The Making of an Intellectual Woman* (1994); *What Is a Woman? and Other Essays* (1999); *Henrik Ibsen and the Birth of Modernism* (2006), and *Revolution of the Ordinary: Literary Studies after Wittgenstein, Austin, and Cavell* (2017). In 2019, she published *Character: Three Inquiries in Literary Studies*, co-written with Amanda Anderson, and Rita Felski. She also works extensively on contemporary literature. She has published several online essays on Knausgaard's *My Struggle*. Her two most recent essays are *A Wittgensteinian Phenomenology of Criticism* (2023) and *The Question of the New: Wittgenstein, Kuhn, Cavell* (2022). Her book on the Norwegian 1950s will be published in Norwegian in spring 2024. She is Mercator Fellow in the Research Training Group *Experiencing Gender. Constitution and Transformation of Being in the World.*

Roth, Julia ist derzeit Professorin für American Studies mit dem Schwerpunkt Gender Studies und Direktorin des Centers for Interamerican Studies (CIAS) an der Universität Bielefeld. Sie ist PI im Graduiertenkolleg *Geschlecht als Erfahrung. Konstitution und Transformation gesellschaftlicher Existenzweisen* und leitete gemeinsam mit

Heidemarie Winkel und Alexandra Scheele von 2020–2021 die ZiF-Forschungsgruppe *Global Contestations of Gender Rights* am Zentrum für interdisziplinäre Forschung in Bielefeld. Sie studierte Amerikanistik, Spanisch und Politikwissenschaft an der Humboldt-Universität zu Berlin, in Kassel, London und Madrid und promovierte an der Universität Potsdam in Amerikanistik (*Occidental Readings, Decolonial Practices. A Selection on Gender, Genre, and Coloniality in the Americas*, 2014). In Potsdam hat sie auch ihre Habilitationsschrift zu Hip Hop und intersektionaler Wissensproduktion eingereicht.

Schützeichel, Rainer war seit 2013 Professor an der Fakultät für Soziologie der Universität Bielefeld. Zwischen 2005 bis 2012 vertrat er Professuren in Aachen, Bielefeld, Bochum, Hagen, Duisburg, München und Koblenz-Landau. Seine Forschungsschwerpunkte lagen im Bereich der Sozialtheorie und soziologischen Gesellschaftstheorie, der Religions-, Professions, Wissens- und Emotionssoziologie. Er war PI im Graduiertenkolleg *Geschlecht als Erfahrung. Konstitution und Transformation gesellschaftlicher Existenzweisen.* Von 2015 bis 2022 war er geschäftsführender Herausgeber der Zeitschrift für Soziologie. Rainer Schützeichel starb unerwartet und viel zu früh am 25. Oktober 2023.

Stock, Inka ist wissenschaftliche Mitarbeiterin am Interdisziplinären Zentrum für Geschlechterforschung (IZG) an der Universität Bielefeld und bereitet sich auf ihre Habilitation im Fach Soziologie vor. Sie forscht zu den Zusammenhängen zwischen Migration und sozialen Ungleichheiten, zu den Effekten der europäischen Externalisierungspolitiken für Migrant*innen in Ländern des Globalen Südens und zu irregulärer Migration. Ihr regionaler Schwerpunkt liegt auf Migration in und aus Afrika. Sie ist aktuell Koordinatorin des Graduiertenkollegs *Geschlecht als Erfahrung. Konstitution und Transformation gesellschaftlicher Existenzweisen.*

Suerbaum, Magdalena ist seit 2021 als Post-Doktorandin am Interdisziplinären Zentrum für Geschlechterforschung (IZG) an der Universität Bielefeld im Graduiertenkolleg *Geschlecht als Erfahrung. Konstitution und Transformation gesellschaftlicher Existenzweisen.* In ihrem Habilitationsprojekt beschäftigt sie sich mit der intergenerationalen Weitergabe von Wissen in syrischen Familien, die in Berlin und Istanbul leben. Von 2017–2021 arbeitete sie als Post-Doktorandin am Max-Planck-Institut zur Erforschung multireligiöser und multiethnischer Gesellschaften zur Situation von Asylsuchenden und Migrant*innen in Deutschland. Magdalena Suerbaum hat ihre Promotion, die 2020 unter dem Titel *Masculinities and Displacement in the Middle East: Syrian refugees in Egypt* veröffentlicht wurde, an der School of Oriental and African Studies (University of London) abgeschlossen.

Ullrich, Vanessa Lara promoviert in Politischer Theorie und Ideengeschichte im Graduiertenkolleg *Geschlecht als Erfahrung. Konstitution und Transformation gesellschaftlicher Existenzweisen* und ist Wissenschaftliche Mitarbeiterin am Interdisziplinären Zentrum für Geschlechterforschung (IZG) der Universität Bielefeld. Sie hat Psychologie und Politikwissenschaften an der Goethe-Universität in Frankfurt (B.Sc.) und an der University of Oxford (M.Sc.) studiert.

Winkel, Heidemarie ist seit 2015 Professorin für Soziologie an der Universität Bielefeld und Senior Research Associate am VHI der University of Cambridge/UK. Sie ist als PI am Graduiertenkolleg *Geschlecht als Erfahrung. Konstitution und Transformation gesellschaftlicher Existenzweisen* beteiligt und war eine von drei PIs der Forschungsgruppe *Global Contestations of Gender Rights* am Zentrum für interdisziplinäre Forschung (ZiF) in Bielefeld (2020–2021). Seit 2017 ist sie im Editorial Board der *Zeitschrift für Religion, Politik und Gesellschaft* und seit 2022 im Internationalen Beirat des *World Congress for Middle Eastern Studies* (*WOCMES*). Heidemarie Winkel hat an der Universität Trier promoviert und mit einer Arbeit zu *Geschlechtercodes und religiöse Praxis* in arabischen Lebenswelten an der Universität Potsdam habilitiert.

Wolf, Benedikt ist akademischer Rat an der Fakultät für Linguistik und Literaturwissenschaft der Universität Bielefeld und PI im Graduiertenkolleg *Geschlecht als Erfahrung. Konstitution und Transformation gesellschaftlicher Existenzweisen*. Er hat an der Ludwig-Maximilians-Universität München und der Aristoteles-Universität Thessaloniki Neogräzistik, Deutsch als Fremdsprache und Soziologie studiert und an der Humboldt-Universität zu Berlin in Neuerer Deutscher Literatur promoviert. Derzeit arbeitet er an einem Forschungsprojekt zum Verhältnis von deutscher Literatur und Rotwelsch.

Danksagungen

Die Beiträge dieses Bandes gehen zurück auf Vorträge, die auf dem Workshop »Experience as Object of Research, Category of Analysis, and Epistemological Basis of Critique and Political Practice« im Dezember 2021 im Rahmen des interdisziplinären Graduiertenkollegs *Geschlecht als Erfahrung. Konstitution und Transformation gesellschaftlicher Existenzweisen* (in Zusammenarbeit mit der Historikerin Joan W. Scott) am Interdisziplinären Zentrum für Geschlechterforschung (IZG) der Universität Bielefeld gehalten wurden. Den Autor*innen der Buchbeiträge gilt unser Dank ebenso wie Graeme Currie, Christine Richter-Nilsson und Bo Magnus Nilsson, die das Proofreading der englischen Texte sowie Übersetzungen übernommen haben. Für die Finanzierung des Workshops und der Drucklegung des Bandes danken wir der DFG sowie der Universitätsbibliothek der Universität Bielefeld. Ganz besonderer Dank gebührt Greta Darkow, Anke Kubitza und Birgitta Wrede für Lektorat und Korrektorat. Ohne ihre Geduld und die überaus sorgfältigen Korrekturen wäre die Fertigstellung des Bandes nicht möglich gewesen.

Bielefeld, im Januar 2024
Vera Kallenberg, Tomke König & Walter Erhart

Cover

Tinguely, Jean (1925–1991): Sketch for ›Homage to New York‹, 1960. Felt-tip pen and ink on board, 22 1/8 x 28' (56 x 71 cm). Gift of Peter Selz. Acc. no.: 92.1960

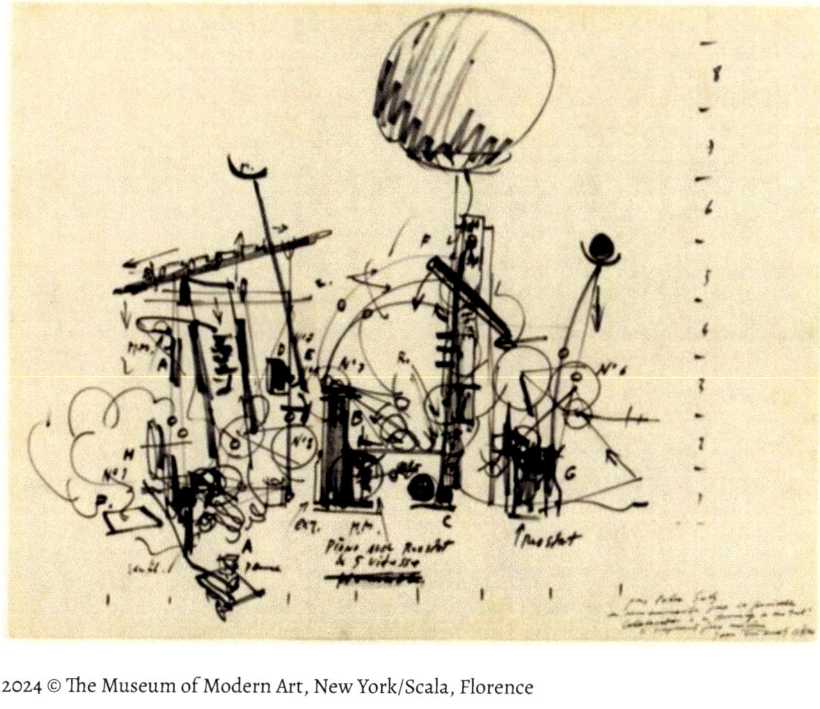